中華古籍保護計劃

ZHONG HUA GU JI BAO HU JI HUA CHENG GUO

· 成 果 ·

謹以此書獻給

寧夏回族自治區成立六十周年

寧夏回族自治區圖書館成立六十周年

# 寧夏回族自治區圖書館古籍普查登記目録

## 全國古籍普查登記目録

國家圖書館出版社

National Library of China Publishing House

圖書在版編目（CIP）數據

寧夏回族自治區圖書館古籍普查登記目録/《寧夏回族自治區圖書館古籍普查登記目録》編纂委員會編. --北京:國家圖書館出版社,2018.12
（全國古籍普查登記目録）
ISBN 978 - 7 - 5013 - 6522 - 7

Ⅰ.①寧…　Ⅱ.①寧…　Ⅲ.①公共圖書館—古籍—圖書館目録—寧夏　Ⅳ.①Z838

中國版本圖書館 CIP 數據核字(2018)第 251720 號

書　　名　寧夏回族自治區圖書館古籍普查登記目録
著　　者　《寧夏回族自治區圖書館古籍普查登記目録》編纂委員會　編
責任編輯　王　雷

出　　版　國家圖書館出版社(100034　北京市西城區文津街 7 號)
　　　　　　（原書目文獻出版社　北京圖書館出版社）
發　　行　010 - 66114536　66126153　66151313　66175620
　　　　　　66121706（傳真）　66126156（門市部）
E-mail　　nlcpress@ nlc. cn( 郵購)
Website　 www. nlcpress. com→投稿中心
經　　銷　新華書店
印　　裝　河北三河弘翰印務有限公司
版　　次　2018 年 12 月第 1 版　2018 年 12 月第 1 次印刷

開　　本　787×1092(毫米)　1/16
印　　張　16
字　　數　340 千字

書　　號　ISBN 978 - 7 - 5013 - 6522 - 7
定　　價　160.00 圓

# 《全國古籍普查登記目録》
## 工作委員會

主　任：周和平

副主任：張永新　詹福瑞　劉小琴　李致忠　張志清

委　員（按姓氏筆畫排序）：

# 《全國古籍普查登記目録》

# 序　言

　　全國古籍普查登記工作是"中華古籍保護計劃"的首要任務,是全面開展古籍搶救、保護和利用工作的基礎,也是有史以來第一次由政府組織、參加收藏單位最多的全國性古籍普查登記工作。

　　2007年國務院辦公廳發布《關於進一步加强古籍保護工作的意見》(國辦發[2007]6號),明確了古籍保護工作的首要任務是對全國公共圖書館、博物館和教育、宗教、民族、文物等系統的古籍收藏和保護狀況進行全面普查,建立中華古籍聯合目録和古籍數字資源庫。2011年12月,文化部下發《文化部辦公廳關於加快推進全國古籍普查登記工作的通知》(文辦發[2011]518號),進一步落實了全國古籍普查登記工作。根據文化部2011年518號文件精神,國家古籍保護中心擬訂了《全國古籍普查登記工作方案》,進一步規範了古籍普查登記工作的範圍、内容、原則、步驟、辦法、成果和經費。目前進行的全國古籍普查登記工作的中心任務是通過每部古籍的身份證——"古籍普查登記編號"和相關信息,建立古籍總臺賬,全面瞭解全國古籍存藏情况,開展全國古籍保護的基礎性工作,加强各級政府對古籍的管理、保護和利用。

　　《全國古籍普查登記工作方案》規定了全國古籍普查登記工作的三個主要步驟:一、開展古籍普查登記工作;二、在古籍普查登記基礎上,編纂出版館藏古籍普查登記目録,形成《全國古籍普查登記目録》;三、在古籍普查登記工作基本完成的前提下,由省級古籍保護中心負責編纂出版本省古籍分類聯合目録《中華古籍總目》分省卷,由國家古籍保護中心負責編纂出版《中華古籍總目》統編卷。

　　在黨和政府領導下,在各地區、各有關部門和全社會共同努力下,古籍普查登記工作得以扎實推進。古籍普查已在除臺、港、澳之外的全國各省級行政區域開展,普查内容除漢文古籍外,還包括各少數民族文字古籍,特別是於2010年分別啓動了新疆古籍保護和西藏古籍保護專項,因地制宜,開展古籍普查登記工作;國家古籍保護中心研製的"全國古籍普查登記平臺"已覆蓋到全國各省級古籍保護中心,并進一步研發了"中華古籍索引庫",爲及時展現古籍普查成果提供有力支持;截至目前,已有11375部古籍進入《國家珍貴古籍名録》,浙江、江蘇、山東、河北等省公布了省級《珍貴古籍名録》，古籍分級保護機制初步形成。

《全國古籍普查登記目録》是古籍普查工作的階段性成果，旨在摸清家底，揭示館藏，反映古籍的基本信息。原則上每申報單位獨立成册，館藏量少不能獨立成册者，則在本省範圍内幾個館目合并成册。無論獨立成册還是合并成册，均編製獨立的書名筆畫索引附於書後。著録的必填基本項目有：古籍普查登記編號、索書號、題名卷數、著者（含著作方式）、版本、册數及存缺卷數。其他擴展項目有：分類、批校題跋、版式、裝幀形式、叢書子目、書影、破損狀況等。有條件的收藏單位多著録的一些擴展項目，也反映在《全國古籍普查登記目録》上。目録編排按古籍普查登記編號排序，内在順序給予各古籍收藏單位較大自由度，可按分類排列古籍普查登記編號，也可按排架號、按同書名等排列古籍普查登記編號，以反映各館特色。

此次全國古籍普查登記工作，克服了古籍數量多、普查人員少、普查難度大等各種困難，也得到了全國古籍保護工作者的極大支持。在古籍普查登記過程中，國家古籍保護中心、各省古籍保護中心爲此舉辦了多期古籍普查、古籍鑒定、古籍普查目録審校等培訓班，全國共 1600 餘家單位參加了培訓，爲古籍普查登記工作培養了大量人才。同時在古籍普查登記工作中，也鍛煉了普查員的實踐能力，爲將來古籍保護事業發展奠定了良好的基礎。

《全國古籍普查登記目録》的出版，將摸清我國古籍家底，爲古籍保護和利用工作提供依據，也將是古籍保護長期工作的一個里程碑。

國家古籍保護中心

2013 年 10 月

# 《全國古籍普查登記目錄》

## 編纂凡例

一、收録範圍爲我國境内各收藏機構或個人所藏,産生於 1912 年以前,具有文物價值、學術價值和藝術價值的文獻典籍,包括漢文古籍和少數民族文字古籍以及甲骨、簡帛、敦煌遺書、碑帖拓本、古地圖等文獻。其中,部分文獻的收録年限適當延伸。

二、以各收藏機構爲分册依據,篇幅較小者,適當合并出版。

三、一部古籍一條款目,複本亦單獨著録。

四、著録基本要求爲客觀登記、規範描述。

五、著録款目包括古籍普查登記編號、索書號、題名卷數、著者、版本、册數、存缺卷等。古籍普查登記編號的組成方式是:省級行政區劃代碼—單位代碼—古籍普查登記順序號。

六、以古籍普查登記編號順序排序。

# 《寧夏回族自治區圖書館古籍普查登記目錄》

## 編纂委員會

主 任 委 員：韓　彬

副主任委員：魏　瑾　吕　毅　郭麗娟　陶愛蘭　郭生山

主　　　編：韓　彬　吕　毅

副　主　編（按姓氏筆畫排序）：

　　　　　王鈞梅　尹光華　李海燕

編　　　委（按姓氏筆畫排序）：

　　　　　丁寧寧　王鈞梅　尹光華　白曉紅　吕曉佩

　　　　　安建平　李海燕　宋玉軍　楊麗華　齊曉升

編　　　務：姚曉燕　李　霄　魏　菁

# 《寧夏回族自治區圖書館古籍普查登記目録》

# 前　言

　　今年是寧夏回族自治區成立 60 周年，也是寧夏回族自治區圖書館成立 60 周年，值此雙慶之際，《寧夏回族自治區圖書館古籍普查登記目録》即將由國家圖書館出版社付梓面世。這既是我館古籍普查工作的階段性成果，也爲後期《中華古籍總目·寧夏卷》的編纂出版奠定了基礎，同時作爲我館 60 周年慶典獻禮成果，本書學術內涵與應景之意兼具，意義重大。

　　寧夏回族自治區圖書館成立於 1958 年 10 月，由於建館時間較短，古籍文獻的積存與傳遞歷來偏少，但近 40000 冊的庋藏數量在寧夏全域收藏單位中已屬厚實。所藏古籍大多是在建館之初陸續接受各界捐贈而來。據《寧夏圖書館志》記載，其來源約有三途：一爲寧夏回族自治區圖書館成立之際，中國回族文化協進會及北京協和醫院捐贈了一萬餘冊古籍；二爲各兄弟館爲祝賀我館建館，北京圖書館（今國家圖書館）、陝西省圖書館、四川省圖書館、湖北省圖書館、廣東省立中山圖書館等捐贈了近萬冊古籍。三是後來館裏擠出部分資金在古舊書店自購的一小部分。各方集力方匯成此藏，實屬不易。

　　這批古籍，此前的管理人員曾做過一套卡片式目録，采用四部分類法進行分類，并給每種古籍撰寫書簽，書簽主要包括登記目録號、題名、類號、著者、版本、價格。2005 年末，館內組織人員對已編目整理的部分進行清點，卡片與書籍一一核對，隨後裝箱打包碼放，後轉遷新館。到新館上架後，對卡片目録進行了覆核，由尹光華等同志按書名筆畫編排、鍵録，形成了一個簡單的書本式目録，爲館藏綫裝書的基本書目。

　　2007 年，"中華古籍保護計劃"全面實施，國家古籍著録標準、定級標準等陸續出臺，全國古籍普查工作同時也在各省相繼開展，"全國古籍普查登記平臺"正式上綫使用，全國聯動，大家遵循統一標準，將各單位古籍著録到統一平臺，古籍整理工作進入了一個全新的階段。

　　按照文化部、國家古籍保護中心的統一安排、部署，寧夏回族自治區古籍保護中心於 2009 年 5 月 26 日經寧夏回族自治區人民政府批准成立，隸屬寧夏回族自治區圖書館，具體業務由典藏部承擔。2010 年 6 月 11 日，寧夏回族自治區圖書館被國務院授予"全國重點古籍保護單位"。經過醞釀準備，2010 年 10 月寧夏回族自治區古籍普查登記工作正式啓動,此次普查登記嚴格遵照國家標準與操作步驟進行。在寧夏回族自治區黨委、政府以及寧夏回族自治區文化廳的高度重視與大力支持下,寧夏回族自治區圖書館、寧夏回族自治區古籍保護中心經過幾年的不懈努力,已將館藏3067部35224册古籍的基本信息包括題名卷數、索書號、分類、著者、版本、裝幀、册數、定級等進行了詳盡的著録,目前館藏古籍書目數據經審核後已彙集國家古籍平臺,達成了資源共享。

此次古籍普查,是我館建館至今規模最大的一次古籍整理工作,著録信息之全面、耗時之漫長,前所未有。參與者甚衆,這裏需鄭重提及的是,館藏古籍普查工作能夠如期圓滿完成,得益於寧夏回族自治區圖書館、寧夏回族自治區古籍保護中心丁力、張欣毅等前任領導前期的精心策劃、安排和指導,更有幸得到了前館長高樹榆的悉心指導與幫助。普查工作中後期,在寧夏回族自治區圖書館、寧夏回族自治區古籍保護中心領導、同仁的共同努力下,對館藏古籍繼續進行了全面的梳理,清晰把握了其存藏狀況:一是部類齊全,經、史、子、集、叢各部皆有所涉,於此可探察中國古籍之面貌;二是版本偏近,善本較少,以普通古籍居多,間有少量善本。其中館藏清乾隆寶應王氏白田草堂刻本《朱子年譜》、明嘉靖十三年(1534)江西布政司刻本《蘇文忠公全集》分别入選第二批和第四批《國家珍貴古籍名録》。另外一些精刻精印的明清内府本、套印本、名家舊藏本等,也爲館藏精品。

古籍是中華傳統文化的重要載體,"辨章學術,考鏡源流",其作用一直爲國人所尊崇。古籍普查是"中華古籍保護計劃"的重要内容,是古籍保護的基礎性工作,是古籍搶救、保護與利用的前提,是確保國家歷史文化遺産安全的重要舉措。此番普查工作,不但在實踐中鍛煉培養了一批古籍專門人才,同時也讓每一位工作者充分認識到古籍普查的重要性,内心對古籍形成敬畏之情,對古聖先賢滋生了慕追之意,對文化的賡續與傳承也多了一份熱愛與責任,最終彙集成我們在普查工作中不畏艱辛、兢兢業業、不懈努力的動力源泉。

最後,《寧夏回族自治區圖書館古籍普查登記目録》能夠得以正式出版,離不開國家古籍保護中心與國家圖書館出版社的大力支持,在此一并表示衷心的感謝!

本書編纂過程中,於文獻細節,旁搜遠紹,網羅賅備,細大不遺,奈拘於能力學識未臻佳境,漏誤之處亦在所難免,尚祈方家指正。

本書編委會
2018 年 7 月

# 目　　録

# 目 录

640000－1201－0000001　史一/30

**史記集解索隱正義一百三十卷**　（漢）司馬遷撰　（南朝宋）裴駰集解　（唐）司馬貞索隱　（唐）張守節正義　清同治九年（1870）金陵書局刻本　十七冊　十一行二十二字小字雙行同上下黑口四周雙邊　存一百五卷（一至三十九、五十三至九十三、一百六至一百三十）

640000－1201－0000002　經八/12－2

**四書體註十九卷**　（清）范翔考訂　清文發堂刻本　七冊　上欄二十三行三十一字下欄九行十七字小字雙行同白口四周單邊

640000－1201－0000003　經八/18－2

**四書左國彙纂四卷**　（清）高其名撰　（清）鄭師成纂　清百尺樓刻本　七冊　九行二十字小字雙行同白口左右雙邊

640000－1201－0000004　經一/12

**石渠閣新鐫周易幼學能解六卷圖考一卷**　(明)黃淳耀撰　（清）壽國　（清）蔣先庚參補　清乾隆五十六年（1791）刻本　六冊　十行二十四字小字雙行同白口四周雙邊

640000－1201－0000005　經一/2

**學易淺說代問錄十四卷**　（清）黃雲鵠學　清光緒十七年（1891）刻本　十冊　七行二十一字小字雙行同下黑口左右雙邊

640000－1201－0000006　經一/1

**周易本義四卷圖說一卷新增圖說一卷**　（宋）朱熹撰　清光緒元年（1875）湖北崇文書局刻本　二冊　九行十七字小字雙行同白口四周雙邊

640000－1201－0000007　經一/1

**周易本義四卷圖說一卷新增圖說一卷卦歌一卷筮儀一卷**　（宋）朱熹撰　清光緒十二年（1886）湖北官書處刻本　二冊　九行十七字小字雙行同白口四周雙邊

640000－1201－0000008　經一/6

**周易述四十卷**　（清）惠棟集注并疏　清刻本　六冊　十行二十二字小字雙行同白口四周單邊　存二十三卷（一至二十三）

640000－1201－0000009　經一/13

**御纂周易折中二十二卷首一卷**　（清）李光地纂　清同治十年（1871）湖北崇文書局刻本　十二冊　八行十八字小字雙行二十一字白口四周雙邊

640000－1201－0000010　經一/5

**御纂周易述義十卷**　（清）傅恒等撰　清乾隆二十年（1755）刻本　八冊　八行二十字白口四周雙邊

640000－1201－0000011　經一/13

**御纂周易折中二十二卷首一卷**　（清）李光地纂　清康熙五十四年（1715）內府刻本　十冊　八行十八字小字雙行二十一字白口四周雙邊

640000－1201－0000012　經一/7

**易經成語一卷**　（□）□□撰　清刻本　一冊　十行十字小字雙行不等白口四周雙邊

640000－1201－0000013　經一/20

**周易程傳八卷**　（宋）程頤傳　清光緒九年（1883）江南書局刻本　三冊　九行十七字小字雙行同白口左右雙邊

640000－1201－0000014　經一/13

**御纂周易折中二十二卷首一卷**　（清）李光地纂　清光緒三十年（1904）上海育文書局石印本　一冊　二十四行五十四字小字雙行同白口四周單邊　存十一卷（一至十、首一卷）

640000－1201－0000015　經一/7

**繫辭成語一卷**　（□）□□撰　清刻本　一冊

640000－1201－0000016　經一/19

**易貫五卷**　（清）俞樾撰　清同治十年（1871）第一樓叢書刻本　一冊　十行二十一字白口左右雙邊

640000－1201－0000017　經一/13

**御纂周易折中二十二卷首一卷**　（清）李光地纂　清石印本　十六冊　十一行二十二字口四周雙邊

640000－1201－0000018　經一/22

周易本義十二卷首一卷末一卷易經五贊一卷
筮儀一卷　（宋）朱熹撰　清光緒十九年
（1893）江南書局刻本　二冊　九行十七字小
字雙行同白口左右雙邊

640000－1201－0000019　經一/32
易酌十四卷周易雜卦圖一卷　（清）刁包撰
（清）刁再濂編輯　清道光二十三年（1843）祁
陽順積樓刻本　十四冊　十行二十一字小字
雙行同白口左右雙邊

640000－1201－0000020　經一/8
丙子學易編一卷　（宋）李心傳撰　易學啟蒙
小傳一卷　（宋）稅與權撰　清通志堂刻本
一冊　十行二十字白口左右雙邊

640000－1201－0000021　經一/35
周易洗心十卷　（清）任啟運傳　清刻本　五
冊　八行二十字小字雙行同白口四周雙邊

640000－1201－0000022　經一/17
周易四卷筮儀一卷圖說一卷　（宋）朱熹撰
清同治十年（1871）刻本　二冊　九行十七字
小字雙行同白口四周雙邊

640000－1201－0000023　經一/36
易經詳說五十卷　（清）冉覲祖輯　清同治九
年（1870）寄願堂刻本　二十五冊　十一行二
十四字白口四周雙邊

640000－1201－0000024　經一/22
俞氏易集說十三卷　（元）俞琰集說　清刻本
七冊　十一行二十字白口左右雙邊

640000－1201－0000025　經一/9
周易傳義音訓八卷首一卷末一卷　（宋）程頤
傳　（宋）朱熹本義　（宋）呂祖謙音訓　清光
緒十五年（1889）江南書局刻本　八冊　九行
十八字小字雙行同白口左右雙邊

640000－1201－0000026　經一/24
周易姚氏學十六卷首一卷　（清）姚配中撰
清光緒三年（1877）湖北崇文書局刻本　四冊
十二行二十四字小字雙行同上下黑口四周
雙邊　存十三卷（一至十二、首一卷）

640000－1201－0000027　經一/23
周易發明啓蒙翼傳三卷外編一卷　（元）胡一
桂撰　清刻本　四冊　十一行二十字小字雙
行三十字白口左右雙邊

640000－1201－0000028　經二/4
書經六卷首一卷末一卷　（宋）蔡沈集傳　清
光緒七年（1881）金陵書局刻本　四冊　九行
十七字小字雙行同白口左右雙邊

640000－1201－0000029　叢一/73
滂喜齋叢書三十三種五十二卷　（清）潘祖蔭
輯　清同治至光緒吳縣潘氏刻本　十八冊
十一行二十二字小字雙行同白口左右雙邊

640000－1201－0000030　經二/12
尚書後案三十卷後辨一卷　（清）王鳴盛撰
清乾隆四十五年（1780）刻本　十冊　十四行
三十字小字雙行四十五字白口四周單邊

640000－1201－0000031　經一/43
漢上易傳十一卷　（宋）朱震集傳　（清）成德
校訂　（清）鍾謙鈞重刊　清刻本　四冊　十
三行二十三字白口四周單邊

640000－1201－0000032　經一/15
雅雨堂叢書　（清）盧見曾集解　清乾隆二十
一年（1756）德州盧見曾雅雨堂刻本　十二冊
十行二十一字小字雙行同白口四周單邊
存四種四十一卷

640000－1201－0000033　經一/15
鄭氏周易三卷　（漢）鄭玄撰　（宋）王應麟輯
（清）惠棟增補　清乾隆二十一年（1756）雅
雨堂刻本　一冊　十行二十一字小字雙行同
白口四周單邊

640000－1201－0000034　經二/14
尚書註疏十九卷附考證　（漢）孔安國傳
（唐）陸德明音義　（唐）孔穎達疏　清同治十
年（1871）刻本　八冊　十行二十一字小字雙
行同白口左右雙邊

640000－1201－0000035　經一/42
卦本圖考一卷尚書序錄一卷　（清）胡秉虔撰
清同治十二年至十三年（1873－1874）潘氏

八囍齋刻本　一冊　十一行二十二字小字雙行同白口左右雙邊

640000－1201－0000036　經一/27
**周易觀象十二卷**　(清)李光地註　清道光九年(1829)李維迪刻本　三冊　十一行二十字小字雙行同白口四周單邊

640000－1201－0000037　經一/39
**周易本義通釋十二卷輯録雲峰文集易義一卷**　(元)胡炳文撰　(清)成德校訂　(清)鍾謙鈞重刊　清刻本　四冊　十一行十九字白口左右雙邊

640000－1201－0000038　經一/15
**尚書大傳四卷補遺一卷續補遺一卷考異一卷**　(漢)伏勝撰　(漢)鄭玄注　(清)盧見曾補遺　(清)盧文弨考異并續補遺　清乾隆二十一年(1756)德州盧氏雅雨堂刻本　一冊　十行二十一字小字雙行同白口四周單邊

640000－1201－0000039　經一/15
**大戴禮記十三卷**　(漢)戴德撰　(北周)盧辯注　清乾隆二十五年(1760)德州盧氏雅雨堂刻本　二冊　十行二十一字小字雙行同白口四周單邊

640000－1201－0000040　史二/15－1
**御批資治通鑑綱目全書一百九卷**　(清)聖祖玄燁批　清刻本　二十七冊　十一行二十二字小字雙行同下黑口四周雙邊　存五十卷(御批資治通鑑綱目二十五至五十九、御批續資治通鑑綱目一至十五)

640000－1201－0000041　經一/22
**周易本義四卷圖說一卷**　(宋)朱熹撰　清光緒十二年(1886)湖北官書處刻本　二冊　九行十七字小字雙行同白口四周雙邊

640000－1201－0000042　經一/44
**京氏易八卷**　(漢)京房撰　(清)王保訓集　清刻本　二冊　十一行二十一字小字雙行同上下黑口左右雙邊

640000－1201－0000043　經一/25
**雅雨堂藏書三種十九卷**　(清)盧見曾輯　清

乾隆二十一年(1756)德州盧氏雅雨堂刻本　一冊　十行二十一字小字雙行同白口四周單邊

640000－1201－0000044　集三/(57)1－3
**皇朝經世文編一百二十卷**　(清)賀長齡輯　清光緒二十五年(1899)上海中西書局石印本　五冊　二十二行四十八字白口四周雙邊　存五十卷(一至三十、五十一至七十)

640000－1201－0000045　經一/16
**易經體注大全四卷**　(清)來爾繩纂輯　清康熙刻本　四冊　十一行二十二字小字雙行不等白口左右雙邊

640000－1201－0000046　經二/4
**尚書註疏十九卷附考證**　(漢)孔安國傳　(唐)孔穎達疏　清乾隆四十八年(1783)武英殿仿宋刻本　四冊　八行十七字小字雙行同白口四周雙邊　缺六卷(十四至十九)

640000－1201－0000047　叢二/3
**玉函山房輯佚書七百四十一卷**　(清)馬國翰輯　清同治十年(1871)濟南皇華館書局補刻本　八十冊　九行二十字小字雙行同白口四周雙邊

640000－1201－0000048　經一/26
**易準四卷**　(清)曹廷棟著　清刻本　二冊　十行二十字小字雙行同白口左右雙邊

640000－1201－0000049　經五/18
**噯經日記一卷**　(清)劉爾炘撰　清光緒三十四年(1908)甘肅高等學堂鉛印本　一冊　十行二十四字白口四周雙邊

640000－1201－0000050　經二/1
**書經體註大全合參六卷圖一卷**　(清)范翔鑒定　(清)錢希祥纂輯　清道光二十七年(1847)刻本　四冊　九行十七字小字雙行同白口四周單邊

640000－1201－0000051　經二/14
**附釋音尚書注疏二十卷**　(漢)孔安國傳　(唐)孔穎達疏　**校勘記二十卷**　(清)阮元撰　清光緒十八年(1892)湖南寶慶務本書局刻

本　六冊　十行十七字小字雙行二十三字上下黑口左右雙邊　缺六卷（附釋音尚書注疏十八至二十、校勘記十八至二十）

640000－1201－0000052　經七/5
讀書雜誌八十二卷餘編二卷　（清）王念孫撰　清同治九年（1870）金陵書局刻本　六冊　十行二十一字小字雙行同白口四周雙邊　存二十卷（逸周書雜志一至四、戰國策雜志一至三、史記雜志一至六、漢書雜志一至七）

640000－1201－0000053　經三/3
重訂詩經衍義合參集注八卷　（清）黃坤五手訂　（清）江晉雲輯著　清嘉慶二十一年（1816）崇文堂刻本　四冊　二十四行二十六字白口四周單邊

640000－1201－0000054　經二/4
書經六卷首一卷末一卷　（宋）蔡沈集傳　清光緒二十二年（1896）新化三味堂刻本　六冊　九行十七字小字雙行同白口左右雙邊

640000－1201－0000055　TC4－2/5
句曲外史集三卷　（元）張雨撰　明海虞毛氏汲古閣刻本　二冊　九行十九字小字雙行同白口左右雙邊

640000－1201－0000056　經十/14
說文廣義三卷　（清）王夫之撰　清同治四年（1865）湘鄉曾國荃金陵節署刻本　三冊　十行二十二字小字雙行同上下黑口左右雙邊

640000－1201－0000057　經二/3
欽定書經傳說彙纂二十一卷首二卷　（清）王頊齡撰　清同治十年（1871）湖北崇文書局刻本　十三冊　八行二十一字小字雙行同白口四周雙邊　缺九卷（一至九）

640000－1201－0000058　經二/4
書經六卷　（宋）蔡沈集傳　清光裕堂刻本　四冊　二十行二十七字白口四周單邊

640000－1201－0000059　經二/4－2
書經六卷　（宋）蔡沈集傳　清光緒三十四年（1908）學部圖書局石印本　六冊　九行十七字小字雙行同白口四周雙邊

640000－1201－0000060　經二/3
欽定書經傳說彙纂首二卷　（清）王頊齡撰　清同治十年（1871）湖北崇文書局刻本　一冊　十一行二十二字小字雙行同白口四周雙邊

640000－1201－0000061　經二/4
書經六卷　（宋）蔡沈集傳　清同治十年（1871）刻本　四冊　九行十七字小字雙行同白口四周雙邊

640000－1201－0000062　經二/3－2
欽定書經傳說彙纂二十一卷首二卷　（清）王頊齡撰　清同治十年（1871）湖北崇文書局刻本　十二冊　八行十八字小字雙行二十二字白口四周雙邊

640000－1201－0000063　經二/4
書經六卷　（宋）蔡沈集傳　清刻本　四冊　九行十七字小字雙行同白口四周單邊

640000－1201－0000064　經二/4
書經六卷　（宋）蔡沈集傳　清光緒十二年（1886）三義堂刻本　四冊　九行十七字小字雙行同白口四周單邊

640000－1201－0000065　經二/2
禹貢錐指二十卷略例一卷圖一卷　（清）胡渭撰　清康熙四十四年（1705）漱久軒刻本　二十冊　十一行二十一字小字雙行同白口左右雙邊

640000－1201－0000066　經二/3
欽定書經傳說彙纂二十一卷首二卷書序一卷　（清）王頊齡撰　清乾隆三年（1738）刻本　十六冊　八行十八字小字雙行二十二字白口四周雙邊

640000－1201－0000067　經二/7
易註十二卷洪範傳一卷　（清）崔致遠撰　清乾隆刻本　九冊　八行二十三字小字雙行同下黑口左右雙邊

640000－1201－0000068　經二/4
書經六卷　（宋）蔡沈集傳　清道光二十一年（1841）崇順堂刻本　六冊　九行十七字小字雙行同白口左右雙邊

640000－1201－0000069　經二/13

**書纂言四卷**　（元）吳澄撰　清刻本　四冊
十一行二十字白口左右雙邊

640000－1201－0000070　經二/18

**噯經日記一卷**　（清）劉爾炘撰　清光緒三十
年(1904)拙修山房刻本　一冊　十行二十四
字白口四周雙邊

640000－1201－0000071　經二/19

**尚書注疏二十卷**　（漢）孔安國傳　（唐）孔穎
達疏　（唐）陸德明音義　**校勘記二十卷**
（清）阮元撰　清同治十三年(1874)湖南書局
刻本　十一冊　九行二十一字雙行小字同白
口左右雙邊

640000－1201－0000072　經二/11

**書古微十二卷首一卷**　（清）魏源著　清光緒
四年(1878)淮南書局刻本　四冊　十行二十
一字小字雙行同白口左右雙邊

640000－1201－0000073　經二/5

**寄傲山房塾課纂輯書經備旨蔡註捷錄七卷**
（清）鄒聖脈輯　（清）鄒廷猷編　清文元堂石
印本　四冊　白口四周單邊

640000－1201－0000074　經二/8－2

**書經體註大全合參六卷圖說一卷**　（清）范翔
鑒定　（清）錢希祥纂輯　清雍正三年(1725)
刻本　五冊　二十行二十七字白口四周單邊

640000－1201－0000075　經二/9

**新刻書經備旨善本輯要六卷**　（清）馬大猷輯
（清）汪右衡鑒定　清光緒二十三年(1897)
益元書局刻本　六冊　九行二十四字小字雙
行同白口四周單邊

640000－1201－0000076　經二/5

**寄傲山房塾課纂輯書經備旨蔡註捷錄七卷**
（清）鄒聖脈撰　（清）鄒廷猷編　清刻本　六
冊　十一行二十字小字雙行同白口四周單邊

640000－1201－0000077　經二/2

**詩毛氏傳疏三十卷釋毛詩音四卷毛詩說一卷
毛詩傳義類一卷鄭氏箋考徵一卷**　（清）陳奐
撰　清光緒十年(1884)上海校經山房刻本

十二冊　十行二十一字小字雙行同上下黑口
左右雙邊

640000－1201－0000078　經二/6

**尚書離句六卷**　（清）錢在培輯解　（清）劉梅
垞鑒定　清刻本　一冊　十行二十四字小字
雙行同白口四周單邊

640000－1201－0000079　經二/8

**書經體注大全合參六卷**　（清）范翔鑒定
（清）錢希祥纂輯　（宋）蔡沈集傳　清刻本
四冊　九行十七字小字雙行同白口四周雙邊

640000－1201－0000080　經三/8

**詩所八卷**　（清）李光地注　清刻本　三冊
九行二十字小字雙行同白口左右雙邊

640000－1201－0000081　經三/4

**詩經八卷**　（宋）朱熹集注　清光緒十二年
(1886)湖北官書處刻本　三冊　九行十七字
小字雙行同白口四周雙邊　缺三卷(六至八)

640000－1201－0000082　經三/4

**慎詒堂詩經八卷圖說一卷**　（宋）朱熹集傳
清刻本　二冊　九行十七字小字雙行同白口
四周單邊　存四卷(一至二、四至五)

640000－1201－0000083　經三/15

**毛詩異義四卷附詩譜一卷**　（清）汪龍撰　清
光緒四年(1878)鮑肇元刻本　四冊　十行二
十一字小字雙行同白口四周雙邊

640000－1201－0000084　經三/35

**噯經日記一卷**　（清）劉爾炘撰　清光緒三十
一年(1905)刻本　一冊　十行二十一字小字
雙行同白口四周雙邊

640000－1201－0000085　經三/4

**詩經八卷圖考一卷**　（宋）朱熹集傳　清咸豐
六年(1856)稻香齋刻本　一冊　九行十七字
小字雙行同白口四周雙邊

640000－1201－0000086　經三/34

**附釋音毛詩注疏二十卷**　（漢）毛亨撰　（漢）
鄭玄箋　（唐）陸德明音義　（唐）孔穎達疏
**校勘記二十卷**　（清）阮元撰　清光緒十九年

(1893)陝甘味經刊書處刻本　三十二冊　十行二十一字小字雙行同白口四周雙邊

640000－1201－0000087　經一/8

**丙子學易編一卷**　(宋)李心傳撰　**易學啟蒙小傳一卷**　(宋)稅與權撰　清康熙十九年(1680)通志堂刻本　一冊　十行二十字白口左右雙邊

640000－1201－0000088　經三/4

**詩經八卷首一卷**　(宋)朱熹集傳　清光緒三十四年(1908)西學務公所圖書局鉛印本　四冊　九行二十二字小字雙行同白口四周雙邊

640000－1201－0000089　經三/4

**詩集傳八卷**　(宋)朱熹集傳　清刻本　四冊　九行十七字小字雙行同白口四周單邊　存五卷(一至五)

640000－1201－0000090　經三/4

**詩經八卷首一卷附詩序辨一卷**　(宋)朱熹集傳　清光緒十三年(1887)刻本　四冊　九行十七字小字雙行同下黑口四周單邊

640000－1201－0000091　經四/17

**御纂七經五種二百四十六卷**　(清)聖祖玄燁撰　清光緒三十年(1904)上海育文書局石印本　十九冊　二十四行五十四字小字雙行同白口四周單邊

640000－1201－0000092　經三/6

**詩地理考四卷**　(宋)王應麟著　清刻本　三冊　九行十九字小字雙行同白口左右雙邊

640000－1201－0000093　史一/23

**舊五代史一百五十卷目録二卷附考證**　(宋)薛居正等撰　清同治十一年(1872)湖北崇文書局刻本　十六冊　十二行二十五字小字雙行不等白口四周雙邊

640000－1201－0000094　經三/5

**御纂詩義折中二十卷**　(清)傅恒等撰　清乾隆二十年(1755)刻本　八冊　八行十九字白口四周雙邊

640000－1201－0000095　經三/26

**詩經體註大全合參八卷**　(清)高朝瓔撰　清刻本　四冊　九行十七字小字雙行不等白口四周單邊

640000－1201－0000096　經三/5

**御纂詩義折中二十卷**　(清)傅恒等撰　清乾隆二十年(1755)刻本　十冊　九行二十字小字雙行同白口四周雙邊

640000－1201－0000097　經三/7

**欽定詩經傳說彙纂二十一卷首二卷詩序二卷**　(清)王鴻緒等撰　清同治十年(1871)湖北崇文書局刻本　十八冊　八行二十一字小字雙行同白口四周雙邊

640000－1201－0000098　經三/5

**御纂詩義折中二十卷**　(清)傅恒等撰　清刻本　十冊　九行二十一字白口左右雙邊

640000－1201－0000099　經三/7

**欽定詩經傳說彙纂二十一卷首二卷詩序二卷**　(清)王鴻緒等撰　清尊經閣刻本　二十三冊　八行二十二字小字雙行同白口四周雙邊　缺一卷(欽定詩經傳說匯纂一)

640000－1201－0000100　經三/12

**毛詩傳箋三十卷**　(漢)毛亨傳　(漢)鄭玄箋　清同治十一年(1872)五雲堂刻本　四冊　九行二十二字小字雙行同白口左右雙邊

640000－1201－0000101　經三/11

**毛詩復古録十二卷首一卷**　(清)吳懋清　(清)陳喬森撰　清光緒二十年(1894)廣州學使者署刻本　六冊　十一行二十二字小字雙行同上下黑口左右雙邊

640000－1201－0000102　經三/27

**詩考異字箋餘十四卷**　(清)周邵蓮撰　清光緒中德化李氏木犀軒刻本　一冊　十一行十九字上下黑口四周雙邊

640000－1201－0000103　經三/9

**詩經八卷**　(宋)朱熹撰　清同治十年(1871)刻本　四冊　十七行十七字小字雙行同白口四周雙邊

640000－1201－0000104　　經三/20

**毛詩讀三十卷**　（清）王劼撰　清咸豐五年(1855)成都刻本　十冊　十行二十一字小字雙行同上下黑口左右雙邊

640000－1201－0000105　　經三/36

**詩傳旁通十五卷**　（元）梁益撰　**三續千字文注一卷**　（宋）葛剛正撰　清光緒二十三年(1897)武進盛氏刻本　二冊　十四行二十五字上下黑口左右雙邊

640000－1201－0000106　　經三/19

**詩經集解二十卷**　（清）陳宗舜編輯　清光緒三十四年(1908)鉛印本　六冊　行數不等二十五字小字雙行四十字白口四周雙邊

640000－1201－0000107　　經三/24

**詩毛氏傳疏三十卷**　（清）陳奐撰　清光緒十年(1884)校經山房刻本　十冊　上下黑口左右雙邊

640000－1201－0000108　　經三/37

**陳氏毛詩五種**　（清）陳奐撰　清道光、咸豐間吳門南園陳氏掃葉山莊刻本　一冊　十行二十一字小字雙行同上下黑口左右雙邊　存二種

640000－1201－0000109　　經三/25

**詩序廣義二十四卷**　（清）姜炳璋輯　清嘉慶二十年(1815)尊行堂刻本　八冊　十一行二十二字小字雙行同白口左右雙邊

640000－1201－0000110　　集四/3

**文心雕龍十卷**　（南朝梁）劉勰撰　（清）黃叔琳注　（清）紀昀評　清道光十三年(1833)兩廣節署朱墨套印本　四冊　十行二十一字小字雙行同白口左右雙邊

640000－1201－0000111　　集三/(52)5

**古唐詩合解十二卷**　（清）王堯衢注　清刻本　一冊　九行二十四字小字雙行同白口四周單邊　存二卷(十一至十二)

640000－1201－0000112　　經八/47

**日講四書解義二十六卷**　（清）喇沙里　（清）陳廷敬撰　清刻本　十二冊　九行十八字上

下黑口四周雙邊

640000－1201－0000113　　經四/2

**五禮通考二百六十二卷總目二卷首四卷**　（清）秦蕙田撰　清光緒六年(1880)江蘇書局刻本　一百冊　十三行二十一字小字雙行三十二字白口左右雙邊

640000－1201－0000114　　經三/32

**詩經恆解六卷**　（清）劉沅輯　清咸豐十年(1860)致福樓刻本　六冊　十一行二十四字小字雙行同白口左右雙邊

640000－1201－0000115　　經三/30

**詩考一卷**　（宋）王應麟撰　清光緒刻本　一冊　十行二十字小字雙行二十字白口左右雙邊

640000－1201－0000116　　經三/31

**毛詩禮徵十卷**　（清）包世榮述　清光緒中德化李氏木犀軒刻本　四冊　十一行二十一字小字雙行同上下黑口左右雙邊

640000－1201－0000117　　經四/3

**儀禮章句十七卷**　（清）吳廷華撰　清乾隆二十二年(1757)三讓堂刻本　四冊　十行二十一字小字雙行同白口左右雙邊

640000－1201－0000118　　TC4-2/6

**南邨詩集四卷**　（元）陶宗儀撰　明崇禎常熟海虞毛氏汲古閣刻本　三冊　九行十九字小字雙行同白口左右雙邊

640000－1201－0000119　　經四/2

**五禮通考二百六十二卷總目二卷首四卷**　（清）秦蕙田撰　清乾隆刻本　六十九冊　十三行二十一字小字雙行三十二字白口左右雙邊

640000－1201－0000120　　經四/3

**儀禮十七卷**　（漢）鄭玄注　（唐）陸德明音義　清光緒十二年(1886)湖北官書處刻本　四冊　九行十七字小字雙行同白口四周雙邊

640000－1201－0000121　　經四/2

**五禮通考二百六十二卷總目二卷首四卷**

（清）秦蕙田編輯　（清）方觀承訂　清光緒二十二年（1896）新化三味堂刻本　一百二十冊　十三行二十一字小字雙行三十二字白口左右雙邊

640000－1201－0000122　經四/6

**禮記集說十卷**　（元）陳澔集說　清同治十年（1871）刻本　十冊　九行十七字小字雙行同白口左右雙邊

640000－1201－0000123　經四/6

**禮記集說十卷**　（元）陳澔集說　清光緒十二年（1886）湖北官書處刻本　十冊　九行十七字小字雙行同白口四周雙邊

640000－1201－0000124　經四/8

**讀禮通考一百二十卷**　（清）徐乾學撰　清光緒七年（1881）江蘇書局刻本　三十二冊　十三行二十一字小字雙行三十一字白口左右雙邊

640000－1201－0000125　經四/8

**讀禮通考一百二十卷**　（清）徐乾學纂　清光緒七年（1881）江蘇書局刻本　三十二冊　十三行二十一字小字雙行三十一字白口左右雙邊

640000－1201－0000126　經四/8

**讀禮通考一百二十卷**　（清）徐乾學撰　清康熙三十五年（1696）刻本　三十冊　十三行二十一字小字雙行三十二字白口左右雙邊

640000－1201－0000127　經四/9

**周禮六卷**　（漢）鄭玄注　（唐）陸德明音義　清宣統元年（1909）學部圖書局石印本　六冊　九行十七字小字雙行同白口四周單邊

640000－1201－0000128　經四/9

**周禮六卷**　（漢）鄭玄注　（唐）陸德明音義　清同治十三年（1874）湖南書局刻本　六冊　十二行二十五字小字雙行同白口左右雙邊

640000－1201－0000129　經四/9

**周禮十二卷**　（漢）鄭玄注　清光緒十二年（1886）湖北官書處刻本　六冊　九行十七字小字雙行同白口四周雙邊

640000－1201－0000130　經四/9

**周禮六卷**　（清）黃叔琳輯　清嘉慶刻本　二冊　九行十九字小字雙行二十八字白口左右雙邊

640000－1201－0000131　經四/9

**文公家禮儀節八卷**　（宋）朱熹編　（明）丘濬輯　清文盛堂刻本　二冊　九行二十八字小字雙行同白口四周單邊　存二卷（一、三）

640000－1201－0000132　經四/1

**禮記訓纂四十九卷**　（清）朱彬輯　清宣統元年（1909）學部圖書局石印本　十冊　九行二十二字小字雙行同白口左右雙邊

640000－1201－0000133　經四/15

**禮經會元四卷**　（宋）葉時撰　清乾隆五十二年（1787）桐柏山房刻本　四冊　九行二十字白口左右雙邊

640000－1201－0000134　經四/11

**儀禮注疏十七卷**　（漢）鄭玄注　（唐）賈公彥疏　（唐）陸德明音義　**校勘記十七卷**　（清）阮元校勘　清同治十三年（1874）湖南書局刻本　二十一冊　九行二十一字小字雙行同白口左右雙邊

640000－1201－0000135　經四/13

**春秋經傳集解三十卷首一卷**　（晉）杜預撰　（唐）陸德明音義　（宋）林堯叟附注　（清）馮李驊增訂　清刻本　十一冊　八行二十字小字雙行同白口左右雙邊　缺十一卷（二至六、二十五至三十）

640000－1201－0000136　經四/12

**漱芳軒合纂禮記體注四卷**　（清）范翔參訂　（清）朱光斗等校　清刻本　四冊　十八行二十三字白口四周單邊

640000－1201－0000137　經四/13

**禮記增訂旁訓六卷**　（清）徐立剛輯　清匠門書屋刻本　六冊　七行二十字小字雙行同白口四周單邊

640000－1201－0000138　經四/12

**漱芳軒合纂禮記體註四卷**　（清）范翔參訂

（清）朱光斗等校　清乾隆五十五年(1790)刻本　四冊　十八行二十三字白口四周單邊

640000－1201－0000139　經四/14
周禮精華六卷　（清）陳龍標輯　清嘉慶十三年(1808)刻本　六冊　七行二十字小字雙行同白口四周雙邊

640000－1201－0000140　經四/10
三禮約編喈鳳十九卷　（清）汪基撰抄　（清）江永校纂　（清）陳士謙參訂　清道光二十三年(1843)崇順堂刻本　七冊　十一行二十字小字雙行同白口四周單邊　存十卷(一至十)

640000－1201－0000141　經四/25
大戴禮記補注十三卷序録一卷　（清）孔廣森撰　清同治十三年(1874)淮南書局刻本　四冊　十行二十字小字雙行同白口左右雙邊

640000－1201－0000142　經四/24
周官精義十二卷　（清）連斗山編　清刻本　六冊　九行二十三字小字雙行同白口左右雙邊

640000－1201－0000143　經四/11
欽定禮記義疏八十二卷首一卷　（清）允禄等纂　清刻本　二十七冊　十一行二十四字小字雙行同白口左右雙邊　存四十八卷(一至四十八)

640000－1201－0000144　經四/22
儀禮古今文疏義十七卷　（清）胡承珙撰　清光緒三年(1877)湖北崇文書局刻本　四冊　十二行二十四字小字雙行同上下黑口四周雙邊

640000－1201－0000145　經四/18
周禮集解六卷　（清）黃璟編輯　清嘉慶二十三年(1818)刻本　四冊　九行二十二字小字雙行同白口四周雙邊

640000－1201－0000146　集二/(57)386
陳比部遺書三卷　（清）陳壽祺撰　清同治、光緒間吳縣潘氏京師刻本　一冊　十行二十一字上下黑口左右雙邊

640000－1201－0000147　經四/23
周禮正義八十六卷　（清）孫詒讓撰　清光緒三十一年(1905)鉛印本　十二冊　十二行三十二字小字雙行三十七字上下黑口四周單邊

640000－1201－0000148　叢一/55
微波榭叢書十種三十一卷　（清）孔繼涵輯　清乾隆曲阜孔氏刻本　八冊　十行二十一字小字雙行不等白口四周雙邊

640000－1201－0000149　經四/21
禮記二十卷　（漢）鄭玄注　清乾隆四十八年(1783)武英殿仿宋刻本　十冊　八行十七字小字雙行同白口四周雙邊

640000－1201－0000150　經四/20
儀禮圖六卷　（清）張惠言述　清同治九年(1870)楚北崇文書局刻本　三冊　白口四周雙邊

640000－1201－0000151　經四/16
禮記約編十卷　（清）汪基撰　（清）江永校纂　（清）叔熙閱訂　清刻本(卷十第三十四葉為補配)　三冊　九行十八字小字雙行同白口四周單邊　存七卷(一至三、七至十)

640000－1201－0000152　經四/26
周官精義十二卷　（清）連斗山編次　清嘉慶十八年(1813)經餘堂刻本　三冊　九行二十三字小字雙行同白口左右雙邊

640000－1201－0000153　經四/35
東巖周禮訂義八十卷首一卷　（宋）王與之撰　清刻本　六冊　十三行二十三字小字雙行三十四字白口左右雙邊　存二十九卷(一至二十八、首一卷)

640000－1201－0000154　經四/11
儀禮註疏十七卷　（漢）鄭玄注　（唐）賈公彦疏　明崇禎九年(1636)毛氏汲古閣刻本　十二冊　九行二十一字小字雙行同白口左右雙邊

640000－1201－0000155　經四/30
欽定周官義疏四十八卷首一卷　（清）鄂爾泰等撰　清同治十年(1871)湖北崇文書局刻本

二十八冊 八行十八字小字雙行二十二字
白口四周雙邊

640000－1201－0000156 經四/32

**周禮折中六卷** （漢）鄭玄注 （唐）賈公彥疏
（清）胡興粢重訂 清晚翠堂刻本 六冊
九行二十字小字雙行同白口四周單邊

640000－1201－0000157 經四/11

**儀禮十七卷** （漢）鄭玄注 （清）張爾岐句讀
清宣統元年(1909)學部圖書局石印本 一
冊 九行十七字小字雙行同白口四周單邊
存一卷(十一)

640000－1201－0000158 集三/93－2

**文選考異十卷** （清）胡克家撰 清刻本 一
冊 十行二十二字小字雙行同白口左右雙邊
存三卷(五至七)

640000－1201－0000159 經四/31

**周禮政要二卷** （清）孫詒讓著 清光緒二十
八年(1902)武昌刻本 二冊 十行二十一字
上白口下紅口四周單邊

640000－1201－0000160 集三/93－3

**文選考異十卷** （清）胡克家撰 清刻本 一
冊 十行二十二字小字雙行同白口左右雙邊
存三卷(五至七)

640000－1201－0000161 集三/(52)5－3

**古唐詩合解十二卷附古詩四卷** （清）王堯衢
注 清刻本 四冊 九行二十四字小字雙行
同白口四周單邊

640000－1201－0000162 經四/33

**欽定儀禮義疏四十八卷首二卷** （清）鄂爾泰
等著 清刻本 二十八冊 十一行二十四字
小字雙行同白口左右雙邊

640000－1201－0000163 經四/46

**儀禮釋宮一卷** （宋）李如圭撰 清刻本 一
冊 十行二十字小字雙行同白口四周雙邊

640000－1201－0000164 經四/8

**讀禮通考一百二十卷** （清）徐乾學撰 清光
緒二十四年(1898)新化三味堂刻本 四十冊

十三行二十一字小字雙行三十一字白口左
右雙邊

640000－1201－0000165 TC9－3/36

**撫夏奏議二卷** （明）黃嘉善撰 清抄本 二
冊 八行十八字

640000－1201－0000166 經四/37

**輪輿私箋二卷附圖一卷** （清）鄭珍撰 （清）
鄭知同繪 清同治七年(1868)獨山莫氏金陵
刻本 一冊 十行二十二字小字雙行同上下
黑口左右雙邊

640000－1201－0000167 經五/2

**春秋左傳注疏校勘記六十卷** （清）阮元撰
清同治十三年(1874)湖南書局刻本 六冊
九行二十一字小字雙行同白口左右雙邊

640000－1201－0000168 經四/17

**御纂七經** （清）聖祖玄燁撰 清同治六年
(1867)浙江書局刻本 一百三十三冊 十一
行二十四字小字雙行同白口左右雙邊

640000－1201－0000169 經四/46

**禮記大全傳本二卷** （清）胡瑤光輯 清刻本
一冊 十行二十字小字雙行同白口四周單
邊 存一卷(一)

640000－1201－0000170 經八/16

**四書集註十九卷字辨一卷句辨一卷** （宋）朱
熹集註 清同治六年(1867)湖北崇文書局刻
本 六冊 九行十七字小字雙行同白口四周
雙邊

640000－1201－0000171 TC5－2/4－2

**元詩選癸集十卷** （清）顧嗣立輯 （清）席世
臣增補 清嘉慶三年(1798)南沙席世臣刻本
十一冊 十三行二十三字小字雙行不等白
口左右雙邊

640000－1201－0000172 經四/41

**車制通考二卷** （清）黃以周撰 清刻本 一
冊 十行二十一字上黑口四周雙邊

640000－1201－0000173 經五/8

**春秋左傳十八卷** （晉）杜預注釋 （唐）陸德

明音義　(明)鍾惺評點　清刻本　十六冊
十行二十字小字雙行同白口左右雙邊

640000－1201－0000174　經五/3
**春秋左傳杜注三十卷首一卷**　(清)姚培謙撰
　清光緒九年(1883)江南書局刻本　十冊
十一行二十二字小字雙行同上下黑口左右
雙邊

640000－1201－0000175　經五/8
**春秋左傳三十卷首一卷**　(晉)杜預注　(宋)
林堯叟附注　(唐)陸德明音釋　(清)馮李驊
集解　清光緒十二年(1886)湖北官書處刻本
　十二冊　九行十七字小字雙行同白口四周
雙邊

640000－1201－0000176　經五/2
**附釋音春秋左傳注疏六十卷附校勘記**　(唐)
孔穎達撰　(唐)陸德明釋文　清同治十二年
(1873)江西書局刻本　二十四冊　十行十七
字小字雙行二十三字上下黑口左右雙邊　存
四十四卷(一至四十四)

640000－1201－0000177　經五/16
**春秋繁露十七卷附錄一卷**　(漢)董仲舒著
清刻本　四冊　九行十八字小字雙行同白口
四周雙邊

640000－1201－0000178　史一/16
**元史二百十卷目錄二卷附考證**　(明)宋濂等
修　清同治十三年(1874)江蘇書局刻本　三
十冊　十二行二十五字小字雙行同白口左右
雙邊

640000－1201－0000179　經五/12
**春秋穀梁傳十二卷**　(晉)范寧集解　(唐)陸
德明音義　清光緒十二年(1886)湖北官書處
刻本　四冊　九行十七字小字雙行同白口四
周雙邊

640000－1201－0000180　經五/22
**春秋穀梁傳二十卷**　(晉)范寧集解　(唐)陸
德明音義　清同治十年(1871)刻本　六冊
十行二十一字小字雙行同白口左右雙邊

640000－1201－0000181　經五/26

**春秋傳說從長十二卷**　(清)阮芝生撰　清光
緒十三年(1887)抄本　六冊　十行十九字上
下黑口四周單邊

640000－1201－0000182　經五/13
**春秋經傳集解三十卷首一卷**　(晉)杜預撰
(唐)陸德明音義　(宋)林堯叟附註　(清)
馮李驊增訂　清嘉慶十六年(1811)崇義書院
刻本　十二冊　十行二十字小字雙行同白口
四周單邊

640000－1201－0000183　集二(57)/215
**茶香室經說十六卷**　(清)俞樾撰　清光緒十
四年(1888)刻本　六冊　十行二十一字白口
左右雙邊

640000－1201－0000184　經五/24
**左繡三十卷首一卷**　(清)馮李驊輯　(清)陸
浩評　清刻本　十二冊　八行二十字小字雙
行同白口左右雙邊

640000－1201－0000185　經五/34
**春秋左氏古義六卷**　(清)臧壽恭述　清同治
十三年(1874)刻本　二冊　八行二十字小字
雙行十九字白口左右雙邊

640000－1201－0000186　史一/18
**明史三百三十二卷目錄四卷**　(清)張廷玉等
撰　清光緒三年(1877)湖北崇文書局刻本
四十八冊　十二行二十五字白口四周雙邊

640000－1201－0000187　經五/5
**御纂春秋直解十二卷**　(清)傅恒纂　清刻本
　八冊　八行二十字白口四周單邊

640000－1201－0000188　經五/35
**春秋左傳詁二十卷**　(清)洪亮吉撰　清刻本
　二冊　十一行二十二字小字雙行同上下黑
口左右雙邊　存四卷(七至十)

640000－1201－0000189　經五/28
**欽定春秋傳說彙纂三十八卷首二卷**　(清)王
掞等纂　清同治十年(1871)湖北崇文書局刻
本　二十冊　八行十七字小字雙行二十二字
白口四周雙邊

640000－1201－0000190　經五/5

**御纂春秋直解十二卷** （清）傅恒纂　清刻本
　八冊　八行二十字白口四周雙邊

640000－1201－0000191　經五/9

**春秋十六卷首一卷附陸氏三傳釋文音義一卷**
　（唐）陸德明撰　（清）□□輯　清同治十年
（1871）刻本　十四冊　九行十七字小字雙行
同白口四周雙邊

640000－1201－0000192　經五/30

**春秋大旨提綱表四卷** （清）劉爾炘撰　清光
緒三十四年（1908）甘肅高等學堂刻本　二冊
　行數不等四十三字小字雙行同白口左右
雙邊

640000－1201－0000193　經五/6

**左傳舊疏考證八卷** （清）劉文淇撰　清光緒
三年（1877）湖北崇文書局刻本　四冊　十二
行二十四字小字雙行同上下黑口四周雙邊

640000－1201－0000194　經五/30

**春秋大旨提綱表四卷** （清）劉爾炘撰　清光
緒三十四年（1908）甘肅高等學堂刻本　二冊
　行數不等四十三字小字雙行同白口左右
雙邊

640000－1201－0000195　經五/6

**春秋公羊經傳解詁十二卷** （漢）何休撰　清
光緒二十五年（1899）味經刊書處刻本　四冊
　九行二十二字小字雙行同白口左右雙邊

640000－1201－0000196　經五/22

**春秋穀梁傳注疏二十卷** （晉）范寧集解
（唐）楊士勛疏　清刻本　六冊　九行二十一
字小字雙行同白口四周單邊

640000－1201－0000197　TC5－2/2

**東觀餘論二卷附錄一卷** （宋）黃伯思撰
（明）毛晉訂　明毛氏汲古閣刻本　二冊　八
行十九字白口左右雙邊

640000－1201－0000198　經五/12

**春秋公羊傳十一卷** （漢）何休撰　（唐）陸德
明音義　清同治七年（1868）湖北崇文書局刻
本　四冊　九行十七字小字雙行同白口四周

雙邊

640000－1201－0000199　史二/3－2

**續資治通鑑二百二十卷** （清）畢沅編集　清
刻本　十四冊　十行二十一字小字雙行同白
口四周雙邊　存四十五卷（一百三十一至一
百七十五）

640000－1201－0000200　經七/1

**經義述聞三十二卷** （清）王引之撰　清道光
七年（1827）刻本　十六冊　十行二十一字小
字雙行同白口左右雙邊

640000－1201－0000201　經七/2

**七經精義三種十五卷** （清）黃淦撰　清嘉慶
十六年（1811）刻本　六冊　九行二十字小字
雙行同白口四周雙邊

640000－1201－0000202　經五/8

**春秋左傳三十卷首一卷** （晉）杜預注　（唐）
陸德明音釋　（宋）林堯叟附注　（清）馮李驊
集解　清光緒十二年（1886）湖北官書處刻本
　十二冊　九行十七字小字雙行同白口四周
雙邊

640000－1201－0000203　經八/28

**論語正義二十四卷** （清）劉寶楠撰　清同治
五年（1866）刻本　六冊　十行二十三字小字
雙行同上黑口左右雙邊

640000－1201－0000204　經七/1－3

**經義述聞三十二卷** （清）王引之撰　清道光
七年（1827）刻本　二十四冊　十行二十一字
小字雙行同白口四周雙邊

640000－1201－0000205　經六/4

**孝經注疏校勘記九卷** （清）阮元撰　清同治
十三年（1874）湖南書局刻本　一冊　九行二
十一字小字雙行同白口左右雙邊

640000－1201－0000206　經七/4

**縮本精選經藝淵海** （清）常安室主人編　清
光緒十九年（1893）鴻寶齋石印本　十四冊
行數不等字數不等白口

640000－1201－0000207　經六/4

**孝經注疏校勘記三卷附釋文校勘記一卷**
(清)阮元撰　清光緒二十四年(1898)蘇州官書坊刻本　一冊　十行二十三字小字雙行同上下黑口四周單邊

640000－1201－0000208　經七/6

**經傳釋詞十卷**　(清)王引之撰　清嘉慶二十四年(1819)刻本　四冊　十行二十一字小字雙行同白口四周雙邊

640000－1201－0000209　史一/35－2

**皇朝中外一統輿圖三十一卷**　(清)嚴樹森編　清刻本　一冊　白口四周雙邊　存三卷(南八至十)

640000－1201－0000210　經八/28

**論語正義二十四卷**　(清)劉寶楠學　清同治五年(1866)刻本　六冊　十行二十三字小字雙行四十六字白口左右雙邊

640000－1201－0000211　經五/8

**欽定春秋左傳讀本三十卷**　(清)英和等撰　(清)黃鉞輯　清同治十一年(1872)刻本　十冊　九行十七字小字雙行同白口左右雙邊

640000－1201－0000212　經八/25

**四書注說參證七卷**　(清)胡清煦撰　清刻本　一冊　九行二十一字小字雙行同上下黑口左右雙邊

640000－1201－0000213　TC5－3/7

**國語三君注輯存四卷國語發正二十一卷國語明道本考異四卷**　(清)汪遠孫撰　清道光二十六年(1846)錢塘汪氏振綺堂刻本　六冊　十行二十一字小字雙行不等白口左右雙邊

640000－1201－0000214　經六/5

**孝經一卷**　(明)陳選集注　清同治十年(1871)刻本　一冊　九行十七字小字雙行同白口四周單邊

640000－1201－0000215　經五/6

**春秋公羊傳十一卷**　(漢)何休學　(唐)陸德明音義　清光緒二十一年(1895)刻本　四冊　九行十七字小字雙行同白口四周單邊

640000－1201－0000216　TC10－2/5

**字彙十二卷首一卷**　(明)梅膺祚音釋　明萬曆懷德堂刻本　十二冊　八行十二字小字雙行二十四字白口左右雙邊　缺一卷(四)

640000－1201－0000217　經八/33

**四書解義五種七卷**　(清)李光地著　清康熙六十一年(1722)居業堂刻本　二冊　十一行二十字白口四周單邊

640000－1201－0000218　經五/10

**春秋歸義十二卷**　(明)賀仲軾著　(明)張縉彥　(清)范印心評　清道光八年(1828)刻本　十二冊　九行二十字小字雙行同白口四周雙邊

640000－1201－0000219　TC4－3/2

**貴耳集三卷**　(宋)張端義撰　(明)毛晉訂　明毛氏汲古閣刻本　一冊　八行十九字白口左右雙邊

640000－1201－0000220　經八/27－2

**四書恒解十四卷**　(清)劉沅輯註　清光緒十年(1884)豫誠堂刻本　十冊　十行二十字小字雙行同白口四周雙邊

640000－1201－0000221　經五/29

**春秋左傳注疏六十卷**　(晉)杜預注　(唐)陸德明音義　(唐)孔穎達疏　校勘記　(清)阮元校勘　清同治十三年(1874)湖南書局刻本　三十八冊　九行二十一字小字雙行同白口左右雙邊

640000－1201－0000222　經五/10

**欽定春秋傳說彙纂三十八卷首二卷**　(清)王掞等纂　清刻本　二十四冊　八行十七字小字雙行二十二字白口四周雙邊

640000－1201－0000223　經八/35

**大學古本質言一卷**　(清)劉沅著　清光緒十七年(1891)平遙李氏刻本　一冊　十一行二十一字上下黑口左右雙邊

640000－1201－0000224　經八/41

**小學稽業五卷大學辨業四卷**　(清)李塨撰　清光緒刻本　一冊　十一行二十九字白口四

周單邊

640000－1201－0000225　經五/11
**春秋經傳集解三十卷首一卷** （晉）杜預撰 （唐）陸德明音義 （宋）林堯叟附註 （清）馮李驊增訂 清道光五年（1825）華山書屋刻本 十二冊 八行二十字小字雙行同白口四周單邊

640000－1201－0000226　經五/12
**春秋穀梁傳十二卷** （晉）范寧集解 （唐）陸德明音義 清光緒二十二年（1896）新化三味堂刻本 二冊 十一行二十四字小字雙行同上下黑口左右雙邊

640000－1201－0000227　經五/12－2
**春秋穀梁傳音訓不分卷** （清）楊國楨撰 清道光十年（1830）刻本 二冊 七行二十二字白口四周單邊

640000－1201－0000228　經八/37
**孟子注疏校勘記十四卷** （清）阮元撰 清同治十三年（1874）湖南書局刻本 二冊 九行二十一字小字雙行同白口左右雙邊

640000－1201－0000229　經八/36
**駁呂留良四書講義八卷** （清）朱軾等撰 清刻本 八冊 九行二十一字小字雙行同白口四周雙邊

640000－1201－0000230　經七/21
**稽古日鈔八卷** （清）張方湛等輯 清乾隆二十九年（1764）秋曉山房刻本 二冊 十行二十四字小字雙行同白口左右雙邊

640000－1201－0000231　經七/5
**讀書雜誌八十二卷餘編二卷** （清）王念孫撰 清刻本 二十四冊 十行二十一字小字雙行同白口四周雙邊

640000－1201－0000232　經七/22
**經典釋文三十卷** （唐）陸德明撰 清同治十年（1871）粵秀山文瀾閣刻本 十二冊 十一行二十二字小字雙行同上下黑口四周單邊

640000－1201－0000233　經七/5

640000－1201－0000233　經七/5
**讀書雜誌八十二卷餘編二卷** （清）王念孫撰 清同治九年（1870）金陵書局刻本 二十四冊 十行二十一字小字雙行同白口四周雙邊

640000－1201－0000234　史一/25
**三國志六十五卷** （晉）陳壽撰 明海虞毛氏汲古閣刻本 十一冊 十二行二十五字小字雙行三十七字白口左右雙邊 缺四卷（九至十二）

640000－1201－0000235　經七/6－2
**經傳釋詞十卷** （清）王引之撰 清嘉慶二十四年（1819）刻本 六冊 十行二十一字小字雙行四十二字白口四周雙邊

640000－1201－0000236　經八/10
**四書集注十九卷** （宋）朱熹集註 清同治十年（1871）刻本 六冊 九行十七字小字雙行同白口四周雙邊

640000－1201－0000237　經七/20
**六藝論疏證一卷魯禮禘祫義疏證一卷** （清）皮錫瑞著 清光緒二十五年（1899）善化皮氏刻師伏堂叢書本 一冊 十一行二十四字小字雙行同上下黑口左右雙邊

640000－1201－0000238　經一/86
**四書引左彙解十卷** （清）蕭榕年撰 （清）謝宜發 （清）王鍾泰校訂 清乾隆三十九年（1774）謙牧堂刻本 四冊 八行二十字小字雙行同白口四周雙邊

640000－1201－0000239　經八/44
**論語十卷** （宋）朱熹集註 清光緒元年（1875）湖北崇文書局刻本 二冊 九行十七字小字雙行同白口四周雙邊

640000－1201－0000240　經七/18
**癸巳類稿十五卷** （清）俞正燮撰 清道光十三年（1833）求日益齋刻本 八冊 十二行二十四字白口四周雙邊

640000－1201－0000241　經五/16
**董子春秋繁露十七卷附錄一卷** （漢）董仲舒撰 清光緒二年（1876）浙江書局刻本 二冊 白口左右雙邊

640000－1201－0000242　經八/53

果齋一隙記四卷　（清）劉爾炘撰　清宣統二年(1910)隴右樂善書局刻本　二冊　十行二十四字下黑口四周雙邊

640000－1201－0000243　經五/16

春秋繁露十七卷附錄一卷　（漢）董仲舒著　（明）孫鑛評　清康熙二十七年(1688)刻本　四冊　九行二十字白口四周單邊

640000－1201－0000244　經七/39

經訓約編十二種十三卷　（清）盛元珍撰　清刻本　九冊　白口四周雙邊

640000－1201－0000245　TC5－4/1

昭代叢書甲集五十卷乙集五十卷　（清）張潮輯　清康熙三十六年(1697)詒清堂刻本　三十二冊　九行二十字白口四周單邊

640000－1201－0000246　經五/16

春秋繁露十七卷附錄一卷漢廣川董子集一卷下馬陵詩文集二卷　（漢）董仲舒撰　（明）孫鑛評　清康熙二十七年(1688)刻本　六冊　九行二十字白口四周單邊

640000－1201－0000247　經八/43

論語淺解四卷　（清）喬松年撰　清光緒四年(1878)強恕堂刻本　四冊　十行二十二字白口四周雙邊

640000－1201－0000248　志四三/4

[乾隆]直隸秦州新志十二卷首一卷末一卷　（清）費廷珍修　（清）胡釴編次　清乾隆二十九年(1764)刻本　四冊　九行二十字小字雙行同白口四周雙邊　存七卷（一至六、首一卷）

640000－1201－0000249　經八/5

論語訓二卷　王闓運撰　清光緒十七年(1891)刻本　二冊　八行十七字小字雙行同白口四周雙邊

640000－1201－0000250　史十四/46

金石錄三十卷　（宋）趙明誠撰　清光緒三十一年(1905)仁和朱氏刻本　四冊　九行二十一字小字雙行同上下黑口左右雙邊　缺七卷（二十四至三十）

640000－1201－0000251　經五/30

四書二十八卷　（宋）朱熹撰　清光緒三十三年(1907)學部圖書局石印本　八冊　八行十七字白口四周雙邊　缺十四卷(論語子罕、鄉黨、先進、顏淵，孟子梁惠王上下、离娄上下、万章上下、告子上下、尽心上下)

640000－1201－0000252　經八/7

中庸一卷　（宋）朱熹撰　清光緒三十三年(1907)學部圖書局石印本　一冊　八行十七字白口四周雙邊

640000－1201－0000253　經八/11

四書文言二十卷　（清）劉一峰撰　（清）劉臺星編次　（清）劉士采校定　（清）羅光成校　清乾隆二十八年至嘉慶十七年(1763－1812)刻本　六冊　十行十八字白口四周單邊

640000－1201－0000254　經七/1

經義述聞三十二卷　（清）王引之撰　清道光七年(1827)京師壽藤書屋刻本　二十七冊　十行二十一字小字雙行同白口左右雙邊

640000－1201－0000255　經七/24

石經考三卷　（清）劉傳瑩輯　清光緒十二年(1886)沌城黃氏試館刻本　一冊　八行十七字小字雙行同上黑口四周雙邊

640000－1201－0000256　經八/12

四書體註十九卷　（清）范翔撰　清慎詒堂刻本　六冊　九行十七字小字雙行同白口四周單邊

640000－1201－0000257　經七/23

經學通論五卷　（清）皮錫瑞撰　清光緒三十三年(1907)思賢書局刻本　五冊　十二行二十五字白口左右雙邊

640000－1201－0000258　經七/1

經義述聞不分卷　（清）王引之撰　清嘉慶二年(1797)刻本　四冊　十行二十一字小字雙行同白口四周雙邊

640000－1201－0000259　經十/73

**爾雅蒙求二卷**　(清)李枝式撰　清光緒五年(1879)深柳書屋刻本　二冊　四行十字白口四周單邊

640000－1201－0000260　TC5－3/1
**針灸大成十卷**　(明)楊繼洲撰　(清)章廷珪修　清紫文閣刻本　十冊　十行二十二字小字雙行同白口左右雙邊

640000－1201－0000261　經七/9
**東塾讀書記二十五卷**　(清)陳澧撰　清光緒二十四年(1898)紉蘭書館刻本　五冊　十二行二十四字小字雙行同上下黑口四周單邊　缺十卷(十三至十四、十七至二十、二十二至二十五)

640000－1201－0000262　經十/56
**新刊校正增補圓機詩韻活法全書十四卷詩學全書二十四卷**　(明)王世貞增校　(明)蔣先庚重訂　清刻本　六冊　十一行字數不等小字雙行不等白口四周雙邊　存十一卷(詩韻活法全書一至四、詩學十八至二十四)

640000－1201－0000263　經五/18
**喫經日記春秋一卷**　(清)劉爾炘撰　清光緒三十四年(1908)甘肅高等學堂鉛印本　一冊　十行二十四字白口四周雙邊

640000－1201－0000264　經十/55
**臨文便覽不分卷**　(清)龍啟瑞撰　清光緒二年至六年(1876－1880)京都松竹齋刻本　二冊　八行二十字小字雙行同白口左右雙邊

640000－1201－0000265　志五七/11
**[淳熙]嚴州圖經三卷**　(宋)陳公亮修　(宋)劉文富纂　清光緒二十二年(1896)漸西村舍刻本　二冊　十行二十一字小字雙行同白口左右雙邊

640000－1201－0000266　經十/53
**良言瑣記二卷補遺一卷**　(清)鐵珊輯　清光緒五年(1879)甘涼道署刻本　三冊　九行二十字小字雙行同白口四周單邊

640000－1201－0000267　經七/25
**癸巳存稿十五卷**　(清)俞正燮撰　清光緒十年(1884)刻本　二冊　十二行二十四字白口四周雙邊

640000－1201－0000268　經七/7
**經義雜記三十卷叙録一卷**　(清)臧琳撰　(清)臧鏞堂編　清嘉慶四年(1799)武進臧氏拜經堂刻本　八冊　十行二十一字小字雙行同白口左右雙邊

640000－1201－0000269　經
**朱子家禮五卷**　(宋)朱熹撰　(清)郭嵩燾校訂　清光緒十七年(1891)思賢講舍刻本　一冊　十一行二十四字小字雙行同上下黑口左右雙邊

640000－1201－0000270　經七/25
**癸巳存稿十五卷**　(清)俞正燮撰　清光緒十年(1884)刻本　六冊　十二行二十四字白口四周雙邊

640000－1201－0000271　經七/12
**十三經注疏七種一百四十四卷**　(明)□□輯　清嘉慶三年(1798)金閶書業堂刻本　四十七冊　九行二十一字小字雙行同白口左右雙邊

640000－1201－0000272　集二/(57)212
**述學内篇三卷外篇一卷補遺一卷別録一卷校勘記一卷附録一卷**　(清)汪中撰　清同治八年(1869)刻本　四冊　十三行三十字白口左右雙邊

640000－1201－0000273　經十/104
**韻歧五卷**　(清)江昱輯　清光緒七年(1881)刻本　二冊　九行十四字小字雙行二十二字白口左右雙邊

640000－1201－0000274　經十/94
**字典考證十二集三十六卷**　(清)王引之撰　清光緒二年(1876)湖北崇文書局刻本　六冊　十行二十一字白口四周雙邊

640000－1201－0000275　經十/94
**字典考證十二集三十六卷**　(清)王引之撰　清道光十一年(1831)刻本　八冊　十行二十一字白口四周單邊

640000－1201－0000276　經七/11

**禮書通故五十卷**　（清）黃以周撰　清光緒十
九年(1893)定海黃氏試館刻本　三十二冊
十行二十一字小字雙行同上黑口四周雙邊

640000－1201－0000277　經八/14

**四書經注集證十九卷**　（宋）朱熹原注　（清）
吳昌宗集證　清嘉慶三年(1798)江都汪氏刻
本　八冊　十一行二十五字小字雙行同白口
左右雙邊　缺七卷(孟子一至七)

640000－1201－0000278　經七/13

**五經類編二十八卷**　（清）周世樟編　清乾隆
四十六年(1781)友益齋刻本　十二冊　八行
二十字小字雙行同白口左右雙邊

640000－1201－0000279　經十/52

**課子隨筆鈔六卷**　（清）張師載輯　（清）夏錫
疇鈔錄　清道光十二年(1832)刻本　六冊
十行二十四字小字雙行同白口左右雙邊

640000－1201－0000280　經七/34

**傳經表二卷通經表二卷**　（清）洪亮吉撰　清
光緒五年(1879)授經堂刻本　二冊　行數不
等字數不等上下黑口左右雙邊

640000－1201－0000281　經七/35

**蘭山課業經訓約編十種十卷**　（清）盛元珍撰
　清刻本　七冊　十行二十五字白口四周
雙邊

640000－1201－0000282　經十/48

**小學韻語一卷**　（清）羅澤南撰　清光緒九年
(1883)刻本　一冊　八行十九字小字雙行同
上下黑口四周雙邊

640000－1201－0000283　經十/50

**人範六卷**　（清）蔣元輯　清鉛印本　一冊
十一行二十四字小字雙行二十三字白口四周
單邊

640000－1201－0000284　經十/36

**養蒙針度五卷**　（清）潘子聲撰　清光緒六年
(1880)刻本　二冊　九行十二字小字雙行二
十四字白口左右雙邊

640000－1201－0000285　經十/35

**澄衷蒙學堂字課圖說四卷檢字一卷類字一卷**
　（清）劉樹屏撰　清光緒三十一年(1905)澄
衷蒙學堂石印本　八冊　行數不等字數不等
小字雙行不等下黑口四周雙邊

640000－1201－0000286　經十/96

**國朝先正學規彙鈔不分卷**　（清）黃舒昺編
清同治七年(1868)刻本　二冊　十行二十二
字小字雙行同上黑口左右雙邊

640000－1201－0000287　經十/37

**說文通訓定聲十八卷分部柬韻一卷古今韵準
一卷形狀一卷說雅十九篇附補遺**　（清）朱駿
聲撰　清光緒十三年(1887)上海積山書局石
印本　八冊　十七行二十七字小字雙行五十
四字白口四周雙邊

640000－1201－0000288　經十/102

**說文辨疑一卷**　（清）顧廣圻撰　清光緒三年
(1877)湖北崇文書局刻本　一冊　九行二十
一字白口四周雙邊

640000－1201－0000289　經十/101

**爾雅三卷**　（晉）郭璞撰　清光緒二十一年
(1895)湖南書局刻本　三冊　九行十七字小
字雙行同白口四周單邊

640000－1201－0000290　經十/97

**說文古本考十四卷**　（清）沈濤纂　清光緒十
年(1884)吳縣潘氏滂喜齋刻本　八冊　十行
二十四字小字雙行白口左右雙邊

640000－1201－0000291　經十/108

**說文解字注三十卷附六書音韻表二卷汲古閣
說文訂一卷**　（清）段玉裁注　清同治十一年
(1872)湖北崇文書局刻本　二十二冊　九行
二十二字小字雙行同白口四周雙邊　存十八
卷(一至十五、音韻表二卷、汲古閣說文訂一
卷)

640000－1201－0000292　經十/100

**匡謬正俗八卷**　（清）顏師古撰　清乾隆二十
一年(1756)德州盧見曾雅雨堂刻本　一冊
十行二十一字白口四周單邊

640000－1201－0000293　經十/99

**小學纂註六卷附朱子年譜一卷童蒙須知一卷
訓子從學帖一卷**　（清）高愈纂註　清同治元
年(1862)刻本　三冊　九行十九字小字雙行
同白口左右雙邊

640000－1201－0000294　經十/77

**比雅十卷**　（清）洪亮吉撰　清光緒五年
(1879)授經堂刻本　一冊　十一行二十二字
小字雙行同上下黑口左右雙邊　存六卷（一
至六）

640000－1201－0000295　經十/109

**六書轉注録十卷**　（清）洪亮吉撰　清光緒四
年(1878)授經堂刻本　三冊　十一行二十二
字小字雙行同上下黑口左右雙邊　存八卷
（一至六、九至十）

640000－1201－0000296　經十/108

**說文解字注三十二卷六書音韻表二卷汲古閣
說文訂一卷**　（清）段玉裁撰　清同治十一年
(1872)湖北崇文書局刻本　十八冊　九行二
十二字小字雙行同白口四周雙邊

640000－1201－0000297　經十/79

**澄衷蒙學堂字課圖說四卷檢字一卷**　（清）劉
樹屏撰　清光緒三十年(1904)崇實書局刻本
　八冊　行數不等字數不等小字雙行不等白
口四周雙邊

640000－1201－0000298　經十/77

**比雅十卷**　（清）洪亮吉撰　清光緒五年
(1879)授經堂刻本　二冊　十一行二十二字
小字雙行同上下黑口左右雙邊

640000－1201－0000299　經十/84－2

**爾雅注疏十一卷附考證**　（晉）郭璞注　（唐）
陸德明音義　（宋）邢昺疏　清同治十年
(1871)刻本　四冊　十一行二十一字小字雙
行同白口左右雙邊

640000－1201－0000300　經十/79

**澄衷蒙學堂字課圖說四卷檢字一卷類字一卷**
　（清）劉樹屏撰　清光緒三十年(1904)刻本
　八冊　行數不等字數不等小字雙行不等下

黑口四周雙邊

640000－1201－0000301　經十/69

**藥言一卷藥言賸稿一卷**　（清）拙修老人撰
清光緒三十四年(1908)刻本　二冊　九行二
十四字白口四周雙邊

640000－1201－0000302　經十/67

**五方元音四卷**　（清）樊騰鳳撰　（清）年希堯
增補　清光緒十年(1884)文興堂刻本　四冊
　十行二十一字小字雙行同白口左右雙邊

640000－1201－0000303　經十/109

**六書轉注録十卷**　（清）洪亮吉撰　清光緒四
年(1878)授經堂刻本　四冊　十一行二十字
上下黑口左右雙邊

640000－1201－0000304　經十/126

**說文聲類二卷**　（清）嚴可均撰　清光緒十七
年(1891)德化李氏木犀軒刻本　一冊　十一
行二十一字小字雙行同上下黑口左右雙邊

640000－1201－0000305　經十/125

**音論三卷**　（清）顧炎武撰　清光緒十六年
(1890)思賢講舍刻本　一冊　九行二十一字
下黑口左右雙邊

640000－1201－0000306　經十/79

**澄衷蒙學堂字課圖說四卷檢字一卷類字一卷**
　（清）劉樹屏撰　清光緒二十八年(1902)澄
衷蒙學堂刻本　八冊　行數不等字數不等小
字雙行不等下黑口四周雙邊

640000－1201－0000307　經十/124

**漢魏音四卷**　（清）洪亮吉撰　清光緒三年
(1877)授經堂刻本　一冊　十二行二十四字
小字雙行同上下黑口左右雙邊

640000－1201－0000308　經十/64

**汲古閣說文訂一卷**　（清）段玉裁撰　清光緒
九年(1883)歸安思進齋刻本　一冊　十三行
二十二字小字雙行同上黑口左右雙邊

640000－1201－0000309　經十/71

**小兒語摘抄說意一卷**　（明）呂得勝撰　（清）
劉爾炘說意　清光緒三十二年(1906)隴右樂

善書局刻本　一冊　八行二十字白口四周單邊

640000－1201－0000310　經十/86

復古編二卷校正一卷曾樂軒稿一卷安陸集一卷附錄二卷　(宋)張有　(宋)張先撰　清光緒八年(1882)淮南書局刻本　三冊　上下黑口四周單邊

640000－1201－0000311　經十/70

榕村講授三卷　(清)李光地撰　清刻本　三冊　十一行二十字白口左右雙邊

640000－1201－0000312　經十/92

李氏蒙求八卷　(唐)李瀚撰　(清)楊迦懌集注　(清)尹竹農鑒定　清光緒二十二年(1896)新化三味堂刻本　八冊　十行二十字小字雙行同白口左右雙邊

640000－1201－0000313　經十/91

廣雅疏證十卷　(清)王念孫撰　博雅音十卷　(隋)曹憲撰　清光緒五年(1879)淮南書局刻本　八冊　十行二十一字小字雙行同白口左右雙邊

640000－1201－0000314　經十/134

說文管見三卷　(清)胡秉虔撰　清同治吳縣潘氏京師刻本　一冊　十一行二十二字小字雙行同白口左右雙邊

640000－1201－0000315　經十/132

音同義異辨一卷經典文字辨證書五卷　(清)畢沅撰　清石印本　一冊　十行二十九字小字雙行不等白口四周雙邊

640000－1201－0000316　經十/66

奉天綏中縣官立兩等學堂全圖不分卷　(清)程恩榮撰　清光緒三十四年(1908)影印本　一冊　八行字數不等四周單邊

640000－1201－0000317　經十/65

聖諭廣訓一卷　(清)聖祖玄燁　(清)世宗胤禛撰　清嘉慶五年(1800)刻本　一冊　八行二十一字小字雙行同白口四周單邊

640000－1201－0000318　經十/51

六書分類十二卷附夏鉤帶銘一卷　(清)傅世垚輯　清道光德松堂刻本　十二冊　八行十二字小字雙行同白口四周單邊

640000－1201－0000319　經十/51

六書分類十二卷首一卷　(清)傅世垚撰　清刻本　十三冊　八行十二字小字雙行二十四字白口四周單邊

640000－1201－0000320　經十/137

聖諭廣訓直解不分卷　(清)世祖福臨撰　(清)世宗胤禛廣訓　清抄本　一冊　八行二十三字四周雙邊

640000－1201－0000321　經十/139

仿唐寫本說文解字木部一卷唐寫本說文解字木部箋異一卷　(清)莫友芝撰　清同治三年(1864)刻本　一冊　十行二十一字小字雙行同白口四周雙邊

640000－1201－0000322　經十/81

漢碑錄文四卷　(清)馬邦玉輯　清刻本　四冊　十行二十三字白口左右雙邊

640000－1201－0000323　經十/84

爾雅疏十卷校勘記一卷　(宋)邢昺校定　清光緒二十年(1894)陝甘味經刊書處刻本　八冊　十行二十一字小字雙行同白口四周雙邊

640000－1201－0000324　經十/82

爾雅直音二卷　(清)孫侃輯　清嘉慶十五年(1810)刻本　二冊　十行十五字小字雙行不等白口左右雙邊

640000－1201－0000325　經十/18

人範須知六卷　(清)盛隆輯　清晚期刻本　五冊　十行二十五字白口四周雙邊　缺一卷(一)

640000－1201－0000326　史三/10

明史紀事本末八十卷　(清)谷應泰編輯　清光緒十三年(1887)廣雅書局刻本　二十四冊　十行二十字下黑口四周單邊

640000－1201－0000327　經十/84

爾雅注疏十一卷　(晉)郭璞註　(宋)邢昺疏

清道光二十九年(1849)海清樓刻本　五冊
九行二十一字小字雙行同白口左右雙邊
存九卷(一至九)

640000－1201－0000328　經十/43
爾雅三卷　(晉)郭璞注　(唐)陸德明音義
清光緒二十六年(1900)新化三味堂刻本　三
冊　十二行二十五字小字雙行三十七字白口
左右雙邊

640000－1201－0000329　經十/87
通俗編三十八卷　(清)翟灝撰　清乾隆十六
年(1751)刻本　十二冊　十二行二十二字白
口左右雙邊

640000－1201－0000330　經十/93
說文發疑六卷　(清)張行孚述　清晚期刻本
六冊　九行二十字小字雙行同上下黑口左
右雙邊

640000－1201－0000331　經十/40
字林考逸八卷　(晉)呂忱撰　(清)任大椿輯
清中期刻本　二冊　八行十九字小字雙行
同白口四周單邊

640000－1201－0000332　經十/39
經韻集字析解二卷附編一卷　(清)彭良敞集
註　(清)熊守謙參訂　清道光十三年(1833)
河南撫署刻本　二冊　十行二十字小字雙行
三十二字白口四周雙邊

640000－1201－0000333　經十/14
說文廣義三卷　(清)王夫之撰　清同治四年
(1865)金陵湘鄉曾國荃刻本　三冊　十行二
十二字小字雙行同上下黑口左右雙邊

640000－1201－0000334　經十/39
經韻集字析解二卷附編一卷　(清)彭良敞集
註　(清)熊守謙參訂　清道光十三年(1833)
河南撫署刻本　二冊　十行二十字小字雙行
三十二字白口四周雙邊

640000－1201－0000335　經十/33
四音釋義十二卷　(清)鄭長庚輯　清嘉慶二
十五年(1820)書帶草堂刻本　十二冊　六行
十二字小字雙行二十四字白口四周雙邊

640000－1201－0000336　經十/133
皇象本急救章一卷說文解字索隱一卷補例一
卷　(漢)史游篆　(清)張度撰　清光緒元和
江氏刻本　一冊　十一行二十三字小字雙行
同上下黑口左右雙邊

640000－1201－0000337　經十/17
釋名疏證補八卷補附一卷續一卷補遺一卷
(漢)劉熙撰　王先謙輯　清光緒二十二年
(1896)刻本　三冊　十一行二十四字小字雙
行同上下黑口左右雙邊

640000－1201－0000338　經十/20
說文古籀補十四卷附錄一卷　(清)吳大澂撰
清光緒七年(1881)刻本　二冊　八行字數
不等小字雙行不等白口四周單邊

640000－1201－0000339　經十/18
類篇十五卷　(宋)司馬光等篆　清光緒二年
(1876)川東官舍刻本　十五冊　八行十六字
小字雙行二十字白口左右雙邊

640000－1201－0000340　經十/85
三字經訓詁一卷百家姓考略一卷千字文釋義
一卷　(清)徐士業校刊　清狀元閣刻本　三
冊　白口左右雙邊

640000－1201－0000341　經十/136
詩韻合璧五卷　(清)湯文潞編　虛字韻薮一
卷　(清)潘維城輯　清咸豐七年(1857)刻本
二冊　十一行十二字小字雙行二十四字白
口四周雙邊　缺三卷(詩韻合璧二至四)

640000－1201－0000342　經十/37
說文通訓定聲十八卷柬韻一卷　(清)朱駿聲
著　(清)朱鏡蓉參訂　清刻本　二十八冊
八行二十字小字雙行同白口四周雙邊

640000－1201－0000343　經十/89
漢隸字源五卷碑目一卷附字一卷　(宋)婁機
撰　清光緒三年(1877)川東官舍刻本　六冊
九行十九字白口左右雙邊

640000－1201－0000344　經十/135
增訂二論詳解四卷　(清)劉忠輯　清宣統元
年(1909)上海鑄記書莊石印本　一冊　十三

行二十二字小字雙行同白口四周雙邊　存一卷(四)

640000－1201－0000345　經十/25

**釋字百韻一卷**　(清)陳勵著　清光緒二年(1876)都門刻本　一冊　六行十四字小字雙行二十六字白口四周雙邊

640000－1201－0000346　經十/98

**說文解字義證五十卷**　(清)桂馥撰　清同治九年(1870)湖北崇文書局刻本　三十二冊　十行二十三字小字雙行同白口四周雙邊

640000－1201－0000347　史五/48

**三才略三卷**　(清)蔣德鈞輯　(清)杜詔撰　清光緒十四年(1888)蔣氏求實齋刻本　一冊　十行二十四字小字雙行同上下黑口左右雙邊

640000－1201－0000348　經十/29

**字類標韻六卷**　(清)華綱輯　(清)王庭楨重訂　清光緒八年(1882)刻本　二冊　九行十五字小字雙行三十字白口四周雙邊

640000－1201－0000349　經十/131

**說文解字注三十二卷**　(清)段玉裁撰　清刻本　一冊　九行二十二字小字雙行同白口四周雙邊　存二卷(一至二)

640000－1201－0000350　經十/57

**奏定學堂章程不分卷**　(清)張百熙等纂　清光緒三十年(1904)陝西藩署刻本　六冊　八行二十一字小字雙行同白口四周雙邊

640000－1201－0000351　經十/37

**說文通訓定聲十八卷古今韻準一卷分部柬韻一卷說雅一卷**　(清)朱駿聲撰　清刻本　三十二冊　十行十五字小字雙行三十字白口四周雙邊

640000－1201－0000352　經十/1－2

**新增繪圖幼學故事瓊林四卷**　(清)程允升撰　(清)鄒聖脈增補　(清)石韞玉重校　清石印本　一冊　十四行字數不等小字雙行不等白口四周雙邊

640000－1201－0000353　經十/1

**增補幼學瓊林四卷**　(清)程允升撰　(清)鄒聖脈增補　(清)鄒可庭參訂　清光緒六年(1880)聚珍堂刻本　四冊　九行十七字小字雙行同白口四周雙邊

640000－1201－0000354　經四/33－2

**欽定儀禮義疏四十八卷首二卷**　(清)朱軾等纂　清光緒三十年(1904)上海育文書局石印本　一冊　二十四行五十四字小字雙行同白口四周單邊　存八卷(一至八)

640000－1201－0000355　經十/121

**說文引經考證七卷附說文引經互異說一卷**　(清)陳瑑撰　清同治十三年(1874)湖北崇文書局刻本　二冊　十行二十三字白口四周雙邊

640000－1201－0000356　經七/12－2

**重刊宋本十三經註疏附校勘記十三種四百十六卷**　(清)阮元輯　清道光六年(1826)刻本　一百二十冊　十行十八字小字雙行二十四字上下黑口左右雙邊

640000－1201－0000357　經八/15

**孟子注疏解經十四卷**　(清)阮元撰　(清)盧宜旬摘錄　**校勘記十四卷**　(漢)趙岐注　(宋)孫奭疏并音義　清石印本　七冊　十行十九字小字雙行二十三字上下黑口左右雙邊

640000－1201－0000358　經七/14

**宋本十三經注疏附校勘記**　(清)阮元撰　清光緒二十三年(1897)上海點石齋石印本　三十二冊　二十行四十六字小字雙行同白口四周雙邊

640000－1201－0000359　經七/23

**經學通論五卷**　(清)皮錫瑞撰　清光緒三十三年(1907)思賢書局刻本　五冊　十二行二十五字小字雙行同白口左右雙邊

640000－1201－0000360　經十/133

**皇象本急就章一卷說文解字索隱一卷補例一卷**　(漢)史游纂　(清)張度撰　清刻本　一冊　十一行二十三字小字雙行同上下黑口左

右雙邊

640000－1201－0000361　經十/133

說文解字索隱一卷　(清)張度撰　清刻本
一冊　十一行二十三字上下黑口左右雙邊

640000－1201－0000362　經十/133

皇象本急就章一卷說文解字索隱一卷補例一
卷　(漢)史游纂　(清)張度撰　清光緒二十
二年(1896)元和江氏刻本　一冊　十一行二
十三字上下黑口左右雙邊

640000－1201－0000363　經八/2－2

孟子正義三十卷　(清)焦循撰集　清刻本
十二冊　十行二十一字小字雙行同上下黑口
左右雙邊

640000－1201－0000364　經七/38

經學輯要二十四卷首一卷　(唐)李鼎祚集解
　(清)吳潁炎輯　清光緒十九年(1893)上海
點石齋石印本　三十二冊　二十四行五十五
字小字雙行同白口四周單邊

640000－1201－0000365　TC3－1/4

宋朱晦菴先生名臣言行錄前集十卷後集十四
卷續集八卷別集二十六卷外集十七卷　(宋)
朱熹　(宋)李幼武輯　(明)張采評閱　明崇
禎十一年(1638)張采刻本　二十四冊　十行
二十字白口左右雙邊

640000－1201－0000366　經八/3

御製繙譯四書六卷　(宋)朱熹注　(清)鄂爾
泰等譯　清乾隆二十年(1755)刻本　六冊
十四行二十字小字雙行二十六字白口左右
雙邊

640000－1201－0000367　經八/39

論語集注旁證二十卷　(清)梁章鉅撰　(清)
許時庚校勘　清同治十二年(1873)刻本　一
冊　十五行四十三字小字雙行同白口四周
雙邊

640000－1201－0000368　經八/56

論語意原四卷　(宋)鄭汝諧撰　清道光、咸
豐間大梁書院刻本　二冊　十行二十字小字
雙行同白口四周雙邊

640000－1201－0000369　經八/8

四書集註闡微直解二十七卷　(明)張居正著
　(明)顧宗孟閱　清宣統元年(1909)學部圖
書局石印本　十冊　七行十九字小字雙行同
白口四周單邊

640000－1201－0000370　經八/38

四書纂箋二十八卷　(元)詹道傳纂修　清刻
本　八冊　十行二十一字小字雙行三十字白
口左右雙邊　存八卷(一至八)

640000－1201－0000371　經八/13

新訂四書補註備旨十卷　(明)鄧林著　(清)
林定基增訂　清益興堂刻本　六冊　十一行
三十二字小字雙行同白口四周單邊　存六卷
(中庸一卷,孟子一至二、四,論語三至四)

640000－1201－0000372　經八/54

鄉黨圖考十卷　(清)江永撰　清學源堂刻本
　四冊　九行二十五字小字雙行同白口左右
雙邊

640000－1201－0000373　經八/20

增訂龍門四書圖像人物備考十二卷　(明)陳
仁錫增定　清康熙五十六年(1717)三樂齋刻
本　六冊　十二行二十七字小字雙行同白口
四周單邊

640000－1201－0000374　經八/13

新訂四書補註備旨十卷　(明)鄧林著　(清)
杜定基增訂　清道光二十年(1840)文成堂刻
本　六冊　十一行三十二字小字雙行同白口
四周單邊

640000－1201－0000375　經七/31

國朝漢學師承記八卷附經師經義目錄一卷國
朝宋學淵源記附記一卷　(清)江藩纂　清光
緒二十二年(1896)長沙周大文堂刻本　四冊
　十三行二十五字白口左右雙邊

640000－1201－0000376　經八/60

論語二十卷　(三國魏)何晏集解　(明)金蟠
校訂　清永懷堂刻本　二冊　九行二十五字
小字雙行同白口左右雙邊

640000－1201－0000377　經八/

論語古訓十卷　（清）陳鱣述　清光緒九年
(1883)浙江書局刻本　二冊　十行二十一字
小字雙行二十字白口左右雙邊

640000－1201－0000378　經八/13

新訂四書補註備旨十卷　（明）鄧林著　（清）
杜定基增訂　清刻本　四冊　十一行三十二
字小字雙行同白口四周雙邊　缺二卷(大學
一、中庸一)

640000－1201－0000379　經八/3－2

御製繙譯四書五卷　（清）鄂爾泰等譯　清乾
隆二十年(1755)刻本　五冊　十四行二十二
字小字雙行三十四字白口四周雙邊

640000－1201－0000380　經七/40

通經表一卷　（清）洪亮吉撰　清光緒五年
(1879)授經堂刻本　一冊　十一行字數不等
小字雙行不等上下黑口左右雙邊

640000－1201－0000381　經八/52

大學章句一卷　（宋）朱熹撰　（清）張元勳校
　清光緒二十八年(1902)刻本　一冊　九行
十八字小字雙行同白口左右雙邊

640000－1201－0000382　經八/47

日講四書解義二十六卷　（清）喇沙里　（清）
陳廷敬撰　清康熙十六年(1677)內府刻本
二十六冊　九行十八字上下黑口四周雙邊

640000－1201－0000383　經八/20

增補四書精繡圖像人物備考十二卷　（明）陳
仁錫增訂　清康熙三十四年(1695)刻本　二
冊　十三行三十字小字雙行同白口四周單邊

640000－1201－0000384　經十/7

小學集解六卷　（清）張伯行撰　清光緒二十
七年(1901)廣雅書局刻本　四冊　十行二十
字小字雙行同白口四周單邊

640000－1201－0000385　經八/58

繪圖四書速成新體讀本二十一卷　（清）施崇
恩等校訂　清光緒三十一年(1905)上海彪蒙
書室石印本　三冊　十行十六字小字雙行同
白口四周單邊　存三卷(論語四、七、九)

640000－1201－0000386　經八/55

讀四書叢說八卷　（元）許謙撰　清道光、咸
豐間大梁書院刻本　七冊　十行二十字小字
雙行同白口四周雙邊

640000－1201－0000387　TC10－2/2

春秋公羊傳十二卷春秋穀梁傳十二卷　（漢）
何休注　（晉）范甯集解　（明）閔齊伋裁注
明天啟元年(1621)唐錦池文林閣刻本　八冊
　九行十九字小字雙行同白口四周單邊

640000－1201－0000388　經十/16

說文解字句讀三十卷　（清）王筠撰　清同治
四年(1865)刻本　十六冊　十行二十四字小
字雙行同白口四周雙邊

640000－1201－0000389　經八/49

四書朱子本義匯參四十三卷首四卷　（清）王
步青輯　（清）王士鼇編　清敦復堂刻本　二
十四冊　九行二十三字小字雙行同白口四周
單邊　缺十二卷(論語集注匯參二至十三)

640000－1201－0000390　經十/46

字彙十二集首一卷末一卷　（明）梅膺祚音釋
　明萬曆四十三年(1615)刻本　十四冊　八
行十六字小字雙行二十四字白口左右雙邊

640000－1201－0000391　經

相臺書塾刊正九經三傳沿革例一卷　（宋）岳
濬撰　清光緒三年(1877)湖北崇文書局刻本
　一冊　十二行二十四字小字雙行同上下黑
口四周雙邊

640000－1201－0000392　經十/7

小學集解六卷輯說一卷　（清）張伯行輯注
清光緒元年(1875)湖北崇文書局刻本　三冊
　九行十七字小字雙行同白口四周雙邊

640000－1201－0000393　經七/27

古經解鉤沉三十卷　（清）余蕭客撰　清道光
二十年(1840)京江魯氏補刻本　八冊　十一
行二十字小字雙行同上下黑口四周雙邊

640000－1201－0000394　經八/49

四書朱子本義匯參四十三卷首四卷　（清）王
步青輯　（清）王士鼇編　清敦復堂刻本　十

一冊 九行二十三字小字雙行同白口四周單
邊 存十七卷(大學章句本義匯參三卷、首一
卷,中庸章句本義匯參六卷、首一卷,孟子集
注本義匯參二至七)

640000－1201－0000395 經十/7
**小學集解六卷輯說一卷** (清)張伯行輯註
清同治十年(1871)文光堂刻本 二冊 九行
十七字小字雙行同白口四周雙邊

640000－1201－0000396 集二/(54)34－2
**歐陽文忠公全集一百五十三卷首一卷附錄五
卷** (宋)歐陽修撰 (清)歐陽衡校刊 清嘉
慶二十四年(1819)歐陽衡刻本 二十四冊
十行二十四字小字雙行同白口左右雙邊 缺
一卷(附錄五)

640000－1201－0000397 經八/34
**論語十卷** (宋)朱熹集注 清康熙刻本 五
冊 八行十五字小字雙行同白口左右雙邊
存五卷(一至五)

640000－1201－0000398 經十/11
**康熙字典十二集凡例一卷總目一卷檢字一卷
辨似一卷等韻一卷備考一卷補遺一卷** (清)
張玉書等纂 清光緒十六年(1890)上海鴻文
書局石印本 六冊 十八行二十七字小字雙
行五十四字白口四周雙邊

640000－1201－0000399 經十/30－2
**說文釋例二十卷附補正** (清)王筠撰 清光
緒九年(1883)成都御風樓刻本 十二冊 九
行二十二字小字雙行同上下黑口左右雙邊

640000－1201－0000400 經十/1
**寄傲山房塾課新增幼學故事瓊林四卷首一卷**
(清)程允升撰 (清)鄒聖脈增補 清刻本
二冊 十行二十六字小字雙行同白口四周
單邊

640000－1201－0000401 經十/110
**讀說文雜識不分卷** (清)許槤撰 清光緒七
年(1881)刻本 一冊 九行二十二字小字雙
行同白口四周雙邊

640000－1201－0000402 經十/27

**說文解字十五卷附說文通檢十六卷** (漢)許
慎注 (宋)徐鉉等校刊 (清)黎永椿編 清
同治十二年(1873)刻本 八冊 十行二十二
字小字雙行同白口左右雙邊

640000－1201－0000403 經十/38
**說文分韻易知錄五卷說文分畫易知錄一卷**
(清)許巽行撰 清光緒五年(1879)刻本 十
冊 八行九至十五字小字雙行二十三字白口
左右雙邊

640000－1201－0000404 經十/10
**小題正鵠全集附訓蒙草一卷養正草一卷**
(清)李元度輯 清光緒八年(1882)宏道堂刻
本 八冊 九行二十五字白口四周單邊雙邊
兼有

640000－1201－0000405 經十/16－2
**說文解字句讀三十卷** (清)王筠撰 (清)蔣
和撰 清光緒八年(1882)四川尊經書局刻本
十六冊 十行二十四字小字雙行同白口四
周單邊

640000－1201－0000406 經十/7
**小學集解六卷附朱子年譜一卷童蒙須知一卷
訓子從學帖一卷** (清)張伯行輯註 (宋)朱
熹著 清光緒二十年(1894)澹雅書局刻本
四冊 九行十七字小字雙行同白口左右雙邊

640000－1201－0000407 TC5－1/9
**遺山先生詩集二十卷** (金)元好問撰 明末
汲古閣刻本 四冊 九行十九字小字雙行同
白口左右雙邊

640000－1201－0000408 經十/24
**廣韻五卷** (宋)陳彭年等修 清道光三十年
(1850)新化鄧氏邵州東山精舍刻本 五冊
十行字數不等小字雙行不等白口左右雙邊

640000－1201－0000409 經十/128
**古文釋義新編八卷** (清)余誠評註 清刻本
六冊 十行二十二字小字雙行同白口四周
單邊 缺二卷(一、七)

640000－1201－0000410 經五/14
**左通補釋三十二卷** (清)梁履繩撰 清道光

九年（1829）錢塘汪氏振綺堂刻光緒元年（1875）補刻本　八冊　十一行二十三字小字雙行同上下黑口左右雙邊

640000－1201－0000411　經八/18
重訂四書左國輯要四卷　（清）周龍官輯　清乾隆三十九年（1774）兩衡堂刻本　四冊　九行二十四字小字雙行同白口四周雙邊間四周單邊

640000－1201－0000412　經十/10
龍文鞭影二卷　（明）蕭良有著　（明）楊臣諍增訂　清刻本　四冊　十二行十二字小字雙行二十五字白口四周雙邊

640000－1201－0000413　經八/23
四書講義大全二十六卷　（清）史廷輝輯　清刻本　十四冊　九行二十七字白口四周單邊　缺十卷（論語一至十）

640000－1201－0000414　經五/8
春秋左傳三十卷　（晉）杜預注　（唐）陸德明音釋　（宋）林堯叟附注　（清）馮李驊集解　清光緒十二年（1886）湖北官書處刻本　十二冊　九行十七字小字雙行同白口四周雙邊

640000－1201－0000415　經四/32
周禮注疏四十二卷　（漢）鄭玄注　（唐）賈公彥等疏　清晚翠堂刻本　六冊　九行二十字小字雙行同白口左右雙邊　存六卷（一至六）

640000－1201－0000416　經八/18
四書左國彙纂四卷　（清）高其名　（清）鄭師成纂　清刻本　八冊　九行二十字小字雙行同白口左右雙邊

640000－1201－0000417　經十/21
古文審八卷首一卷　（清）劉心源撰　清光緒十七年（1891）劉氏龍江樓刻本　四冊　八行字數不等小字雙行二十一字白口四周雙邊

640000－1201－0000418　經七/28
皇清經解一百九十卷首一卷正訛記一卷　（清）阮元撰　清光緒十七年（1891）上海鴻寶齋石印本　二十四冊　三十三行字數不等白口四周單邊　缺一卷（九十）

640000－1201－0000419　經七/22
經典釋文三十卷考證三十卷　（唐）陸德明撰　（清）盧文弨考證　清同治八年（1869）崇文書局刻本　十二冊　十一行二十二字小字雙行同上下黑口四周雙邊

640000－1201－0000420　史十一/61
皇朝輿地略一卷　（清）六承如節編　韻編一卷　（清）李兆洛編　清光緒十年（1884）湖北官書處刻本　二冊　十三行二十四字小字雙行同白口四周單邊

640000－1201－0000421　集二/(57)393
瓊州雜事詩一卷　（清）程秉釗撰　匪石山人詩一卷　（清）鈕樹玉撰　衍波詞一卷　（清）孫蓀意撰　清光緒元和江氏湖南使院刻本　一冊　十一行二十三字小字雙行同上下黑口左右雙邊

640000－1201－0000422　經四/26
周官精義十二卷　（清）連斗山編　清嘉慶十八年（1813）經餘堂刻本　三冊　九行二十三字小字雙行同白口左右雙邊

640000－1201－0000423　經十/80
玉篇三十卷　（南朝梁）顧野王撰　（唐）孫強增字　（宋）陳彭年等重修　清道光三十年（1850）新化鄧氏東山精舍刻本　六冊　十行二十字小字雙行二十七至二十八字白口左右雙邊

640000－1201－0000424　經十/2
增批東萊博議四卷　（宋）呂祖謙撰　清刻本　四冊　九行二十五字上下黑口左右雙邊　存三卷（二至四）

640000－1201－0000425　經十/34
正字通十二集三十六卷首一卷　（清）張自烈撰　（清）廖文英輯　清康熙十年（1671）三畏堂刻本　三十二冊　八行十二字小字雙行二十四字白口四周雙邊

640000－1201－0000426　TC5－2/1
台州日記八卷　（清）蔡錫崑記　清同治五年至十三年（1866－1874）手抄本　八冊　六行

二十二字小字雙行同

640000－1201－0000427　史一/5－5
後漢書一百二十卷　（南朝宋）范曄撰　（唐）
李賢注　清光緒二十八年(1902)武林竹簡齋
石印本　八冊　二十行四十二字小字雙行同
白口左右雙邊

640000－1201－0000428　經十/34
正字通十二卷首一卷　（清）張自烈撰　（清）
廖文英輯　清康熙十年(1671)弘文書院刻本
四十八冊　八行十二字小字雙行二十四字
白口四周雙邊

640000－1201－0000429　經十/2
東萊博議四卷　（宋）呂祖謙撰　清光緒七年
(1881)鳳城官舍刻本　四冊　九行二十一字
小字雙行同下黑口四周雙邊

640000－1201－0000430　經十/46
字彙十二集首一卷末一卷　（明）梅膺祚音釋
清光緒九年(1883)上海掃葉山房刻本　十
四冊　十行十六字小字雙行同白口四周單邊

640000－1201－0000431　經十/15
詞林分類次韻便讀三字錦九卷末一卷　（清）
趙暄撰　清道光二十二年(1842)刻本　五冊
八行二十二字小字雙行同下黑口四周單邊
缺二卷（四至五）

640000－1201－0000432　經八/21
四書味根錄三十七卷　（清）金澂撰　清咸豐
元年(1851)刻本　十四冊　九行三十六字小
字雙行同白口四周單邊

640000－1201－0000433　經十/31
經籍纂詁一百六卷首一卷　（清）阮元撰　清
嘉慶四年(1799)刻本　四十冊　八行二十字
小字雙行同白口左右雙邊

640000－1201－0000434　經八/21－2
四書味根錄十四卷　（清）金澂撰　清光緒十
二年(1886)上海積山書局石印本　六冊　十
四行二十七字小字雙行五十四字白口四周
雙邊

640000－1201－0000435　經八/20
增訂龍門四書圖像人物備考十二卷　（明）陳
仁錫增訂　清康熙五十六年(1717)三樂齋刻
本　六冊　十二行二十七字小字雙行同白口
四周單邊

640000－1201－0000436　經七/26
經翼二十種九十九卷　（清）盧秉鈞輯　清光
緒二年(1876)紅杏山房刻本　二十四冊　九
行二十字小字雙行同白口左右雙邊

640000－1201－0000437　史一/4
前漢書一百二十卷　（漢）班固撰　（唐）顏師
古注　清光緒十四年(1888)上海蜚英館石印
本　十六冊　十五行三十二字小字雙行同白
口左右雙邊　存一百卷（一至一百）

640000－1201－0000438　經十/5
分韻字彙十二卷附海篇一卷　（清）譚眠道人
輯　清乾隆四十年(1775)通修堂刻本　六冊
八行十二字小字雙行二十四字白口四周
雙邊

640000－1201－0000439　史一/7
史記一百三十卷　（漢）司馬遷撰　（明）徐孚
遠　（明）陳子龍測議　清聚錦堂刻本　二十
四冊　九行二十字小字雙行同白口左右雙邊
存八十六卷（一至八十六）

640000－1201－0000440　TC3－3/2
中州集十卷首一卷樂府一卷　（金）元好問輯
明末毛氏汲古閣刻本　十一冊　八行十九
字白口左右雙邊

640000－1201－0000441　經九/1
詩經古譜二卷　清光緒三十四年(1908)學部
圖書局石印本　一冊　行數不等字數不等白
口左右雙邊

640000－1201－0000442　經十/11
康熙字典十二集凡例一卷總目一卷檢字一卷
辨似一卷等韻一卷備考一卷補遺一卷　（清）
張玉書等纂　（清）奕繪重修　清道光七年
(1827)刻本　三十一冊　八行十六字小字雙
行二十四字白口四周雙邊　缺六卷（已集上

下、午集上中下、亥集中)

640000－1201－0000443　經九/2

**韓恭簡公志樂二十卷**　（明）韓邦奇撰　清嘉慶十一年(1806)關中裕德堂刻本　十二冊　行數不等字數不等白口四周雙邊

640000－1201－0000444　經十/9

**致和堂重訂幼學須知句解四卷**　（清）程允升編　（清）黃汪若注　（清）錢元龍校梓　清嘉慶四年(1799)致和堂刻本　四冊　九行十七字小字雙行同白口左右雙邊

640000－1201－0000445　經十/11

**康熙字典十二集三十六卷**　（清）張玉書等纂　清道光七年(1827)刻本　十二冊　八行十二字小字雙行同白口四周雙邊　存十二卷(辰集上中下、巳集上中下、午集上中下、未集上中下)

640000－1201－0000446　史一/5－2

**後漢書一百三十卷**　（南朝宋）范曄撰　（南朝梁）劉昭補注　（唐）李賢注　清光緒二十八年(1902)竹簡齋石印本　八冊　二十行四十二字小字雙行同白口左右雙邊

640000－1201－0000447　經十/11

**康熙字典十二集三十六卷總目一卷檢字一卷辨似一卷等韻一卷備考一卷補遺一卷**　（清）張玉書等撰　清光緒三十年(1904)上海錦章書局石印本　六冊　二十三行三十四字小字雙行六十八字白口四周雙邊

640000－1201－0000448　經/10

**小題正鵠全集附訓蒙草一卷養正草一卷**　(清)李元度輯　清刻本　七冊　九行二十五字小字雙行同白口左右雙邊

640000－1201－0000449　經十/11

**康熙字典十二集三十六卷總目一卷檢字一卷辨似一卷等韻一卷備考一卷補遺一卷**　（清）張玉書等撰　清光緒三十年(1904)上海錦章書局石印本　六冊　二十三行三十四字小字雙行六十八字白口四周雙邊

640000－1201－0000450　經十/11－2

**康熙字典十二集三十六卷凡例一卷總目一卷檢字一卷辨似一卷等韻二卷備考一卷補遺一卷**　（清）張玉書等纂　（清）奕繪重修　清刻本　三十九冊　八行十二字小字雙行二十四字白口四周雙邊　缺一卷(巳集中)

640000－1201－0000451　經十/11

**康熙字典十二集凡例一卷總目一卷檢字一卷辨似一卷等韻一卷補遺一卷備考一卷**　（清）張玉書等纂　清康熙五十五年(1716)刻本　四十冊　八行十二字小字雙行二十四字白口四周雙邊

640000－1201－0000452　經十/11

**康熙字典十二集三十六卷**　（清）張玉書等纂　清刻本　八冊　八行十二字小字雙行二十四字白口四周雙邊　存九卷(辰集上中下、巳集上中下、午集上中下)

640000－1201－0000453　經十/12

**清文彙書十二卷**　（清）李延基譯注　清末京都隆福寺三槐堂刻本　十二冊　八行字數不等小字雙行不等白口四周雙邊

640000－1201－0000454　經十/11

**康熙字典十二集三十六卷總目一卷檢字一卷辨似一卷補遺一卷備考一卷**　（清）張玉書等撰　清刻本　三十三冊　八行十二字小字雙行二十四字白口四周雙邊　缺六卷(申集上中下、酉集上中下)

640000－1201－0000455　史一/5＝3

**後漢書一百二十卷**　（南朝宋）范曄撰　（南朝梁）劉昭補注　（唐）李賢注　清光緒二十九年(1903)五洲同文局石印本　八冊　十行二十一字小字雙行同白口左右雙邊　存四十四卷(一至四十四)

640000－1201－0000456　經十/11

**康熙字典十二集凡例一卷總目一卷檢字一卷辨似一卷等韻一卷補遺一卷備考一卷**　（清）張玉書等纂　清刻本　五冊　八行十二字小字雙行二十四字白口四周雙邊　存五卷(子集下、丑集上中、辰集中下)

640000 - 1201 - 0000457　經十/11

**康熙字典十二集三十六卷等韻一卷總目一卷檢字一卷辨似一卷補遺一卷備考一卷**　（清）張玉書等纂　清道光七年（1827）刻本　三十六冊　八行十二字小字雙行二十四字白口四周雙邊

640000 - 1201 - 0000458　經十/112

**六書通摭遺十卷**　（清）畢星海輯　（清）葛時徵校　清嘉慶六年（1801）基聞堂刻本　二冊　八行十二字小字雙行二十四字白口四周雙邊

640000 - 1201 - 0000459　經十/5

**遼金元三史語解三種四十六卷**　（清）高宗弘曆撰　清光緒四年（1878）江蘇書局刻本　十冊　十二行小字雙行二十五字白口左右雙邊

640000 - 1201 - 0000460　經十/4

**龍文鞭影二卷**　（明）蕭良有撰　（明）楊臣諍增訂　清刻本　一冊　上欄七行四字下欄八行八字小字雙行二十四字白口左右雙邊　存一卷（二）

640000 - 1201 - 0000461　史一/6

**二十四史**　清光緒二十九年（1903）五洲同文書局石印本　三十二冊　十行二十一字小字雙行同白口左右雙邊

640000 - 1201 - 0000462　史一/5

**後漢書九十卷續漢書志三十卷**　（南朝宋）范曄撰　（晉）司馬彪撰　（南朝梁）劉昭註補　（唐）李賢注　清光緒十三年（1887）金陵書局仿汲古閣刻本　二十冊　十二行二十五字小字雙行三十七字白口左右雙邊

640000 - 1201 - 0000463　史一/4

**前漢書一百二十卷**　（漢）班固撰　（唐）顏師古注　清光緒十三年（1887）刻本　二十二冊　十二行二十五字小字雙行三十七字白口左右雙邊

640000 - 1201 - 0000464　史一/25

**三國志六十五卷**　（晉）陳壽撰　（南朝宋）裴松之注　清同治九年（1870）金陵書局刻本

十冊　十二行二十五字小字雙行三十七字白口左右雙邊

640000 - 1201 - 0000465　史一/16

**元史二百十卷目錄二卷**　（明）宋濂修　清光緒三十四年（1908）鉛印本　七冊　十三行四十字白口四周單邊　存六十六卷（本紀一至四十七、志四十八至六十四，目錄二卷）

640000 - 1201 - 0000466　史一/14 - 2

**遼史一百十六卷**　（元）脫脫等撰　清光緒二十九年（1903）五洲同文書局石印本　八冊　十行二十一字白口左右雙邊

640000 - 1201 - 0000467　史一/7 - 3

**史記一百三十卷附考證**　（漢）司馬遷撰　（南朝宋）裴駰集解　（唐）司馬貞索隱　**史記正義論例謚法解列國分野一卷**　（唐）張守節撰　清光緒二十九年（1903）五洲同文局石印本　二十六冊　十行二十一字小字雙行同白口左右雙邊

640000 - 1201 - 0000468　史一/40

**金史一百三十五卷附考證欽定金國語解一卷**　（元）脫脫等修　清光緒二十八年（1902）竢實齋石印本　八冊　二十六行四十九字小字雙行同白口四周單邊

640000 - 1201 - 0000469　史一/24

**舊唐書疑義四卷**　（清）張道著　清刻本　二冊　九行十八字小字雙行同白口左右雙邊

640000 - 1201 - 0000470　史一/38

**歷代史略六卷**　（清）柳詒徵撰　清江楚書局刻本　八冊　十行二十二字小字雙行同上下黑口四周單邊

640000 - 1201 - 0000471　史一/17

**宋史四百九十六卷目錄三卷**　（元）脫脫等修　清鉛印本　六十四冊　十三行四十字白口四周單邊

640000 - 1201 - 0000472　史一/5 - 4

**後漢書一百二十卷**　（南朝宋）范曄撰　（南朝梁）劉昭補　（唐）李賢注　明崇禎十六年（1643）毛氏汲古閣刻本　十六冊　十二行二

十五字小字雙行三十七字白口左右雙邊

640000－1201－0000473　TC5－3/2

**讀史四集四卷**　（明）楊以任纂　清乾隆四十二年(1777)木活字印本　四冊　九行二十字白口四周雙邊

640000－1201－0000474　史一/39

**陳書三十六卷**　（唐）姚思廉撰　清同治十一年(1872)金陵書局刻本　四冊　十二行二十五字小字雙行同白口左右雙邊

640000－1201－0000475　TC4－3/2

**津逮秘書二種六卷**　（明）毛晉輯　明崇禎虞山毛氏汲古閣刻本　三冊　八行十九字白口左右雙邊

640000－1201－0000476　史一/37

**史記菁華録四卷**　（清）苧田氏(姚祖恩)編　清光緒十一年(1885)紅杏山房刻本　六冊　九行二十字小字雙行不等上下黑口四周單邊

640000－1201－0000477　史一/7－4

**史記一百三十卷附考證**　（漢）司馬遷撰　（南朝宋）裴駰集解　（唐）司馬貞索隱　**史記正義論例謚法解列國分野一卷**　（唐）張守節撰　清光緒十四年(1888)上海蜚英館石印本　十二冊　十五行三十二字小字雙行同白口左右雙邊

640000－1201－0000478　史一/17

**宋史四百九十六卷目録三卷**　（元）脫脫等修　清光緒十年(1884)上海同文書局石印本　一百冊　十行二十一字白口左右雙邊

640000－1201－0000479　史一/16

**元史二百十卷目録二卷**　（明）宋濂修　清光緒三十四年(1908)上海集成圖書公司鉛印本　二十四冊　十三行四十字白口四周單邊

640000－1201－0000480　TC10－3/1

**閲史約書不分卷**　（明）王光魯編　明末朱墨套印本　一冊　九行二十字白口四周單邊

640000－1201－0000481　史一/14－3

**遼史一百十六卷**　（元）脫脫等修　清光緒三十四年(1908)上海集成圖書公司鉛印本　八冊　十三行四十字白口四周單邊

640000－1201－0000482　TC10－1/1

**漢隸字源五卷碑目一卷**　（宋）婁機撰　明末虞山毛氏汲古閣刻本　六冊　五行字數不等小字雙行不等白口左右雙邊

640000－1201－0000483　TC4－2/4

**元人十種詩**　（明）毛晉輯　明崇禎十一年(1638)海虞毛氏汲古閣刻本　十三冊　九行十九字白口左右雙邊　存五種

640000－1201－0000484　史一/15

**梁書五十六卷**　（唐）姚思廉撰　清光緒二十九年(1903)五洲同文局石印本　八冊　十行二十一字小字雙行同上下黑口左右雙邊

640000－1201－0000485　史一/6

**前漢書一百二十卷**　（漢）班固撰　（唐）顏師古注　清光緒二十八年(1902)竹簡齋石印本　八冊　二十行四十二字小字雙行同白口左右雙邊

640000－1201－0000486　史一/13

**魏書一百十四卷**　（北齊）魏收撰　清光緒三十四年(1908)上海集成圖書公司鉛印本　十六冊　十三行四十字小字雙行同白口四周單邊

640000－1201－0000487　史一/6

**前漢書一百二十卷**　（漢）班固撰　（唐）顏師古注　清光緒二十九年(1903)五洲同文局石印本　三十二冊　十行二十一字小字雙行同白口左右雙邊

640000－1201－0000488　史一/34

**漢書辨疑二十二卷**　（清）錢大昭撰　清光緒十三年(1887)廣雅書局刻本　四冊　十一行二十四字小字雙行同上下黑口四周雙邊　存十七卷(一至十七)

640000－1201－0000489　史一/41

**五代史記纂誤續補六卷**　（清）吳光耀撰　清光緒十四年(1888)江夏吳氏刻本　六冊　十一行二十一字小字雙行同下黑口四周雙邊

640000－1201－0000490　史一/9

南齊書五十九卷　（南朝梁）蕭子顯撰　清同治十三年(1874)金陵書局仿汲古閣刻本　六冊　十二行二十五字白口左右雙邊

640000－1201－0000491　史一/15

梁書五十六卷　（唐）姚思廉修　清同治十三年(1874)金陵書局刻本　八冊　十二行二十五字小字雙行五十字白口左右雙邊

640000－1201－0000492　TC5－3/4

集古印譜六卷　（明）王常輯　（明）顧從德校　明萬曆三年(1575)上海顧氏芸閣刻本朱印本　六冊　行數不等字數不等白口四周單邊

640000－1201－0000493　史一/15

梁書五十六卷　（唐）姚思廉修　清同治十三年(1874)金陵書局刻本　八冊　十二行二十五字小字雙行五十字白口左右雙邊

640000－1201－0000494　史一/21

北齊書五十卷　（唐）李百藥撰　清同治十三年(1874)金陵書局刻本　六冊　十二行二十五字小字雙行三十七字白口左右雙邊

640000－1201－0000495　TC3－2/1

堯山堂外紀一百卷　（明）蔣一葵編　明萬曆三十三年(1605)刻本　十六冊　八行十九字小字雙行同白口四周單邊

640000－1201－0000496　史一/30

史記集解索隱正義一百三十卷　（漢）司馬遷撰　（南朝宋）裴駰集解　（唐）司馬貞索隱　（唐）張守節正義　清同治九年(1870)金陵書局刻本　二十冊　上下黑口四周雙邊

640000－1201－0000497　史一/31

漢書補注一百卷首一卷　（漢）班固撰　（唐）顏師古注　王先謙補注　清光緒二十六年(1900)長沙王先謙虛受堂刻本　三十二冊　十二行二十五字小字雙行同白口左右雙邊

640000－1201－0000498　集四/3

文心雕龍十卷　（南朝梁）劉勰撰　（清）黃叔琳注　（清）紀昀評　清道光十三年(1833)兩廣節署朱墨套印本　四冊　十行二十一字小

字雙行同白口左右雙邊

640000－1201－0000499　史一/35

皇朝中外一統輿圖三十一卷首一卷　（清）嚴樹森編　清同治二年(1863)湖北撫署景桓樓刻本　三十一冊　白口四周雙邊　缺一卷（北十九）

640000－1201－0000500　TC4－2/2

朱文公校昌黎先生文集四十卷外集十卷集傳一卷遺文一卷　（唐）韓愈撰　（宋）朱熹考異　（宋）王伯大音釋　（明）朱吾弼重編　明萬曆三十三年(1605)朱崇沐刻本　十六冊　九行十八字小字雙行同白口四周雙邊

640000－1201－0000501　史七/9

東塾讀書記二十五卷　（清）陳澧撰　清刻本（原缺卷十三至十四、十七至二十、二十二至二十五）　四冊　十二行二十四字小字雙行同上下黑口四周單邊

640000－1201－0000502　史一/56

三國志補注續一卷　（清）侯康撰　清光緒十七年(1891)廣雅書局刻本　一冊　十一行二十四字小字雙行同上下黑口四周單邊

640000－1201－0000503　史一/20

五代史七十四卷　（宋）歐陽修撰　清末鉛印本　五冊　十三行四十字白口四周單邊　缺十四卷（一至十四）

640000－1201－0000504　史一/21－2

北齊書五十卷　（唐）李百藥撰　清同治十三年(1874)金陵書局仿汲古閣刻本　四冊　十二行二十五字白口左右雙邊

640000－1201－0000505　史二/3

續資治通鑑二百二十卷　（清）畢沅編集　清同治八年(1869)江蘇書局刻本　四十六冊　十行二十一字小字雙行同白口四周雙邊

640000－1201－0000506　史一/54

宋書一百卷　（南朝梁）沈約撰　清同治金陵書局仿汲古閣刻本　十六冊　十二行二十五字白口左右雙邊　缺十二卷（四至十、九十六至一百）

640000－1201－0000507　經七/9

東塾讀書記二十五卷　（清）陳澧撰　清刻本（原缺卷十三至十四、十七至二十、二十二至二十五）　五冊　十二行二十四字小字雙行同上下黑口左右雙邊

640000－1201－0000508　史一/25

三國志六十五卷　（晉）陳壽撰　（南朝宋）裴松之注　清光緒七年(1881)文雅齋刻本　十二冊　十二行二十五字小字雙行三十七字白口左右雙邊

640000－1201－0000509　子十二/18

茶香室叢鈔二十三卷續鈔二十五卷三鈔二十九卷四鈔二十九卷　（清）俞樾撰　清光緒九年(1883)刻本　二十三冊　十行二十一字白口左右雙邊

640000－1201－0000510　TC10－3/6

戰國策十二卷　（明）閔齊伋裁注　明萬曆四十八年(1620)烏程閔齊伋三色套印本　八冊　九行十九字小字雙行同白口四周單邊

640000－1201－0000511　史一/50－2

北史一百卷　（唐）李延壽撰　清同治十二年(1873)金陵書局刻本　十八冊　十二行二十五字白口左右雙邊

640000－1201－0000512　史一/47

南史八十卷　（唐）李延壽撰　清刻本　十五冊　十二行二十五字白口左右雙邊　存七十七卷(四至八十)

640000－1201－0000513　史一/18

明史三百三十二卷　（清）張廷玉等撰　清石印本　二十冊　十行二十一字小字雙行同上下黑口左右雙邊　存四十九卷(九十一至一百十二、二百八十一至三百七)

640000－1201－0000514　TC4－5/5

路史前紀九卷後紀十三卷餘論十卷發揮六卷國名紀七卷　（宋）羅泌纂　（明）喬可傳校　明萬曆三十九年(1611)廣陵喬可傳刻本　十六冊　十行二十字小字雙行同白口四周單邊

640000－1201－0000515　史七/126－2

十三經注疏姓氏一卷春秋分年繫傳表一卷詠物七言律詩偶記一卷栖霞小稿一卷嵐漪小草一卷青原小草一卷　（清）翁方綱撰　清乾隆五十二年(1787)吉安使院刻本　一冊　十行二十字小字雙行同白口左右雙邊

640000－1201－0000516　史十一/1

太平寰宇記二百卷　（宋）樂史撰　清末刻本　二冊　十行二十字小字雙行同白口左右雙邊　存十一卷(二十九至三十三、一百五十五至一百六十)

640000－1201－0000517　史一/52

史記評林一百三十卷圖錄一卷姓氏一卷書目一卷補史記一卷目錄一卷　（明）凌稚隆輯校　清同治十三年(1874)刻本　二十八冊　十行二十一字小字雙行同白口四周雙邊

640000－1201－0000518　史二/6

光緒朝東華續錄二百二十卷　（清）朱壽朋編　（清）潘鴻鼎校　清宣統元年(1909)上海集成圖書公司鉛印本　六十冊　十三行四十字白口四周雙邊　缺九卷(八十六至九十四)

640000－1201－0000519　史一/52

史記評林一百三十卷　（明）凌稚隆輯校　清光緒十年(1884)佩蘭堂刻本　二十八冊　十行二十一字小字雙行同白口四周雙邊

640000－1201－0000520　史一/57

漢書評林一百卷　（漢）班固撰　（唐）顏師古注　（明）凌稚隆輯校　清光緒十年(1884)佩蘭堂刻本　二十四冊　十行二十一字小字雙行同白口四周雙邊　缺二十三卷(七十八至一百)

640000－1201－0000521　史一/19

宋書一百卷目錄一卷　（南朝梁）沈約撰　清末石印本　六冊　二十五行五十字小字雙行同白口四周單邊

640000－1201－0000522　TC10－2/3

周禮註疏刪翼三十卷　（明）王志長輯　（明）葉培恕定　明崇禎十二年(1639)天德堂刻本　十六冊　八行十九字小字雙行同白口左右

雙邊

640000－1201－0000523　史一/47

**南史八十卷**　（唐）李延壽撰　清同治十一年
(1872)金陵書局刻本　十二冊　十二行二十
五字白口左右雙邊

640000－1201－0000524　史一/45

**欽定遼史語解十卷**　（清）國史館撰　清光緒
四年(1878)刻本　二冊　十二行二十五字小
字雙行同白口左右雙邊

640000－1201－0000525　史一/45

**隋書地理志考證九卷補遺一卷**　（清）楊守敬
撰　清光緒二十七年(1901)刻本　六冊　十
行二十字小字雙行同上下黑口四周單邊

640000－1201－0000526　史一/44

**隋書八十五卷**　（唐）魏徵　（唐）長孫無忌撰
清同治十年(1871)淮南書局刻本　十二冊
十二行二十五字小字雙行二十五至三十八
字白口左右雙邊

640000－1201－0000527　史一/45

**欽定金史語解十二卷**　（清）高宗弘曆敕撰
清光緒四年(1878)刻本　二冊　十二行二十
五字小字雙行同白口左右雙邊

640000－1201－0000528　史二/6

**東華録天命朝四卷天聰崇德朝十八卷**　王先
謙撰　清光緒十四年(1888)刻本　六冊　十
二行二十五字白口左右雙邊

640000－1201－0000529　史二/6

**同治朝東華續録一百卷**　王先謙編　（清）張
式恭校刊　清光緒二十五年(1899)石印本
二十四冊　二十四行五十字小字雙行同白口
四周雙邊

640000－1201－0000530　史二/2

**通鑑紀事本末二百三十九卷**　（宋）袁樞編
（明）張溥論正　清同治十二年(1873)江西書
局刻本　七十冊　十行二十字下黑口左右雙
邊　缺三十一卷(三十三至六十三)

640000－1201－0000531　TC3－4/2

**史記抄九十一卷首一卷**　（明）茅坤編　明萬
曆三年(1575)茅坤家刻本　六冊　十行二十
一字小字雙行同白口四周單邊

640000－1201－0000532　史一/7

**史記一百三十卷目録一卷**　（漢）司馬遷撰
（南朝宋）裴駰集傳　（唐）司馬貞索隱
（宋）張守節正義　清光緒二十八年(1902)石
印本　九冊　二十行四十二字小字雙行同白
口左右雙邊

640000－1201－0000533　史一/9

**南齊書五十九卷**　（南朝梁）蕭子顯撰　清同
治十三年(1874)金陵書局刻本　六冊　十二
行二十五字白口四周雙邊

640000－1201－0000534　史一/22－3

**周書五十卷**　（唐）令狐德棻撰　清同治十三
年(1874)金陵書局仿汲古閣刻本　四冊　十
二行二十五字白口左右雙邊

640000－1201－0000535　史一/20

**五代史七十四卷**　（宋）歐陽修撰　（宋）徐無
黨注　清光緒十四年(1888)上海圖書集成印
書局石印本　六冊　十三行四十字上下黑口
四周單邊

640000－1201－0000536　史一/22－4

**周書五十卷**　（唐）令狐德棻撰　清同治十三
年(1874)金陵書局仿汲古閣刻本　八冊　十
二行二十五字白口左右雙邊

640000－1201－0000537　史一/43

**元書一百二卷首一卷**　曾廉撰　清宣統三年
(1911)刻本　二十冊　十二行二十五字小字
雙行三十七字白口左右雙邊

640000－1201－0000538　史一/20－2

**五代史七十四卷**　（宋）歐陽修撰　（宋）徐無
黨注　清同治十一年(1872)湖北崇文書局刻
本　八冊　十二行二十五字小字雙行三十七
字白口四周雙邊

640000－1201－0000539　子二/29

**讀史兵略四十六卷**　（清）胡林翼纂　清咸豐
十一年(1861)武昌節署刻本　十六冊　十二

行二十四字小字雙行同白口四周雙邊

640000－1201－0000540　史一/22

**周書五十卷**　(唐)令狐德棻撰　清光緒三十四年(1908)上海集成圖書公司石印本　四冊　十三行四十字上下黑口四周單邊

640000－1201－0000541　史一/18－2

**明史三百三十二卷目錄四卷**　(清)張廷玉等撰　清光緒三年(1877)湖北崇文書局刻本　八十冊　十二行二十五字白口四周雙邊

640000－1201－0000542　史一/13

**魏書一百十四卷**　(北齊)魏收撰　清同治十一年(1872)金陵書局刻本　二十冊　十二行二十五字小字雙行同白口左右雙邊

640000－1201－0000543　子二/2

**讀史兵略四十六卷**　(清)胡林翼纂　清咸豐十一年(1861)武昌節署刻本　四冊　十二行二十四字小字雙行同白口四周雙邊　存九卷(一至九)

640000－1201－0000544　史一/21

**欽定北齊書五十卷**　(隋)李百藥撰　清鉛印本　五冊　十三行四十字小字雙行同白口四周單邊　存四十三卷(八至五十)

640000－1201－0000545　史一/40

**金史一百三十五卷**　(元)脫脫等纂　清同治十三年(1874)江蘇書局刻本　二十八冊　白口左右雙邊

640000－1201－0000546　史一/32

**遼史拾遺二十四卷附補五卷**　(清)厲鶚撰　(清)楊復吉輯　清光緒元年(1875)江蘇書局刻本　十冊　十行二十一字白口左右雙邊

640000－1201－0000547　史一/18

**明史三百三十二卷**　(清)張廷玉等撰　清石印本　五十冊　十行二十一字小字雙行同上下黑口左右雙邊　存一百四十七卷(二十八至三十七、四十至四十三、四十六至六十五、九十一至一百一、一百十一至一百十二、一百三十四至一百六十六、一百七十二至一百八十三、二百三十一至二百四十六、二百五十至二百六十、三百一至三百五、三百十至三百三十二)

640000－1201－0000548　史一/45

**欽定元史語解二十四卷**　(清)高宗弘曆敕撰　清光緒四年(1878)江蘇書局刻本　六冊　十二行字數不等白口左右雙邊

640000－1201－0000549　史二/3

**續資治通鑑二百二十卷**　(清)畢沅編集　清德裕堂刻本　六十四冊　十行二十一字小字雙行同白口四周雙邊

640000－1201－0000550　史二/6

**乾隆朝東華續錄一百二十卷**　王先謙編　清光緒十四年(1888)刻本　六十冊　十二行二十五字小字雙行同白口左右雙邊

640000－1201－0000551　史二/6

**咸豐朝東華續錄一百卷**　王先謙編　清光緒十五年(1889)刻本　五十六冊　十二行二十五字小字雙行同白口左右雙邊

640000－1201－0000552　史二/2

**通鑑紀事本末二百三十九卷**　(宋)袁樞編輯　(明)張溥論正　清光緒十三年(1887)廣雅書局刻本　八十冊　十行二十字下黑口四周單邊

640000－1201－0000553　史二/6

**嘉慶朝東華續錄五十卷**　王先謙編　清光緒十四年(1888)刻本　十五冊　十二行二十五字小字雙行同白口左右雙邊

640000－1201－0000554　史五/13

**聖武記十四卷**　(清)魏源撰　清道光石印本　六冊　十四行三十字白口四周單邊

640000－1201－0000555　史二/6

**道光朝東華續錄六十卷**　王先謙編　清光緒十四年(1888)刻本　十三冊　十二行二十五字小字雙行同白口左右雙邊

640000－1201－0000556　史二/5

**資治通鑑二百九十四卷**　(宋)司馬光撰　(元)胡三省音注　(明)陳仁錫評閱　清末刻

本　四十册　十行二十字小字雙行同白口四周單邊　存一百四十九卷(五十九至九十一、一百二十四至二百一十二、二百四十一至二百六十七)

640000－1201－0000557　史二/3－2
**續資治通鑑二百二十卷**　(清)畢沅編集　清同治刻本　五十六册　十行二十一字白口四周雙邊　缺二十八卷(三十三至六十)

640000－1201－0000558　史二/4－2
**資治通鑑補二百九十四卷**　(宋)司馬光編集　(元)胡三省音注　(明)嚴衍補　(明)談允厚參　清光緒二年(1876)武進盛氏思補樓木活字印本　八十册　十一行二十五字小字雙行同下黑口左右雙邊

640000－1201－0000559　史二/6
**資治通鑑二百九十四卷釋文辨誤十二卷**　(宋)司馬光編　(元)胡三省音注　清同治八年(1869)江蘇書局刻本　九十册　十行二十字小字雙行同上下黑口四周雙邊

640000－1201－0000560　史二/15
**御撰資治通鑑綱目三編六卷**　(清)張廷玉等撰　清光緒二十八年(1902)石印本　二册　二十二行五十八字小字雙行同白口四周雙邊

640000－1201－0000561　史一/51＝2
**唐書二百二十五卷釋音二十五卷**　(宋)歐陽修撰　清光緒二十九年(1903)五洲同文局石印本　八册　十行二十一字上下黑口左右雙邊　存三十六卷(一至三十六)

640000－1201－0000562　史二/6－2
**資治通鑑二百九十四卷目録三十卷釋文辯誤十二卷外紀十卷外紀目録五卷**　(宋)司馬光編集　(元)胡三省音注　清光緒十三年(1887)長沙板村解州書院刻本　一百二十册　十行二十字小字雙行同下黑口左右雙邊

640000－1201－0000563　史二/15
**御撰資治通鑑綱目三編二十卷**　(清)張廷玉等撰　清刻本　四册　白口四周單邊

640000－1201－0000564　史三/10

**明史紀事本末八十卷**　(清)谷應泰編輯　(清)朱記榮校正　清光緒二十一年(1895)上海積山書局石印本　八册　十八行三十六字白口四周單邊

640000－1201－0000565　史二/32
**尺木堂綱鑑易知録九十二卷明鑑易知録十五卷**　(清)吳乘權等輯　清光緒二十四年(1898)鉛印本　四册　十四行四十二字小字雙行同白口四周雙邊　存二十七卷(綱鑑易知録八十一至九十二、明鑑易知録十五卷)

640000－1201－0000566　史二/6
**雍正朝東華録二十六卷**　王先謙編　清光緒十四年(1888)刻本　十六册　十二行二十五字小字雙行同白口左右雙邊

640000－1201－0000567　史三/9：4
**元史紀事本末二十七卷**　(明)陳邦瞻編輯　(明)張溥論正　清光緒二十一年(1895)上海積山書局石印本　二册　十八行三十六字白口四周單邊

640000－1201－0000568　史二/6
**同治朝東華續録一百卷**　王先謙編　(清)張式恭校　清末刻本　六十四册　十二行二十五字白口左右雙邊

640000－1201－0000569　史三/14
**三朝北盟會編二百五十卷首一卷附校勘記二卷補遺一卷**　(宋)徐夢莘編集　清光緒四年(1878)鉛印本　四十册　十行二十二字下黑口四周雙邊

640000－1201－0000570　史二/6
**資治通鑑二百九十四卷附釋文辯誤十二卷**　(宋)司馬光編集　(元)胡三省音注　清後期刻本　一百册　十行二十字小字雙行同白口四周雙邊

640000－1201－0000571　史四/8－2
**史外八卷**　(清)汪有典著　清同治四年(1865)刻本　八册　九行二十四字白口左右雙邊

640000－1201－0000572　史一/25

三國志考證六十五卷　（清）潘眉撰　清刻本
　　三冊　二十行四十二字小字雙行同白口左
右雙邊　存五十二卷（吳志一至二十、蜀志一
至十五、魏志十四至三十）

640000－1201－0000573　史四/8

史外八卷　（清）汪有典著　清同治四年
（1865）刻本　八冊　九行二十四字白口四周
雙邊

640000－1201－0000574　史三/7

左傳紀事本末五十三卷　（清）高士奇輯
（清）閔萃祥校勘　清光緒十四年（1888）上海
書業公所鉛印本　三冊　十五行四十字小字
雙行同白口四周雙邊

640000－1201－0000575　史三/7

左傳紀事本末五十三卷　（清）高士奇輯
（清）閔萃祥校勘　清光緒二十一年（1895）上
海積山書局石印本　五冊　十八行三十六字
小字雙行同白口四周單邊

640000－1201－0000576　史三/7

左傳紀事本末五十三卷　（清）高士奇編　清
光緒二十年（1894）廣雅書局刻本　十六冊
十行二十字小字雙行同下黑口四周單邊

640000－1201－0000577　史三/8

通鑑紀事本末二百三十九卷　（宋）袁樞輯
（明）張溥論正　清光緒二十一年（1895）上海
積山書局石印本　二十四冊　十八行三十六
字小字雙行同白口四周單邊

640000－1201－0000578　史七/70

晏子春秋七卷校勘二卷音義二卷　（春秋）晏
嬰撰　（清）孫星衍音義　（清）黃以周校勘
清光緒二十三年（1897）新化三味書局刻本
五冊　九行二十一字小字雙行同白口四周
單邊

640000－1201－0000579　史三/13

聖武記十四卷　（清）魏源撰　清道光古微堂
刻本　十二冊　十行二十一字小字雙行同白
口四周雙邊

640000－1201－0000580　史四/6

東觀漢記二十四卷　（漢）劉珍撰　清乾隆掃
葉山房刻本　二冊　十二行二十五字小字雙
行三十七字白口左右雙邊

640000－1201－0000581　史三/9－1

元史紀事本末二十七卷　（明）陳邦瞻編輯
（明）張溥論正　清光緒十四年（1888）鉛印本
　　二冊　十五行四十字小字雙行同白口四周
雙邊

640000－1201－0000582　史三/11

遼史紀事本末四十卷首一卷　（清）李有棠撰
　　清光緒二十六年（1900）廣雅書局刻本　四
冊　十一行二十字小字雙行同下黑口左右
雙邊

640000－1201－0000583　史三/10－2

明史紀事本末八十卷　（清）谷應泰編輯　清
光緒二十四年（1898）湖南思賢書局刻本　二
十冊　十一行二十字上下黑口左右雙邊

640000－1201－0000584　史三/12

金史紀事本末五十二卷首一卷　（清）李有棠
編纂　清光緒二十七年（1901）廣雅書局刻本
　　八冊　十行二十字小字雙行同下黑口四周
單邊

640000－1201－0000585　史三/11

遼史紀事本末四十卷　（清）李有棠編纂
（清）涂家樑校勘　清光緒二十八年（1902）鉛
印本　二冊　十五行四十字小字雙行同白口
四周雙邊

640000－1201－0000586　史三/6

宋史紀事本末一百九卷　（明）陳邦瞻編輯
（明）張溥論正　清光緒二十一年（1895）上海
積山書局石印本　八冊　十八行三十六字白
口四周單邊

640000－1201－0000587　史三/12

金史紀事本末五十二卷　（清）李有棠編纂
（清）涂家樑校勘　清光緒二十八年（1902）鉛
印本　四冊　十五行四十字小字雙行同白口
四周雙邊

640000－1201－0000588　史四/7

尚史七十卷 （清）李鍇纂 清嘉慶十九年（1814）刻本 十六冊 十行二十四字小字雙行同白口左右雙邊

640000－1201－0000589 史四/8

史外八卷 （清）汪有典著 清刻本 八冊 九行二十四字小字雙行同白口左右雙邊

640000－1201－0000590 史四/9

南宋書六十八卷 （明）錢士升撰 清嘉慶二年(1797)席氏掃葉山房刻本 八冊 十二行二十五字白口左右雙邊

640000－1201－0000591 史三/15

後蒙古紀事本末二卷 （清）韓善徵編輯 清光緒三十一年(1905)上海春記石印本 二冊 十四行三十字小字雙行同白口四周雙邊

640000－1201－0000592 史三/13

聖武記十四卷 （清）魏源撰 清刻本 十二冊 十行二十一字小字雙行同白口左右雙邊

640000－1201－0000593 史三/16

前蒙古紀事本末二卷 （清）韓善徵編輯 清光緒三十一年(1905)上海春記石印本 二冊 十四行三十字小字雙行同白口四周雙邊

640000－1201－0000594 史三/19

蜀鑑十卷 （宋）郭允蹈撰 札記一卷 （清）吳文昇撰 清光緒五年(1879)成都吳氏貽穀堂刻本(札記為存仁堂吳氏刊) 四冊 十三行二十二字小字雙行同上黑口左右雙邊

640000－1201－0000595 史三/9－5

元史紀事本末二十七卷 （明）陳邦瞻編輯 （明）張溥論正 清光緒二十四年(1898)湖南思賢書局刻本 四冊 十一行二十字小字雙行同上下黑口左右雙邊

640000－1201－0000596 史三/13

聖武記十四卷 （清）魏源撰 清道光二十六年(1846)刻本 十二冊 十行二十一字小字雙行同白口四周雙邊

640000－1201－0000597 史三/22－2

歷代史論二十二卷 （明）張溥撰 清光緒二

十四年(1898)上海圖書集成局鉛印本 五冊 十三行四十二字白口四周單邊 缺三卷(宋史論三、元史論一、明史論一)

640000－1201－0000598 史四/12

成仁譜二十六卷 （清）盛敬輯 清道光二十五年(1845)邗江木活字印本 八冊 十行二十二字小字雙行同白口左右雙邊

640000－1201－0000599 史四/21

東都事略一百三十卷 （宋）王稱撰 清刻本 六冊 十二行二十四字白口左右雙邊 存一百二卷(一至五十二、八十一至一百三十)

640000－1201－0000600 史三/9－2

元史紀事本末二十七卷 （明）陳邦瞻編輯 （明）張溥論正 清光緒十三年(1887)廣雅書局刻本 四冊 十行二十字小字雙行同下黑口四周單邊

640000－1201－0000601 史三/9－3

元史紀事本末二十七卷 （明）陳邦瞻編輯 （明）張溥論正 清光緒十四年(1888)廣雅書局刻本 三冊 十行二十字小字雙行同下黑口四周單邊

640000－1201－0000602 史三/22

歷代史論十二卷宋史論三卷元史論一卷 （明）張溥論正 左傳史論二卷 （清）高士奇論正 明史論四卷 （清）古應泰論正 清光緒八年(1882)西江蜚氏刻本 八冊 十一行二十一字上下黑口左右雙邊

640000－1201－0000603 史三/10

明史紀事本末八十卷 （清）谷應泰編輯 清光緒十四年(1888)刻本 十六冊 十行二十字小字雙行同下黑口四周單邊

640000－1201－0000604 史二/20

綱鑑正史約三十六卷附甲子紀元一卷 （明）顧錫疇編 （清）陳宏謀增訂 清光緒九年(1883)湖南官書局刻本 二十冊 十一行二十字小字雙行同白口左右雙邊

640000－1201－0000605 史五/11

明季南略十八卷 （清）計六奇編 清光緒十

三年(1887)上海圖書集成印書局鉛印本　四
冊　十三行四十字白口四周單邊

640000－1201－0000606　史三/1
**繹史一百六十卷世系圖一卷年表一卷**　（清）
馬驌撰　清刻本　五十六冊　十一行二十四
字小字雙行三十六字白口左右雙邊

640000－1201－0000607　史五/20
**明季北略二十四卷**　（清）計六奇編輯　清光
緒十三年(1887)上海圖書集成印書局鉛印本
六冊　十四行四十字白口左右雙邊

640000－1201－0000608　史二/36
**資治通鑑地理今釋十六卷**　（清）吳熙載撰
清光緒八年(1882)江蘇書局刻本　三冊　十
行二十字小字雙行同上下黑口四周雙邊

640000－1201－0000609　史五/10－2
**戰國策三十三卷**　（漢）高誘注　清同治八年
(1869)湖北崇文書局刻本　四冊　十一行二
十一字小字雙行二十七字白口四周雙邊

640000－1201－0000610　史二/37
**東華錄三十二卷**　（清）蔣良騏纂修　清乾隆
三十年(1765)刻本　五冊　九行二十二字白
口左右雙邊　存十六卷(一至十六)

640000－1201－0000611　史三/18
**平定關隴紀略十三卷**　（清）易孔昭輯　清光
緒十三年(1887)刻本　十三冊　九行二十三
字白口左右雙邊

640000－1201－0000612　史三/2－4
**綏寇紀略十二卷補遺三卷**　（清）吳偉業纂輯
（清）鄒漪原訂　（清）張海鵬重校　清嘉慶
十四年(1809)照曠閣刻本　八冊　九行二十
一字小字雙行同上下黑口四周雙邊

640000－1201－0000613　史五/11
**明季南略十八卷**　（清）計六奇編輯　清琉璃
廠半松居士木活字印本　十二冊　九行二十
字白口四周單邊

640000－1201－0000614　史五/50
**晚翠軒筆記不分卷**　（清）張丙焌著　清咸豐

三年(1853)刻本　一冊　十行二十字白口四
周雙邊

640000－1201－0000615　子
**學古堂日記初編不分卷**　（清）雷浚撰　（清）
吳履剛編次　清光緒十六年(1890)刻本　一
冊　十二行二十一字下黑口左右雙邊

640000－1201－0000616　史五/16
**清朝史略十一卷**　（日本）佐藤楚材編輯　清
光緒二十八年(1902)上海書局石印本　六冊
十四行三十五字小字雙行同白口四周雙邊

640000－1201－0000617　史三/1
**繹史一百六十卷世系圖一卷年表一卷**　（清）
馬驌撰　清光緒三十年(1904)浙江書局刻本
四十八冊　十一行二十四字小字雙行三十
六字上下黑口四周單邊　缺三卷(二十五至
二十七)

640000－1201－0000618　史五/13
**庚子教會華人流血史五卷**　（清）柴蓮馥輯
清宣統三年(1911)抄本　六冊　十行二十字
小字雙行同白口左右雙邊

640000－1201－0000619　史五/28
**野客叢書三十卷**　（宋）王楙撰　清刻本　十
二冊　九行二十字白口四周單邊　存二十八
卷(一至二十八)

640000－1201－0000620　史三/2－3
**綏寇紀略十二卷補遺三卷續編五卷**　（清）吳
偉業編修　（清）鄒漪原訂　（清）葉夢殊纂輯
清光緒三年(1877)上海申報館鉛印本　十
冊　十一行二十七字小字雙行三十四字白口
四周雙邊

640000－1201－0000621　史二/19
**通鑑綱目分類策論檢題不分卷**　（清）夢蜨生
編　清光緒二十九年(1903)上海官書局石印
本　四冊　十三行字數不等小字雙行不等下
黑口四周單邊

640000－1201－0000622　史三/2－2
**綏寇紀略十二卷補遺三卷**　（清）吳偉業撰
（清）鄒漪原訂　（清）張海鵬重校　清嘉慶十

四年(1809)照曠閣刻本(版本補配:序、目録、
欽定四庫全書提要、卷一之一至四葉) 五冊
　九行二十一字小字雙行同上下黑口左右
雙邊

綱鑑易知録九十二卷御撰資治通鑑綱目三編
二十卷　(清)吳乘權等輯　(清)張廷玉等撰
　清末善成堂刻本　四十八冊　九行二十字
小字雙行同白口四周單邊

小腆紀年附考二十卷　(清)徐鼒撰　(清)梁
繼泰重校　(清)汪達利參校　清光緒十二年
(1886)鉛印本　十二冊　十一行二十三字小
字雙行同白口四周單邊

繹史一百六十卷世系圖一卷年表一卷　(清)
馬驌撰　清刻本　四十八冊　十一行二十四
字小字雙行三十六字白口左右雙邊

資治通鑑明紀綱目三編二十卷　(清)張廷玉
等纂　清末刻本　四冊　十一行二十二字小
字雙行同白口四周單邊

同治朝東華續録一百卷　王先謙編　(清)張
式恭校勘　清光緒二十四年(1898)文瀾書局
石印本　二十四冊　二十二行四十七字白口
四周雙邊

校刊資治通鑑全書三種三十二卷　(清)胡元
常輯　清光緒十四年至十七年(1888－1891)
長沙楊氏刻本　六冊　十二行二十五字小字
雙行同上下黑口左右雙邊

繹史一百六十卷世系圖一卷年表一卷　(清)
馬驌撰　清刻本　四十八冊　十一行二十四
字小字雙行三十六字白口左右雙邊

綱鑑擇言十卷　(清)司徒修輯　(清)李嘉樹

補　清光緒十六年(1890)東昌書業德刻本
六冊　十行二十六字小字雙行同白口四周
單邊

通鑑釋文辯誤十二卷附録一卷　(元)胡三省
撰　清光緒十五年(1889)刻本　三冊　十二
行二十五字小字雙行同上下黑口左右雙邊

平浙紀略十六卷　(清)秦緗業　(清)陳鍾英
撰　清同治十二年(1873)浙江書局刻本　四
冊　十行二十三字白口四周雙邊

元朝秘史十卷續集二卷　　(元)脱察安撰　清
光緒三十四年(1908)長沙葉氏觀古堂刻本
六冊　十行字數不等上下黑口左右雙邊

小腆紀傳六十五卷　(清)徐鼒撰　清光緒十
三年(1887)刻本　十六冊　十一行二十三字
白口四周雙邊

明通鑑九十卷首一卷前編四卷附編六卷
(清)夏燮撰　清同治十二年(1873)刻本　三
十六冊　十行二十一字小字雙行同白口四周
雙邊

明通鑑九十卷　(清)夏燮編輯　清末刻本
四冊　十行二十一字小字雙行同下黑口四周
雙邊　存八卷(五十二至五十九)

綱鑑擇語十卷　(清)司徒修輯　清道光十六
年(1836)文盛書局石印本　一冊　十四行三
十三字小字雙行不等白口四周雙邊

鼎鍥趙田了凡袁先生編纂古本歷史大方綱鑑
補三十九卷首一卷　(宋)劉恕外紀　(宋)金
履祥前編　　(明)袁黃編纂　　(明)余象斗刊行
　清寶慶府經綸堂刻本　二十三冊　十二行
二十八字小字雙行同白口四周單邊

640000－1201－0000639　叢一/66

**雅雨堂藏書九種一百十七卷**　（清）盧見曾輯
　清乾隆二十一年(1756)德州盧氏刻本　二十四冊　十行二十一字小字雙行同白口四周單邊

640000－1201－0000640　史七/41

**國朝漢學師承記八卷國朝經師經義目錄一卷**
**國朝宋學淵源記二卷附記一卷**　（清）江藩撰
　清末刻本　四冊　九行二十一字上下黑口左右雙邊

640000－1201－0000641　史四/16

**別史九十五卷**　（清）王謨輯　清刻本　十七冊　九行二十字小字雙行同白口左右雙邊
缺十一卷(三國志辨誤一、神僊傳一至十)

640000－1201－0000642　史五/49

**恩福堂筆記二卷**　（清）英和撰　清道光十七年(1837)刻本　一冊　九行十九字白口四周單邊

640000－1201－0000643　史二/21

**通鑑釋文辯誤十二卷**　（元）胡三省撰　清光緒十五年(1889)刻本　四冊　十二行二十五字小字雙行同上下黑口四周雙邊

640000－1201－0000644　史五/89

**竹葉亭雜記八卷**　（清）姚元之撰　清光緒十九年(1893)陽湖汪洵署檢刻本　二冊　十二行二十四字小字雙行同白口四周雙邊

640000－1201－0000645　史二/5

**資治通鑑二百九十四卷**　（宋）司馬光編（元）胡三省音注　清刻本　十六冊　十行二十字小字雙行同上下黑口四周雙邊　存六十三卷(一百一至一百六十三)

640000－1201－0000646　史三/6

**宋史紀事本末一百九卷**　（明）馮琦編　（明）陳邦瞻增訂　（明）張溥論正　清光緒十三年(1887)廣雅書局刻本　二十四冊　十行二十字下黑口四周單邊

640000－1201－0000647　史五/95

**壬寅全年新時務通考四卷**　（清）儲桂山編輯

（清）許樹枌校正　清光緒二十九年(1903)富強齋書局石印本　八冊　十八行四十字小字雙行同下黑口四周雙邊

640000－1201－0000648　史五/93

**野記四卷**　（明）祝允明纂　清光緒四年(1878)申報館鉛印本　二冊　十二行二十四字小字雙行三十一字白口左右雙邊

640000－1201－0000649　史四/17

**周書十卷逸文一卷**　（清）朱右曾集訓校釋
清光緒三年(1877)湖北崇文書局刻本　二冊　十二行二十四字小字雙行同白口四周單邊

640000－1201－0000650　史二/42

**讀通鑑綱目劄記二十卷**　（清）章邦元著　清光緒十六年至十八年(1890－1892)銅陵章氏刻本　七冊　九行二十一字白口四周雙邊　缺二卷(九至十)

640000－1201－0000651　史六/6

**胡文忠公奏議六卷**　（清）胡林翼撰　清思補樓刻本　六冊　九行二十一字上下黑口左右雙邊

640000－1201－0000652　史二/4

**資治通鑑補二百九十四卷**　（宋）司馬光編（元）胡三省注　（明）嚴衍補　清光緒二年(1876)思補樓木活字印本　八十冊　十一行二十五字小字雙行同下黑口左右雙邊

640000－1201－0000653　史二/11

**增評加批歷史綱鑑補三十九卷首一卷**　（明）王世貞編纂　（明）袁黃編纂　清光緒二十八年(1902)上海富強齋石印本　十一冊　二十二行五十八字小字雙行同白口四周雙邊

640000－1201－0000654　史六/7

**劉中丞奏議二十卷**　（清）劉蓉著　清光緒十一年(1885)思賢講舍刻本　十冊　十行二十四字上下黑口左右雙邊

640000－1201－0000655　史二/12

**綱鑑補註三十九卷首一卷**　（明）王世貞編（明）袁黃輯　清宣統元年(1909)鑄記書莊石印本　五冊　二十四行四十八字小字雙行同

白口四周單邊

640000－1201－0000656　史五/22

**湘軍記二十卷**　（清）王定安撰　清光緒十五年(1889)江南書局刻本　二冊　九行二十二字白口四周雙邊

640000－1201－0000657　史七/25

**國朝漢學師承記八卷附國朝經師經義目錄一卷國朝宋學淵源記二卷附記一卷**　（清）江藩纂　清光緒九年(1883)山西書局刻本　四冊　九行二十一字白口四周單邊

640000－1201－0000658　史二/21

**通鑑釋文辯誤十二卷**　（元）胡三省撰　清刻本　二冊　十行二十字小字雙行同上下黑口四周雙邊　存六卷(四至九)

640000－1201－0000659　史七/39

**忠孝錄不分卷**　（清）王庭楨輯　清同治七年(1868)漢陽官廨刻本　二冊　九行二十一字白口四周雙邊

640000－1201－0000660　史五/94

**崇禎朝記事四卷**　（清）李遜之撰　清光緒二十三年(1897)武進盛氏刻本　二冊　十四行二十五字上下黑口左右雙邊

640000－1201－0000661　史四/2

**路史前紀九卷後紀十三卷國名紀八卷國姓衍慶紀原一卷發揮六卷餘論十卷**　（宋）羅泌纂　（宋）羅蘋注　清嘉慶十三年(1808)刻本　十二冊　十行二十字小字雙行同白口四周單邊

640000－1201－0000662　史二/40

**資治通鑑綱目前編二十五卷**　（元）金履祥撰　（明）陳仁錫評　**正編五十九卷**　（宋）朱熹撰　（明）陳仁錫評　**續編二十七卷**　（明）商輅撰　（明）陳仁錫評　清康熙四十年(1701)王公行刻本　八十三冊　七行十八字小字雙行同白口四周單邊　存八十五卷(前編二十五卷,正編一至七、九、十二至三十六,續編二十七卷)

640000－1201－0000663　史七/39

**忠孝錄不分卷**　（清）王庭楨撰　清同治七年(1868)漢陽官廨刻本　二冊　九行十九字白口四周雙邊

640000－1201－0000664　史七/18

**墨林今話十八卷**　（清）蔣寶齡撰　**續編一卷**　（清）蔣茞生撰　清咸豐二年(1852)刻本(目錄為手抄)　十冊　十行二十一字小字雙行同白口四周單邊

640000－1201－0000665　史七/50

**中興將帥別傳三十卷**　（清）朱孔彰撰　清光緒二十三年(1897)江寧刻本　十二冊　九行二十字上黑口四周雙邊

640000－1201－0000666　史二/11

**新刊通鑑輯要三十九卷首一卷**　（明）袁黃撰　清同治五年(1866)大成堂刻本　三十冊　十一行二十五字小字雙行同白口左右雙邊

640000－1201－0000667　史二/7

**御批歷代通鑑輯覽一百二十卷**　（清）傅恒纂　清光緒二十九年(1903)京都博文齋發兌圖書集成局石印本　三十二冊　十四行四十二字小字雙行同白口四周單邊

640000－1201－0000668　史二/24

**竹書紀年統箋十二卷前編一卷雜述一卷**　（南朝梁）沈約注　（清）徐文靖箋　（清）馬陽　（清）崔萬烜校訂　清光緒三年(1877)浙江書局刻本　四冊　九行二十一字小字雙行同白口左右雙邊

640000－1201－0000669　史二/24

**竹書紀年統箋十二卷前編一卷雜述一卷**　（南朝梁）沈約注　（清）徐文靖箋　（清）馬陽　（清）崔萬烜校訂　清光緒二十三年(1897)新化三味書局刻本　四冊　九行二十一字小字雙行同白口左右雙邊

640000－1201－0000670　史二/24

**竹書紀年統箋十二卷前編一卷雜述一卷**　（南朝梁）沈約注　（清）徐文靖統箋　（清）馬陽　（清）崔萬烜校訂　清光緒二十三年(1897)新化三味刻本　五冊　九行二十一字

小字雙行同白口左右雙邊

640000－1201－0000671　史二/15
**資治通鑑綱目正編五十九卷**　(宋)朱熹撰
(明)陳仁錫評　**續二十七卷首一卷末一卷**
(明)商輅撰　(明)陳仁錫評　清刻本　四十
四冊　七行十八字小字雙行同白口四周單邊
　存四十一卷(正編二十一至二十六、三十三
至三十七、三十九、四十一、四十四、五十五至
五十九;續一至五、十一至十四、十七至二十
七,首一卷,末一卷)

640000－1201－0000672　史一/7
**史記評林一百三十卷**　(漢)司馬遷撰　(明)
徐孚遠　(明)陳子龍測議　清刻本　八冊
九行二十字小字雙行同白口左右雙邊　存四
十四卷(八十七至一百三十)

640000－1201－0000673　史七/41
**國朝漢學師承記八卷**　(清)江藩撰　清光緒
二十二年(1896)長沙周大文堂刻本　三冊
十三行二十五字上下黑口左右雙邊

640000－1201－0000674　史
**資治通鑑外紀十卷**　(宋)劉恕編集　(清)胡
克家注補　清光緒二十八年(1902)上海積山
書局石印本　一冊　二十行四十四字小字雙
行同白口四周雙邊

640000－1201－0000675　史七/37
**燕蘭小譜五卷**　(清)吳長遠撰　清宣統三年
(1911)長沙葉氏刻本　一冊　十一行二十二
字上下黑口左右雙邊

640000－1201－0000676　史二/7
**御批歷代通鑑輯覽一百二十卷**　(清)傅恒撰
　清光緒三十年(1904)育文書局石印本　二
十四冊　十七行三十八字小字雙行同白口四
周雙邊

640000－1201－0000677　史二/9
**鼎鍥趙田了凡袁先生編纂古本歷史大方綱鑑
補三十九卷首一卷**　(宋)劉恕外紀　(元)金
履祥前編　(明)袁黃纂編　**御撰資治通鑑綱
目三編二十卷**　(清)張廷玉等編　清刻本

二十九冊　十二行二十八字小字雙行同白口
四周雙邊　存四十七卷(一至二十八、三十至
三十八,三編一至四、十五至二十)

640000－1201－0000678　史二/10
**續資治通鑑長編五百二十卷目錄二卷**　(宋)
李燾撰　清光緒七年(1881)浙江書局刻本
一百五冊　十二行二十一字小字雙行同白口
左右雙邊　存四百九十七卷(一至六、十三至
二十一、三十一至二百七十一、二百七十七至
三百、三百六至五百二十,目錄二卷)

640000－1201－0000679　史二/7
**御批歷代通鑑輯覽一百二十卷**　(清)傅恒等
纂　清光緒二十年(1894)湖南澹雅書局刻本
　五十九冊　十一行二十二字小字雙行同白
口四周單邊　缺二卷(四至五)

640000－1201－0000680　史四/3
**皇朝掌故讀本二卷**　(清)竇士鏞著　清光緒
二十九年(1903)上海文明書局鉛印本　一冊
　九行二十字小字雙行二十六字白口四周
雙邊

640000－1201－0000681　史四/3
**皇朝掌故讀本二卷**　(清)竇士鏞著　清光緒
二十九年(1903)上海文明書局鉛印本　一冊
　九行二十字小字雙行二十六字白口四周
雙邊

640000－1201－0000682　史五/23
**東觀奏記三卷**　(唐)裴庭裕撰　清刻本　一
冊　九行二十字小字雙行同白口四周單邊

640000－1201－0000683　史五/51
**道山清話一卷**　(宋)王暐撰　(清)張海鵬訂
　**孫公談圃三卷**　(宋)劉延世撰　(清)張海
鵬訂　清照曠閣刻本　一冊　九行二十一小
字雙行同上下黑口左右雙邊

640000－1201－0000684　史五/10-3
**戰國策三十三卷附札記三卷**　(漢)高誘注
清光緒二十八年(1902)新化三味書室刻本
六冊　十一行二十字小字雙行同上下黑口左
右雙邊

640000－1201－0000685　史五/10－2

戰國策三十三卷札記三卷　（漢）高誘注　清
同治八年(1869)湖北崇文書局刻本　五冊
十一行二十字小字雙行同白口左右雙邊

640000－1201－0000686　史五/91

國語校注本三種國語三君注輯存四卷國語發
正二十一卷國語明道本考異四卷　（清）汪遠
孫撰　清道光二十六年(1846)振綺堂刻本
五冊　十行二十一字小字雙行不等白口左右
雙邊

640000－1201－0000687　史七/2

歷代名臣言行錄二十四卷　（清）朱桓編輯
清嘉慶刻本　二十四冊　十行二十一字白口
四周單邊　存十五卷(十至二十四)

640000－1201－0000688　史五/34

國語二十一卷　（春秋）左丘明撰　（三國吳）
韋昭解　校刊明道本韋氏解國語札記一卷
（清）黃丕烈撰　國語明道本考異四卷　（清）
汪遠孫撰　清光緒二十八年(1902)新化三味
書室刻本　六冊　十一行二十字小字雙行同
上下黑口左右雙邊

640000－1201－0000689　史五/24

小腆紀年附考二十卷　（清）徐鼒撰　清光緒
四年(1878)刻本　二十冊　十一行二十二字
小字雙行同白口四周雙邊

640000－1201－0000690　史五/44

重訂七種古文選四種十六卷　（清）儲欣評
（清）吳振乾等校訂　（清）儲芝參述　清嘉慶
十八年(1813)靜遠堂刻本　八冊　八行二十
五字小字雙行同白口左右雙邊

640000－1201－0000691　集四/43

北江詩話六卷　（清）洪亮吉撰　清光緒三年
(1877)授經堂刻本　一冊　十一行二十二字
上下黑口左右雙邊

640000－1201－0000692　集二/(57)369

附鮚軒詩八卷　（清）洪亮吉撰　清光緒三年
(1877)授經堂刻本　二冊　十一行二十一字
小字雙行同上下黑口左右雙邊

640000－1201－0000693　史七/49

古列女傳八卷　（漢）劉向著　（明）黃魯曾贊
清光緒元年(1875)湖北崇文書局刻本　二
冊　十二行二十四字上下黑口四周雙邊

640000－1201－0000694　史二/27

資治通鑑目錄三十卷　（宋）司馬光編　清光
緒十七年(1891)刻本　十一冊　十二行二十
五字小字雙行同上下黑口左右雙邊

640000－1201－0000695　史五/40

蘗史四十八卷　（清）王希廉撰　清光緒二年
(1876)刻本　八冊　十一行二十四字白口四
周雙邊

640000－1201－0000696　集三/68

經史百家簡編二卷　（清）曾國藩撰　清同治
十三年(1874)傳忠書局刻本　二冊　十行二
十四字下黑口左右雙邊

640000－1201－0000697　史五/37

丙午新民叢報彙編不分卷　梁啟超編　清光
緒三十三年(1907)普新端記書局石印本　十
二冊　十六行三十八字小字雙行同白口四周
單邊

640000－1201－0000698　史五/7－2

嘯亭雜錄八卷續錄二卷　（清）昭槤著　清光
緒六年(1880)刻本　十二冊　九行二十二字
白口左右雙邊

640000－1201－0000699　史七/65

孔子編年四卷孟子編年四卷　（清）狄子奇編
清光緒十三年(1887)浙江書局刻本　二冊
十行二十二字小字雙行同白口左右雙邊

640000－1201－0000700　史五/38

平定粵寇紀略十八卷附記四卷　（清）杜文瀾
編　清光緒元年(1875)校經堂刻本　八冊
九行二十一字白口左右雙邊

640000－1201－0000701　史二/18

司馬溫公通鑑論不分卷　（宋）司馬光撰　清
光緒兩湖書院木活字印本　二冊　九行二十
字白口四周雙邊

640000－1201－0000702　史七/64

周列士傳一卷　(清)顧壽楨著　清同治五年(1866)見素抱樸齋刻本　一冊　十一行二十三字白口四周雙邊

640000－1201－0000703　史五/7

嘯亭雜錄十卷續錄三卷　(清)昭槤著　清宣統元年(1909)中國圖書公司鉛印本　四冊　十行二十五字白口四周單邊

640000－1201－0000704　史五/45

湘軍志十六卷　王闓運撰　清刻本　四冊　十行二十一字白口左右雙邊

640000－1201－0000705　史四/19

西魏書二十四卷　(清)謝啟昆撰　清乾隆六十年(1795)樹經堂刻本　六冊　十一行二十三字小字雙行同白口左右雙邊

640000－1201－0000706　史五/102

光緒間京報不分卷　(清)甘肅官報局編　清光緒十八年至三十四年(1892－1908)木活字印本　四冊　七行二十一字

640000－1201－0000707　史二/29

史存三十卷　(清)劉沅輯　清咸豐六年(1856)致福樓刻本　二十四冊　十行二十字小字雙行同白口四周單邊

640000－1201－0000708　史二/26

資治通鑑考異三十卷　(宋)司馬光撰　清光緒十四年(1888)刻本　八冊　十二行二十五字小字雙行同上下黑口左右雙邊　存二十一卷(一至二十一)

640000－1201－0000709　史五/20

明季北略二十四卷　(清)計六奇編　清嘉慶、道光間北京琉璃廠木活字印本　十二冊　九行二十字白口四周雙邊

640000－1201－0000710　史二/28

欽定明鑑二十四卷首一卷　(清)托津等撰　清同治九年(1870)湖北崇文書局刻本　十冊　八行二十字小字雙行不等白口四周雙邊

640000－1201－0000711　史七/18

墨林今話十八卷　(清)蔣寶齡撰　續編一卷　(清)蔣茝生撰　清宣統三年(1911)掃葉山房石印本　六冊　十四行三十字白口四周雙邊

640000－1201－0000712　史七/61

歷代名人年譜十卷附一卷　(清)吳榮光撰　清同治十二年(1873)刻本　十冊　行數不等字數不等小字雙行不等白口四周雙邊

640000－1201－0000713　史七/57

歷代名儒傳八卷　(清)朱軾　(清)蔡世遠訂輯　(清)李清植分纂　清刻本　四冊　九行二十二字白口左右雙邊

640000－1201－0000714　史七/19

疇人傳四十六卷續六卷　(清)阮元撰　(清)羅士琳續補　清蛟川蒼雨樓張氏刻本　十六冊　十行二十字小字雙行同白口四周雙邊

640000－1201－0000715　史五/69

弘簡錄二百五十四卷總目一卷　(明)邵經邦學　(清)邵遠平校閱　清康熙二十七年(1688)刻本　十五冊　十行二十四字小字雙行同白口四周單邊　存九十一卷(八至八三、五十七至九十六、一百八至一百一十三、二百二十四至二百三十、二百三十七至二百四十一、二百四十九至二百五十四,總目一卷)

640000－1201－0000716　史七/67

史略八十七卷　(清)朱塈輯　清同治六年(1867)刻本　二十冊　十行二十五字白口左右雙邊

640000－1201－0000717　史七/59

求闕齋弟子記三十二卷　(清)王定安撰　清光緒二年(1876)琉璃廠木活字印本　十六冊　十行二十四字小字雙行同白口左右雙邊

640000－1201－0000718　史七/58

文獻徵存錄十卷　(清)錢林輯　(清)王藻編　清咸豐八年(1858)有嘉樹軒刻本　十冊　十一行二十一字小字雙行同白口左右雙邊

640000－1201－0000719　史七/19

疇人傳五十二卷三編七卷附記一卷　(清)阮

元撰　清光緒二十二年(1896)上海璣衡堂石印本　五冊　二十行四十二字小字雙行同白口四周雙邊

640000－1201－0000720　史七/71
**國史儒林傳二卷**　(清)國史館編　清刻本　一冊　十二行二十四字白口四周單邊

640000－1201－0000721　史七/72
**國史循吏傳一卷**　(清)國史館編　清後期刻本　一冊　十二行二十四字白口四周單邊

640000－1201－0000722　史七/29
**歷代名臣傳三十五卷首一卷**　(清)朱軾(清)蔡世遠訂輯　(清)張江分纂　清光緒二十三年(1897)刻本　十六冊　九行二十一字白口四周單邊

640000－1201－0000723　史七/56
**念昔齋寱言圖纂不分卷**　(清)黃雲鵠撰　清光緒十二年(1886)成都刻本　二冊　九行二十字下黑口四周雙邊

640000－1201－0000724　史七/45
**浙游日記不分卷**　(□)唐斯盛撰　清光緒十年(1884)稿本　一冊　九行字數不等上下黑口左右雙邊

640000－1201－0000725　史七/17
**陸清獻公年譜定本二卷附錄一卷**　(清)吳光酉輯　清光緒八年(1882)津河廣仁堂刻本　二冊　十行二十三字小字雙行同白口左右雙邊

640000－1201－0000726　史七/16
**碧血錄五卷**　(清)莊仲方撰　清光緒八年(1882)上海同文書局石印本　五冊　十一行二十三字白口左右雙邊

640000－1201－0000727　史七/40
**齒譜九卷**　(清)易宗涒輯　清雍正三年(1725)賜書堂刻本　十冊　十四行二十八字小字雙行同上下黑口左右雙邊

640000－1201－0000728　史五/1
**荊駝逸史四十種**　(清)陳湖逸士輯　清道光

古槐山房木活字印本　二十四冊　八行十七字白口四周雙邊

640000－1201－0000729　史七/30
**經學文鈔十四卷**　梁鼎芬撰　曹元弼校補　清光緒三十四年(1908)江蘇存古學堂木活字印本　十四冊　九行二十字小字雙行同白口四周雙邊　存七卷(一至七)

640000－1201－0000730　史七/2
**歷代名臣言行錄二十四卷**　(清)朱桓編(清)潘永季校訂　清光緒二十八年(1902)自強學齋石印本　八冊　二十三行五十二字下黑口四周雙邊

640000－1201－0000731　史七/2－2
**歷代名臣言行錄二十四卷**　(清)朱桓編　清光緒十七年(1891)廣百宋齋石印本　十冊　十五行四十四字小字雙行同白口四周雙邊

640000－1201－0000732　史7/31
**神僧傳九卷**　(明)成祖朱棣輯　清宣統元年(1909)常州天寧寺刻本　四冊　十行二十字白口左右雙邊

640000－1201－0000733　史七/27
**關聖帝君聖蹟圖志全集五卷首一卷**　(清)盧湛輯　清光緒二年(1876)刻本　五冊　十行二十一字白口四周雙邊

640000－1201－0000734　史七/2
**歷代名臣言行錄二十四卷**　(清)朱桓編　清光緒元年(1875)湖北文源堂刻本　十二冊　十行二十一字小字雙行同白口左右雙邊　存九卷(一至九)

640000－1201－0000735　史七/10
**浙江忠義錄十卷表八卷續編二卷**　(清)張景祁等撰　清光緒元年(1875)浙江采訪忠義總局刻本　二十三冊　十行二十二字白口左右雙邊

640000－1201－0000736　史七/1
**校正元聖武親征錄不分卷**　(清)何秋濤校正　清光緒二十年(1894)刻本　一冊　十行二十二字小字雙行同白口左右雙邊

640000－1201－0000737　史七/2

歷代名臣言行錄二十四卷　（清）朱桓編　清嘉慶十二年(1807)刻本　三十二冊　十行二十一字白口四周單邊

640000－1201－0000738　史七/53

朱子年譜四卷考異四卷附錄二卷校勘記三卷　（清）王懋竑纂　清光緒九年(1883)武昌書局校刻白田草堂刻本　三冊　八行二十字小字雙行同白口左右雙邊

640000－1201－0000739　史七/98

黃梨洲先生年譜三卷　（清）黃炳垕撰　清同治十二年(1873)刻本　一冊　九行二十三字上下黑口四周雙邊

640000－1201－0000740　史七/103

中興名臣事略八卷　（清）朱孔彰撰　清光緒二十五年(1899)上海圖書集成印書局鉛印本　一冊　白口四周單邊

640000－1201－0000741　史七/100

曾文正公榮哀錄一卷　（清）黃翼升撰　清光緒十六年(1890)鉛印本　一冊　十六行三十五字白口四周雙邊

640000－1201－0000742　史七/51

戚少保年譜耆編十二卷首一卷　（明）戚祚國彙纂　（明）戚昌國集錄　（明）戚興國參校　（明）戚報國詳訂　清光緒四年(1878)補刻本　十二冊　十行二十字小字雙行同下黑口左右雙邊

640000－1201－0000743　史七/109

孔子編年四卷　（清）狄子奇撰　清光緒十三年(1887)浙江書局刻本　一冊　十行二十二字小字雙行同白口左右雙邊

640000－1201－0000744　史七/113

陸清獻公年譜一卷　（清）陸宸徵　（清）李鉉輯　（清）吳光西撰　清同治七年(1868)武林薇署刻本　一冊　十行二十二字小字雙行同白口四周雙邊

640000－1201－0000745　史七/108

萬清軒先生年譜一卷　（清）張鼎元編　（清）錢同壽校訂　清光緒三十二年(1906)湖北陽新疊山書院刻本　一冊　白口左右雙邊

640000－1201－0000746　史七/10

浙江忠義錄十卷表八卷續編二卷　（清）張景祁撰　清刻本　一冊　十五行三十三字白口左右雙邊　存一卷（表一）

640000－1201－0000747　史七/21

歷代畫史彙傳七十二卷首一卷附錄二卷目錄三卷引證書目一卷　（清）彭蘊璨編　清光緒八年(1882)上海掃葉山房刻本　二十四冊　八行二十字小字雙行同上下黑口四周雙邊

640000－1201－0000748　史七/105

大清百官錄不分卷附直省同寅錄　（清）彭汝疇編　清光緒三十三年(1907)京都琉璃廠槐蔭山房刻本　五冊　十四行三十二字小字雙行同白口四周雙邊

640000－1201－0000749　史七/7

國朝先正事略六十卷　（清）李元度纂　清同治五年(1866)循陔草堂刻本　二十四冊　十行二十四字白口左右雙邊

640000－1201－0000750　史七/117

洪北江先生年譜一卷　（清）呂培等編　清光緒三年(1877)刻本　一冊　十一行二十二字上下黑口左右雙邊

640000－1201－0000751　史七/8

西魏書二十四卷附錄一卷　（清）謝啟昆撰　清光緒十八年(1892)溧陽繆氏小峋山館刻本　六冊　十一行二十三字小字雙行同白口左右雙邊

640000－1201－0000752　史七/7－2

國朝先正事略六十卷　（清）李元度纂　清光緒二十五年(1899)石印本　八冊　二十三行五十字小字雙行同白口四周雙邊

640000－1201－0000753　史七/7－3

國朝先正事略六十卷　（清）李元度纂　中興名臣事略八卷　（清）朱孔彰撰　清光緒二十五年(1899)上海圖書集成印書局鉛印本　十二冊　十八行四十四字白口四周單邊

640000－1201－0000772　史八/9

**史記別鈔二卷**　（清）吳敏樹撰　清末刻本
二冊　十行二十一字白口四周雙邊

640000－1201－0000773　史七/7

**國朝先正事略六十卷**　（清）李元度纂　清同
治五年(1866)循陔草堂刻本　二十四冊　十
行二十四字白口左右雙邊

640000－1201－0000774　史七/118

**劉忠宣公年譜二卷**　（明）劉世節編　清光緒
刻本　一冊　九行二十字白口左右雙邊

640000－1201－0000775　史八/2

**中國文明小史不分卷**　（日本）田口卯吉著
（清）劉陶譯　清光緒二十八年(1902)上海廣
智書局鉛印本　一冊　十二行三十一字白口
四周雙邊

640000－1201－0000776　史九/9

**國朝柔遠記十八卷附編二卷**　（清）王之春編
清光緒二十二年(1896)湖北書局刻本　六
冊　十一行二十一字小字雙行同上下黑口四
周單邊

640000－1201－0000777　史九/9

**國朝柔遠記十八卷附編二卷**　（清）彭玉麟定
（清）王之春編　清光緒十七年(1891)廣雅
書局刻本　六冊　十一行二十一字小字雙行
同上下黑口左右雙邊

640000－1201－0000778　史七/7－5

**國朝先正事略六十卷**　（清）李元度纂　清同
治五年(1866)循陔草堂刻本　二十四冊　十
行二十四字白口左右雙邊

640000－1201－0000779　史八/4

**廿一史約編八卷首一卷**　（清）鄭元慶述　清
光緒六年(1880)得月樓刻本　八冊　九行二
十一字小字雙行同白口左右雙邊

640000－1201－0000780　史六/14

**岑襄勤公奏稿三十卷首一卷總目一卷**　（清）
岑毓英撰　清光緒二十三年(1897)武昌督糧
官署止復園刻本　三十二冊　十一行二十一
字上下黑口四周雙邊

640000－1201－0000781　史九/10

**皇朝藩部要略十八卷世系表四卷**　（清）祁韻
士纂　（清）毛嶽生編　清光緒十年(1884)浙
江書局刻本　八冊　十行二十一字白口左右
雙邊

640000－1201－0000782　史七/140

**孝行錄不分卷**　（清）王景祚編　清刻本　一
冊　白口四周雙邊

640000－1201－0000783　史八/10

**元史氏族表三卷**　（清）錢大昕撰　清嘉慶十
一年(1806)江蘇書局刻本　二冊　白口左右
雙邊

640000－1201－0000784　史九/5－2

**出使英法意比四國日記六卷**　（清）薛福成撰
清光緒十八年(1892)刻本　六冊　十行二
十一字白口左右雙邊

640000－1201－0000785　史八/5

**慈溪黃氏日鈔分類古今紀要十九卷**　（宋）黃
震撰　清乾隆三十二年(1767)新安汪氏刻本
十二冊　十二行二十二字小字雙行同白口
四周雙邊

640000－1201－0000786　史六/13

**硃批諭旨不分卷**　（清）世宗胤禛撰　清乾隆
朱墨套印本　一百十一冊　十行二十一字小
字雙行同白口四周雙邊

640000－1201－0000787　史七/49

**列女傳八卷**　（漢）劉向撰　（清）梁端校注
清道光刻本　一冊　白口四周雙邊　存二卷
(三至四)

640000－1201－0000788　史七/86

**學統五十六卷**　（清）熊賜履編　清康熙二十
七年(1688)經義齋刻本　十六冊　九行二十
字白口左右雙邊

640000－1201－0000789　史十一/58

**大清一統志表**　（清）徐午輯校　清乾隆刻本
八冊　四字小字雙行同下黑口四周單邊

640000－1201－0000790　史十一/1

天下郡國利病書一百二十卷　（明）顧炎武撰
清道光十一年(1831)敷文閣刻本　六十四
冊　十行二十一字小字雙行同白口左右雙邊

640000－1201－0000791　史七/142

金正希先生年譜一卷　（清）程錫類編　（清）
劉洪烈著　清光緒二十三年(1897)兩湖書院
木活字印本　一冊　九行二十字小字雙行同
下黑口四周雙邊

640000－1201－0000792　史七/141

越中先賢祠目序例一卷　（清）李慈銘撰　清
光緒十一年(1885)北京虎坊橋越祠刻本　一
冊　十三行三十字上黑口左右雙邊

640000－1201－0000793　史七/32

逆臣傳四卷貳臣傳十二卷　（清）國史館編
清後期刻本　八冊　九行二十二字白口左右
雙邊

640000－1201－0000794　史十一/2

讀史方輿紀要一百三十卷　（清）顧祖禹輯
清敷文閣刻本　七十八冊　十行二十一字小
字雙行同白口四周雙邊

640000－1201－0000795　史七/143

顧端文公年譜四卷　（明）顧與沐記略　（清）
顧樞編　清晚期刻本　一冊　十行二十字小
字雙行同上下黑口左右雙邊

640000－1201－0000796　史六/16

諭摺彙存不分卷　（清）□□編　清光緒木活
字印本　二十六冊　十一行二十二字白口四
周雙邊

640000－1201－0000797　史十一/139

天下郡國利病書詳節十八卷　（清）顧炎武撰
（清）蔣錫礽節錄　清光緒二十八年(1902)
紹文書局石印本　八冊　十九行四十字小字
雙行同白口四周雙邊

640000－1201－0000798　史八/8

支那全史七卷　（日本）藤田久道編　（日本）
增田貢校正　清光緒二十七年(1901)教育世
界石印本　六冊　十三行二十四字小字雙行
同白口四周單邊

640000－1201－0000799　史七/107

繹史一百六十卷世系圖一卷年表一卷　（清）
馬驌撰　（清）丁立誠等校　清光緒三十年
(1904)刻本　一冊　十一行二十四字上下黑
口四周單邊　存一卷(年表一卷)

640000－1201－0000800　史十一/138

迴瀾紀要二卷　（清）徐端撰　清道光刻本
一冊　十行二十一字小字雙行同白口四周
雙邊

640000－1201－0000801　史十二/5

皇朝詞林典故六十四卷首一卷　（清）朱珪等
纂　清宣統元年(1909)石印本　三十四冊
七行十七字小字雙行二十一字白口四周雙邊

640000－1201－0000802　史八/7

續支那通史二卷　（日本）山峰畯藏著　（清）
中國漢陽青年編　清光緒三十年(1904)崇實
書局石印本　八冊　十三行二十四字小字雙
行同白口四周雙邊

640000－1201－0000803　史十一/137

安瀾紀要二卷　（清）徐端著　清道光二十二
年(1842)刻本　一冊　十行二十一字白口四
周雙邊

640000－1201－0000804　史十一/9－2

西域水道記五卷　（清）徐松撰　清道光刻本
二冊　十一行二十八字小字雙行同上下黑
口左右雙邊

640000－1201－0000805　史十一/36

中國近世輿地圖說二十三卷首一卷　（清）羅
汝楠編纂　（清）方新校繪　清宣統元年
(1909)廣東教忠學堂石印本　一冊　十二行
三十二字白口四周單邊　存二卷(一上、首一
卷)

640000－1201－0000806　史八/6

支那通史四卷　（日本）那珂通世編　清光緒
二十五年(1899)東文學社石印本　五冊　十
三行二十五字小字雙行不等白口左右雙邊

640000－1201－0000807　史十二/4

歷代職官表六卷　（清）黃本驥撰　清光緒二

十四年(1898)柏經正堂刻本　四冊　上下黑口四周單邊

640000 – 1201 – 0000808　史九/2

普法戰紀二十卷　(清)張宗良口譯　(清)王韜撰　清光緒二十一年(1895)弢園王氏鉛印本　十冊　十一行二十三字小字雙行同上下黑口四周雙邊

640000 – 1201 – 0000809　史十一/46

元和郡縣圖志四十卷闕卷逸文一卷補志九卷　(唐)李吉甫撰　(清)孫星衍輯　(清)嚴觀補　清光緒八年(1882)金陵書局刻本　十冊　十二行二十四字小字雙行同上下黑口左右雙邊

640000 – 1201 – 0000810　史十二/2 – 2

大清搢紳全書不分卷　(□)□□撰　清光緒十五年(1889)刻本　四冊　十四行字數不等小字雙行不等白口四周雙邊

640000 – 1201 – 0000811　史九/3

天咫偶聞十卷　(清)震鈞撰　清光緒三十三年(1907)甘棠轉舍刻本　八冊　九行二十一字小字雙行同上下黑口左右雙邊

640000 – 1201 – 0000812　史七/132

明良志略一卷　(清)劉沅撰　清致福樓刻本　一冊　十一行二十四字小字雙行同白口左右雙邊

640000 – 1201 – 0000813　史十一/51

漢書地理志校本二卷　(清)汪遠孫撰　清道光二十八年(1848)刻本　一冊　十行二十一字小字雙行不等白口左右雙邊

640000 – 1201 – 0000814　史十二/2

大清搢紳全書不分卷　(□)□□撰　清光緒十九年(1893)松竹齋刻本　四冊　十四行字數不等小字雙行不等白口四周雙邊

640000 – 1201 – 0000815　史七/138

名賢手札八卷　(清)郭慶藩輯　清光緒三十四年(1908)上洋海左書局石印本　四冊　行數不等字數不等小字雙行不等白口四周單邊

640000 – 1201 – 0000816　史十一/132

新疆賦一卷　(清)徐松撰　清道光刻本　一冊　十一行二十七字小字雙行同上下黑口左右雙邊

640000 – 1201 – 0000817　史十三/142

林文忠公政書甲集九卷乙集十七卷丙集十一卷　(清)林則徐撰　清刻本　十冊　九行二十字小字雙行同下黑口四周雙邊

640000 – 1201 – 0000818　史十一/99

水經注圖一卷附錄一卷　(清)汪士鐸學　清光緒刻本　一冊　上下黑口四周雙邊

640000 – 1201 – 0000819　史十一/134

采風記五卷　宋育仁編　清光緒石印本　一冊　十二行二十五字小字雙行同白口四周雙邊　存二卷(四至五)

640000 – 1201 – 0000820　史十一/49

歷代地理沿革圖不分卷　(清)六嚴撰　(清)馬徵麟增輯　清同治十一年(1872)金陵刻本　一冊　十二行二十四字小字雙行同白口左右雙邊

640000 – 1201 – 0000821　史十一/59

西陲要略四卷　(清)祁韻士撰　清道光十七年(1837)筠淥山房刻本　二冊　十行二十一字小字雙行同白口四周雙邊

640000 – 1201 – 0000822　史十一/49

紀元編三卷末一卷　(清)六成如撰　清光緒十八年(1892)長沙艸素書局刻本　四冊　十行二十四字小字雙行同白口四周雙邊

640000 – 1201 – 0000823　史十二/5

詞林典故八卷　(清)張廷玉等編　清乾隆武英殿刻本　六冊　七行十八字小字雙行同白口四周雙邊

640000 – 1201 – 0000824　史九/6

十六國春秋一百卷崔鴻本傳一卷　(北魏)崔鴻撰　清光緒十二年(1886)湖北官書處刻本　十二冊　十一行二十三字小字雙行同白口四周雙邊

640000－1201－0000825　史十一/50

**今水經一卷表一卷**　（清）黃宗羲撰　清光緒
二十二年(1896)新化三味堂刻本　一冊　十
一行二十四字小字雙行同上下黑口左右雙邊

640000－1201－0000826　史十一/123

**乾隆府廳州縣圖志五十卷**　（清）洪亮吉撰
清乾隆五十三年至嘉慶八年(1788－1803)刻
本　十六冊　十二行二十四字小字雙行同上
下黑口四周雙邊

640000－1201－0000827　史十一/57

**黃州大崎山即禹貢大別山說一卷**　（清）劉寶
書撰　清光緒刻本　一冊　九行二十三字上
下黑口左右雙邊

640000－1201－0000828　史九/6

**十六國春秋一百卷崔鴻本傳一卷**　（北魏）崔
鴻撰　清光緒十二年(1886)湖北官書處刻本
十二冊　十一行二十三字小字雙行同白口
四周雙邊

640000－1201－0000829　史九/5

**出使英法意比四國日記六卷**　（清）薛福成撰
清光緒二十八年(1902)秦中官書局石印本
三冊　十四行三十字上下黑口四周單邊

640000－1201－0000830　史十一/94

**西湖遊覽志二十四卷志餘二十六卷**　（明）田
汝成撰　清光緒二十二年(1896)錢塘丁氏嘉
惠堂刻本　十二冊　十行二十字白口四周
雙邊

640000－1201－0000831　史十一/126

**靈鶼閣叢書三十一種四十六卷**　（清）江標輯
清光緒元和江氏湖南使院刻本　十九冊
十一行二十三字小字雙行同上下黑口左右
雙邊

640000－1201－0000832　史七/137

**館選錄一卷**　（清）沈廷芳輯　清刻本　一冊
八行字數不等白口四周雙邊

640000－1201－0000833　史七/123

**洛學編六卷**　（清）湯斌輯　清光緒二年
(1876)有不為齋刻本　二冊　十行二十字白

口左右雙邊

640000－1201－0000834　史十一/125

**緬甸國志一卷英領緬甸志一卷緬甸新志一卷
暹羅國志一卷布哈爾志一卷**　（清）學部圖書
局編　清光緒三十三年(1907)學部圖書局鉛
印本　一冊　十二行三十一字白口四周雙邊

640000－1201－0000835　史七/133

**甘肅武闈鄉試錄一卷**　（清）釀花使者撰　清
光緒十五年(1889)刻本　一冊　九行二十五
字小字雙行不等上下黑口四周雙邊

640000－1201－0000836　史十三/121

**洗冤錄歌訣不分卷**　（清）剛毅編　清光緒二
十六年(1900)秦中官書局鉛印本　一冊　九
行二十二字小字雙行同白口四周雙邊

640000－1201－0000837　史十一/95

**水經注疏要刪四十卷補遺一卷**　（清）楊守敬
撰　清光緒三十一年(1905)宜都楊守敬觀海
堂刻本　六冊　十行二十字小字雙行同上下
黑口四周單邊

640000－1201－0000838　史十一/127

**歷代輿地沿革險要圖不分卷**　（清）楊守敬
（清）饒敦秩撰　清光緒五年(1879)東湖饒敦
秩朱墨套印本　一冊　行數不等字數不等白
口四周單邊

640000－1201－0000839　史十一/48

**三國疆域志補注十九卷首一卷**　（清）洪亮吉
撰　（清）謝鍾英補注　清光緒二十四年
(1898)湘中刻本　八冊　十一行二十四字上
下黑口左右雙邊

640000－1201－0000840　史十一/80

**皇朝輿地水道源流五卷**　（清）胡宣慶撰
（清）胡鴻浚　（清）胡鴻賓校刊　清光緒十七
年(1891)長沙胡氏刻本　一冊　九行二十四
字小字雙行同白口左右雙邊

640000－1201－0000841　史十一/115

**西征紀程四卷**　（清）鄭代鈞撰　清光緒十七
年(1891)鉛印本　二冊　十一行三十三字白
口四周雙邊

640000－1201－0000842　史十一/81

洞庭上下石磯圖說一卷行舟要覽一卷　（清）
任鶚撰　清光緒八年(1882)洞廷廟刻本　一
冊　十二至十八行三十至三十六字小字雙行
三十字白口四周雙邊間四周單邊

640000－1201－0000843　史十一/2

讀史方輿紀要一百三十卷輿圖要覽四卷
(清)顧祖禹輯　清敷文閣刻本　七十八冊
十行二十一字小字雙行同白口四周雙邊

640000－1201－0000844　子十一/9

二如亭群芳譜　（明）王象晉纂　清刻本　二
十冊　八行十八字白口左右雙邊

640000－1201－0000845　史

欽定中樞政考三十二卷　（清）明亮等修
(清)納蘇泰等纂　清道光五年(1825)刻本
三十二冊　白口四周雙邊

640000－1201－0000846　史十一/75

資治通鑑地理今釋十六卷　（清）吳熙載撰
清光緒八年(1882)江蘇書局刻本　三冊　十
行二十字小字雙行同上下黑口四周雙邊

640000－1201－0000847　史十一/83

三國郡縣表補正八卷　（清）吳增僅學　（清）
楊守敬補正　清光緒三十三年(1907)鄂城刻
本　四冊　十行二十六字小字雙行同下黑口
四周雙邊間四周單邊

640000－1201－0000848　史十一/76

漢書西域傳補注二卷　（清）徐松撰　清道光
九年(1829)陽湖張琦刻本　一冊　十一行二
十八字小字雙行同白口左右雙邊

640000－1201－0000849　史7/24

國朝詩人徵略六十卷　（清）張維屏輯　清道
光十年(1830)刻本　十四冊　十行二十二字
小字雙行同上下黑口左右雙邊

640000－1201－0000850　史十一/72

津門雜記三卷　（清）張燾輯　清光緒十年
(1884)刻本　三冊　九行二十字小字雙行同
白口左右雙邊

640000－1201－0000851　史十一/85

廣輿記二十四卷廣輿圖一卷　（明）陸應陽纂
（清）蔡方炳增輯　清康熙四十六年(1707)
吳郡寶翰樓刻本　十六冊　十行十九字小字
雙行同白口四周單邊

640000－1201－0000852　史十一/113

茅亭客話十卷　（宋）黃休復集　清嘉慶十年
(1805)虞山張氏照曠閣刻本　一冊　九行二
十一字白口左右雙邊

640000－1201－0000853　史十一/2

讀史方輿紀要一百三十卷歷代州域形勢紀要
九卷輿地總圖四卷　（清）顧祖禹輯　清宏道
堂刻本　五十六冊　十行二十一字小字雙行
同白口四周單邊

640000－1201－0000854　史十三/42

廣治平略三十六卷　（清）蔡方炳撰　清刻本
　八冊　十二行三十字白口四周雙邊

640000－1201－0000855　史十三/51

欽定戶部則例一百卷　（清）載齡等纂　清同
治四年(1865)刻本　四十六冊　九行二十字
小字雙行同白口四周雙邊　缺二卷(一至二)

640000－1201－0000856　史十三/41

九通提要十二卷　（清）柴紹炳纂　清光緒二
十八年(1902)上海鴻寶齋鉛印本　六冊　白
口四周雙邊

640000－1201－0000857　史十三/53

欽定學政全書八十二卷　（清）王杰修　清乾
隆五十八年(1793)刻本　二十四冊　九行二
十字小字雙行同白口四周雙邊

640000－1201－0000858　史十三/45

李肅毅伯奏議二十卷　（清）李鴻章撰　（清）
章洪鈞　（清）吳汝綸編輯　清光緒元年
(1875)上海鴻文書局石印本　二十冊　十行
二十字白口四周雙邊

640000－1201－0000859　史十三/190

熙朝政紀六卷　（清）王慶云撰　清光緒二十
八年(1902)上海圖書集成印書局鉛印本　三
冊　十四行四十二字白口四周單邊

640000－1201－0000860　史十三/191

呂氏四禮翼一卷　（明）呂坤撰　清光緒二十三年(1897)刻本　一冊　九行二十一字白口四周單邊

640000－1201－0000861　史十三/44

續增刑案匯覽十六卷　（清）祝松菴輯　（清）祝慶祺編　清光緒十四年(1888)上海圖書集成局鉛印本　六冊　十二行四十字小字雙行同白口四周單邊

640000－1201－0000862　史十三/192

商務官報　（清）北京商務官報局編　清宣統三年(1911)鉛印本　四冊　十二行三十五字上下黑口四周單邊

640000－1201－0000863　史十五/56

新輯刑案彙編十六卷　（清）周守赤輯　清光緒二十三年(1897)上海圖書集成局鉛印本　八冊　十三行四十字白口四周單邊

640000－1201－0000864　史十三/193

學部官報　（清）北京學部圖書局編　清光緒三十二年至宣統三年(1906－1911)北京學部鉛印本　十八冊　十三行三十字下黑口四周雙邊

640000－1201－0000865　史十三/29

吾學錄初編二十四卷　（清）吳榮光撰　清光緒七年(1881)刻本　六冊　九行二十字小字雙行三十字下黑口四周單邊

640000－1201－0000866　史十三/78

三通序一卷　（清）蔣德鈞輯　清光緒十四年(1888)湘鄉蔣氏求實齋刻本　一冊　十行二十四字小字雙行同上下黑口左右雙邊

640000－1201－0000867　史十三/43

律例便覽八卷諸圖一卷處分則例圖要六卷（清）蔡逢年編　清光緒四年(1878)刻本　八冊　九行二十四字白口左右雙邊

640000－1201－0000868　史十一/1

太平寰宇記二百卷目錄二卷　（宋）樂史撰　清光緒八年(1882)金陵書局刻本　三十六冊　十行二十字小字雙行同白口左右雙邊

640000－1201－0000869　史十三/104

圖民錄四卷　（清）袁守定撰　清光緒五年(1879)刻本　二冊　九行二十一字白口四周雙邊

640000－1201－0000870　史十三/79

學治一得編一卷　（清）何耿繩輯　清同治十三年(1874)湖北崇文書局刻本　一冊　十行二十一字白口四周雙邊

640000－1201－0000871　史十三/104－2

圖民錄四卷　（清）袁守定撰　清咸豐五年(1855)刻本　二冊　九行二十一字白口四周雙邊

640000－1201－0000872　史十三/43

律例便覽八卷諸圖一卷　（清）蔡嵩年編　處分則例圖要六卷　（清）蔡逢年編　清同治八年(1869)刻本　六冊　九行二十四字小字雙行同白口左右雙邊

640000－1201－0000873　史七/119

留溪外傳十八卷　（清）陳鼎撰　清光緒二十四年(1898)武進盛氏刻本　四冊　十四行二十五字上下黑口四周單邊

640000－1201－0000874　史十三/59

檢驗集證不分卷　（清）郎錦騏輯　清道光二十七年(1847)姜氏還珠山房刻本　二冊　八行二十字白口四周雙邊

640000－1201－0000875　史九/1

中西紀事二十四卷首一卷　（清）夏燮撰　清同治七年(1868)刻本　六冊　十行二十二字小字雙行同白口四周雙邊

640000－1201－0000876　史十三/114

三流道里表不分卷　（清）刑部修訂　清同治十一年(1872)湖北讞局刻本　二冊　十行字數不等白口四周雙邊

640000－1201－0000877　史十三/115

五軍道里表不分卷　（清）兵部修訂　清同治十一年(1872)湖北讞局刻本　二冊　十行字數不等白口四周雙邊

640000－1201－0000878　史十三/111

交涉約案摘要七卷首一卷附錄一卷　（清）王鵬九編　清刻本　四冊　十二行二十五字小字雙行同下黑口四周雙邊

640000－1201－0000879　史十三/71

趙恭毅公自治官書二十四卷首一卷　（清）趙申喬撰　（清）何祖柱輯　清雍正三年(1725)楚筱懷策堂刻本　十二冊　九行二十一字白口四周雙邊

640000－1201－0000880　史十三/62

洗冤錄集證彙纂五卷檢骨圖格一卷　（宋）宋慈撰　（清）王又槐增輯　（清）李觀瀾補輯　清嘉慶八年(1803)刻本　四冊　九行二十字小字雙行同白口左右雙邊

640000－1201－0000881　史

律例館校正洗冤錄四卷　（清）律例館編校　清刻本　四冊　九行二十字小字雙行同白口四周雙邊

640000－1201－0000882　史十三/29

吾學錄初編二十四卷　（清）吳榮光述　清同治九年(1870)江蘇書局刻本　六冊　九行二十一字小字雙行同下黑口左右雙邊

640000－1201－0000883　史十三/46

資治新書二集二十卷　（清）李漁輯　（清）沈心友訂　清光緒二十年(1894)上海圖書集成印書局鉛印本　八冊　十二行四十字白口四周單邊

640000－1201－0000884　史十三/40

李文忠公朋僚函稿二十四卷　（清）李鴻章著　（清）吳汝綸編　清光緒二十八年(1902)蓮池書社鉛印本　十二冊　十二行二十八字小字雙行同白口四周雙邊

640000－1201－0000885　史十三/53

欽定學政全書八十二卷　（清）王杰修　清刻本　十八冊　九行二十字小字雙行同白口四周雙邊　存五十九卷(二十四至八十二)

640000－1201－0000886　史十三/46

資治新書初集十四卷首一卷二集二十卷

（清）李漁輯　清康熙二年(1663)帶月樓刻本　二十四冊　十行二十字小字雙行同白口左右雙邊

640000－1201－0000887　史十三/46

資治新書初集十四卷首一卷二集二十卷　（清）李漁輯　（清）沈心友訂　清康熙英德堂刻本　二十三冊　十行二十字小字雙行同白口左右雙邊　缺一卷(二集八)

640000－1201－0000888　史十三/73

入幕須知五種　（清）張廷驤輯　清光緒十八年(1892)浙江書局刻本　六冊　十行二十字白口四周雙邊

640000－1201－0000889　史十三/65

重修名法指掌圖四卷　（清）徐灝撰　清同治九年(1870)湖北崇文書局刻本　四冊　行數不等字數不等白口四周雙邊

640000－1201－0000890　史十三/13

續泉匯四集十四卷首集一卷補遺二卷　（清）李佐賢　（清）鮑康編　清光緒元年(1875)刻本　四冊　九行二十四字小字雙行同白口左右雙邊

640000－1201－0000891　史十三/38

胡文忠公遺集十卷首一卷　（清）胡林翼撰　（清）嚴樹森鑒定　（清）厲雲官等編輯　清同治三年(1864)武昌節署刻本　十冊　九行二十字小字雙行同下黑口四周雙邊

640000－1201－0000892　史十三/72

審看擬式四卷首一卷末一卷　（清）剛毅輯　清光緒十八年(1892)浙江書局刻本　二冊　十三行二十四字白口左右雙邊

640000－1201－0000893　史十三/63

張大司馬奏稿四卷　（清）張亮基撰　清光緒十七年(1891)刻本　四冊　十行二十五字上下黑口左右雙邊

640000－1201－0000894　史十三/74

同治大婚禮節不分卷　（清）□□輯　清後期刻本　一冊　十一行二十四字白口左右雙邊

640000－1201－0000895　史十三/46

**資治新書初集十四卷首一卷二集二十卷**
(清)李漁輯　(清)沈心友訂　清同文堂刻本
四冊　十二行二十字小字雙行同白口四周
單邊　存七卷(初集一、首一卷,二集四至五、
八至九、二十)

640000－1201－0000896　史十三/65

**名法指掌新纂四卷**　(清)黃魯溪輯　(清)邵
繩清參訂　清道光十年(1830)刻本　四冊
行數不等字數不等白口四周雙邊

640000－1201－0000897　史十一/33

**瀛環志略十卷**　(清)徐繼畬輯　清光緒二十
一年(1895)上海寶文局石印本　二冊　十三
行三十六字小字雙行同白口四周雙邊

640000－1201－0000898　史十三/75

**荒政輯要九卷首一卷**　(清)汪志伊纂　清同
治八年(1869)楚北崇文書局刻本　二冊　十
行二十二字白口四周雙邊

640000－1201－0000899　史十三/110

**建炎以來朝野襍記甲集二十卷乙集二十卷**
(宋)李心傳撰　清刻本　十一冊　十行二十
字小字雙行同白口四周雙邊

640000－1201－0000900　史十一/25

**宸垣識略十六卷**　(清)吳長元輯　清光緒二
年(1876)刻本　八冊　九行二十一字小字雙
行同白口左右雙邊

640000－1201－0000901　史十三/75

**荒政輯要九卷首一卷**　(清)汪志伊纂　清道
光十二年(1832)來鹿堂刻本　一冊　白口左
右雙邊　存五卷(一至四、首一卷)

640000－1201－0000902　史十三/66

**讀法圖存四卷**　(清)邵繩清編　清道光十六
年(1836)虞山邵氏刻本　四冊　行數不等字
數不等白口四周雙邊

640000－1201－0000903　史十三/27

**平平言四卷**　(清)方大湜著　清光緒十三年
(1887)常德府署刻本　四冊　九行二十二字
白口四周雙邊

640000－1201－0000904　史十三/109

**庸吏庸言二卷**　(清)劉衡撰　清同治九年
(1870)湖南藩署刻本　二冊　十行二十二字
白口四周雙邊

640000－1201－0000905　史十三/46

**資治新書初集十四卷首一卷二集二十卷**
(清)李漁輯　(清)沈心友訂　清同治十二年
(1873)榮茂堂刻本　十九冊　十二行二十字
小字雙行同白口四周單邊　缺四卷(初集七
至九、二集一)

640000－1201－0000906　史十三/4

**欽定續文獻通考二百五十卷**　(清)嵇璜等撰
清光緒二十七年(1901)上海圖書集成局鉛
印本　三十六冊　白口四周單邊

640000－1201－0000907　史十三/29

**吾學錄初編二十四卷**　(清)吳榮光述　清同
治七年(1868)金陵書局刻本　八冊　九行二
十一字小字雙行同白口四周單邊

640000－1201－0000908　史十三/46

**資治新書初集十四卷首一卷二集二十卷**
(清)李漁輯　(清)沈心友訂　清康熙四十一
年(1702)文光堂刻本　十六冊　十一行二十
字小字雙行同白口左右雙邊

640000－1201－0000909　史十三/38－2

**胡文忠公遺集八十六卷首一卷**　(清)胡林翼
撰　(清)鄭敦謹　(清)曾國荃編　清同治六
年(1867)黃鶴樓刻本　二十四冊　十行二十
字小字雙行同上下黑口四周雙邊

640000－1201－0000910　史十一/139

**天下郡國利病書一百二十卷**　(清)顧炎武撰
清道光二十年(1840)山東雅鑒齋木活字印
本　七十四冊　九行二十二字小字雙行同白
口四周雙邊

640000－1201－0000911　史十三/41

**九通提要十二卷**　(清)柴紹炳撰　清光緒二
十八年(1902)鉛印本　三冊　十三行三十三
字小字雙行四十二字白口四周雙邊

640000－1201－0000912　史十三/38－3

胡文忠公遺集八十六卷首一卷　（清）胡林翼撰　（清）鄭敦謹　（清）曾國荃輯　（清）胡鳳丹重編　（清）涂家樑校正　清光緒鉛印本　七冊　十七行四十字白口四周雙邊　缺六卷（一至五、首一卷）

640000－1201－0000913　史十三/8

皇朝通典一百卷　（清）嵇璜等纂　清光緒二十七年（1901）上海圖書集成局石印本　十二冊　十六行四十三字小字雙行同白口四周單邊

640000－1201－0000914　史十三/70

大清通禮五十四卷　（清）來保等修　（清）李玉鳴等纂　（清）穆克登額等續修　（清）恒泰等續纂　清刻本　二十四冊　九行二十二字白口四周雙邊

640000－1201－0000915　史十三/118

重刊救荒補遺書二卷　（宋）董煟編著　（元）張光大增　（清）朱熊補遺　（清）王崇慶釋斷　（清）顧雲程校閱　清同治八年（1869）湖北崇文書局刻本　二冊　十行二十二字白口四周雙邊

640000－1201－0000916　史十三/113

疏稿十卷　（明）熊廷弼撰　清後期湖北通志書局刻本　八冊　十二行二十五字小字雙行同上下黑口左右雙邊

640000－1201－0000917　史十三/29

吾學錄初編二十四卷　（清）吳榮光述　（清）李彭校刊　清光緒七年（1881）三原李氏桐蔭軒刻本　六冊　九行二十一字小字雙行同白口左右雙邊

640000－1201－0000918　史十三/116

補注洗冤錄集證四卷檢骨圖格一卷作吏要言一卷　（宋）宋慈撰　（清）王又槐集證　（清）阮其新補注　清道光二十三年（1843）三色套印本　四冊　十行十八字小字雙行同白口左右雙邊

640000－1201－0000919　史十三/46

資治新書二集二十卷　（清）李漁輯　（清）沈

心友訂　清刻本　四冊　十行二十字白口左右雙邊　存六卷（一至三、六至八）

640000－1201－0000920　史十三/22

五種遺規　（清）陳宏謀編輯　（清）李安民校　清道光十年（1830）培遠堂刻本　八冊　十一行二十四字白口四周單邊　存四種

640000－1201－0000921　史十三/115

欽定五軍道里表十八卷　（清）尹繼善等纂　清乾隆三十二年（1767）武英殿刻本　六冊　行數不等字數不等小字雙行不等白口四周雙邊

640000－1201－0000922　史十三/122

大清律例歌訣三卷　（清）程夢元編定　清光緒二十六年（1900）秦中官書局鉛印本　一冊　九行二十一字小字雙行三十字白口四周雙邊

640000－1201－0000923　史十三/89

學仕錄十六卷　（清）戴肇辰輯　清同治六年（1867）刻本　四冊　九行二十一字小字雙行同白口四周雙邊

640000－1201－0000924　史十三/37

籌濟編三十二卷首一卷　（清）楊景仁輯　清道光六年（1826）詒研齋刻本　五冊　九行二十五字小字雙行同白口左右雙邊

640000－1201－0000925　史十三/89

學仕錄十六卷　（清）戴肇辰輯　清同治六年（1867）刻本　七冊　九行二十一字白口四周雙邊　缺二卷（一至二）

640000－1201－0000926　史十三/90

鄂省丁漕指掌十卷　（清）林遠村等輯　清光緒四年（1878）湖北藩署刻本　十冊　九行二十六字小字雙行同白口四周雙邊

640000－1201－0000927　史十三/37

籌濟編三十二卷首一卷　（清）楊景仁輯　清道光九年（1829）刻本　八冊　九行二十五字小字雙行同白口左右雙邊

640000－1201－0000928　史十三/49

項城袁氏家集七種六十六卷　（清）丁振鐸輯
清宣統三年(1911)清芬閣鉛印本　五十六
冊　十行二十四字下黑口四周雙邊

640000－1201－0000929　史十三/86

各國約章纂要六卷首一卷附錄一卷　（清）勞
乃宣等編　清光緒十七年(1891)吳橋官廨刻
本　四冊　行數不等字數不等小字雙行不等
下黑口左右雙邊

640000－1201－0000930　史十三/105

實政錄七卷　（明）呂坤著　清同治十一年
(1872)浙江書局刻本　六冊　九行二十二字
小字雙行同白口左右雙邊

640000－1201－0000931　史十三/37

籌濟編三十二卷首一卷　（清）楊景仁輯　清
光緒九年(1883)武昌書局刻本　二冊　九行
二十五至三十三字小字雙行二十五字白口左
右雙邊

640000－1201－0000932　史十三/106

樊山政書二十卷　（清）樊增祥撰　清宣統二
年(1910)金陵聚珍書局鉛印本　十冊　十行
二十一字白口四周雙邊

640000－1201－0000933　史十一/81

洞庭上下石磯圖說一卷首一卷　（清）姚詩德
（清）任鄂撰　清光緒八年(1882)刻本　一
冊　十二行三十字小字雙行同白口左右雙邊

640000－1201－0000934　史十三/26

駁案新編三十二卷續編七卷秋審比較彙案二
卷　（清）全士朝等纂　清光緒九年(1883)上
海圖書集成局鉛印本　十二冊　十三行四十
字白口四周單邊

640000－1201－0000935　史十三/40

李文忠公全書一百六十五卷首一卷　（清）李
鴻章撰　（清）吳汝綸編錄　清光緒三十四年
(1908)金陵刻本　二十九冊　十二行二十五
字小字雙行同白口左右雙邊　存四十八卷
(奏稿八十、朋僚函稿一至十八、譯署函稿十
九至二十、海軍函稿一至四、電稿一至二十
三)

640000－1201－0000936　史十三/107

撫吳公牘五十卷　（清）丁日昌撰　（清）沈幼
丹　（清）林達泉校刊　清光緒三年(1877)林
達泉刻本　十冊　白口四周雙邊

640000－1201－0000937　史十三/26

駁案新編三十二卷　（清）全士朝等纂　清乾
隆刻本　二十四冊　九行二十字白口四周
單邊

640000－1201－0000938　史十三/181

大清律例全纂集成三十三卷首一卷　（清）王
又槐等纂　清嘉慶七年(1802)友益齋書坊刻
本　三冊　行數不等字數不等小字雙行不等
白口四周單邊　存五卷(一、十四至十五、二
十二,首一卷)

640000－1201－0000939　史十三/16

中外時務策府統宗四十四卷　（清）文盛書局
輯　清光緒二十三年(1897)上海文盛堂石印
本　二十一冊　十六行三十七字白口四周
雙邊

640000－1201－0000940　史十三/21

分類時務通纂三百卷　（清）陳昌紳編　清光
緒二十八年(1902)上海文瀾書局石印本　四
十四冊　二十二行四十七字白口四周雙邊
存二百六十六卷(一至五十、六十四至九十
一、九十五至一百二十七、一百三十八至二百
一、二百十至三百)

640000－1201－0000941　史十三/87

列國歲計政要十二卷　（英國）麥丁富得力編
纂　（美國）林樂知口譯　（清）鄭昌棪筆述
清光緒元年(1875)江南製造總局格致堂刻本
六冊　十行二十二字小字雙行同上下黑口
左右雙邊

640000－1201－0000942　史十三/23

沈文肅公政書七卷首一卷　（清）沈葆楨撰
清光緒六年(1880)吳門節署刻本　八冊　十
行二十四字白口四周雙邊

640000－1201－0000943　史十三/133

皇朝通典一百卷　（清）嵇璜等纂　清光緒浙

江書局刻本　四十冊　九行二十一字小字雙行同白口左右雙邊

640000－1201－0000944　史十三/185
**大清律例通纂集成四十卷**　(清)沈之奇注 (清)姚潤纂輯　(清)胡熙輯　(清)胡廷傑增輯　清刻本　九冊　行數不等字數不等小字雙行不等白口四周單邊　存十七卷(一、四、八至十五、十八至二十二、三十三至三十四)

640000－1201－0000945　史十三/186
**上諭八旗不分卷**　(清)允祿等編　清內府刻本　四冊　十一行二十一字白口四周雙邊

640000－1201－0000946　子一/7
**荀子二十卷首一卷**　(唐)楊倞注　王先謙集解　清光緒十七年(1891)刻本　六冊　十一行二十四字小字雙行二十六字上下黑口左右雙邊

640000－1201－0000947　史十三/187
**上諭旗務議覆不分卷**　(清)允祿等編　清刻本　一冊　十一行二十一字白口四周雙邊

640000－1201－0000948　史十三/188
**雍正上諭不分卷**　(清)允祿等編　清刻本六冊　十一行二十一字白口四周雙邊

640000－1201－0000949　史九/5－3
**出使英法義比四國日記一卷**　(清)薛福成撰　清光緒鉛印本　二冊　十八行四十字白口四周雙邊

640000－1201－0000950　史十三/183
**欽定戶部軍需則例九卷續纂一卷兵部軍需則例五卷工部軍需則例一卷**　(清)阿桂等纂修　清刻本　一冊　九行二十三字小字雙行同白口四周雙邊　存八卷(戶部軍需則例九、續纂一卷、兵部軍需則例五卷、工部軍需則例一卷)

640000－1201－0000951　史七/110
**昭代名人尺牘續集二十四卷**　(清)陶湘輯　清宣統三年(1911)石印本　十二冊　行數不等字數不等白口無板框

640000－1201－0000952　史十三/189
**大清現行刑律講義不分卷**　(清)吉同鈞纂輯　清宣統二年(1910)法部律學館石印本　一冊　十三行三十字小字雙行同白口四周雙邊

640000－1201－0000953　史十三/184
**學案初模不分卷續編不分卷**　(清)伊里布編　清光緒二十五年(1899)秦中書局鉛印本九冊　十行二十四字白口四周雙邊

640000－1201－0000954　史十三/124
**西漢會要七十卷**　(宋)徐天麟撰　清光緒十年(1884)江蘇書局刻本　十冊　九行二十一字小字雙行同白口四周雙邊

640000－1201－0000955　史十三/60
**牧令書二十三卷**　(清)徐棟輯　清道光二十八年(1848)刻本　十七冊　十行二十五字小字雙行同白口左右雙邊　缺一卷(十八)

640000－1201－0000956　史八/18
**史記菁華錄六卷**　(清)苧田氏(姚祖恩)撰　清光緒二十二年(1896)新化三味堂刻本　六冊　九行二十字小字雙行同上下黑口左右雙邊

640000－1201－0000957　史十六/15
**金石萃編一百六十卷**　(清)王昶撰　清刻本　三十五冊　十行二十一字小字雙行同上下黑口左右雙邊　存八十四卷(六十八至一百二十三、一百三十三至一百六十)

640000－1201－0000958　史十一/19
**徐霞客遊記十卷附補編一卷**　(明)徐宏祖撰　(清)葉廷甲補編　清刻本　一冊　十行二十三字小字雙行同上下黑口左右雙邊　存二卷(十、補編一卷)

640000－1201－0000959　史八/20
**神仙通鑑摘録十四卷**　(清)春帆輯　清宣統元年(1909)萬全堂刻本　十冊　八行二十一字小字雙行同白口四周雙邊

640000－1201－0000960　史七/131
**浙江忠義録續表不分卷續編一卷**　(清)張景祁等纂　清刻本　九冊　白口左右雙邊

640000 – 1201 – 0000961　史十三/123

**上諭條奏不分卷**　(清)□□著　清刻本　二
十三冊　九行二十三字小字雙行同白口左右
雙邊

640000 – 1201 – 0000962　史十三/133

**皇朝通典一百卷**　(清)嵆璜等纂　清光緒二
十七年(1901)上海圖書集成局鉛印本　十二
冊　十六行四十三字白口四周單邊

640000 – 1201 – 0000963　史十二/10

**皇朝通志一百二十六卷**　(清)嵆璜等纂　清
光緒二十七年(1901)上海圖書集成局鉛印本
　十二冊　十六行四十三字小字雙行同白口
四周單邊

640000 – 1201 – 0000964　史十三/85

**漢官儀三卷**　(清)劉攽撰　清道光四年
(1824)揚州穆西堂刻本　一冊　九行字數不
等小字雙行不等上下黑口左右雙邊

640000 – 1201 – 0000965　史十三/4

**欽定續文獻通考二百五十卷**　(清)嵆璜等纂
　清光緒二十七年(1901)上海圖書集成局鉛
印本　三十六冊　白口四周單邊

640000 – 1201 – 0000966　史十三/33

**南北史補志十四卷附贊一卷**　(清)汪士鐸撰
　清光緒四年(1878)淮南書局刻本　六冊
十二行二十五字小字雙行同白口左右雙邊

640000 – 1201 – 0000967　史十三/9

**欽定續通志六百四十卷**　(清)嵆璜等纂　清
光緒二十七年(1901)上海圖書集成局鉛印本
　三十四冊　十六行四十三字小字雙行同白
口四周單邊　存三百十七卷(一至三十二、四
十一至三百二十五)

640000 – 1201 – 0000968　史十三/31

**大清律例通纂四十卷督捕則例附纂二卷洗冤
錄檢屍圖格一卷**　(清)胡肇楷　(清)周孟隣
編　清道光元年(1821)刻本　二十一冊　九
行字數不等小字雙行不等白口四周單邊　存
三十八卷(一至二十五、三十一至四十,督捕
則例附纂二卷,洗冤錄檢屍圖格一卷)

640000 – 1201 – 0000969　史十三/9

**欽定續通志六百四十卷**　(清)嵆璜等纂　清
光緒十二年(1886)浙江書局刻本　二百冊
九行二十一字小字雙行同白口左右雙邊

640000 – 1201 – 0000970　史十三/30

**皇朝文獻通考三百卷**　(清)嵆璜等撰　清光
緒二十七年(1901)上海圖書集成局鉛印本
四十七冊　十六行四十三字小字雙行同白口
四周單邊　缺十卷(四十七至四十八、九十一
至九十八)

640000 – 1201 – 0000971　史十三/8

**皇朝通典一百卷**　(清)嵆璜等纂　清光緒八
年(1882)浙江書局刻本　四十冊　九行二十
一字小字雙行同白口左右雙邊

640000 – 1201 – 0000972　史十三/62 – 2

**補注洗冤錄集證五卷附檢骨圖格一卷檢骨應
用物件一卷寶鑑編一卷急救方一卷**　(宋)宋
慈撰　(清)王又槐增輯　(清)李觀瀾補輯
(清)阮其新補注　清道光二十年(1840)崇德
堂刻本　四冊　九行二十字小字雙行同白口
左右雙邊

640000 – 1201 – 0000973　史十三/62 – 3

**重刊補注洗冤錄集證六卷**　(宋)宋慈撰
(清)王又槐增輯　(清)李觀瀾補輯　(清)
阮其新補注　清道光二十四年(1844)三色套
印本　五冊　十行十八字小字雙行同白口左
右雙邊

640000 – 1201 – 0000974　史十三/60

**牧令書二十三卷**　(清)徐棟輯　清道光二十
八年(1848)刻本　十八冊　十行二十五字小
字雙行同白口左右雙邊

640000 – 1201 – 0000975　史十三/94

**欽定康濟錄四卷**　(清)陸曾禹撰　(清)倪國
璉釐正　清同治八年(1869)湖北崇文書局刻
本　四冊　十行二十二字白口四周雙邊

640000 – 1201 – 0000976　史十三/68

**東漢會要四十卷**　(宋)徐天麟撰　清木活字
印本　八冊　九行二十一字小字雙行同白口

四周雙邊

640000－1201－0000977　史十三/95
**庚子海外紀事四卷**　(清)呂海寰編　清光緒二十七年(1901)上海辦理商約行轅鉛印本　四冊　十行二十五字白口四周雙邊

640000－1201－0000978　史十一/1－2
**太平寰宇記二百卷目録二卷**　(宋)樂史撰　清光緒八年(1882)金陵書局刻本　三十六冊　十行二十字小字雙行同白口左右雙邊

640000－1201－0000979　史十三/68
**東漢會要四十卷**　(清)徐天麟撰　清木活字印本　六冊　九行二十一字小字雙行同白口四周雙邊　缺九卷(一至九)

640000－1201－0000980　史十三/135
**汽機發軔九卷表一卷**　(英國)美以納　(英國)白勞那撰　(英國)偉烈　(清)徐壽譯　清刻本　四冊　十行二十二字小字雙行同上下黑口左右雙邊

640000－1201－0000981　史十三/93
**洗冤録詳義四卷首一卷附摭遺二卷摭遺補一卷**　(清)許槤編校　清光緒十六年(1890)湖北官書處刻本　六冊　九行十四字小字雙行同白口左右雙邊

640000－1201－0000982　史十三/138
**駁案新編三十二卷**　(清)全士潮等纂　清刻本　五冊　白口左右雙邊　存七卷(一至七)

640000－1201－0000983　史十三/93－2
**洗冤録詳義四卷首一卷附摭遺二卷**　(清)許槤編校　清光緒元年(1875)湖北崇文書局刻本　四冊　九行十四字小字雙行同白口左右雙邊

640000－1201－0000984　史十三/90
**鄂省丁漕指掌十卷**　(清)陳汝藩等纂　清光緒元年(1875)湖北藩署刻本　十冊　九行二十八字小字雙行同白口左右雙邊

640000－1201－0000985　史十二/10
**皇朝通志一百二十六卷**　(清)嵇璜等纂　清光緒八年(1882)浙江書局刻本　三十四冊　九行二十一字小字雙行同白口左右雙邊

640000－1201－0000986　史十三/3
**文獻通考三百四十八卷首一卷**　(元)馬端臨著　清武英殿刻本　一百冊　十行二十一字小字雙行同白口左右雙邊

640000－1201－0000987　史十三/67
**各國通商條約税則章程三十六卷**　(清)清總理各國事務衙門輯　清後期刻本　二十冊　九行二十四字小字雙行同白口四周雙邊

640000－1201－0000988　史十五
**二十四史分類輯要十二卷**　(清)沈桐生輯　清光緒二十八年(1902)會文學社石印本　十冊　十行二十四字小字雙行同白口左右雙邊　缺二卷(十一至十二)

640000－1201－0000989　史十五/3
**十七史商榷一百卷**　(清)王鳴盛撰　清乾隆五十二年(1787)洞涇草堂刻本　十六冊　十行二十字小字雙行同白口四周雙邊

640000－1201－0000990　史十一/60
**華陽國志十二卷**　(晉)常璩撰　**補三州郡縣目録一卷**　(清)廖寅撰　清光緒四年(1878)二酉山房刻本　四冊　十行二十字上下黑口四周雙邊

640000－1201－0000991　史十三/132
**約章分類輯要三十八卷**　(清)蔡乃煌等纂　清光緒二十六年(1900)湖南商務局刻本　三十冊　十一行二十三字小字雙行同下黑口左右雙邊

640000－1201－0000992　史十一/63
**黄運河口古今圖説不分卷**　(清)麟慶撰　清道光二十一年(1841)雲蔭堂刻本　一冊　十行二十六字白口四周雙邊

640000－1201－0000993　史十三/97
**大清律例刑案彙纂集成四十卷**　(清)姚潤纂輯　清晚期刻本　五冊　行數不等字數不等小字雙行不等白口四周單邊　存十卷(六至七、九至十二、十六至十九)

640000－1201－0000994　史十一/60－2

華陽國志十二卷　（晉）常璩撰　補三州郡縣目録一卷　（清）廖寅撰　清嘉慶十九年（1814）題襟館刻本　四冊　十行二十字上下黑口左右雙邊

640000－1201－0000995　叢十二/18

小方壺齋輿地叢鈔　（清）王錫祺輯　清光緒十七年（1891）補編二十年（1894）再補編二十三年（1897）上海著易堂鉛印本　三十六冊　十八行四十字白口四周雙邊

640000－1201－0000996　史十三/96

五代會要三十卷　（宋）王溥撰　清光緒十二年（1886）江蘇書局刻本　六冊　九行二十一字小字雙行同白口四周雙邊

640000－1201－0000997　叢一/65

木犀軒叢書十六種一百八卷　李盛鐸輯　清光緒中德化李氏木犀軒刻本　二十三冊　十一行二十一字小字雙行同上下黑口左右雙邊

640000－1201－0000998　史十三/19

時務通考三十一卷　（清）點石齋主人輯　清光緒二十三年（1897）上海點石齋石印本　二十二冊　二十行四十五字下黑口四周雙邊

640000－1201－0000999　史十四/15－2

欽定四庫全書簡明目録二十卷首一卷　（清）紀昀等編　清同治七年（1868）廣東書局刻本　十二冊　九行二十一字小字雙行同白口左右雙邊

640000－1201－0001000　史十六/24

土耳機史不分卷　（日本）北村三郎編述　（清）趙必振譯　清光緒二十八年（1902）上海廣智書局鉛印本　一冊　十三行三十六字小字雙行同上黑口四周雙邊

640000－1201－0001001　史十三/143

皇朝文獻通考輯要二十六卷　（清）湯壽潛輯　清鉛印本　六冊　十四行四十二字小字雙行同白口左右雙邊　存十四卷（一至六、十至十七）

640000－1201－0001002　史十六/26

羅馬史二卷　（日本）占部百太郎撰　（清）陳時夏等譯　清光緒二十九年（1903）上海商務印書館鉛印本　一冊　十五行三十二字白口四周單邊

640000－1201－0001003　史十一/39

天下郡國利病書一百二十卷　（清）顧炎武輯　（清）龍萬育訂　清道光十年（1830）刻本　四十八冊　十行二十一字小字雙行同白口左右雙邊

640000－1201－0001004　史十五/21

史目表二卷　（清）洪飴孫撰　清光緒四年（1878）啟秀山房刻本　一冊　十二行二十四字白口左右雙邊

640000－1201－0001005　史十五/17

讀史節要十二卷　（清）汪承鏞輯　清同治五年（1866）刻本　六冊　十行二十一字小字雙行同白口左右雙邊

640000－1201－0001006　史十一/68

地理全志不分卷　（英國）慕維廉撰　清光緒九年（1883）關中味經官書局木刻本　一冊　十行二十三字白口四周雙邊

640000－1201－0001007　史十五/15

讀史大略六十卷　（清）沙張白著　小沙子史略一卷　（清）沙晉撰　清道光二十五年（1845）刻本　十二冊　十二行二十二字白口四周雙邊

640000－1201－0001008　史十三/12

欽定大清會典八十卷事例九百二十卷　（清）托津纂修　清嘉慶二十三年（1818）刻本　十四冊　十行二十字小字雙行同白口四周雙邊　存三十一卷（會典一至七、十，事例一百七至一百二十七、八百三十至八百三十一）

640000－1201－0001009　史十三/10

皇朝通志一百二十六卷　（清）嵇璜等撰　清光緒八年（1882）浙江書局刻本　四十冊　九行二十一字小字雙行同白口左右雙邊

640000－1201－0001010　史十五/15

讀史大略六十卷　（清）沙張白著　小沙子史

略一卷 （清）沙晉撰 清光緒二十六年(1900)刻本 十二冊 十一行二十四字白口左右雙邊

640000－1201－0001011 史十三/11

欽定續通典一百五十卷 （清）嵇璜等纂 清光緒十二年(1886)浙江書局刻本 四十冊 九行二十一字小字雙行同白口左右雙邊

640000－1201－0001012 史十五/23

章氏遺書二種十一卷 （清）章學誠著 清道光十二年至十三年(1832－1833)會稽章華紱刻本 四冊 十二行二十五字小字雙行同白口四周單邊

640000－1201－0001013 史十六/15/2

金石萃編補略二卷 （清）王言撰 清光緒八年(1882)刻本 四冊 十行二十一字小字雙行同上下黑口左右雙邊

640000－1201－0001014 史十三/139

居官要訣一卷 （清）陳慶滋撰 清光緒刻本 一冊 八行二十四字小字雙行同白口四周雙邊

640000－1201－0001015 集二/(57)288

惜抱軒全集二種十八卷 （清）姚鼐撰 清刻本 三冊 十行二十一字小字雙行同白口左右雙邊 缺四卷(七言六至九)

640000－1201－0001016 史十五/35

文道十書四種十二卷 （清）陳景雲撰 清乾隆十九年(1754)陳黃中樸茂齋刻本 三冊 十行二十字小字雙行同白口左右雙邊

640000－1201－0001017 史十三/150

皇朝政典挈要六卷 （日本）增田貢撰 清光緒二十八年(1902)上海中西譯書會石印本 一冊 二十二行五十八字白口四周雙邊

640000－1201－0001018 史十五/24

諸史拾遺五卷 （清）錢大昕撰 清光緒十七年(1891)廣雅書局刻本 一冊 十一行二十四字小字雙行同上下黑口四周單邊

640000－1201－0001019 史十五/26、子十二/47

崇文書局彙刻書二種二十三卷 （清）崇文書局輯 清光緒元年(1875)湖北崇文書局刻本 十六冊 十二行二十四字小字雙行同上下黑口四周雙邊

640000－1201－0001020 史十三/150

新刻明刑律例臨民寶鏡十卷首三卷末三卷 （明）蘇茂相輯 明崇禎五年(1632)積秀堂刻本 十二冊 十行二十字小字雙行同白口四周單邊

640000－1201－0001021 史十一/45

經心書院課程與地學不分卷戊戌遊記一卷 （清）姚炳奎撰 清光緒二十九年(1903)湖北經心書院刻本 八冊 九行二十一字小字雙行同下黑口左右雙邊

640000－1201－0001022 史十一/67

長江圖說十二卷首一卷 （清）馬徵麟撰 清同治十年(1871)湖北崇文書局刻本 五冊 行數不等字數不等小字雙行不等白口四周單邊

640000－1201－0001023 史十一/40

漢西域圖考七卷首一卷 （清）李光廷撰 清光緒十九年(1893)寶善書局石印本 七冊 九行二十一字小字雙行同白口四周雙邊

640000－1201－0001024 史十三/189

大清現行刑律講義八卷 （清）吉同鈞纂輯 清石印本 一冊 十三行三十字小字雙行同四周雙邊 存一卷(七)

640000－1201－0001025 史十一/38

水經注匯校四十卷首一卷附錄二卷 （漢）桑欽撰 （北魏）酈道元注 （清）楊希閔校 清光緒七年(1881)福州刻本 十六冊 十一行二十三字小字雙行同白口四周雙邊

640000－1201－0001026 史十三/143

文獻通考輯要二十四卷 （元）馬端臨撰 （清）湯壽潛編輯 清刻本 七冊 十四行四十二字小字雙行同白口左右雙邊 缺九卷(一至三、十九至二十四)

640000－1201－0001027　史十一/40

**漢西域圖考七卷首一卷**　（清）李光廷撰　清
同治九年（1870）刻本　四冊　九行二十一字
小字雙行同白口四周雙邊

640000－1201－0001028　史十一/20

**九域志十卷**　（清）王存等撰　清光緒八年
（1882）金陵書局刻本　四冊　十一行二十一
字小字雙行同白口左右雙邊

640000－1201－0001029　史十三/64

**列國政要一百三十二卷**　（清）戴鴻慈　（清）
端方輯　清光緒三十三年（1907）上海商務印
書館石印本　三十二冊　十行二十八字小字
雙行同白口四周雙邊

640000－1201－0001030　史十一/33

**瀛環志略十卷附辨正一卷**　（清）徐繼畬輯
（清）何秋濤撰　清光緒二十四年（1898）新化
三味書室刻本　六冊　十一行二十四字小字
雙行同上下黑口左右雙邊

640000－1201－0001031　史十一/19

**徐霞客遊記十卷**　（明）徐宏祖著　（清）葉廷
甲補編　清嘉慶十三年（1808）江陰葉廷甲水
心齋葉氏刻本　九冊　十行二十三字小字雙
行同白口左右雙邊　存九卷（一至九）

640000－1201－0001032　史十一/18

**楚漢諸侯疆域志三卷**　（清）劉文淇撰　清光
緒二年（1876）金陵刻本　一冊　十一行二十
三字小字雙行同白口左右雙邊

640000－1201－0001033　史十一/17

**日下舊聞四十二卷**　（清）朱彝尊輯　（清）朱
昆田補遺　清康熙二十七年（1688）六峰閣刻
本　十冊　十二行二十一字小字雙行同白口
四周單邊

640000－1201－0001034　史

**政藝通報癸卯全書十五種六十六卷**　（清）鄧
實撰　清光緒二十九年（1903）鉛印本　二十
冊　十二行三十五字小字雙行同白口四周
雙邊

640000－1201－0001035　史

**政藝通報甲辰全書十五種六十四卷**　（清）鄧
實撰　清光緒三十年（1904）鉛印本　二十
冊　十二行三十五字小字雙行同白口四周雙邊

640000－1201－0001036　史

**苗防備覽二十二卷**　（清）嚴如熤撰　清道光
二十三年（1843）紹義堂刻本　十冊　十行二
十五字白口左右雙邊

640000－1201－0001037　史十一/35

**浯溪考二卷**　（清）王士禎撰　清康熙刻本
一冊　十行十九字上下黑口左右雙邊

640000－1201－0001038　史十一/35

**中外地輿圖說集成一百三十卷首三卷**　（清）
同康廬輯　清光緒二十年（1894）上海順成書
局石印本　二十四冊　二十五行五十四字小
字雙行同白口四周雙邊

640000－1201－0001039　史十一/3

**海國圖志一百卷**　（清）魏源撰　清光緒二十
二年（1896）慎記書莊石印本　十六冊　二十
三行四十二字白口四周雙邊

640000－1201－0001040　史十一/3－2

**海國圖志一百卷續集二十五卷首一卷**　（清）
魏源撰　清光緒二十一年（1895）上海積山書
局石印本　十五冊　二十三行四十二字小字
雙行同白口四周雙邊

640000－1201－0001041　史十一/20

**九域志十卷**　（宋）王存撰　清德聚堂刻本
五冊　十一行二十一字小字雙行同白口左右
雙邊

640000－1201－0001042　史十一/84

**鳳臺祇謁筆記一卷**　（清）董恂撰　清同治九
年（1870）刻本　一冊　九行二十五字小字雙
行同白口四周雙邊

640000－1201－0001043　史十一/12

**歷代地理志韻編今釋二十卷增補一卷**　（清）
李兆洛輯　清光緒十八年（1892）長沙竹素書
局刻本　八冊　八行二十二字小字雙行同白
口四周雙邊

640000 – 1201 – 0001044　史十一/15

**中國江海險要圖志二十二卷首一卷補編五卷圖五卷**　（英國）海軍海圖官局編　（清）陳壽彭譯　清光緒二十七年（1901）上海經世文社石印本　十五冊　十四行三十五字小字雙行同白口四周雙邊

640000 – 1201 – 0001045　史十一/39

**天下郡國利病書一百二十卷**　（清）顧炎武輯　清光緒五年（1879）蜀南桐華書屋薛氏家塾刻本　五十六冊　十行二十一字小字雙行同白口左右雙邊

640000 – 1201 – 0001046　史十一/26

**蒙古遊牧記十六卷**　（清）張穆撰　清同治六年（1867）壽陽祁寯藻刻本　四冊　十行二十二字小字雙行同白口左右雙邊

640000 – 1201 – 0001047　史十一/21

**治河方略十卷首一卷**　（清）靳輔撰　（清）崔應階重編　清嘉慶四年（1799）安瀾堂刻本　十一冊　八行十八字小字雙行同白口四周雙邊

640000 – 1201 – 0001048　史十一/84

**永寧祇謁筆記一卷**　（清）董恂撰　清同治十一年（1872）刻本　一冊　九行二十五字小字雙行同白口四周雙邊

640000 – 1201 – 0001049　史十一/21 – 2

**靳文襄公治河方略十卷首一卷**　（清）靳輔撰　（清）崔應階重編　清乾隆三十二年（1767）聽泉齋刻本　八冊　十行二十字白口左右雙邊

640000 – 1201 – 0001050　史十一/13

**合校水經注四十卷首一卷附錄二卷**　（北魏）酈道元撰　王先謙校　清光緒十八年（1892）長沙思賢講舍刻本　十六冊　十一行二十四字小字雙行同上下黑口左右雙邊

640000 – 1201 – 0001051　史十一/24

**西招圖略不分卷**　（清）松筠撰　清道光二十七年（1847）刻本　二冊　六行二十四字小字雙行同白口四周雙邊

640000 – 1201 – 0001052　史十三/136

**度支部試辦宣統三年預算案總表不分卷**　（清）度支部編　清宣統三年（1911）石印本　六冊　行數不等字數不等小字雙行不等

640000 – 1201 – 0001053　史十一/33

**瀛環志略十卷**　（清）徐繼畬輯　清同治十二年（1873）揀雲樓刻本　六冊　十行二十四字小字雙行同白口左右雙邊

640000 – 1201 – 0001054　史十五/27

**廿二史劄記三十六卷首一卷補遺一卷**　（清）趙翼撰　清光緒二十年（1894）廣雅書局刻本　十二冊　十一行二十四字小字雙行同上下黑口四周單邊

640000 – 1201 – 0001055　史十一/30

**普法戰紀二十卷**　（清）張宗良口譯　（清）王韜撰輯　清光緒二十一年（1895）長洲弢園王韜鉛印本　十冊　十一行二十三字上下黑口四周雙邊

640000 – 1201 – 0001056　史十六/14

**日本新史攬要七卷**　（日本）石村貞一編　（清）游瀛主人譯　清光緒二十五年（1899）石印本　七冊　十二行二十二字小字雙行二十八字上下黑口四周雙邊

640000 – 1201 – 0001057　史十六/12

**各國交涉公法論三集十六卷**　（英國）費利摩羅巴德撰　（英國）傅蘭雅口譯　（清）俞世爵筆述　清光緒二十二年（1896）慎記書莊石印本　八冊　二十行四十四字白口四周雙邊

640000 – 1201 – 0001058　史十四/11

**直齋書錄解題二十二卷**　（宋）陳振孫撰　清光緒九年（1883）江蘇書局刻本　六冊　十一行二十四字白口四周雙邊

640000 – 1201 – 0001059　史十三/102

**意園文略二卷**　（清）盛昱撰　（清）楊鍾義編　清宣統二年（1910）朱印本　一冊　十一行二十三字小字雙行同朱口左右雙邊

640000 – 1201 – 0001060　史十一/9

**西域水道記五卷**　（清）徐松撰　清光緒十九

年(1893)寶善書局石印本　五冊　十一行二十八字小字雙行同上下黑口左右雙邊

640000－1201－0001061　史十四/13
**善本書室藏書志四十卷附錄一卷**　(清)丁丙輯　清光緒二十七年(1901)錢唐丁丙刻本　十六冊　十三行二十六字白口四周雙邊

640000－1201－0001062　史十一/9
**漢書西域傳補注二卷**　(漢)班固撰　(清)徐松補注　清光緒十九年(1893)寶善書局石印本　二冊　十一行二十八字小字雙行同白口左右雙邊

640000－1201－0001063　史十五/6－2
**史通削繁四卷**　(唐)劉知幾撰　(清)紀昀削繁　(清)浦起龍注　清光緒元年(1875)湖北崇文書局刻本　四冊　十行二十一字小字雙行同白口左右雙邊

640000－1201－0001064　史十五/6
**史通削繁四卷**　(唐)劉知幾撰　(清)紀昀削繁　(清)浦起龍注　清道光十三年(1833)兩廣節署朱墨套印本　四冊　十行二十一字小字雙行同白口左右雙邊

640000－1201－0001065　史十一/11
**洞霄圖志六卷**　(宋)鄧牧編　(元)孟宗寶集　清道光二年(1822)刻本　三冊　九行二十字小字雙行同上下黑口左右雙邊

640000－1201－0001066　史十五/6
**史通削繁四卷**　(唐)劉知幾撰　(清)紀昀削繁　(清)浦起龍注　清光緒元年(1875)凱江李氏家塾刻本　四冊　十行二十一字小字雙行同白口四周雙邊

640000－1201－0001067　史十一/13
**水經注四十卷首一卷附錄二卷**　(漢)桑欽撰　(北魏)酈道元注　王先謙校　(清)趙誠夫撰　清光緒十八年(1892)長沙王氏思賢講舍刻本　十六冊　十一行二十四字小字雙行同上下黑口左右雙邊

640000－1201－0001068　史十一/13－3
**水經注四十卷首一卷**　(北魏)酈道元撰　清

光緒三年(1877)湖北崇文書局刻本　十二冊　十二行二十四字小字雙行同上下黑口四周雙邊

640000－1201－0001069　史十一/33
**瀛環志略十卷**　(清)徐繼畬輯著　清光緒二十一年(1895)上海寶文局石印本　三冊　十三行三十四字白口四周單邊　存七卷(一至二、六至十)

640000－1201－0001070　史十五/4－2
**廿二史劄記三十六卷補遺一卷**　(清)趙翼撰　清光緒二十六年(1900)新化西畬山館刻本　十二冊　十一行二十一字小字雙行同上下黑口左右雙邊

640000－1201－0001071　史十三/6
**通典二百卷附欽定通典考證**　(唐)杜佑纂　清光緒二十七年(1901)上海圖書集成局石印本　十六冊　十六行四十三字小字雙行同白口四周單邊

640000－1201－0001072　史十六/100
**泰西民族文明史不分卷**　(法國)賽奴巴撰　(日本)野則武之助譯　清光緒二十九年(1903)上海商務印書館鉛印本　一冊　上黑口四周單邊

640000－1201－0001073　史十一/13
**水經注四十卷**　(北魏)酈道元撰　清刻本　十五冊　十行二十一字白口左右雙邊

640000－1201－0001074　史十一/5
**皇朝中外一統輿圖中一卷南十卷北二十卷首一卷**　(清)胡林翼　(清)嚴樹森主持　(清)鄒世詒　(清)晏啟鎮編繪　(清)李廷簫　(清)汪士鐸核校　清同治二年(1863)湖北撫署景桓樓刻本　十二冊　下黑口四周雙邊

640000－1201－0001075　史十六/46
**中國古世公法論略一卷**　(美國)丁韙良撰　**公法總論一卷**　(英國)羅柏村撰　(英國)傅蘭雅　(清)汪振聲譯　**萬國公法四卷**　(美國)丁韙良譯　清光緒二十四年(1898)上海

新學書會石印本　二冊　十三行三十字白口
四周單邊　缺二卷(一、四)

640000－1201－0001076　史十一/6

**輿地廣記三十八卷**　(宋)歐陽忞撰　**校勘札
記二卷**　(清)黃丕烈校勘　清光緒六年
(1880)金陵書局刻本　四冊　十三行二十四
字小字雙行同白口四周單邊

640000－1201－0001077　史十一/2

**讀史方輿紀要一百三十卷輿圖要覽四卷**
(清)顧祖禹著　清光緒二十五年(1899)新化
三味書室刻本　六十冊　十一行二十四字小
字雙行同上下黑口左右雙邊

640000－1201－0001078　史十六/45

**萬國史綱目八卷**　(日本)重野安繹著　清光
緒二十八年(1902)東京勸學會鉛印本　三冊
十二行三十字小字雙行四十字白口四周雙
邊　存三卷(一至二、四)

640000－1201－0001079　史十六/22

**歐羅巴通史不分卷**　(日本)箕作元八　(日
本)峰岸米造纂　(清)徐有成等譯　清光緒
二十六年(1900)東亞譯書會鉛印本　四冊
十一行二十五字小字雙行同白口四周雙邊

640000－1201－0001080　史十六/44

**萬國政治問答不分卷**　(清)柏森撰　(清)王
謨校訂　清光緒二十九年(1903)東京同文館
石印本　十二冊　十六行四十字下黑口四周
雙邊

640000－1201－0001081　史十一/7－2

**水道提綱二十八卷**　(清)齊召南編錄　清光
緒二十四年(1898)新化三味書室刻本　六冊
十一行二十四字小字雙行同上下黑口左右
雙邊

640000－1201－0001082　史十六/46

**萬國公法四卷**　(美國)惠頓撰　(美國)丁韙
良譯　清同治三年(1864)崇實館刻本　四冊
十行二十一字白口四周雙邊

640000－1201－0001083　史十一/7

**水道提綱二十八卷**　(清)齊召南編錄　清乾

隆四十一年(1776)傳經書屋刻本　六冊　九
行二十二字小字雙行同白口左右雙邊

640000－1201－0001084　史十三/7

**通志二百卷目錄一卷**　(宋)鄭樵撰　清咸豐
九年(1859)崇仁謝氏刻本　一百二十冊　十
行二十一字小字雙行同白口左右雙邊

640000－1201－0001085　史十四/104

**海源閣藏書目不分卷**　(清)楊紹和編　清光
緒十四年(1888)元和江氏師鄦室刻本　一冊
十行二十字白口四周單邊

640000－1201－0001086　史十一/2－2

**讀史方輿紀要十卷**　(清)顧祖禹撰　清道光
三十年(1850)長沙黃冕刻本　十冊　九行十
八字小字雙行同白口左右雙邊

640000－1201－0001087　史十三/7

**通志二百卷目錄一卷**　(宋)鄭樵撰　清光緒
二十二年(1896)浙江書局刻本　一百九十八
冊　九行二十一字小字雙行同白口左右雙邊

640000－1201－0001088　史十三/7

**欽定通志考證三卷**　(清)□□撰　清光緒二
十年(1894)浙江書局刻本　二冊　九行二十
一字小字雙行同白口左右雙邊

640000－1201－0001089　史十一/8

**輿地紀勝二百卷校勘記五十二卷補闕十卷**
(宋)王象之編　(清)劉文琪校勘　(清)岑
建功補闕　清道光二十九年(1849)瞿盈齋刻
本　五十冊　十行二十字小字雙行同白口左
右雙邊　缺三十一卷(十三至十六、五十一至
五十四、一百三十六至一百四十四、一百六十
八至一百七十三、一百九十三至二百)

640000－1201－0001090　史十三/7

**通志二百卷目錄一卷考證三卷**　(宋)鄭樵撰
清光緒二十八年(1902)上海鴻寶書局石印
本　四十冊　二十二行四十八字小字雙行同
白口四周單邊

640000－1201－0001091　史十三/4

**欽定續文獻通考二百五十卷**　(清)嵇璜撰
清光緒十三年(1887)浙江書局刻本　一百二

十冊　九行二十一字小字雙行同白口左右雙邊

640000－1201－0001092　史十三/6－3

通典二百卷　（唐）杜佑纂　清咸豐九年(1859)崇仁謝氏刻本　四十冊　十行二十一字小字雙行同白口左右雙邊

640000－1201－0001093　史十三/5

皇朝文獻通考三百卷　（清）嵇璜等撰　清光緒八年(1882)浙江書局刻本　一百六十冊　九行二十一字小字雙行同白口左右雙邊

640000－1201－0001094　史十三/6－2

通典二百卷欽定通典考證一卷　（唐）杜佑纂　清光緒二十二年(1896)浙江書局刻本　五十冊　九行二十一字小字雙行同白口左右雙邊

640000－1201－0001095　史十三/3

文獻通考三百四十八卷　（元）馬端臨撰　清光緒二十二年(1896)浙江書局刻本　一百四十七冊　九行二十一字小字雙行同白口左右雙邊

640000－1201－0001096　史十二/1

欽定吏部銓選則例八卷　（清）錫珍等撰　清刻本　二十一冊　九行二十字小字雙行同白口四周雙邊

640000－1201－0001097　史十二/1

史姓韻編六十四卷　（清）汪輝祖撰　清同治九年(1870)金陵書局木活字印本　二十四冊　八行上欄大字三字下欄雙行小字十六字上下黑口四周單邊

640000－1201－0001098　史十二/2

大清搢紳全書不分卷　（清）□□撰　清光緒三十三年(1907)榮録堂刻本　四冊　十四行三十二字小字雙行同白口四周雙邊

640000－1201－0001099　史十一/20

元豐九域志十卷　（宋）王存撰　清光緒八年(1882)金陵書局刻本　四冊　十一行二十一字小字雙行同白口左右雙邊

640000－1201－0001100　史十四/106、集三/59

平津館叢書三種一百十三卷　（清）孫星衍輯　清光緒十一年(1885)吳縣朱氏槐盧家塾刻本　十四冊　十一行二十字小字雙行同白口左右雙邊

640000－1201－0001101　史十二/2

大清搢紳全書不分卷　（清）□□撰　清光緒二十五年(1899)榮録堂刻本　四冊　十四行三十二字小字雙行同白口四周雙邊

640000－1201－0001102　史七/92

貳臣傳十二卷逆臣傳四卷　（清）國史館撰　清道光都城琉璃廠半松居士木活字印本　八冊　九行二十三字白口四周單邊

640000－1201－0001103　史四/2

路史前紀九卷後紀十三卷餘論十卷國名記七卷發揮六卷　（宋）羅泌纂　（明）喬可傳校　（宋）羅苹注　清道光二十八年(1848)英德堂刻本　十九冊　十行二十字小字雙行同白口四周單邊

640000－1201－0001104　史十五/3

十七史商榷一百卷　（清）王鳴盛撰　清乾隆五十二年(1787)洞涇草堂刻本　三十二冊　十行二十字小字雙行同白口四周雙邊

640000－1201－0001105　史十二/2

憲政最新搢紳全書不分卷　（清）□□撰　清宣統三年(1911)京都榮寶齋刻本　六冊　十四至十五行三十二字小字雙行同白口四周雙邊

640000－1201－0001106　史十六/16

泰西新史攬要二十四卷　（英國）馬懇西撰　（英國）李提摩太譯　（清）蔡爾康述　清光緒二十四年(1898)廣學會刻本　七冊　十一行二十七字小字雙行不等上下黑口四周雙邊

640000－1201－0001107　史十二/2

新增直省候補同官録不分卷　（清）吏部編　清宣統三年(1911)京都榮寶齋刻本　一冊　九至十五行三十二字小字雙行同白口四周

雙邊

640000－1201－0001108　集三/17
**續古文辭類纂二十八卷**　(清)黎庶昌編　清光緒二十一年(1895)金陵狀元閣刻本　十二冊　十二行二十五字小字雙行三十七字白口左右雙邊

640000－1201－0001109　史四/2－2
**路史前紀九卷後紀十三卷餘論十卷發揮六卷**　(宋)羅泌纂　(宋)羅苹注　(明)喬可傳校　清道光敦化堂刻本　九冊　十行二十字小字雙行同白口四周單邊　缺八卷(後紀十至十三、發揮一至四)

640000－1201－0001110　史十三/99
**曾惠敏公遺集四種十七卷**　(清)曾紀澤撰　清光緒十九年(1893)江南製造總局鉛印本　八冊　十行二十四字小字雙行同上黑口四周雙邊

640000－1201－0001111　史十三/48
**皇朝政典類纂五百卷目錄六卷**　(清)席裕福撰　清光緒二十九年(1903)上海圖書集成局鉛印本　一百二十冊　十六行四十二字白口四周單邊

640000－1201－0001112　史十三/102
**大清現行刑律講義八卷**　(清)吉同鈞纂輯　清宣統二年(1910)法部律學館石印本　六冊　十三行二十七字白口四周雙邊　存六卷(一至五、八)

640000－1201－0001113　經
**毛詩傳箋通釋三十二卷**　(清)馬瑞辰撰　清光緒十四年(1888)廣雅書局刻本　十三冊　十一行二十四字小字雙行同上下黑口四周單邊　缺六卷(三至六、二十一至二十二)

640000－1201－0001114　史十三/39
**李文忠公全集一百六十五卷首一卷**　(清)李鴻章撰　清光緒三十四年(1908)金陵刻本　一百冊　十二行二十五字白口左右雙邊

640000－1201－0001115　史十三/69
**唐會要一百卷**　(宋)王溥撰　清光緒十年

(1884)江蘇書局刻本　八冊　九行二十一字小字雙行同白口四周雙邊

640000－1201－0001116　經
**易學啓蒙通釋二卷圖一卷**　(宋)胡方平通釋　清通志堂刻本　一冊　十一行二十字小字雙行同白口左右雙邊

640000－1201－0001117　史十三/131
**幸魯盛典四十卷**　(清)孔毓圻等纂　清康熙二十八年(1689)內府刻本　二十冊　十行二十一字白口四周雙邊

640000－1201－0001118　史十三/100
**學治臆說二卷續說一卷說贅一卷佐治藥言一卷續一卷**　(清)汪輝祖撰　清同治七年(1868)湖北崇文書局刻本　三冊　十行二十一字小字雙行同白口四周雙邊

640000－1201－0001119　史十三/97
**大清律例刑案彙纂集成四十卷末一卷督捕則例附纂二卷**　(清)姚雨薌撰　(清)胡仰山增補　清刻本　九冊　九行四十一字小字雙行同白口四周單邊　存十六卷(二十至二十八、三十五、三十八至四十,末一卷,附纂二卷)

640000－1201－0001120　史十三/125
**培遠堂偶存稿四十八卷**　(清)陳宏謀著　(清)龍錫慶重訂　清光緒二十二年(1896)鄂藩署鉛印本　二十四冊　十行二十四字小字雙行同白口四周雙邊

640000－1201－0001121　史十三/39
**李文忠公全集一百六十五卷首一卷**　(清)李鴻章撰　清光緒三十一年(1905)金陵刻本　七十冊　十二行二十五字小字雙行同白口左右雙邊　缺四十九卷(奏稿八十,朋僚函稿一至十八,譯署函稿十九至二十,海軍函稿一至四,電稿一至二十三、四十)

640000－1201－0001122　史十六/99
**新譯日本法規大全不分卷**　(清)劉崇傑等譯　清光緒三十三年(1907)上海商務印書館鉛印本　二十三冊　十五行三十七字白口四周雙邊

640000－1201－0001123　史十四/129

**廉石居藏書記內編二卷**　（清）孫星衍撰
（清）陳宗彝編次　清光緒十二年（1886）刻本
一冊　十一行二十一字上下黑口左右雙邊

640000－1201－0001124　史十三/117

**歷代名臣奏議選三十卷**　（清）趙承恩撰　清
同治十三年（1874）舊學山房刻本　二十六冊
九行十九字下黑口四周單邊

640000－1201－0001125　史十四/1

**善本書室藏書志四十卷附錄一卷**　（清）丁丙
輯　清光緒二十七年（1901）錢塘丁氏刻本
十六冊　十三行二十六字白口四周雙邊

640000－1201－0001126　史十五/29

**史記志疑三十六卷**　（清）梁玉繩撰　清光緒
十三年（1887）廣雅書局刻本　十四冊　十一
行二十四字小字雙行同上下黑口四周單邊

640000－1201－0001127　史十三/25

**賑紀八卷**　（清）方觀承編　清乾隆十九年
（1754）刻本　八冊　九行二十字白口四周
雙邊

640000－1201－0001128　史十四/12

**皇清經解縮版編目十六卷**　（清）陶治元輯
（清）李師善　（清）王鳳藻分輯　清光緒十七
年（1891）上海鴻寶齋石印本　二冊　二十四
行七十字小字雙行同白口四周單邊

640000－1201－0001129　經

**易象圖說內篇三卷外篇三卷**　（元）張理述
清通志堂刻本　一冊　十一行二十字小字雙
行同白口左右雙邊

640000－1201－0001130　史十四/18

**四庫書目略二十卷首一卷附錄一卷**　（清）費
莫文良篹　清同治九年（1870）刻本　十二冊
九行二十一字小字雙行同白口左右雙邊

640000－1201－0001131　史十六/85

**西被考略六卷**　（清）金永森撰　清光緒二十
九年（1903）武昌刻本　五冊　九行二十字小
字雙行同下黑口左右雙邊

640000－1201－0001132　史十三/12

**欽定大清會典一百卷首一卷事例一千二百二
十卷首一卷**　（清）崑岡等篹　清宣統元年
（1909）商務印書館石印本　一百五十九冊
二十行二十字小字雙行同下黑口四周雙邊
缺十九卷（二百二十六至二百三十三、一千一
百十八至一千一百二十八）

640000－1201－0001133　史十六/86

**歷代帝王年表不分卷**　（清）齊召南編　（清）
阮福續編　清道光四年（1824）小琅嬛仙館刻
本　四冊　八行二十四字小字雙行不等上下
黑口左右雙邊

640000－1201－0001134　史十五/14

**二十四史論贊七十八卷**　（清）陳闡輯　清光
緒二十八年（1902）文淵山房石印本　十二冊
十八行四十字白口四周雙邊

640000－1201－0001135　史十五/33

**廿二史考異一百卷**　（清）錢大昕撰　清乾隆
四十五年（1780）刻本　十冊　十行二十一字
白口四周雙邊

640000－1201－0001136　史十六/49

**史鑑節要便讀六卷**　（清）鮑東里編　清光緒
二十八年（1902）刻本　二冊　九行十九字小
字雙行不等白口左右雙邊

640000－1201－0001137　史十六/11

**中外大略四十八卷**　（清）羅傳瑞撰集　清光
緒二十三年（1897）東粵經韻樓鉛印本　二十
五冊　十一行二十七字上下黑口四周單邊
存四十六卷（一至二、五至四十八）

640000－1201－0001138　史十四/7

**藏書紀事詩七卷**　葉昌熾撰　清宣統二年
（1910）刻本　六冊　十一行二十三字上下黑
口左右雙邊

640000－1201－0001139　史十四/72

**洪氏晦木齋叢書三種四十九卷**　（清）洪汝奎
輯　清同治八年至宣統元年（1869－1909）刻
本　八冊　九行二十字小字雙行同白口四周
單邊

640000－1201－0001140　史十六/65

西國近事彙編:清光緒元年四卷　（美國）金楷理口譯　（清）蔡錫齡筆述　清光緒刻本　四冊　十二行二十一字上下黑口左右雙邊

640000－1201－0001141　史十三/12

欽定大清會典一百卷首一卷　（清）崑岡纂　清鉛印本　一冊　十三行四十字小字雙行同白口四周單邊　存八卷（四十三至五十）

640000－1201－0001142　史十二/1

史姓韻編六十四卷　（清）汪輝祖撰　（清）馮祖憲重校　清光緒十年（1884）慈溪馮祖憲耕餘樓鉛印本　十六冊　十二行上欄大字四字下欄雙行小字三十二字白口四周單邊

640000－1201－0001143　史十六/30

歐洲族類源流略五卷　王樹枏撰　清光緒二十八年（1902）中衛縣署刻本　二冊　十行二十二字上下黑口左右雙邊

640000－1201－0001144　史十四/37

寰宇訪碑錄十二卷　（清）孫星衍　（清）邢澍撰　清光緒九年（1883）江蘇書局刻本　四冊　十一行二十字小字雙行同白口左右雙邊

640000－1201－0001145　史十四/33

昭德先生郡齋讀書志二十卷附志二卷目錄一卷　（宋）晁公武撰　（宋）姚應績編　（宋）趙希弁輯　清光緒十年（1884）長沙王氏刻本　十冊　八行二十四字小字雙行同白口四周雙邊

640000－1201－0001146　史十四/63

潛研堂金石文字目錄八卷　（清）錢大昕錄　清光緒十年（1884）長沙龍氏家塾刻本　二冊　十行二十二字小字雙行同上下黑口左右雙邊

640000－1201－0001147　史十四/10

彙刻書目二十卷　（清）顧修編　清光緒十五年（1889）上海福瀛書局刻本　二十冊　十一行二十五字小字雙行同上下黑口左右雙邊

640000－1201－0001148　史十四/50

甌鉢羅室書畫過目考四卷首一卷附錄一卷

（清）李玉棻編輯　清光緒二十三年（1897）京都琉璃廠興盛齋刻本　四冊　十一行二十五字白口四周雙邊

640000－1201－0001149　史十六/6

五洲各國政治考八卷　（清）錢恂輯　清光緒二十七年（1901）石印本　六冊　二十行四十四字白口四周雙邊

640000－1201－0001150　史十四/68

過雲樓書畫記十卷　（清）顧文彬　（清）顧承編　清光緒八年（1882）元和顧氏刻本　四冊　十行二十一字上下黑口左右雙邊

640000－1201－0001151　史十六/8

俄史輯譯四卷　（英國）闞斐迪譯　（清）徐景羅重譯　清光緒二十二年（1896）明達學社木活字印本　四冊　十一行二十七字白口四周雙邊

640000－1201－0001152　史十四/22

八史經籍志十種三十卷　（日本）□□輯　清光緒九年（1883）鎮海張壽榮刻本　十六冊　十行二十一字小字雙行同白口左右雙邊

640000－1201－0001153　史十六/54

西洋歷史教科書二卷　（英國）默爾化撰　（清）出洋學生編輯所譯　清光緒三十一年（1905）上海商務印書館鉛印本　二冊　十五行三十二字小字雙行同上黑口四周單邊

640000－1201－0001154　史十六/22

歐羅巴通史不分卷　（日本）箕作元八　（日本）峰岸米造纂　（清）徐有成等譯　清光緒二十六年（1900）上海東亞譯書會鉛印本　四冊　十行二十五字小字雙行不等白口四周雙邊

640000－1201－0001155　史十四/8

金石索十二卷首一卷　（清）馮雲鵬　（清）馮雲鵷輯　清光緒三十三年（1907）上海新馬路文新局石印本　二十一冊　行數不等字數不等小字雙行不等白口四周單邊　缺一卷（金石索四）

640000－1201－0001156　史十六/7－2

萬國近政考略十六卷　鄒弢編輯　清光緒二
十二年(1896)江蘇鄒弢三借廬鉛印本　四冊
十四行四十字白口四周單邊

640000－1201－0001157　史十六/7

萬國近政考略十六卷　鄒弢編輯　清光緒二
十七年(1901)江蘇鄒弢三借廬鉛印本　四冊
十四行四十字白口四周單邊

640000－1201－0001158　史十四/46

金石錄三十卷　(宋)趙明誠撰　清乾隆二十
七年(1762)雅雨堂刻本　六冊　十行二十一
字小字雙行同白口四周單邊

640000－1201－0001159　史十六/31

日本新政考二卷　(清)顧厚焜撰　清光緒十
四年(1888)鉛印本　二冊　十四行四十四字
小字雙行不等白口四周雙邊

640000－1201－0001160　史十六/32

萬國通商史不分卷　(英國)瑣米爾士撰
(日本)經濟雜志社譯　清南洋公學譯書院鉛
印本　一冊　九行二十二字上黑口四周單邊

640000－1201－0001161　史十六/35

四裔編年表四卷　(美國)林樂知　(清)嚴良
勳譯　(清)李鳳苞編　清光緒二十三年
(1897)石印本　四冊　行數不等字數不等小
字雙行不等白口四周雙邊

640000－1201－0001162　史十四/46

結一廬朱氏賸餘叢書三種八十卷　(清)朱澂
輯　清光緒三十一年(1905)仁和朱氏刻本
十二冊　九行二十一字小字雙行同上下黑口
左右雙邊　缺七卷(金石錄二十四至三十)

640000－1201－0001163　史十四/33

昭德先生郡齋讀書志二十卷趙氏附志二卷目
錄一卷　(宋)晁公武撰　清光緒十年(1884)
長沙王氏刻本　十冊　八行二十四字小字雙
行同白口四周雙邊

640000－1201－0001164　史十六/34

關中金石記八卷目錄一卷附記一卷　(清)畢
沅撰　清道光二十七年(1847)渭邑焦醇敬堂
刻本　四冊　十二行二十四字小字雙行同上

下黑口四周雙邊

640000－1201－0001165　史十五/7

史記論文一百三十卷　(漢)司馬遷撰　(清)
吳見思評點　(清)吳興祚參訂　清康熙二十
六年(1687)尺木堂刻本　二十四冊　九行二
十一字小字雙行同白口左右雙邊

640000－1201－0001166　史十六/35

四裔編年表四卷　(美國)林樂知　(清)嚴良
勳譯　(清)李鳳苞編　清江南製造總局刻本
　四冊　行數不等字數不等小字雙行不等白
口左右雙邊

640000－1201－0001167　史十六/37

潘刻五種　(清)恩壽輯　清光緒二十九年
(1903)北京翰文齋刻本　四冊　白口四周單
邊　存三種

640000－1201－0001168　史十四/17

欽定四庫全書總目二百卷首一卷　(清)紀昀
編　清同治七年(1868)廣東書局刻本　一百
冊　九行二十一字小字雙行同白口左右雙邊

640000－1201－0001169　史十六/10、史十
一/32

海山仙館叢書二種十一卷　(清)潘仕誠輯
清道光、咸豐間番禺潘氏刊光緒補刻本　七
冊　九行二十一字上下黑口左右雙邊

640000－1201－0001170　史十六/84

續西國近事彙編二十八卷　(清)鍾天緯等編
輯　清鉛印本　九冊　二十行二十四字白口
上下雙邊　存九卷(十至十五、二十三、二十
七至二十八)

640000－1201－0001171　史十六/15

金石萃編一百六十卷　(清)王昶撰　清同治
十年(1871)刻本　二十九冊　十行二十一字
小字雙行同上下黑口左右雙邊　存七十六卷
(一至六十七、一百二十四至一百三十二)

640000－1201－0001172　史十六/9

精選中外時務文編四十四卷　(清)養晦生編
　清光緒二十三年(1897)寶善書局石印本
二十冊　十七行四十字白口四周雙邊

640000－1201－0001173　史十三/146

**政治官報宣統元年三月份不分卷**　（清）政治
官報局編　清宣統元年(1909)政治官報局鉛
印本　四冊　二十行四十二字白口四周雙邊

640000－1201－0001174　史七/91

**人壽金鑑二十二卷**　（清）程得齡輯　清嘉慶
二十五年(1820)刻本　六冊　十二行二十四
字小字雙行同上下黑口左右雙邊

640000－1201－0001175　史七/94

**北隅掌錄二卷**　（清）黃士珣纂　清道光二十
五年(1845)錢塘汪氏振綺堂刻本　二冊　十
行二十一字小字雙行同白口左右雙邊

640000－1201－0001176　史七/90

**百將傳續編節評四卷**　（明）何喬新編集
(明)張藻節評　清道光二十七年(1847)來鹿
堂刻本　四冊　十一行二十二字白口左右
雙邊

640000－1201－0001177　史十一/94

**度隴記四卷**　（清）董醇撰　清咸豐刻本　四
冊　九行二十四字小字雙行同白口四周雙邊

640000－1201－0001178　史七/89

**歷代循吏傳八卷**　（清）朱軾　（清）蔡世遠訂
(清)張福昶分纂　清雍正七年(1729)刻本
三冊　九行二十二字白口左右雙邊

640000－1201－0001179　史十六/15

**金石萃編一百六十卷目錄一卷**　（清）王昶撰
清嘉慶十年(1805)刻本　七十二冊　十行
二十一字小字雙行同上下黑口左右雙邊

640000－1201－0001180　史十一/52

**柬埔治以北探路記十五卷**　（法國）晁西士加
尼撰　清光緒二十五年(1899)味經刊書處鉛
印本　十冊　十行二十二字白口左右雙邊

640000－1201－0001181　史十六/92

**美國鐵路彙考十三卷**　（英國）柯理撰　（英
國)傅蘭雅口譯　（清)潘松筆述　清光緒二
十五年(1899)江南製造總局刻本　一冊　十
行二十二字上下黑口左右雙邊　缺四卷(一
至四)

640000－1201－0001182　史十三/46

**資治新書初集十四卷首一卷二集二十卷**
(清)李漁輯　（清)沈心友訂　清同治五年
(1866)翰寶樓刻本　二十四冊　十行二十字
白口左右雙邊

640000－1201－0001183　史七/87

**闕里文獻考一百卷首一卷末一卷**　（清）孔繼
汾撰　清刻本　八冊　十三行二十六字上下
黑口左右雙邊

640000－1201－0001184　史十一/47

**方輿類纂二十八卷輿圖一卷**　（清）顧祖禹撰
(清)溫汝能編　清嘉慶刻本　二十四冊
十行二十一字小字雙行同白口左右雙邊

640000－1201－0001185　史十四/103

**京畿金石考二卷**　（清）孫星衍撰　清同治、
光緒間京師潘氏滂喜齋刻本　一冊　十行二
十一字上下黑口左右雙邊

640000－1201－0001186　史十四/103

**京畿金石考二卷**　（清）孫星衍撰　清光緒十
二年(1886)吳縣朱氏槐廬家塾刻本　一冊
十行二十一字上下黑口左右雙邊

640000－1201－0001187　史十三/127

**欽定國子監則例四十五卷**　（清）瑞慶等修
(清)汪廷珍等纂　清道光四年(1824)刻本
八冊　九行二十字小字雙行同白口四周雙邊

640000－1201－0001188　史十五/19

**高太史論鈔三卷文鈔一卷**　（清）高熙喆撰
清光緒刻本　四冊　十行二十五字下黑口四
周雙邊

640000－1201－0001189　子二/2

**讀史兵略四十六卷**　（清）胡林翼纂　清咸豐
十一年(1861)武昌節署刻本　十六冊　十二
行二十四字小字雙行同白口左右雙邊

640000－1201－0001190　史十二/4

**欽定歷代職官表七十二卷首一卷**　（清）永瑢
修　（清)紀昀纂　清刻本　三十二冊　八行
二十一字小字雙行同白口四周雙邊

640000－1201－0001191　史十三/104

圖民錄四卷　（清）袁守定著　清光緒十二年（1886）刻本　一冊　九行二十一字白口四周雙邊　存二卷（一至二）

640000－1201－0001192　子二/1

孫子十家注十三卷　（春秋）孫武撰　（宋）吉天保輯　（清）孫星衍　（清）吳人驥校　**遺説一卷**　（宋）鄭友賢撰　**叙錄一卷**　（清）畢以珣撰　清嘉慶二年（1797）兗州刻本　五冊　十二行二十四字小字雙行同上下黑口左右雙邊　缺三卷（二至四）

640000－1201－0001193　史十一/31

三省邊防備覽十四卷　（清）嚴如煜輯　清道光刻本　六冊　十行二十四字小字雙行同白口四周雙邊

640000－1201－0001194　子二/1

孫子十家註十三卷　（春秋）孫武撰　（宋）吉天保輯　（清）孫星衍　（清）吳人驥校　**遺説一卷**　（宋）鄭友賢撰　**叙錄一卷**　（清）畢以珣撰　清光緒二十三年（1897）新化三昧書局刻本　六冊　九行二十一字小字雙行同白口左右雙邊

640000－1201－0001195　史十二/3

廿一史四譜五十四卷　（清）沈炳震撰　清刻本　十六冊　十行二十二字小字雙行不等白口左右雙邊

640000－1201－0001196　史十二/6

國朝歷科館選錄不分卷　（清）沈廷芳輯（清）陸費墀　（清）沈世煒重訂　清刻本　一冊　八行十九字小字雙行同白口四周雙邊

640000－1201－0001197　子二/7

洴澼百金方十四卷首一卷　（清）袁宮桂編　清乾隆五十三年（1788）榕城嘉魚堂刻本　二冊　九行二十四字白口四周單邊

640000－1201－0001198　史二/13

東華續錄六十九卷　（清）潘頤福編　（清）盧秉政校　清光緒十八年（1892）上海圖書集成印書局石印本　十六冊　十三行四十字白口

四周單邊

640000－1201－0001199　子二/4

自強兵法通考十一種十九卷　（清）張樹聲編定　清光緒隴西譯學公會刻本　十六冊　九行二十二字白口左右雙邊

640000－1201－0001200　子二/7

洴澼百金方十四卷首一卷　（清）袁宮桂編　清道光二十年（1840）陈氏刻本　六冊　九行二十四字白口四周單邊

640000－1201－0001201　史十一/90

錫金鄉土地理二卷　（清）侯鴻鑒撰　清光緒無錫文苑閣木活字印本　一冊　十行二十七字小字雙行同白口四周單邊

640000－1201－0001202　史十一/140

改正世界地理學六卷首一卷　（日本）矢津昌永撰　（清）吳啓孫編譯　清光緒三十年（1904）甘肅官書局鉛印本　一冊　十二行三十字小字雙行同白口四周雙邊　存二卷（一、首一卷）

640000－1201－0001203　子一/5

近思錄集注十四卷校勘記一卷附考訂一卷（宋）朱熹　（宋）呂祖謙撰　（清）江永集註　清光緒十五年（1889）掃葉山房刻本　六冊　九行十九字小字雙行同白口左右雙邊

640000－1201－0001204　子四/6

三農紀十卷　（清）張宗法撰　清刻本　十冊　十一行二十二字白口四周單邊

640000－1201－0001205　子一/80

呂子節錄四卷附錄一卷　（明）呂坤著　清光緒九年（1883）津河廣仁堂刻本　二冊　十行二十三字白口四周雙邊

640000－1201－0001206　子一/5－2

近思錄十四卷附考訂朱子世家一卷　（宋）朱熹　（宋）呂祖謙撰　（清）江永集注　清光緒十四年（1888）廣雅書局刻本　五冊　七行十八字小字雙行同下黑口四周雙邊

640000－1201－0001207　子一/2

宋元學案一百卷首一卷考略一卷 （清）黃宗羲纂 （清）黃百家輯 （清）全祖望修定 清光緒五年(1879)長沙刻本 一冊 十一行二十四字小字雙行同上下黑口左右雙邊 存三卷(一、首一卷、考略一卷)

640000－1201－0001208 子一/79

陸桴亭先生文集五卷 （清）陸世儀撰 （清）張伯行編訂 清光緒九年(1883)津河廣仁堂刻本 二冊 十行二十三字白口四周雙邊

640000－1201－0001209 子一/90

願體集二卷 （清）史典撰 清光緒二十年(1894)湖北崇文書局刻本 二冊 十行二十一字小字雙行同白口四周單邊

640000－1201－0001210 子一/45

五子近思錄十四卷 （宋）朱熹撰 （清）汪佑訂補 清康熙三十二年(1693)刻本 一冊 九行二十字小字雙行同白口左右雙邊

640000－1201－0001211 子二/25

兵書三種七卷 （清）湖北官書處輯 清光緒二十一年(1895)湖北官書處刻本 一冊 九行二十字小字雙行同上下黑口左右雙邊

640000－1201－0001212 子一/7

荀子二十卷首一卷 （唐）楊倞注 王先謙集解 清光緒十七年(1891)長沙王先謙思賢講舍刻本 六冊 十一行二十四字小字雙行同上下黑口左右雙邊

640000－1201－0001213 子一/91

揚子法言十三卷音義一卷 （漢）揚雄撰 （晉）李軌注 清光緒二年(1876)浙江書局刻本 一冊 九行二十一字小字雙行同白口左右雙邊

640000－1201－0001214 子二/42

英國水師律例四卷 （英國）德麟 （英國）極福德纂 （清）舒高第 （清）鄭昌棪譯 清光緒上海江南製造總局鉛印本 二冊 十行二十二字小字雙行同白口四周雙邊

640000－1201－0001215 子一/91

揚子法言十三卷音義一卷 （漢）揚雄撰

（晉）李軌注 清光緒二年(1876)浙江書局刻本 一冊 九行二十一字小字雙行同白口左右雙邊

640000－1201－0001216 子一/106

勸學篇二卷 （清）張之洞撰 清光緒二十四年(1898)長沙刻本 一冊 十行二十三字小字雙行同白口左右雙邊

640000－1201－0001217 子二/17

紀效新書十八卷首一卷 （明）戚繼光撰 清道光十年(1830)刻本 六冊 十行二十字白口左右雙邊

640000－1201－0001218 子一/105

真文忠公心政經二卷 （宋）真德秀輯撰 清光緒元年(1875)述荊堂刻本 一冊 九行二十字上下黑口四周雙邊 存一卷(一)

640000－1201－0001219 子二/17

紀效新書十八卷首一卷 （明）戚繼光撰 明刻本 四冊 九行二十四字白口左右雙邊

640000－1201－0001220 子一/87

文中子中說十卷 （隋）王通撰 （宋）阮逸注 清光緒二十三年(1897)新化三味書局刻本 二冊 九行二十一字小字雙行同白口左右雙邊

640000－1201－0001221 子一/3

明儒學案六十二卷 （清）黃宗羲撰 清光緒十四年(1888)刻本 三十二冊 九行二十字小字雙行同下黑口左右雙邊

640000－1201－0001222 子一/101

文中子中說十卷 （隋）王通撰 （宋）阮逸註 清光緒二十三年(1897)新化三味書局刻本 二冊 九行二十一字小字雙行同白口左右雙邊

640000－1201－0001223 子一/89

國朝學案小識十四卷首一卷末一卷 （清）唐鑑撰 清光緒十年(1884)刻本 十二冊 十行二十一字小字雙行同上下黑口左右雙邊

640000－1201－0001224 子一/78

訓子語二卷 （清）張履祥撰 （清）袁遂校
清光緒九年(1883)津河廣仁堂刻本 一冊
十行二十三字白口四周雙邊

640000－1201－0001225 子一/2

宋元學案一百卷首一卷考略一卷 （清）黃宗
羲纂 （清）黃百家輯 （清）全祖望修定 清
光緒五年(1879)刻本 四十冊 十一行二十
四字小字雙行同白口左右雙邊

640000－1201－0001226 子一/100

曾文正公家訓二卷 （清）曾國藩撰 清光緒
十六年(1890)鴻寶南局鉛印本 一冊 十六
行三十五字白口四周雙邊

640000－1201－0001227 子一/12

如不及齋制藝四卷 （清）吳鴻恩撰 清光緒
十三年(1887)觀善堂刻本 四冊 九行二十
五字小字雙行同白口四周雙邊

640000－1201－0001228 子一/3－2

明儒學案六十二卷師說一卷 （清）黃宗羲撰
（清）萬言訂 清光緒八年(1882)刻本 二
十四冊 十一行二十字小字雙行同上下黑口
四周單邊

640000－1201－0001229 子一/8

時藝階不分卷 （清）路德評選 清道光二十
二年(1842)來鹿堂刻本 五冊 九行二十五
字小字雙行同白口四周單邊

640000－1201－0001230 子一/9

先正讀書訣一卷 （清）周永年輯 清光緒四
年(1878)刻本 一冊 十一行二十四字小字
雙行同白口左右雙邊

640000－1201－0001231 子一/15

蓬山塾課不分卷學庸小題一卷 （清）劉清源
著 （清）諸菊塍鑒定 （清）薛維錦選評 清
光緒六年(1880)刻本 十二冊 九行二十五
字小字雙行同白口四周雙邊

640000－1201－0001232 子一/10

困學紀聞注二十卷 （宋）王應麟撰 （清）翁
元圻輯 清道光五年(1825)餘姚守福堂刻本
十二冊 十一行二十字小字雙行同白口左

右雙邊

640000－1201－0001233 子一/16

挹蘭山房時藝錄存不分卷 （清）金玉音著
清刻本 一冊 九行二十五字小字雙行同白
口四周雙邊

640000－1201－0001234 叢十四/7

壞篋集二種十卷 （清）劉沅輯 清咸豐二年
(1852)豫誠堂刻本 五冊 九行二十字小字
雙行同白口左右雙邊

640000－1201－0001235 子一/13

成均課士錄十六卷 （清）張百熙編 清光緒
二十三年(1897)國子監刻本 八冊 十二行
二十四字小字雙行同上下黑口四周雙邊

640000－1201－0001236 子一/113

儒門語要六卷 （清）倪元坦輯著 （清）陳紹
唐重刊 清光緒二十五年(1899)鎮海陳紹唐
刻本 四冊 九行二十一字下黑口左右雙邊

640000－1201－0001237 子一/13－2

成均課士錄不分卷 （清）□□輯 清光緒刻
本 二冊 九行二十五字小字雙行同白口四
周雙邊

640000－1201－0001238 子二/31

輪船布陣十二卷首一卷 （英國）賈密倫
（英國）裴路著 （英國）傅蘭雅口譯 （清）
徐建寅筆述 清江南製造總局刻本 二冊
十行二十二字上下黑口左右雙邊

640000－1201－0001239 子一/18

八銘塾鈔初集詳註四卷 （清）吳懋政編 清
光緒三年(1877)京都寶珍堂刻本 四冊 九
行二十五字小字雙行不等白口四周雙邊

640000－1201－0001240 集二/(57)344

陶文毅公全集六十四卷首一卷末一卷 （清）
陶澍撰 清道光二十年(1840)淮北士民公刻
本 二十四冊 十行二十一字小字雙行同白
口四周雙邊

640000－1201－0001241 子一/21

近思錄集解十四卷 （宋）朱熹 （宋）呂祖謙

撰　（宋）葉采集解　清文靖書院刻本　四冊
九行十九字小字雙行二十四字白口左右
雙邊

640000－1201－0001242　子一/67

上蔡語錄三卷　（宋）謝良佐撰　清光緒十八
年(1892)江夏陳氏刻本　二冊　十一行二十
字小字雙行同上下黑口四周單邊

640000－1201－0001243　子一/22

大學衍義四十三卷　（宋）真德秀撰　清光緒
二十二年(1896)新化三味堂刻本　八冊　十
一行二十四字小字雙行同上下黑口左右雙邊

640000－1201－0001244　子一/23

小學考五十卷　（清）謝啟昆錄　清光緒十四
年(1888)浙江書局刻本　二十冊　十一行二
十一字白口左右雙邊

640000－1201－0001245　子一/22－2

大學衍義四十三卷　（宋）真德秀撰　清同治
十三年(1874)金陵書局刻本　八冊　十行二
十字小字雙行同白口左右雙邊

640000－1201－0001246　子一/25

說苑二十卷　（漢）劉向撰　清光緒元年
(1875)湖北崇文書局刻本　四冊　十二行二
十四字上下黑口四周雙邊

640000－1201－0001247　子一/61

顏氏家訓二卷　（北齊）顏之推撰　清光緒元
年(1875)湖北崇文書局刻本　一冊　十二行
二十四字上下黑口四周雙邊

640000－1201－0001248　子一/32

孔子家語八卷　（明）何孟春注　（清）盧文弨
校補　清嘉慶十六年(1811)刻本　二冊　十
行二十字小字雙行同白口四周雙邊

640000－1201－0001249　子一/40

朱子論語集注訓詁考二卷　（清）潘衍桐輯
清光緒十七年(1891)浙江書局刻本　一冊
十行二十字小字雙行同上下黑口四周雙邊

640000－1201－0001250　子一/36

曾子家語六卷　（清）曾國荃審訂　（清）王定

安編輯　清光緒十六年(1890)金陵刻本　二
冊　九行二十字小字雙行同白口左右雙邊

640000－1201－0001251　子一/30

小學集注六卷　（宋）朱熹撰　（明）陳選集注
清同治十年(1871)刻本　二冊　九行十七
字小字雙行同上下黑口四周單邊

640000－1201－0001252　子一/17

曠視山房制藝二卷續一卷　（清）丁守存撰
清同治四年(1865)文光堂刻本　二冊　九行
二十五字小字雙行同白口四周雙邊

640000－1201－0001253　子一/41

篤素堂集鈔三卷　（清）張英撰　清光緒二十
二年(1896)新化三味堂刻本　一冊　十一行
二十四字上下黑口左右雙邊

640000－1201－0001254　子一/48

朱子大全文集正集一百卷續集五卷別集七卷
正譌一卷記疑一卷目錄二卷　（宋）朱熹撰
清光緒二年(1876)傳經堂刻本　二十八冊
十二行二十四字小字雙行同上下黑口四周
雙邊

640000－1201－0001255　子一/30

小學集注六卷　（宋）朱熹撰　（明）陳選集注
清同治十年(1871)刻本　四冊　九行十七
字小字雙行同上下黑口四周單邊

640000－1201－0001256　子一/17

曠視山房小題一卷　（清）丁守存撰　清同治
三年(1864)文光堂刻本　一冊　九行二十五
字小字雙行同白口四周雙邊

640000－1201－0001257　子一/42

篤素堂文集四卷　（清）張英著　清湖南學庫
谷氏刻本　一冊　十行二十字白口左右雙邊

640000－1201－0001258　子一/70

先儒趙子言行錄二卷（清）陳廷鈞纂述　（清）
陳廷儒校編　清同治九年(1870)湖北崇文書
局刻本　二冊　十行二十二字白口四周雙邊

640000－1201－0001259　子五/144

黃帝內經素問校義一卷　（清）胡澍撰　清刻

本　一冊　十行二十一字小字雙行同上下黑口左右雙邊

640000－1201－0001260　子一/17
曠視山房大題二卷　（清）丁守存撰　清同治十二年(1873)登雅堂刻本　一冊　九行二十五字小字雙行同白口四周雙邊

640000－1201－0001261　子一/73
藥言一卷藥言賸稿一卷　（清）拙修老人纂　清光緒三十四年(1908)長沙刻本　二冊　九行二十四字白口左右雙邊

640000－1201－0001262　子六/6
決疑數學十卷首一卷　（英國）傅蘭雅口譯（清）華蘅芳筆述　清光緒二十三年(1897)上海格致書室石印本　四冊　十三行二十七字小字雙行同下黑口四周雙邊

640000－1201－0001263　子一/15
蓬山塾課二論小題二卷　（清）劉清源著（清）薛維錦選評　清光緒六年(1880)刻本　五冊　九行二十五字小字雙行同白口四周雙邊

640000－1201－0001264　子一/2
宋元學案一百卷首一卷考略一卷　（清）黃宗羲纂　（清）黃百家輯　（清）全祖望修定　清光緒五年(1879)長沙刻本　四十冊　十一行二十四字小字雙行同上下黑口左右雙邊

640000－1201－0001265　子二/18
德國陸軍考四卷　（法國）歐盟輯著　（清）吳宗濂譯文　（清）潘元善執筆　清光緒二十七年(1901)江南製造局鉛印本　四冊　十行二十四字小字雙行不等上黑口四周雙邊

640000－1201－0001266　子一/57
漢碑引經考六卷附引緯考一卷　（清）皮錫瑞撰　清光緒三十年(1904)刻本　五冊　十三行二十二字小字雙行同上下黑口左右雙邊

640000－1201－0001267　子一/35
勸學邇言一卷　（清）劉爾炘撰　清光緒三十一年(1905)上海太和縣刻本　一冊　十行二十四字白口四周雙邊

640000－1201－0001268　子一/15
蓬山塾課不分卷　（清）劉清源著　清光緒六年(1880)刻本　四冊　九行二十五字小字雙行同白口四周雙邊間四周單邊

640000－1201－0001269　子一/53
下學指南一卷　（清）周思誠纂　清同治二年(1863)刻本　一冊　九行二十字小字雙行同上下黑口左右雙邊

640000－1201－0001270　子一/66
中論二卷　（漢）徐幹著　蔡祖拔校　清光緒刻本　一冊　九行二十字白口左右雙邊

640000－1201－0001271　子一/18
八銘塾鈔初集不分卷二集不分卷　（清）吳懋政編　（清）葉婉蘭註釋　清嘉慶元年(1796)刻本　八冊　九行二十五字小字雙行同白口四周單邊

640000－1201－0001272　子十四/42
太上感應篇續義二卷　（清）俞樾撰　清同治十年(1871)刻本　一冊　十行二十一字白口左右雙邊

640000－1201－0001273　子一/63
經餘必讀八卷續編八卷　（清）雷琳等輯　清嘉慶八年(1803)刻本　八冊　十行二十字小字雙行同白口四周單邊

640000－1201－0001274　子一/37
孔子改制考二十一卷　康有為撰　清光緒上海大同譯書局石印本　八冊　十一行二十四字小字雙行同上下黑口四周單邊

640000－1201－0001275　子一/6
近科鄉會墨醇五編合刊不分卷　（清）杜聯輯　清咸豐元年至九年(1851－1859)刻本　九冊　九行二十五字白口左右雙邊

640000－1201－0001276　子一/129
辨道考注一卷　（日本）荻生祖徠著　（日本）宇惠子迪考注　（日本）本田矞文卿補注（日本）宇德章明卿校　清嘉慶十二年(1807)刻本　一冊　九行二十字小字雙行同白口四周雙邊

640000－1201－0001277　子一/18－2

**八銘塾鈔初集二集十二卷**　（清）吳懋政編
清刻本　七冊　九行二十五字小字雙行同白
口四周雙邊　存十卷（初集六卷、二集三至
六）

640000－1201－0001278　子一/60

**二程全書六種六十六卷（一名河南程氏全書）**
　（宋）程顥　（宋）程頤撰　（宋）朱熹輯
清康熙石門呂氏寶誥堂刻本　十六冊　十二
行二十二字小字雙行同上下黑口左右雙邊

640000－1201－0001279　子一/71

**明夷待訪錄一卷**　（清）黃宗羲撰　清光緒二
十七年（1901）新化資西書舍刻本　九冊　十
行二十二字上下黑口四周雙邊

640000－1201－0001280　子八/10

**國朝書人輯略十一卷首一卷**　（清）震鈞輯
清光緒三十四年（1908）金陵刻本　八冊　九
行二十一字小字雙行同上下黑口左右雙邊

640000－1201－0001281　子一/75

**聖域述聞二十八卷**　（清）黃本驥編　（清）黃
宅中重訂　清刻本　四冊　九行二十四字小
字雙行同下黑口左右雙邊

640000－1201－0001282　子五/10

**黃帝內經靈樞十二卷素問遺篇一卷**　（唐）王
冰注　（宋）劉溫舒撰　清三味堂刻本　二冊
　九行二十一字小字雙行同上下黑口左右雙
邊

640000－1201－0001283　子二/30

**諸葛忠武侯先生兵法六卷首一卷年譜一卷火
攻心法一卷文集一卷**　（清）張澍輯　清木活
字印本　五冊　九行二十一字小字雙行同白
口左右雙邊

640000－1201－0001284　子一/121

**衛道編二卷**　（清）劉紹攽編註　清光緒九年
（1883）津河廣仁堂刻本　一冊　十行二十三
字小字雙行同白口四周雙邊

640000－1201－0001285　子一/98

**北溪先生字義二卷補遺一卷**　（宋）陳淳撰

清光緒二十六年（1900）刻本　二冊　十行二
十二字上下黑口左右雙邊

640000－1201－0001286　子一/20

**朱子語類一百四十卷**　（宋）朱熹撰　清同治
十一年（1872）刻本　四十冊　十二行二十四
字小字雙行同上下黑口左右雙邊

640000－1201－0001287　子一/97

**目耕齋全集十二卷**　（清）沈叔眉選　（清）徐
楷評　清光緒十八年（1892）湖南書局刻本
五冊　九行二十七字小字雙行同白口四周雙
邊間四周單邊　缺一卷（三集四）

640000－1201－0001288　集二/(57)151

**錢南園先生遺集五卷**　（清）錢灃撰　清同治
十一年（1872）刻本　二冊　十行二十一字白
口左右雙邊

640000－1201－0001289　子一/96

**校邠廬抗議一卷**　（清）馮桂芬著　清光緒九
年（1883）津河廣仁堂刻本　一冊　十行二十
三字小字雙行同白口四周雙邊

640000－1201－0001290　子一/95

**朱子晚年全論八卷**　（清）李紱編　（清）萬承
蒼訂　（清）王士俊校　清雍正十三年（1735）
無怒軒刻本　五冊　十二行二十三字小字雙
行同白口四周雙邊　存七卷（一至七）

640000－1201－0001291　子一/96

**校邠廬抗議二卷**　（清）馮桂芬著　清光緒二
十六年（1900）刻本　一冊　十行二十一字小
字雙行同白口左右雙邊

640000－1201－0001292　子一/74

**理學逢源十二卷**　（清）汪紱集　清道光十八
年（1838）敬業堂刻本　十二冊　十行二十二
字小字雙行同白口左右雙邊

640000－1201－0001293　子一/119

**小心齋劄記十八卷**　（明）顧憲成撰　清光緒
三年（1877）刻本　三冊　十行二十字小字雙
行同下黑口左右雙邊　存十三卷（一至十三）

640000－1201－0001294　子一/3

**明儒學案六十二卷** （清）黃宗羲纂　清光緒十四年(1888)南昌縣學刻本　三十六冊　九行二十字小字雙行同下黑口左右雙邊

640000－1201－0001295　子二/21

**金湯借箸十二籌十二卷** （明）李盤撰　清刻本　八冊　九行十九字小字雙行同白口四周雙邊

640000－1201－0001296　子四/7

**蠶桑萃編十五卷首一卷** （清）衛傑纂　清光緒二十四年(1898)刻本　八冊　十行二十字小字雙行同下黑口四周雙邊

640000－1201－0001297　子二/15

**草廬經略十二卷** （明）□□撰　清上海申報館鉛印本　六冊　十一行二十四字白口四周雙邊

640000－1201－0001298　子一/51

**樨華館雜錄一卷附錄一卷** （清）路德撰　清刻本　一冊　九行二十二字小字雙行同下黑口四周雙邊

640000－1201－0001299　子二/36

**海軍調度要言三卷附圖** （英國）摯核甫撰　（清）舒高第　（清）鄭昌棪譯　清光緒鉛印本　二冊　十行二十二字白口四周雙邊

640000－1201－0001300　子二/9

**陸操新義四卷** （德國）康貝撰　（清）李鳳苞譯　清光緒十年(1884)武備學堂刻本　二冊　十三行二十八字上黑口左右雙邊

640000－1201－0001301　子八/526

**草字彙十二卷** （清）石梁輯　清聚奎堂刻本　七冊　行數不等字數不等白口四周雙邊

640000－1201－0001302　子一/114

**桐閣關中三先生語要四卷** （清）李元春撰　清道光朝邑蒙天麻蔭堂刻本　二冊　九行二十字小字雙行同白口左右雙邊

640000－1201－0001303　子四/3

**齊民要術十卷** （北魏）賈思勰撰　（清）袁昶輯　清光緒二十二年(1896)漸西村舍刻本

四冊　九行二十一字小字雙行同白口四周雙邊

640000－1201－0001304　子二/10

**兵學新書十六卷** （清）徐建寅輯　清蘭州官書處木活字印本　八冊　十行二十五字白口四周雙邊

640000－1201－0001305　子八/50

**書畫鑑影二十四卷** （清）李佐賢編輯　清同治十年(1871)利津李佐賢刻本　八冊　九行二十二字小字雙行同白口四周雙邊

640000－1201－0001306　子二/40

**六韜六卷逸文一卷** （周）呂望撰　（清）孫星衍校　清光緒二十四年(1898)石印本　一冊　十四行三十字小字雙行同下黑口四周雙邊　存四卷(一至四)

640000－1201－0001307　叢一/26

**式訓堂叢書初集十四種四十四卷二集十二種五十三卷** （清）章壽康輯　清光緒會稽章氏刻本　三十二冊　十一行二十一字上下黑口四周單邊

640000－1201－0001308　子四/7

**蠶桑萃編十五卷首一卷** （清）衛傑編　清光緒二十六年(1900)浙江書局刻本　八冊　十行二十字小字雙行同白口四周雙邊

640000－1201－0001309　子三/1

**韓非子集解二十卷首一卷** （戰國）韓非著　（清）王先慎集解　清光緒二十二年(1896)刻本　六冊　十一行二十四字小字雙行同上下黑口左右雙邊

640000－1201－0001310　子五/56

**明吳又可先生瘟疫論二卷** （明）吳有懷著　（清）楊大任校　（清）陳元校　（清）孔毓禮評閱　清光緒三十四年(1908)森記書局刻本　二冊　十行二十二字小字雙行同白口左右雙邊

640000－1201－0001311　經十/38

**說文分韻易知錄五卷** （清）許巽行撰　清光緒五年(1879)華亭許嘉德刻本　十冊　行數

不等字數不等小字雙行不等白口左右雙邊

640000－1201－0001312　子六/41
**御製數理精蘊二編四十五卷表八卷**　（清）聖祖玄燁撰　清光緒三十二年(1906)上海通時書局石印本　二十四冊　十八行二十字小字雙行同白口四周雙邊

640000－1201－0001313　子一/46
**御纂性理精義十二卷**　（清）李光地等編　清康熙五十四年(1715)武英殿刻本　四冊　八行十八至二十二字小字雙行二十二字白口左右雙邊

640000－1201－0001314　子一/46
**御纂性理精義十二卷**　（清）李光地等編　清康熙五十六年(1717)刻本　六冊　八行十八至二十二字小字雙行二十二字白口四周雙邊

640000－1201－0001315　子三/1
**韓非子二十卷**　（戰國）韓非著　清光緒元年(1875)浙江書局刻本　六冊　九行二十一字小字雙行同白口左右雙邊

640000－1201－0001316　子一/46
**御纂性理精義十二卷**　（清）李光地等編　清康熙五十六年(1717)刻本　六冊　八行十八至二十二字小字雙行二十二字白口四周雙邊

640000－1201－0001317　子一/59
**求己錄三卷**　蘆涇遁士(陶葆廉)編　清光緒二十二年(1896)刻本　三冊　十行二十二字小字雙行同上下黑口左右雙邊

640000－1201－0001318　子三/1
**韓非子集解二十卷首一卷**　（戰國）韓非著（清）王先慎集解　清光緒二十二年(1896)刻本　六冊　十一行二十四字小字雙行同上下黑口左右雙邊

640000－1201－0001319　子三/1
**韓非子集解二十卷首一卷**　（戰國）韓非著（清）王先慎集解　清光緒二十二年(1896)刻本　六冊　十一行二十四字小字雙行同上下黑口左右雙邊

640000－1201－0001320　子四/13
**欽定授時通考七十八卷**　（清）蔣溥等纂修　清乾隆七年(1742)武英殿刻本　二十四冊　十一行二十一字小字雙行同白口四周雙邊

640000－1201－0001321　子四/11
**蠶桑簡明輯說一卷補遺一卷**　（清）黃世本撰　清光緒十四年(1888)刻本　一冊　九行二十二字小字雙行同白口四周雙邊

640000－1201－0001322　子四/6
**三農紀二十四卷**　（清）張宗法著　清刻本　六冊　十一行二十二字小字雙行同白口四周單邊

640000－1201－0001323　子三/2
**管子二十四卷文評一卷**　（春秋）管仲撰（唐）房玄齡注　（明）劉績補　清光緒二年(1876)浙江書局刻本　六冊　九行二十一字小字雙行同白口左右雙邊

640000－1201－0001324　子四/10
**秘傳花鏡六卷圖一卷**　（清）陳淏子輯　清康熙二十七年(1688)刻本　六冊　九行二十四字小字雙行同白口四周雙邊

640000－1201－0001325　子一/2
**宋元學案一百卷首一卷考略一卷**　（清）黃宗羲纂　（清）黃百家輯　（清）全祖望修定　清光緒五年(1879)刻本　四十冊　十一行二十四字小字雙行同上下黑口左右雙邊

640000－1201－0001326　子十二/119
**異書四種六卷**　（清）申報館輯　清光緒二年(1876)申報館鉛印本　二冊　十二行二十四字白口四周雙邊

640000－1201－0001327　子四/5
**農政全書六十卷**　（明）徐光啟撰　清道光二十三年(1843)曙海樓刻本　二十四冊　九行二十字小字雙行同白口左右雙邊

640000－1201－0001328　子八/37
**歷代畫史彙傳七十二卷首一卷附錄二卷目錄三卷引證書目一卷**　（清）彭蘊璨録　清光緒八年(1882)掃葉山房刻本　二十四冊　八行

二十字小字雙行同上下黑口四周雙邊

640000 – 1201 – 0001329　子五/11

**御纂醫宗金鑑六十卷續編十四卷外科金鑑十六卷首一卷**　（清）錢斗保等輯　清刻本　六十冊　十行二十四字小字雙行同白口左右雙邊

640000 – 1201 – 0001330　子四/20

**海錯百一録五卷**　（清）郭柏蒼輯　清光緒十二年(1886)刻本　二冊　九行二十一字小字雙行同下黑口左右雙邊

640000 – 1201 – 0001331　子四/2

**新刊纂圖元亨療馬集六卷圖像水黄牛經大全二卷附牛陀經一卷**　（明）喻本元　（明）喻本亨著　清乾隆元年(1736)成文堂刻本　八冊　十二行二十四字小字雙行同白口左右雙邊

640000 – 1201 – 0001332　子五/12 – 3

**東醫寶鑑二十三卷目録二卷**　（朝鮮）許浚撰　清嘉慶元年(1796)英德堂刻本　二十五冊　八行二十一字小字雙行同白口四周單邊

640000 – 1201 – 0001333　子五/57

**產孕集二卷**　（清）張曜孫撰　清同治七年(1868)蘊璞齋刻本　一冊　十一行二十三字小字雙行同白口四周雙邊

640000 – 1201 – 0001334　子一/2

**宋元學案一百卷首一卷考略一卷**　（清）黄宗羲纂　（清）黄百家輯　（清）全祖望修定　清道光二十六年(1846)刻本(第一冊為抄寫本)　四十八冊　十一行二十四字小字雙行同上下黑口左右雙邊

640000 – 1201 – 0001335　子四/9

**農書三十六卷**　（元）王禎撰　清光緒二十一年(1895)刻本　八冊　九行二十一字小字雙行同白口四周雙邊

640000 – 1201 – 0001336　子五/51

**傷寒論類方一卷**　（清）徐大椿編輯　清宣統二年(1910)隴右樂善書局刻本　一冊　九行二十五字小字雙行同白口左右雙邊

640000 – 1201 – 0001337　子五/52

**痘疹活幼心法不分卷**　（明）聶尚恒著　明崇禎六年(1633)四美堂刻本　一冊　十行十九字小字雙行同白口左右雙邊

640000 – 1201 – 0001338　子五/8 – 2

**本草綱目五十二卷圖三卷首一卷考證書目一卷脈訣考證一卷奇經八脈考二卷萬方鍼綫八卷拾遺十卷**　（明）李时珍撰　（清）張紹棠校刊　清光緒十一年(1885)合肥張氏味古齋刻本　四十冊　九行二十字小字雙行同白口左右雙邊

640000 – 1201 – 0001339　子五/14

**溫病條辨六卷首一卷**　（清）吳瑭著　（清）汪瑟菴參訂　清嘉慶粵東惠濟倉刻本　四冊　九行十九字小字雙行同白口左右雙邊

640000 – 1201 – 0001340　子五/54

**內科理法前編六卷**　（英國）虎伯撰　（英國）茹合　（英國）哈來參訂　（清）舒高第口譯　（清）趙元益筆述　清光緒江南製造總局刻本　四冊　十行二十二字小字雙行同上下黑口左右雙邊

640000 – 1201 – 0001341　子五/65

**醫寄伏陰論二卷**　（清）田宗漢撰　清光緒十四年(1888)漢川田宗漢刻本　二冊　八行十九字小字雙行同白口四周雙邊

640000 – 1201 – 0001342　子八/14

**芥子園畫傳二集八卷三集四卷**　（清）王槩摹并編　清乾隆金閶文淵堂刻彩色套印本　七冊　白口四周單邊　缺一卷(三集四)

640000 – 1201 – 0001343　子五/23

**景岳全書六十四卷**　（明）張介賓著　（清）雲志高訂　清康熙五十年(1711)刻本　三十一冊　十一行二十四字白口四周單邊　缺二卷(五十至五十一)

640000 – 1201 – 0001344　子五/15

**王叔龢圖注難經脈訣二種**　（清）沈鏡删注　清咸豐七年(1857)三讓堂刻本　二冊　十行二十四字小字雙行同白口四周單邊

640000－1201－0001345　子八/14

**芥子園畫傳四集四卷附圖章法**　（清）丁皋撰
并繪　（清）李漁纂　清嘉慶金陵抱青閣刻彩
色套印本　四冊　白口四周單邊

640000－1201－0001346　子五/42

**引痘略一卷**　（清）邱熺輯　清同治三年
(1864)刻本　一冊　七行十七字小字雙行同
白口四周單邊

640000－1201－0001347　子五/60

**食物本草會纂十二卷圖一卷**　（清）沈李龍纂
　清乾隆四十八年(1783)金閶書業堂刻本
十二冊　九行二十二字小字雙行同白口四周
單邊

640000－1201－0001348　子八/14

**芥子園畫傳初集六卷**　（清）王概摹　清康熙
十八年(1679)刻彩色套印本　五冊　白口四
周單邊

640000－1201－0001349　子五/42－2

**引痘略合編不分卷**　（清）邱熺輯　清光緒二
十一年(1895)宏道堂刻本　一冊　九行二十
四字小字雙行同白口四周雙邊

640000－1201－0001350　子五/62

**黃帝內經靈樞註證發微九卷補遺一卷**　（明）
馬蒔撰　清光緒五年(1879)刻本　八冊　十
行二十二字小字雙行同白口左右雙邊

640000－1201－0001351　子八/14

**芥子園畫傳初集六卷**　（清）王概摹　清光緒
十三年(1887)石印本　一冊　白口四周單邊

640000－1201－0001352　子五/12

**東醫寶鑑二十三卷目錄二卷**　（朝鮮）許浚撰
　清道光十一年(1831)刻本　二十四冊　八
行二十一字小字雙行同白口左右雙邊

640000－1201－0001353　子五/40－2

**張仲景傷寒論原文淺注六卷**　（清）陳念祖集
注　清光緒二十七年(1901)新化三味書局刻
本　二冊　十行二十六字小字雙行同白口左
右雙邊　存四卷(一至二、五至六)

640000－1201－0001354　子五/60

**金匱方歌括六卷**　（清）陳念祖定　清光緒二
十七年(1901)新化三味書局刻本　二冊　十
行二十六字小字雙行同白口左右雙邊

640000－1201－0001355　子四/8

**漁業歷史一卷**　（清）沈同芳撰　清宣統三年
(1911)鉛印本　一冊　十一行二十八字小字
雙行同白口四周單邊

640000－1201－0001356　子五/83

**全體闡微三卷**　（美國）柯為良口譯　（清）林
鼎文編譯　清光緒二十四年(1898)福州聖教
醫館石印本　三冊　十二行二十七字小字雙
行同白口四周雙邊

640000－1201－0001357　子五/59

**增補醫方一盤珠全集十卷首一卷**　（清）洪金
鼎參訂　清光緒二十四年(1898)澹雅書局刻
本　四冊　十二行二十四字小字雙行同白口
四周單邊

640000－1201－0001358　子八/23

**說文解字建首一卷**　（清）吳大澂書　清光緒
十三年(1887)影印本　一冊　四行五字白口
四周單邊

640000－1201－0001359　子五/81

**醫門棒喝四卷**　（清）章楠著　（清）孫廷鉦參
訂　（清）田晉元評　清同治六年(1867)聚文
堂刻本　四冊　八行二十字白口左右雙邊

640000－1201－0001360　子五/19

**痢疾論四卷**　（清）孔毓禮撰　清乾隆三十七
年(1772)謙益堂刻本　一冊　九行二十字小
字雙行同白口四周雙邊

640000－1201－0001361　子六/57

**礮法昂度子落高低遠近畫譜一卷**　（清）丁乃
文撰　清光緒十四年(1888)江南製造局鉛印
本　一冊　九行二十四字小字雙行不等白口
四周雙邊

640000－1201－0001362　子二/28

**營壘圖說一卷**　（比利時）伯里牙芒著　（美
國）金楷理口譯　（清）李鳳苞筆述　清刻本

一冊　十行二十二字小字雙行同上下黑口
左右雙邊

640000－1201－0001363　子五/81

**醫門棒喝二集傷寒論本旨九卷**　（清）章楠著
（清）陳祖望　（清）錢昌校訂　清同治六年
(1867)聚文堂刻本　八冊　八行二十字白口
左右雙邊

640000－1201－0001364　子五/88

**金匱心典三卷**　（漢）張仲景著　（清）尤怡集
注　清同治八年(1869)陸氏雙白燕堂刻本
三冊　十行二十一字小字雙行同白口左右
雙邊

640000－1201－0001365　子二/24

**克虜伯礮準心法一卷**　（美國）金楷理口譯
（清）李鳳苞筆述　清光緒刻本　一冊　十行
二十二字小字雙行同上下黑口左右雙邊

640000－1201－0001366　子六/52

**測地繪圖十一卷**　（英國）富路瑪撰　（英國）
傅蘭雅口譯　（清）徐壽筆述　清光緒江南製
造總局刻本　三冊　十行二十二字上下黑口
四周單邊

640000－1201－0001367　子五/70

**類證普濟本事方十卷**　（宋）許叔微撰　（清）
葉桂釋義　清嘉慶十九年(1814)姑蘇掃葉山
房刻本　四冊　十行二十一字小字雙行同下
黑口左右雙邊

640000－1201－0001368　子五/85

**素靈微蘊四卷**　（清）黃元御著　清道光十年
(1830)刻本　四冊　十一行二十三字小字雙
行同白口左右雙邊

640000－1201－0001369　子二/23

**鐵甲叢譚五卷圖一卷**　（英國）黎特著　（清）
舒高第　（清）鄭昌棪譯　清鉛印本　二冊
十行二十二字小字雙行同白口四周雙邊

640000－1201－0001370　子五/71

**本草述鉤元三十二卷**　（清）楊時泰輯　清同
治十一年(1872)刻本　十冊　九行二十二字
小字雙行同白口左右雙邊

640000－1201－0001371　子五/66

**徐氏醫書八種**　（清）徐大椿撰　清光緒十八
年(1892)湖北官書處刻本　十二冊　九行二
十五字小字雙行同白口左右雙邊

640000－1201－0001372　子二/35

**礮學五種五卷**　（清）□□撰　清石印本　五
冊　九行二十四字小字雙行同白口四周雙邊

640000－1201－0001373　子六/35

**天文揭要二卷**　（美國）赫士口譯　（清）周文
源筆述　清光緒十七年(1891)上海美華書館
鉛印本　二冊　十二行三十四字小字雙行同
白口四周雙邊

640000－1201－0001374　叢一/28

**海山仙館叢書**　（清）潘仕成輯　清道光、咸
豐間番禺潘氏刊光緒補刻本　一百二十冊
九行二十一字小字雙行同上下黑口左右雙邊

640000－1201－0001375　子六/36

**新編算學啟蒙三卷總括一卷後紀一卷識誤一
卷望海島術一卷**　（元）朱世傑撰　清江南機
器製造總局刻本　二冊　十行十九字小字雙
行同白口左右雙邊

640000－1201－0001376　子七/2

**地學六卷**　（清）沈鎬撰　清咸豐十一年
(1861)刻本　六冊　十二行二十一字白口四
周單邊

640000－1201－0001377　子五/90

**傷寒辯證四卷**　（清）陳堯道著　（清）勞鳳翔
訂　清刻本　四冊　九行二十字小字雙行同
白口四周雙邊

640000－1201－0001378　子五/7

**儒門醫學三卷附一卷**　（英國）海得蘭撰
（英國）傅蘭雅口譯　（清）趙元益筆述　清同
治六年(1867)江南製造總局刻本　四冊　十
行二十二字小字雙行同上下黑口左右雙邊

640000－1201－0001379　子七/2

**入地眼全書十卷**　（宋）釋靜道撰　（清）萬樹
華編　清道光元年(1821)文光堂刻本　四
冊　十一行二十二字白口左右雙邊

640000 – 1201 – 0001380　子七/1

**奇門遁甲秘笈大全三十卷**　（明）劉基校訂　清木活字印本　八冊　九行二十字小字雙行同白口左右雙邊

640000 – 1201 – 0001381　子五/72

**醫方集解不分卷**　（清）汪昂撰　清道光二十五年(1845)瓶花書屋刻本　四冊　十行二十四字小字雙行同白口左右雙邊

640000 – 1201 – 0001382　子八/19

**金石苑六卷**　（清）劉喜海撰　清道光二十六年(1846)劉氏來鳳堂刻本　六冊　行數不等字數不等白口四周單邊

640000 – 1201 – 0001383　子七/21

**新刊校正增釋合併麻衣先生人相編五卷**　(明)陸位崇校編　(明)唐鯉耀梓　清光緒二十七年(1901)刻本　二冊　十二行二十四字白口四周單邊

640000 – 1201 – 0001384　子八/51

**山右石刻叢編四十卷目録一卷**　（清）胡聘之撰　清光緒二十七年(1901)刻本　二十冊　十二行二十三字小字雙行同上下黑口左右雙邊

640000 – 1201 – 0001385　子五/87

**名醫方論四卷**　（清）羅美評定　（清）柯琴參閱　清康熙刻本　二冊　十行二十二字小字雙行同白口左右雙邊

640000 – 1201 – 0001386　子五/49

**方書三種三卷**　（清）鄧振墀輯　清光緒三十三年(1907)江陵鄧氏刻本　二冊　九行二十四字白口四周單邊

640000 – 1201 – 0001387　子七/20

**袁柳莊先生相法全書三卷首一卷**　（明）袁忠徹傳　（明）雲林子重訂　清咸豐十一年(1861)丹陽文會堂木活字印本　二冊　十三行二十五字小字雙行同白口四周單邊

640000 – 1201 – 0001388　子六/33

**測候叢談四卷**　（美國）金楷理口譯　（清）華蘅芳筆述　清江南製造總局刻本　二冊　十行二十二字小字雙行同上下黑口左右雙邊

640000 – 1201 – 0001389　子五/32

**神農本草經百種録一卷**　（清）徐大椿著　清光緒三十三年(1907)隴右樂善書局刻本　一冊　九行二十五字小字雙行同白口左右雙邊

640000 – 1201 – 0001390　子五/39

**達生編二卷**　（清）亟齋居士撰　清咸豐九年(1859)武昌青龍巷會友堂刻本　一冊　八行二十一字小字雙行同白口四周雙邊

640000 – 1201 – 0001391　子七/16

**河洛精蘊九卷**　（清）江永著　清乾隆三十九年(1774)兩儀堂刻本　四冊　九行二十五字小字雙行同白口左右雙邊

640000 – 1201 – 0001392　子八/20

**隸篇十五卷續十五卷再續十五卷**　（清）翟雲升撰　清道光十七年至十八年(1837 – 1838)刻本　十冊　十四行二十五字白口左右雙邊

640000 – 1201 – 0001393　子五/39

**達生篇不分卷**　（清）亟齋居士撰　清光緒三十三年(1907)蘭州官書局刻本　一冊　十行二十四字小字雙行同白口四周雙邊

640000 – 1201 – 0001394　集三/(52)2

**全唐詩九百卷總目十二卷**　（清）曹寅等輯　清刻本　一百二十冊　十一行二十一字小字雙行不等白口左右雙邊

640000 – 1201 – 0001395　子五/31

**驚風辨證必讀書二種**　（清）劉德馨輯　清光緒二十七年(1901)上元江氏刻本　一冊　九行二十一字小字雙行同白口左右雙邊

640000 – 1201 – 0001396　子五/12 – 2

**訂正東醫寶鑑二十二卷目録二卷**　（朝鮮）許浚撰　清光緒十六年(1890)刻本　二十五冊　九行二十一字小字雙行同白口四周雙邊

640000 – 1201 – 0001397　子六/47

**原本直指算法統宗十二卷**　（明）程大位編　清道光十六年(1836)刻本　六冊　十一行二十四字小字雙行同白口四周單邊

640000－1201－0001398　子八/3

**國朝畫識十七卷** （清）馮金伯輯 （清）吳晉參訂 清道光十一年（1831）雲間文萃堂刻本 八冊 九行二十字小字雙行同上下黑口左右雙邊

640000－1201－0001399　子六/4

**地理須知不分卷** （英國）傅蘭雅著 清光緒九年（1883）刻本 一冊 十行二十二字上下黑口四周雙邊

640000－1201－0001400　子六/25

**測地膚言不分卷** （清）陶保廉述 清光緒三十年（1904）刻本 一冊 九行二十三字小字雙行同白口四周雙邊

640000－1201－0001401　子七/6

**增補地理直指原眞大全三卷首一卷** （清）釋徹瑩著 清刻本 六冊 八行二十四字小字雙行同白口四周單邊

640000－1201－0001402　子七/17

**地理辨正五卷** （清）蔣平階補傳 （清）姜垚辨正 清文秀堂刻本 四冊 八行二十字小字雙行同白口四周單邊

640000－1201－0001403　子六/11

**代數備旨不分卷** （美國）狄考文選譯 （清）鄒立文 （清）生福維筆述 清光緒三十一年（1905）上海美華書館鉛印本 一冊 十五行三十四字白口四周雙邊

640000－1201－0001404　子五/38

**東垣十書十二種二十二卷** （明）□□輯 清文奎堂刻本 十六冊 十行二十字白口左右雙邊

640000－1201－0001405　子七/3

**山洋指迷原本四卷** （明）周景一著 （清）俞歸璞等增註 （清）吳卿瞻等校 清經國堂木活字印本 四冊 九行二十一字小字雙行同白口四周單邊

640000－1201－0001406　子六/12

**代微積拾級十八卷** （美國）羅密士撰 （英國）偉烈亞力口譯 （清）李善蘭筆述 清咸

豐九年（1859）上海墨海書館刻本 三冊 九行二十字小字雙行同白口四周雙邊

640000－1201－0001407　子六/9

**九章算術細草圖說九卷附海島算經細草圖說一卷** （三國魏）劉徽注 （唐）李淳風注釋 （清）李潢撰 清光緒二十二年（1896）上海文淵山房石印本 四冊 二十行四十字小字雙行同白口四周雙邊

640000－1201－0001408　子五/134

**寄傲山房塾課新增幼學故事瓊林四卷首一卷** （清）程允升撰 （清）鄒聖脈增補 清乾隆二十五年（1760）刻本 四冊 十行三十三字小字雙行同白口四周單邊

640000－1201－0001409　子八/170

**六達莊印集一卷** （清）汪展集 清鈐印本 一冊

640000－1201－0001410　子五/123

**女科要旨四卷** （清）陳念祖著 （清）陳元蔚參訂 （清）陳元犀韻註 清光緒二十七年（1901）新化三味書局刻本 一冊 十行二十六字小字雙行同白口左右雙邊

640000－1201－0001411　子五/35

**述古齋幼科新書三種七卷** （清）張振鋆撰 清光緒十八年（1892）上海思求闚齋刻本 六冊 九行二十三字小字雙行同上下黑口左右雙邊

640000－1201－0001412　子六/8

**筆算數學三卷** （美國）狄考文輯 （清）鄒立文述 清光緒二十三年（1897）武備學會刻本 六冊 十五行三十二字白口四周雙邊

640000－1201－0001413　子六/20

**景德鎮陶錄十卷** （清）藍浦著 （清）鄭廷桂補輯 清光緒十七年（1891）京都書業堂刻本 四冊 八行二十字小字雙行同白口四周雙邊

640000－1201－0001414　子六/43

**測圓海鏡細草十二卷** （元）李冶撰 清光緒二年（1876）上海同文館鉛印本 四冊 十行

二十二字小字雙行同白口四周雙邊

640000－1201－0001415　子六/15

**物理小識十二卷首一卷**　（明）方以智集　（清）于藻重訂　清康熙三年(1664)刻本（卷一之四至五葉為補配）　十冊　九行二十二字小字雙行同白口左右雙邊

640000－1201－0001416　子五/89

**太醫院增補青囊藥性賦直解五卷太醫院增補醫方捷徑四卷**　（明）羅必煒參訂　清光緒二十三年(1897)經綸堂刻本　三冊　十一行十八字白口左右雙邊

640000－1201－0001417　子六/8

**筆算數學三卷**　（美國）狄考文輯　清光緒三十四年(1908)北洋陸軍編譯局鉛印本　一冊　九行二十四字白口四周雙邊　存一卷(上)

640000－1201－0001418　子五/73

**傅氏眼科審視瑤函六卷首一卷醫案一卷**　（明）傅仁宇纂輯　（清）林長生校補　（清）傅維藩編　清善成堂刻本　五冊　十行二十二字白口左右雙邊

640000－1201－0001419　子二/16

**射擊學二卷**　（清）任衣洲譯　（清）簡直義編　（清）雷啟中修　清石印本　一冊　十一行二十六字白口四周雙邊　存一卷(一)

640000－1201－0001420　子二/11

**中西測量槍炮大成二卷**　（清）王韜著　清刻本　一冊　十一行二十六字上下黑口左右雙邊

640000－1201－0001421　子五/74

**昌邑黃先生醫書八種七十七卷**　（清）黃元御撰　清咸豐十年(1860)徐樹銘燮穌精舍刻本　十四冊　十二行二十三字小字雙行同白口左右雙邊

640000－1201－0001422　子五/75

**千金翼方三十卷**　（唐）孫思邈撰　（宋）林億等校　清乾隆二十八年(1763)金匱華希閎刻本　十六冊　十行二十字小字雙行同白口四周單邊

640000－1201－0001423　子六/66

**御製歷象考成上編十六卷下編十卷**　（清）允禄等纂修　清光緒二十四年(1898)杭州德記書莊石印本　十四冊　白口四周雙邊　存二十二卷(上編一、三至十二、十五至十六,下編一、三至十)

640000－1201－0001424　子五/24

**醫家四要四卷**　（清）程曦等撰　清光緒十二年(1886)養鶴山房刻本　四冊　八行二十字小字雙行同白口左右雙邊

640000－1201－0001425　子五/23－2

**景岳全書六十四卷**　（明）張介賓著　（清）魯超訂　清嘉慶十八年(1813)刻本　二十四冊　十三行二十四字白口左右雙邊

640000－1201－0001426　子六/71

**平三角舉要五卷**　（清）梅文鼎撰　清光緒十四年(1888)陝西求友齋刻本　一冊　十行二十四字小字雙行同白口左右雙邊　存三卷(三至五)

640000－1201－0001427　子五/27

**群玉山房重校醫宗必讀十卷**　（明）李中梓撰　清刻本　六冊　十二行二十四字小字雙行同白口左右雙邊

640000－1201－0001428　子六/42

**金石識別十二卷**　（美國）代那撰　（美國）瑪高溫口譯　（清）華蘅芳筆述　清同治十一年(1872)江南製造總局刻本　六冊　十行二十二字上下黑口左右雙邊

640000－1201－0001429　子六/69

**幾何原本十五卷首九卷**　（希臘）歐幾里得撰　（意大利）利瑪竇口譯　（明）徐光啟筆述　（英國）偉烈亞力　（清）李善蘭續譯　清同治四年(1865)金陵湘鄉曾國藩刻本　八冊　十行二十二字小字雙行同上下黑口左右雙邊

640000－1201－0001430　子五/26

**再重訂傷寒集注十卷附五卷**　（清）舒詔著　清乾隆三十五年(1770)刻本　三冊　十行二十二字白口四周單邊　存十卷(一至七、附三

至五)

640000－1201－0001431　子五/133

**醫學摘要二卷**　（清）王志沂輯　清咸豐十一年(1861)刻本　二冊　十行二十四字小字雙行同白口左右雙邊

640000－1201－0001432　子五/97

**重樓玉鑰二卷**　（清）鄭梅澗撰　清道光十八年(1838)蘇城喜墨齋刻本　二冊　十行二十一字小字雙行同白口左右雙邊

640000－1201－0001433　子五/21

**東垣十書十二種二十二卷**　（明）□□輯　清敦化堂刻本　十二冊　十行二十字白口左右雙邊

640000－1201－0001434　子八/61

**淳化閣帖釋文十卷**　（清）朱家標校定　清康熙二十二年(1683)龍潭朱家標綱錦堂刻本　二冊　九行二十小字雙行同白口四周雙邊

640000－1201－0001435　子五/96

**唐王燾先生外臺秘要方四十卷**　（唐）王燾撰　清同治十三年(1874)廣東翰墨園刻本　三十二冊　十行二十二字小字雙行同白口左右雙邊

640000－1201－0001436　子二/26

**攻守礮法**　（德國）軍政局撰　（美國）金楷理口譯　（清）李鳳苞筆述　清江南製造局刻本　一冊　十行二十二字上下黑口左右雙邊

640000－1201－0001437　子五/25

**鍼灸大成十卷**　（明）楊繼洲撰　清善成堂刻本　十冊　十行二十二字小字雙行同白口四周單邊

640000－1201－0001438　子六/16

**格致啓蒙四卷**　（英國）羅斯古等纂　（美國）林樂知　（清）鄭昌棪譯　清光緒二十四年(1898)上海六先書局石印本　三冊　十五行三十二字下黑口四周雙邊　存三卷(一至三)

640000－1201－0001439　子六/22

**蟫範八卷**　（清）李元撰　清同治十三年

（1874)傳經堂補刻本　四冊　九行二十一字小字雙行同白口四周雙邊

640000－1201－0001440　子六/53

**五種秘竅全書十七卷**　（明）甘霖撰　明崇禎刻本　十二冊　九行字數不等白口四周單邊

640000－1201－0001441　子七/1

**奇門遁甲統宗十二卷**　（三國蜀）諸葛亮撰　清刻本　四冊　九行二十字小字雙行同白口左右雙邊

640000－1201－0001442　子五/131

**重訂外科正宗十二卷**　（明）陳實功撰　（清）張鸞翼重訂　清嘉慶二十五年(1820)鴻文堂刻本　六冊　十二行二十六字小字雙行同白口左右雙邊

640000－1201－0001443　子七/8

**地理四彈子不分卷**　（清）張鳳藻輯　清康熙本立堂刻本　四冊　九行二十三字小字雙行同白口四周單邊

640000－1201－0001444　子五/64

**重訂外科正宗十二卷**　（明）陳實功撰　（清）張鸞翼重訂　清乾隆宏道堂刻本　四冊　十二行二十六字小字雙行同白口四周雙邊

640000－1201－0001445　子七/10

**嚴陵張九儀地理穿山透地真傳不分卷**　（清）張鳳藻著　清三畏堂刻本　四冊　九行二十字白口四周單邊

640000－1201－0001446　子七/11

**新訂王氏羅經透解二卷**　（清）王道亨輯　（清）李維賓等參閱　（清）王紹之校正　清道光十五年(1835)刻本　三冊　十行二十字小字雙行四十字白口四周雙邊

640000－1201－0001447　子六/51

**航海通書二十二卷**　（清）江南機器製造總局譯　（清）賈步緯校　清同治至民國刻本　二十冊　十行二十二字小字雙行同白口左右雙邊

640000－1201－0001448　子五/132

男科二卷　（清）傅山撰　清抄本　二冊

640000－1201－0001449　子五/116

辨證奇聞十五卷　（清）陳士鐸撰　（清）文守江　（清）文先五述　清同治六年(1867)經元堂刻本　十二冊　八行二十五字白口四周單邊

640000－1201－0001450　子一/84

聖祖仁皇帝庭訓格言一卷　（清）世宗胤禛述　清江蘇書局刻本　一冊　七行二十一字白口四周雙邊

640000－1201－0001451　子一/84

聖祖仁皇帝庭訓格言一卷　（清）世宗胤禛述　清刻本　一冊　七行二十一字白口四周雙邊

640000－1201－0001452　子六/10

算經十書　（清）孔繼涵輯　清乾隆曲阜孔氏刻本　七冊　九行十八字小字雙行同白口四周雙邊

640000－1201－0001453　子五/79

女科經綸八卷　（清）蕭壎纂著　清康熙二十三年(1684)燕貽堂刻本　八冊　九行二十四字小字雙行同白口左右雙邊

640000－1201－0001454　子五/121

齊氏醫案崇正辨訛六卷　（清）齊秉慧撰　（清）齊高較錄　（清）齊瑞參訂　清道光十三年(1833)齊氏家刻本　六冊　九行二十字小字雙行同白口左右雙邊

640000－1201－0001455　子五/130

新刊纂圖元亨療馬集六卷駝經一卷圖像水黃牛經大全二卷　（清）喻本元　（清）喻本亨著　清刻本　八冊　十二行二十四字小字雙行同白口四周單邊

640000－1201－0001456　子八/39

篆學瑣著三十種（一名篆學叢書）　（清）顧湘輯　清道光二十年(1840)海虞顧氏刻本　十二冊　九行二十一字小字雙行同上下黑口四周雙邊

640000－1201－0001457　子六/41

御製數理精蘊上編五卷下編四十五卷表八卷　（清）何國宗撰　（清）梅瑴成彙編　清光緒八年(1882)江寧藩署刻本　四十冊　九行二十字小字雙行同白口四周雙邊

640000－1201－0001458　子五/78

絳雪園古方選註一卷　（清）王子接注　（清）葉桂校　清雍正九年(1731)金閶綠蔭堂刻本　六冊　十行二十二字小字雙行同白口左右雙邊

640000－1201－0001459　子六/46

四元玉鑑細草三卷首一卷釋例二卷　（元）朱世傑編述　（清）鍾煜校正　（清）羅士琳補草　（清）易之瀚校算　（清）李棠寫樣　清光緒十七年(1891)成都志古堂刻本　八冊　八行二十四字上下黑口四周雙邊

640000－1201－0001460　子八/41

語石十卷　葉昌熾撰　清宣統元年(1909)長洲葉昌熾刻本　四冊　十一行二十三字小字雙行同上下黑口左右雙邊

640000－1201－0001461　子五/44

洞主仙師白喉治法忌表抉微一卷　（清）耐修子錄並註　清光緒二十六年(1900)會稽劉耀麟刻本　一冊　九行二十六字小字雙行同白口四周雙邊

640000－1201－0001462　子六/45

翠微山房數學十五種　（清）張作楠撰　清光緒息園刻本　二十四冊　九行二十二字小字雙行同白口左右雙邊

640000－1201－0001463　子六/70

聲學八卷　（英國）田大里著　（英國）傅蘭雅口譯　（清）徐建寅筆述　清刻本　一冊　十行二十二字小字雙行同上下黑口左右雙邊　存四卷(一至四)

640000－1201－0001464　子八/45

佩文齋書畫譜一百卷　（清）孫岳頒等纂輯　清康熙四十七年(1708)靜永堂刻本　六十四冊　十一行二十一字小字雙行不等白口左右

雙邊

640000－1201－0001465　子六/60

御風要術三卷　（英國）白爾特撰　（美國）金楷理口譯　（清）華蘅芳筆述　清同治十二年（1873）刻本　二冊　十行二十二字小字雙行同上下黑口左右雙邊

640000－1201－0001466　子六/37

高厚蒙求五集　（清）徐朝俊撰　清嘉慶、道光間雲間徐氏刻本　五冊　十行二十一字小字雙行同白口左右雙邊

640000－1201－0001467　子六/68

行海要術四卷　（美國）金楷理口譯　（清）李鳳苞筆述　清刻本　三冊　十行二十二字小字雙行同上下黑口左右雙邊

640000－1201－0001468　子五/44

洞主仙師白喉治法忌表抉微一卷　（清）耐修子録並註　清光緒二十四年（1898）湖南同善堂刻本　一冊　九行二十六字小字雙行同白口四周雙邊

640000－1201－0001469　子六/30

九數通考十一卷首一卷末一卷　（清）屈曾發輯　清同治十一年（1872）刻本　六冊　十二行二十四字小字雙行同白口左右雙邊

640000－1201－0001470　子五/145

慈濟方不分卷　（明）釋景隆編集　清宣統二年（1910）吳氏石蓮盦刻藍印本　一冊　九行二十一字上下黑口左右雙邊

640000－1201－0001471　子五/112

醫宗必讀十卷　（明）李中梓撰　清善成堂刻本　四冊　十一行二十六字小字雙行同白口左右雙邊

640000－1201－0001472　子六/38

三角和較術不分卷　（清）項名達撰　（清）徐鄂參校　清光緒二十四年（1898）刻本　一冊　十行二十二字小字雙行同上下黑口左右雙邊

640000－1201－0001473　子五/77

醫門法律六卷　（清）喻昌撰　清順治刻本　十冊　九行二十字白口四周單邊

640000－1201－0001474　子五/44

百硯斎算稿八種　（清）凌步芳著　清光緒二十八年（1902）番禺靈山凌百硯斎刻本　四冊　十一行二十四字下黑口四周雙邊　存三種四卷

640000－1201－0001475　子五/148

圖註脈訣辨真四卷附方一卷　（晉）王叔和撰　（明）張世賢注　清光緒九年（1883）寶興堂刻本　二冊　十行二十一字小字雙行同白口四周單邊

640000－1201－0001476　子七/9

參同契經文直指三卷直指三相類二卷直指箋注三卷　（漢）魏伯陽撰　（清）劉一明解　清嘉慶五年（1800）榆中棲雲山刻本　三冊　九行二十二字小字雙行同白口四周雙邊

640000－1201－0001477　子五/149

圖註八十一難經辨真四卷　（戰國）秦越人（扁鵲）述　（明）張世賢著　清光緒九年（1883）寶興堂刻本　二冊　十行二十一字小字雙行同白口四周單邊

640000－1201－0001478　子六/27

則古昔斎算學十三種　（清）李善蘭撰　清同治六年（1867）金陵海寧李善蘭刻本　六冊　十行二十二字小字雙行同上下黑口左右雙邊

640000－1201－0001479　子八/268

坤皋鐵筆不分卷　（清）鞠履厚治印　（清）嚴煜釋文　（清）吳彭年校對　（清）徐觀海考訂　清乾隆鈐印本　二冊　白口四周雙邊

640000－1201－0001480　子五/127

鼎鍥幼幼集成六卷　（清）陳復正輯訂　（清）劉勸校正　清乾隆郁文堂刻本　六冊　十行二十三字小字雙行同白口四周單邊

640000－1201－0001481　子六/39

靈憲書屋算草八卷　（清）張鴻勛撰　清光緒二十八年（1902）綿竹山房刻本　三冊　十行二十四字小字雙行同下黑口四周單邊　存二

卷(二至三)

640000－1201－0001482　子六/13

**力學課編八卷首一卷答數備質一卷** （英國）馬格訥斐立著 （清）嚴文炳譯 （清）常福元重訂 （清）吳孟龍校閱　清光緒三十二年(1906)學部編譯圖書局鉛印本　四冊　十二行三十一字小字雙行同白口四周雙邊

640000－1201－0001483　子八/664

**玉臺畫史五卷別錄一卷** （清）湯漱玉輯　清光緒五年(1879)古岡劉氏藏修書屋刻本　一冊　九行二十字小字雙行同白口左右雙邊

640000－1201－0001484　子八/663

**虛齋名畫錄十六卷** 龐園濟輯　清宣統元年(1909)烏程龐氏刻本　十六冊　九行二十一字小字雙行同下黑口四周雙邊

640000－1201－0001485　子五/84

**蒼生司命八卷** （明）虞搏輯 （清）徐開先校 （清）程林閱 （清）陳彝則訂　清刻本　四冊　八行二十字白口四周雙邊

640000－1201－0001486　子六/31

**談天十八卷首一卷表一卷** （英國）侯失勒撰 （英國）偉烈亞力口譯 （清）李善蘭筆述 （清）徐建寅續筆　清同治刻本　四冊　十行二十二字上下黑口左右雙邊

640000－1201－0001487　子八/142

**小石山房印譜四卷別集一卷附集一卷** （清）顧湘 （清）顧浩輯　清道光十二年(1832)海虞顧氏小石山房鈐印本　六冊　行數不等字數不等小字雙行不等白口四周雙邊

640000－1201－0001488　子八/130

**楚橋印稿一卷** （清）黃學坦篆刻　清乾隆雪聲堂鈐印本　一冊　四周雙邊

640000－1201－0001489　子八/89

**墨池編二十卷** （宋）朱長文纂次　清刻本　十二冊　十一行二十一字小字雙行不等白口左右雙邊

640000－1201－0001490　子六/30

**九數通考十一卷首一卷末一卷** （清）屈曾發撰　清同治十一年(1872)豫簪堂補刻本　六冊　十二行二十四字白口左右雙邊

640000－1201－0001491　子六/21

**井礦工程三卷** （英國）白爾捺輯 （英國）傅蘭雅口譯 （清）趙元益筆述 （清）曹鍾秀繪圖　清刻本　二冊　十行二十二字上下黑口左右雙邊

640000－1201－0001492　子六/40

**寶藏興焉十二卷** （英國）費而奔著 （英國）傅蘭雅口譯 （清）徐壽筆述　清光緒江南製造總局刻本　十六冊　十行二十二字上下黑口左右雙邊

640000－1201－0001493　子五/151

**女科二卷** （清）傅山著　清同治八年(1869)湖北崇文書局刻本　一冊　十二行二十一字白口四周雙邊

640000－1201－0001494　子八/213

**守如印存不分卷** （清）吳駿后篆　清光緒十五年(1889)鈐印本　二冊　四周單邊

640000－1201－0001495　子六/32

**汽機新制八卷** （英國）白爾格撰 （英國）傅蘭雅口譯 （清）徐建寅筆述　清江南製造總局刻本　二冊　十行二十二字小字雙行同上下黑口左右雙邊

640000－1201－0001496　子八/664

**玉臺畫史五卷別錄一卷** （清）湯漱玉輯　清道光十一年(1831)錢塘汪氏振綺堂刻本　三冊　十一行十九字小字雙行不等白口左右雙邊

640000－1201－0001497　子六/34

**兼濟堂纂刻梅勿菴先生曆算全書九種三十二卷** （清）梅文鼎撰 （清）魏荔彤輯　清刻本　七冊　十一行二十四字白口四周雙邊　缺二卷(環中黍尺六、交食蒙求訂補三)

640000－1201－0001498　子八/212

**鐵耕齋印譜不分卷** （清）雷悅刻　葉德輝輯　清光緒三十年(1904)長沙葉氏觀古堂鈐印

本　一冊　白口左右雙邊

640000－1201－0001499　子六/17

**西學格致大全二十一種**　（英國）傅蘭雅輯
清光緒二十三年(1897)香港書局石印本　十
冊　二十行四十四字上下黑口四周雙邊

640000－1201－0001500　子八/168

**楊龍石印存不分卷**　（清）楊澥刻　清鈐印本
二冊　白口四周單邊

640000－1201－0001501　子一/50

**闕里文獻考一百卷首一卷末一卷**　（清）孔繼
汾撰　清乾隆二十七年(1762)刻本　八冊
十三行二十六字上下黑口左右雙邊

640000－1201－0001502　子七/5

**星平大成七卷**　（清）沈義方纂輯　清刻本
六冊　白口四周雙邊

640000－1201－0001503　子六/28

**代數難題解法十六卷**　（英國）倫德輯　（英
國）傅蘭雅譯　（清）華蘅芳筆述　清光緒九
年(1883)江南機器製造總局刻本　六冊　十
行二十二字上下黑口左右雙邊

640000－1201－0001504　子八/134

**四本堂印譜一卷**　（清）陳森年輯　清乾隆五
十一年(1786)鈐印本　二冊　四周單邊

640000－1201－0001505　子八/167

**含翠軒印存四卷**　（清）錢世徵篆　（清）劉穗
校　清鈐印本　四冊　白口四周雙邊

640000－1201－0001506　子六/29

**海塘輯要十卷首一卷附釋一卷**　（英國）韋更
斯撰　（英國）傅蘭雅口譯　（清）趙元益筆述
清江南機器製造總局刻本　二冊　十行二
十二字小字雙行同上下黑口左右雙邊

640000－1201－0001507　子六/1

**繪地法原不分卷**　（美國）金楷理口譯　（清）
王德均筆述　清江南機器製造總局刻本　一
冊　十行二十二字小字雙行同上下黑口左右
雙邊

640000－1201－0001508　子六/16

**格致啓蒙四卷**　（英國）羅斯古纂　（美國）林
樂知　（清）鄭昌棪譯　清光緒江南機器製造
總局刻本　四冊　十行二十二字小字雙行同
上下黑口左右雙邊

640000－1201－0001509　子六/28

**代數難題解法十六卷**　（英國）倫德輯　（英
國）傅蘭雅譯　（清）華蘅芳筆述　清光緒江
南機器製造總局刻本　五冊　十行二十二字
白口左右雙邊　缺二卷(十一至十二)

640000－1201－0001510　子五/118

**醫林改錯二卷**　（清）王清任著　清咸豐三年
(1853)石印本　一冊　二十一行四十四字下
黑口四周雙邊

640000－1201－0001511　子一/34

**正蒙二卷**　（宋）張載撰　（清）李光地注　清
刻本　一冊　八行二十二字白口四周單邊

640000－1201－0001512　子五/63

**黃帝內經素問註證發微九卷**　（明）馬蒔註證
清刻本(卷一之一至二十三葉補配抄本)
十二冊　十行二十二字小字雙行同白口四周
單邊

640000－1201－0001513　子八/208

**雲留小住印譜不分卷**　（清）徐學幹篆　清道
光鈐印本　一冊　白口四周雙邊

640000－1201－0001514　子五/47

**內科理法後編十卷附一卷**　（英國）虎伯撰
（英國）茄合　（英國）哈來訂　（清）舒高第
口譯　（清）趙元益筆述　清刻本　六冊　十
行二十二字上下黑口左右雙邊

640000－1201－0001515　子八/55

**清河書畫舫十二卷**　（明）張丑撰　清乾隆二
十八年(1763)仁和吳長元池北草堂刻本　十
二冊　九行二十二字上下黑口左右雙邊

640000－1201－0001516　子八/209

**通分堂印箋不分卷**　（清）徐學幹篆　清道光
六年(1826)鈐印本　一冊　白口四周雙邊

640000－1201－0001517　子八/218

松園印譜不分卷 （清）賈永篆刻 清乾隆四十八年(1783)福壽堂鈐印本 二冊 白口四周雙邊

640000－1201－0001518 子八/7

寄青霞館弈選八卷續編八卷續刻弈選二卷再續弈選二卷 （清）王存善輯 清光緒二十一年(1895)王氏刻本 二十冊 行數不等字數不等白口左右雙邊

640000－1201－0001519 子八/205

食硯書屋印譜不分卷 （清）吳廷榮著 清道光二十五年(1845)自怡山房鈐印本 二冊 白口四周雙邊

640000－1201－0001520 子八/223

摹古印譜五卷 （清）胡之森摹刻 （清）王成璐校 清道光二十二年(1842)江夏胡之森青琅軒館鈐印本 五冊 白口左右雙邊

640000－1201－0001521 子八/190

遊戲三昧不分卷 （清）釋竹禪刻 清光緒元年(1875)鈐印本 四冊 白口四周雙邊

640000－1201－0001522 子七/18

電學十卷首一卷 （英國）瑙挨德著 （英國）傅蘭雅口譯 （清）徐建寅筆述 清江南機器製造總局刻本 六冊 十行二十二字小字雙行同上下黑口左右雙邊

640000－1201－0001523 經

尚書句解十三卷 （元）朱祖義撰 清通志堂刻本 一冊 十一行二十字小字雙行同白口左右雙邊

640000－1201－0001524 子一/39

養正遺規摘鈔一卷補鈔一卷 （清）陳宏謀編 清光緒關中味經官書局刻本 一冊 十行二十四字小字雙行同白口左右雙邊

640000－1201－0001525 子十/17

淮南子二十一卷 （漢）劉安撰 （漢）高誘注 （清）莊逵吉校刊 清乾隆五十三年(1788)武進莊逵吉咸寧官署刻本 十六冊 十一行二十一字小字雙行同上下黑口四周單邊

640000－1201－0001526 子八/105

蓼懷堂琴譜不分卷 （清）雲志高訂 清蓼懷堂刻本 四冊 六行十二字小字雙行同白口四周雙邊

640000－1201－0001527 子八/113

紅樓夢人名西廂記詞句印玩不分卷 （清）趙仲穆刻 清光緒三十年(1904)鈐印本 四冊 四周單邊

640000－1201－0001528 子八/67

棋經十三篇不分卷 （宋）張擬撰 清刻本 四冊 十二行十八字小字雙行同四周雙邊

640000－1201－0001529 子八/176

香雪齋集古百二十壽印二卷 （清）卞驤篆 清道光八年(1828)鈐印本 二冊 白口四周雙邊

640000－1201－0001530 子八/298

百將百美合璧印譜不分卷 （清）趙穆篆刻 清光緒二十年(1894)武進趙穆鈐印本 一冊 白口四周單邊

640000－1201－0001531 子八/96

桃花泉奕譜二卷 （清）范世勳著 清道光元年(1821)掃葉山房刻本 二冊 十五行八字白口四周雙邊

640000－1201－0001532 子八/108

山門新語二卷首一卷 （清）周贇撰 清光緒十九年(1893)六聲草堂刻本 二冊 九行二十四字小字雙行同白口四周雙邊

640000－1201－0001533 子八/241

停琴小舍印存一卷 （清）何朝圭集印 清光緒二十三年(1897)鈐印本 一冊 白口四周單邊

640000－1201－0001534 子八/106

琴史六卷 （宋）朱長文撰 清康熙四十五年(1706)揚州詩局刻本 四冊 十一行二十一字小字雙行三十二字白口左右雙邊

640000－1201－0001535 子八/110

書法離鉤十卷 （明）潘之淙著 （明）潘之淇

校　（清）李錫齡校刊　清刻本　二冊　十行二十二字小字雙行同上下黑口四周單邊

640000－1201－0001536　子八/297

求是齋印稿四卷　（清）黃鶴篆　清道光十八年(1838)鈐印本　四冊　四周雙邊

640000－1201－0001537　子五/41

時疫白喉捷要一卷　（清）張紹修著　清光緒六年(1880)刻本　一冊　六行十三字白口四周雙邊

640000－1201－0001538　子八/116

印文輯略二卷附印人姓氏　（清）劉紹藜編　清嘉慶二十四年(1819)師古堂刻本　二冊　十行二十四字白口四周雙邊

640000－1201－0001539　子八/175

綠天畫舫石賤一卷　（清）陳濟霖製　清光緒鈐印本　一冊　白口四周雙邊

640000－1201－0001540　子

痢證匯參十卷　（清）吳道源纂輯　（清）王式金評定　（清）劉文思參訂　清上海千頃堂書局石印本　二冊　十六行三十字小字雙行同白口四周雙邊

640000－1201－0001541　子八/221

學古退齋印存一卷　（清）敬業居士(孟超然)輯　清光緒九年(1883)敬業書屋鈐印本　二冊　白口四周單邊

640000－1201－0001542　子五/3

傷寒溫疫條辨六卷　（清）楊璿撰　（清）楊鼎編次　清石印本　三冊　二十二行四十七字小字雙行同白口四周雙邊　存四卷(一至三、六)

640000－1201－0001543　子八/66

青霞館論畫絕句一百首　（清）吳修撰　清光緒二年(1876)錢江葛元煦嘯園刻本　一冊　九行十九字上下黑口左右雙邊

640000－1201－0001544　子六/72

少廣正負術內篇三卷外篇三卷　（清）孔廣森撰　清光緒十六年(1890)新會劉氏藏修書屋

刻本　二冊　九行二十字小字雙行同上下黑口左右雙邊

640000－1201－0001545　子八/173

南園印譜不分卷　（清）楊熙芹輯刻　清嘉慶鈐印本　一冊　白口四周雙邊

640000－1201－0001546　子八/172

紉佩齋集印不分卷　（清）沈祥龍輯　清光緒十四年(1888)鈐印本　四冊　白口

640000－1201－0001547　子八/586

詒晉齋法書初集四卷二集四卷三集四卷四集四卷　（清）永瑆書　清影印本　八冊

640000－1201－0001548　子八/369

戲鴻堂法書十六卷　（明）董其昌審定　清影印本　十六冊　黑口無板框

640000－1201－0001549　子八/206

讀畫軒印存四卷　（清）王俊藏　清光緒七年(1881)鈐印本　四冊　四周雙邊

640000－1201－0001550　子八/107

封泥考略十卷　（清）吳式芬　（清）陳介祺輯　清光緒三十年(1904)石印本　十冊　九行二十四字小字雙行同白口四周單邊

640000－1201－0001551　子八/245

癖石山房印譜初集不分卷　（清）侯紹裘鐫藏　清同治五年(1866)鈐印本　一冊　白口四周雙邊

640000－1201－0001552　子八/44

兩漢金石記二十二卷　（清）翁方綱撰　清乾隆五十四年(1789)大興翁方綱南昌使院刻本　六冊　十行二十字小字雙行同白口左右雙邊

640000－1201－0001553　子八/115

印集一卷　□□撰　清鈐印本　二冊　白口四周單邊

640000－1201－0001554　子一/26

闇墨選集八集　（清）吳勖輯　清乾隆墨花軒刻本　六冊　九行二十六字小字雙行不等白口四周單邊　存五集(一至四、七)

640000－1201－0001555　子八/290

飛鴻堂印譜初集八卷二集八卷三集八卷四集八卷五集八卷　（清）汪啟淑藏并輯　清影印本　二十冊　白口四周雙邊

640000－1201－0001556　子八/104

御定歷代題畫詩類一百二十卷　（清）陳邦彥編　清康熙刻本　八冊　十一行二十三字小字雙行同上下黑口左右雙邊　存三十卷（九十一至一百二十）

640000－1201－0001557　子八/198

埽花仙館印存不分卷　清道光二十二年(1842)鈐印本　三冊

640000－1201－0001558　子八/115

印集一卷　（清）仰山樓主藏　清鈐印本　一冊　白口無板框

640000－1201－0001559　子八/59

百花詩箋譜不分卷　（清）張兆祥繪　清宣統三年(1911)彩色套印本　二冊

640000－1201－0001560　子八/102

古玉圖考不分卷　（清）吳大澂書　清光緒十五年(1889)上海同文書局石印本　二冊　八行字數不等白口四周單邊

640000－1201－0001561　子一/19

彙鈔鄉會元燈八竅　（清）葉琴編輯　（清）陶辛垣　（清）萬春堂鑒定　清光緒五年(1879)古槐書屋刻本　三冊　九行二十五字小字雙行同白口左右雙邊

640000－1201－0001562　子八/115

印集一卷　（清）吳三癡篆　鈐印本　一冊　白口四周單邊

640000－1201－0001563　子八/82

紅樓夢圖詠不分卷　（清）改琦繪　清光緒十年(1884)刻本　四冊　四周單邊

640000－1201－0001564　子八/288

蓉桂軒印譜不分卷　（清）徐荻村篆　清道光二十四年(1844)鈐印本　四冊　白口四周雙邊

640000－1201－0001565　子八/234

仰陸印譜一卷　（清）江仰陸刻　清光緒鈐印本　一冊　白口

640000－1201－0001566　子一/19

茹古軒元家衣鉢隨鈔不分卷　（清）硯山居士纂輯　（清）陶辛垣　（清）萬春堂鑒定　清光緒五年(1879)刻本　三冊　九行二十五字小字雙行同白口左右雙邊

640000－1201－0001567　子八/286

錢叔蓋先生印譜不分卷　（清）錢叔蓋篆刻　（清）高邕輯　清光緒三年(1877)鈐印本　四冊

640000－1201－0001568　子八/75

點石齋畫報大全四十四集附吳大中丞勘力紀事詩圖　（清）尊聞閣主人(蔡爾康)輯　清宣統二年(1910)上海圖書集成公司石印本　九十冊　四周單邊

640000－1201－0001569　子八/113

印玩一卷　（清）□□篆　清鈐印本　四冊　白口四周單竹節邊

640000－1201－0001570　子一/19

近科鄉會墨選清腴續編六卷　（清）嚴國善等撰　清同治六年(1867)小藜山館刻本　一冊　九行二十五字白口四周雙邊　存一卷(一)

640000－1201－0001571　史

續後漢書四十二卷義例一卷音義四卷　（宋）蕭常撰　札記一卷　（元）郁松年撰　清道光二十二年(1842)刻本　六冊　十一行二十二字上下黑口左右雙邊

640000－1201－0001572　子八/177

菊園印譜不分卷　（清）奎聚五藏並輯　清光緒三十三年(1907)鈐印本　六冊

640000－1201－0001573　子八/115

印集一卷　□□篆　清鈐印本　四冊　上下黑口四周單邊

640000－1201－0001574　子八/215

陶峰小課不分卷　（清）朱其鏡刻　清乾隆五

十九年(1794)鈐印本　二冊　四周雙邊

640000－1201－0001575　子八/262

**柏葉盦印存不分卷**　(清)戈履徵篆　清山陰俞廉三鈐印本　二冊　四周單邊

640000－1201－0001576　子八/44

**兩漢金石記二十二卷石經殘字考一卷**　(清)翁方綱撰　清乾隆五十四年(1789)大興翁方綱南昌使院刻本　七冊　十行二十字白口左右雙邊　存十九卷(兩漢金石記五至二十二、石經殘字考一卷)

640000－1201－0001577　子八/299

**百將印譜四集**　(清)趙穆篆　清光緒鈐印本　四冊

640000－1201－0001578　子八/217

**觀妙閣印譜一卷**　□□篆　清鈐印本　一冊　上黑口四周雙邊

640000－1201－0001579　子八/164

**詩品印譜四卷**　(清)翁壽虞篆刻　清宣統元年(1909)友石軒石印本　四冊　四周單邊

640000－1201－0001580　子十/61

**尸子二卷存疑一卷**　(周)尸佼撰　(清)汪繼培輯　清光緒三年(1877)浙江書局刻本　一冊　九行二十一字小字雙行同白口左右雙邊

640000－1201－0001581　子十/79

**玉曆鈔傳警世一卷**　(清)□□撰　清光緒刻本　一冊　九行二十四字白口四周單邊

640000－1201－0001582　子十/47

**老學庵筆記十卷**　(宋)陸游撰　清光緒元年(1875)湖北崇文書局刻本　二冊　十二行二十四字小字雙行同上下黑口四周雙邊

640000－1201－0001583　子八/302

**醉愛居印賞二卷**　(清)王睿章輯　(清)徐逵照考訂　清乾隆王祖脊鈐印本　二冊　八行二十字白口四周雙邊

640000－1201－0001584　子十/77

**問心齋學治雜録二卷**　(清)張聯桂撰　清光緒十一年(1885)江都張聯桂刻本　二冊　九

行二十一字小字雙行同白口左右雙邊

640000－1201－0001585　子十一/1

**佩文韻府一百六卷拾遺一百六卷**　(清)張玉書等編　(清)張廷玉等拾遺　清光緒十三年(1887)上海點石齋石印本　四十九冊　二十四行五十字小字雙行同白口四周雙邊

640000－1201－0001586　子十/21

**越諺三卷越諺賸語二卷**　(清)范寅輯　清光緒八年(1882)谷應山房刻本　三冊　十行二十五字小字雙行同白口四周雙邊

640000－1201－0001587　子十/51

**甕牖閒評八卷**　(宋)袁文撰　清乾隆四十年(1775)武英殿木活字印本　二冊　九行二十一字白口四周雙邊

640000－1201－0001588　子十/76

**身世金箴一卷**　(清)蕊崖老人輯　清光緒元年(1875)務本堂刻本　一冊　九行二十二字小字雙行同白口四周雙邊

640000－1201－0001589　子十一/3

**子史精華一百六十卷**　(清)張廷玉等編　清光緒十二年(1886)上海同文書局石印本　八冊　二十行五十八字小字雙行同白口四周雙邊

640000－1201－0001590　子十/48

**日知録集釋三十二卷刊誤二卷續刊誤二卷**　(清)顧炎武著　(清)黃汝成集釋　清刻本　十六冊　十一行二十二字小字雙行同上下黑口左右雙邊

640000－1201－0001591　子十/46

**陔餘叢考四十三卷**　(清)趙翼撰　清乾隆刻本　十冊　十一行二十一字白口左右雙邊

640000－1201－0001592　子十/4

**困學紀聞注二十卷**　(宋)王應麟撰　(清)翁元圻輯　清咸豐元年(1851)小嫏嬛山館刻本　十冊　九行二十四字小字雙行三十六字白口四周雙邊

640000－1201－0001593　子十/22

夢溪筆談二十六卷末一卷補筆談三卷續筆談一卷校字記一卷　(宋)沈括撰　清光緒三十二年(1906)番禺陶氏愛廬刻本　四冊　十一行二十一字小字雙行同上下黑口左右雙邊

640000－1201－0001594　子十一/1

佩文韻府一百六卷拾遺一百六卷　(清)張玉書等編　清光緒二十一年(1895)上海鴻寶齋石印本　二十四冊　三十六行二十五字小字雙行同白口四周單邊

640000－1201－0001595　子十/86

留莾盦尺牘叢殘四卷　(清)嚴籀纂　清咸豐六年(1856)義興堂刻本　四冊　八行十八字小字雙行同上下黑口四周單邊

640000－1201－0001596　子十/46

陔餘叢考四十三卷　(清)趙翼撰　清乾隆五十五年(1790)刻本　十二冊　十一行二十一字小字雙行三十一字白口四周單邊

640000－1201－0001597　子十/65

群書札記十六卷　(清)朱亦棟撰　清光緒四年(1878)武林竹簡齋刻本　六冊　九行二十一字小字雙行同白口四周雙邊

640000－1201－0001598　子十一/8

鑄史駢言十二卷　(清)孫玉田撰　清光緒二年(1876)刻本　四冊　九行二十四字小字雙行同白口四周雙邊

640000－1201－0001599　子十/55

負暄閑語十二卷　(清)周馥撰　清宣統元年(1909)濟南鉛印本　二冊　九行二十四字小字雙行同白口四周雙邊

640000－1201－0001600　子十/66

日知錄刊誤二卷續刊誤二卷　(清)黃汝成撰　清同治十一年(1872)湖北崇文書局重刻本　一冊　十一行二十二字小字雙行同上下黑口四周雙邊

640000－1201－0001601　子九/9

佩文齋廣群芳譜一百卷目錄二卷　(明)王象晉撰　(清)汪灝等重編　清同治七年(1868)刻本　三十六冊　十一行二十一字白口左右雙邊

640000－1201－0001602　子八/114

印存一卷　(清)□□集　清鈐印本　一冊　白口四周單邊

640000－1201－0001603　子十/36

十駕齋養新錄二十卷餘錄三卷　(清)錢大昕撰　錢辛楣先生年譜一卷竹汀居士年譜續一卷　(清)錢慶曾校注　清光緒二年(1876)浙江書局重刻本　八冊　十行二十三字小字雙行同白口左右雙邊

640000－1201－0001604　子十/26

王志二卷　王闓運撰　(清)陳兆奎編輯　清光緒三十三年(1907)承陽刻本　一冊　十行二十一字小字雙行同上下黑口左右雙邊

640000－1201－0001605　子十一/4

雞跖賦續刻三十卷　(清)應泰泉等編　清光緒十一年(1885)文英堂刻本　八冊　十四行三十四字白口四周雙邊　存十卷(一至十)

640000－1201－0001606　子十/35

校訂困學紀聞集證二十卷　(宋)王應麟撰　(清)閻潛邱等輯注　(清)屠繼序校補　(清)萬希槐集證　清嘉慶十八年(1813)掃葉山房刻本　十冊　十一行二十五字小字雙行三十二字白口左右雙邊

640000－1201－0001607　子十/39

札樸十卷　(清)桂馥撰　清小李山房刻會稽徐氏補刻本　十冊　九行二十一字上下黑口左右雙邊

640000－1201－0001608　子九/21

納書楹曲譜正集四卷　(清)葉堂訂譜　(清)王文治參訂　清乾隆五十七年(1792)刻本　四冊　六行十八字白口四周雙邊

640000－1201－0001609　子十/16

農桑輯要七卷　(元)司農司撰　蠶事要略一卷　(清)張行孚撰　清光緒二十一年(1895)桐廬袁氏漸西村舍刻本　二冊　九行二十一字小字雙行同白口四周雙邊

640000－1201－0001610　子九/1

**二銘草堂金石聚十六卷**　（清）張德容著　清
同治十一年(1872)二銘草堂刻本　十六冊
行數不等字數不等小字雙行不等白口四周
雙邊

640000－1201－0001611　子十/35

**困學紀聞集證二十卷末一卷**　（宋）王應麟撰
　（清）萬希槐輯注　清刻本　十冊　十一行
二十七字小字雙行同下黑口四周雙邊　存十
四卷(四至十四、十九至二十,末一卷)

640000－1201－0001612　子十/95

**鄉黨應酬六卷**　（清）鄧炳震編　清光緒十七
年(1891)東麟閣刻本　一冊　十行字數不等
白口四周雙邊　存三卷(一至三)

640000－1201－0001613　子九/18

**納書楹紫釵記全譜二卷**　（清）葉堂訂譜
（清）王文治參訂　清乾隆五十七年(1792)納
書楹刻本　二冊　六行十八字小字雙行不等
白口四周雙邊

640000－1201－0001614　子十/37

**札迻十二卷**　（清）孫詒讓撰　清光緒二十一
年(1895)刻本　四冊　十二行二十三字小字
雙行同上下黑口左右雙邊

640000－1201－0001615　子九/19

**納書楹南柯記全譜二卷**　（清）葉堂撰　清乾
隆五十七年(1792)納書楹刻本　二冊　十二
行十八字小字雙行不等白口四周雙邊

640000－1201－0001616　子九/13

**鄉黨圖考十卷**　（清）江永著　清道光五年
(1825)文元堂刻本　二冊　九行二十五字小
字雙行同白口左右雙邊

640000－1201－0001617　子十/90

**策學備纂續集四卷首一卷**　（清）宋徵獻輯
清光緒二十年(1894)上海點石齋石印本　十
二冊　二十四行五十五字小字雙行同白口四
周單邊

640000－1201－0001618　子九/3

**古泉匯首集四卷元集十四卷亨集十四卷首一**

卷　（清）李佐賢編輯　清同治三年(1864)刻
本　八冊　九行二十四字小字雙行同白口四
周雙邊

640000－1201－0001619　子十/99

**公法便覽四卷目錄一卷續一卷**　（美國）丁韙
良譯　清光緒三年(1877)同文館鉛印本　六
冊　十二行二十七字小字雙行不等下黑口四
周雙邊

640000－1201－0001620　子十/4－2

**困學紀聞注二十卷首一卷**　（宋）王應麟撰
（清）翁元圻注　清光緒十五年(1889)刻本
十二冊　十行二十字小字雙行三十字白口左
右雙邊

640000－1201－0001621　子十/2

**日知錄集釋三十二卷附刊誤二卷續刊誤二卷**
　（清）顧炎武著　（清）黃汝成集釋　清同治
十一年(1872)湖北崇文書局刻本　十六冊
十一行二十二字小字雙行同上下黑口四周雙
邊

640000－1201－0001622　子十/16

**容齋隨筆十六卷續筆十六卷三筆十六卷四筆
十六卷五筆十卷**　（宋）洪邁撰　清乾隆五十
九年(1794)掃葉山房刻本　十六冊　九行十
八字小字雙行同白口左右雙邊

640000－1201－0001623　子九/2

**西清續鑑甲編二十卷附錄一卷**　（清）王傑等
編　清宣統三年(1911)上海涵芬樓影印本
四十二冊　十行十八字小字雙行同白口四周
雙邊

640000－1201－0001624　子十/40

**郎潛紀聞初筆七卷二筆八卷三筆六卷**　（清）
陳康祺撰　清宣統二年(1910)上海掃業山房
石印本　十冊　十四行二十八字白口四周
雙邊

640000－1201－0001625　子十/2

**日知錄三十二卷**　（清）顧炎武著　清刻本
十二冊　十一行二十二字小字雙行同白口四
周單邊

640000－1201－0001626　子十/2－2

**日知錄三十二卷**　（清）顧炎武著　清刻本
十八冊　十一行二十二字小字雙行同白口左
右雙邊　存二十八卷（一至十三、十六至十
九、二十二至三十二）

640000－1201－0001627　子十/4

**校訂困學紀聞三箋二十卷**　（宋）王應麟撰
（清）閻若璩等箋　（清）屠繼序校補　清嘉慶
九年（1804）刻本　八冊　十一行二十五字小
字雙行不等白口左右雙邊

640000－1201－0001628　子十一/41

**和名類聚鈔十卷**　（日本）源順撰　清光緒二
十三年（1897）刻本　四冊　九行二十字上下
黑口左右雙邊

640000－1201－0001629　子十/31－2

**日知錄集釋三十二卷**　（清）顧炎武撰　（清）
黃汝成集釋　清同治十一年（1872）湖北崇文
書局刻本　十五冊　十一行二十二字小字雙
行同上下黑口四周雙邊

640000－1201－0001630　子十/5

**智囊二十八卷**　（明）馮夢龍撰　清康熙六十
一年（1722）雲林大盛堂刻本　十冊　九行二
十字白口四周單邊

640000－1201－0001631　叢十四/10

**紀聞類編十四卷**　（清）蔡爾康輯　清光緒三
年（1877）上海印書局鉛印本　四冊　十二行
三十字白口四周雙邊

640000－1201－0001632　子九/26

**巽齋所藏錢錄十二卷**　（清）費錫申編輯　清
光緒二十年（1894）刻本　四冊　九行十九字
白口左右雙邊

640000－1201－0001633　子十/69

**因樹屋書影十卷**　（清）周亮工筆記　（清）屯
溪螺隱校訂　清康熙六年（1667）金陵賴古堂
刻本　十冊　九行十八字小字雙行同白口四
周單邊

640000－1201－0001634　子十/40

**郎潛紀聞十四卷**　（清）陳康祺撰　清光緒六
年（1880）琴川刻本　六冊　十行二十一字白
口左右雙邊

640000－1201－0001635　叢六/4

**春在堂全書**　（清）俞樾輯　清光緒二十八年
（1902）刻本　一百四十五冊　十行二十一字
白口左右雙邊　缺七卷（春在堂詩編二十至
二十三、詞錄一至三）

640000－1201－0001636　子十/12

**尺牘輯要八卷首二卷**　（清）虞世英輯　清嘉
慶二十五年（1820）暎元堂刻本　四冊　九行
十七字小字雙行同白口四周單邊

640000－1201－0001637　子九/30

**泉存二卷**　（清）彭藻青集　清拓本　二冊
白口無板框

640000－1201－0001638　子十/15

**螢雪叢說二卷**　（宋）俞成撰　**孫公談圃三卷**
（宋）孫升撰　**許彥周詩話一卷**　（宋）許顗
撰　**後山居士詩話一卷**　（宋）陳師道撰　清
刻本　一冊　九行二十字小字雙行同白口四
周單邊

640000－1201－0001639　子十/8

**新鐫分類評注文武合編百子金丹十卷**　（明）
郭偉選注　（明）郭中吉編次　（明）王星聚校
訂　清刻本　六冊　九行二十二字白口四周
單邊

640000－1201－0001640　子十/41

**東塾讀書記二十五卷**　（清）陳澧撰　清光緒
刻本　五冊　十二行二十四字小字雙行同上
下黑口左右雙邊　存十六卷（一至十三、十五
至十六、二十一）

640000－1201－0001641　子九/33

**鑄錢工藝三卷**　（英國）傅蘭雅　（清）鍾天緯
譯　清光緒江南製造局鉛印本　一冊　十行
二十二字小字雙行不等白口四周雙邊

640000－1201－0001642　子十/18

**時務通考續編三十一卷**　（清）點石齋主人輯
清光緒二十七年（1901）點石齋石印本　十
六冊　二十一行四十五字下黑口四周雙邊

640000－1201－0001643　子十/6

**墨子閒詁十五卷目録一卷附録一卷後語二卷**
（清）孫詒讓輯　清光緒掃葉山房石印本
八冊　十四行三十四字小字雙行同白口四周
雙邊

640000－1201－0001644　子八/261

**草書集成五卷**　（清）莊門熙輯　清光緒十二
年(1886)上海書局石印本　四冊　白口四周
單邊

640000－1201－0001645　子十/18

**時務通考三十一卷首一卷**　（清）杞廬主人編
清光緒二十三年(1897)點石齋石印本　二
十冊　二十行四十五字小字雙行同下黑口四
周雙邊

640000－1201－0001646　子十/6

**墨子閒詁十五卷目録一卷附録一卷後語二卷**
（清）孫詒讓撰　清宣統二年(1910)木活字
印本　八冊　十二行二十字小字雙行同上下
黑口左右雙邊

640000－1201－0001647　子十/82

**成聖銘箴四卷**　（清）玉山老人著　清樂善堂
刻本　一冊　九行二十四字小字雙行同白口
四周雙邊　存二卷（三至四）

640000－1201－0001648　子十一/19

**四書人物類典串珠四十卷**　（清）臧志仁輯
清同治十年(1871)刻本　八冊　十行二十一
字小字雙行同白口左右雙邊

640000－1201－0001649　子十/42

**呂氏春秋二十六卷**　（秦）呂不韋撰　（漢）高
誘注　清光緒二十三年(1897)新化三味書局
刻本　八冊　九行二十一字小字雙行同白口
左右雙邊

640000－1201－0001650　子九/29

**西清古鑑四十卷錢録十六卷**　（清）梁詩正等
編　清光緒三十四年(1908)上海圖書集成公
司石印本　二十三冊　十行十八字小字雙行
同白口四周雙邊　缺七卷（錢録十至十六）

640000－1201－0001651　子十/42

**呂氏春秋二十六卷**　（秦）呂不韋撰　（漢）高
誘注　清光緒元年(1875)浙江書局刻本　六
冊　九行二十一字小字雙行同白口左右雙邊

640000－1201－0001652　子九/15

**說郛十一種十四卷**　（明）陶宗儀撰　（明）陶
珽重校　清順治三年(1646)兩浙督學周南李
際期宛委山堂刻本　一冊　九行二十字白口
左右雙邊

640000－1201－0001653　子十一/34

**事物異名録四十卷**　（清）厲荃輯　（清）關槐
增纂　清乾隆五十三年(1788)刻本　十二冊
十一行二十一字白口左右雙邊

640000－1201－0001654　子十/89

**策學備纂三十二卷目録三十二卷首一卷**
（清）吳潁炎輯　清光緒十九年(1893)上海點
石齋石印本　四十八冊　二十四行五十五字
白口四周單邊

640000－1201－0001655　子十一/42

**太平御覽一千卷目録十五卷**　（宋）李昉等纂
清嘉慶歙縣鮑崇城刻本　一百二冊　十三
行二十二字小字雙行同白口左右雙邊

640000－1201－0001656　子十一/16－2

**淵鑑類函四百五十卷**　（清）張英等纂　清光
緒二十三年(1897)上海點石齋石印本　十冊
三十行六十三字小字雙行同白口四周單邊

640000－1201－0001657　子十一/17

**續廣事類賦三十卷**　（清）王鳳喈撰　（清）王
晉之校録　清刻本　六冊　十行二十字小字
雙行同白口四周單邊　存十三卷（十八至三
十）

640000－1201－0001658　子十一/18

**千金裘二十七卷二集二十六卷**　（清）蔣義彬
（清）徐元麟纂　清嘉慶二十三年(1818)刻
本　七冊　八行十七字小字雙行同白口左右
雙邊　存四十二卷（千金裘十二至二十七、二
集二十六卷）

640000－1201－0001659　子十一/13

**廣事類賦四十卷**　（清）華希閔撰　清乾隆無

錫華氏劍光閣刻本　三冊　十二行二十字小字雙行同白口左右雙邊　存十三卷(一至四、三十二至四十)

640000－1201－0001660　子十二/91
新刊繡像評演濟公傳四卷繡像評演接續後部濟公傳四卷　(清)郭小亭著　清光緒三十二年(1906)簡青齋書局石印本　八冊　二十六行字數不等白口四周單邊

640000－1201－0001661　子十二/9
山海經廣注十八卷附圖五卷　(晉)郭璞注　(清)吳任臣釋　清刻本　六冊　九行二十二字小字雙行同白口左右雙邊

640000－1201－0001662　子十二/12－2
批點聊齋志異十六卷　(清)蒲松齡著　(清)王士正評　(清)何守奇批點　清道光三年(1823)刻本　十六冊　九行二十三字小字雙行同上下黑口四周單邊

640000－1201－0001663　子十一/20
四書類典賦二十四卷　(清)甘緞著　清乾隆四十一年(1776)廣益堂刻本　十二冊　九行二十一字小字雙行同白口左右雙邊

640000－1201－0001664　子十一/12
事類賦三十卷　(宋)吳淑撰　(明)華麟祥校刊　清乾隆劍光閣刻本　六冊　十二行二十字小字雙行同白口左右雙邊

640000－1201－0001665　子十一/16
淵鑑類函四百五十卷　(清)張英等纂　清光緒九年(1883)上海點石齋石印本　十冊　三十行二十一字小字雙行同白口四周單邊

640000－1201－0001666　子十一/28
賦學指南十六卷　(清)余丙照編輯　(清)余榮耀等注　(清)吳立莩鑒定　清同治六年(1867)刻本　三冊　八行二十四字小字雙行同白口四周單邊　存十卷(一至十)

640000－1201－0001667　子十一/30
五言排律依永集八卷　(清)張九鉞箋釋　清乾隆四十七年(1782)積秀堂刻本　四冊　十二行二十五字小字雙行同白口四周單邊

640000－1201－0001668　子十一/33
近光集鈔四卷　(清)汪士鋐編　(清)劉師陸鈔讀　清道光十四年(1834)河南布政使司署刻本　四冊　九行十九字小字雙行同下黑口四周雙邊

640000－1201－0001669　子十二/4
世說新語三卷附考證一卷校勘小識一卷小識補一卷引用書目一卷佚文一卷　(南朝宋)劉義慶撰　(南朝梁)劉孝標注　清光緒十七年(1891)思賢講舍刻本　六冊　十一行二十四字小字雙行同上下黑口左右雙邊

640000－1201－0001670　子十二/17
說鈴前集三十七種後集十六種　(清)吳震方輯　清嘉慶四年(1799)刻本　三十二冊　九行二十一字上下黑口左右雙邊

640000－1201－0001671　子十一/22
格致鏡原一百卷　(清)陳元龍撰　清雍正十三年(1735)刻本　三十二冊　十一行二十一字小字雙行同上下黑口左右雙邊

640000－1201－0001672　子十二/12
聊齋志異新評十六卷　(清)蒲松齡著　(清)王士正評　(清)但明倫新評　清道光二十二年(1842)廣順但氏朱墨套印本　十六冊　九行二十一字小字雙行同上下黑口左右雙邊

640000－1201－0001673　子十一/43
史學聯珠十卷　(清)胡文炳輯　清光緒十三年(1887)著易堂鉛印本　十冊　十四行三十二字白口四周雙邊

640000－1201－0001674　子十一/14
新增說文韻府群玉二十卷　(元)陰時夫撰　(元)陰中夫注　清聚錦堂刻本　二十冊　十一行二十二字小字雙行同白口左右雙邊

640000－1201－0001675　子十一/32
分類詩腋八卷　(清)李楨編　(清)黃理齋鑒定　清刻本　四冊　八行二十字小字雙行同白口四周單邊

640000－1201－0001676　子十一/20－2
四書類典賦二十四卷　(清)甘緞著　年譜二

卷　（清）包大爟輯　清刻本　十二冊　九行
二十一字小字雙行同白口左右雙邊

640000－1201－0001677　子十二/11

紅樓夢傳奇八卷　（清）陳鍾麟填詞　清刻本
　　八冊　九行十九字小字雙行同下黑口左右
雙邊

640000－1201－0001678　子十一/25

新刻重校增補圓機活法詩學全書二十四卷新
刊校正增補圓機詩韻活法全書十四卷　（明）
王世貞校正　（明）楊淙參閱　清尚德堂刻本
　　二十冊　十二行二十五字小字雙行同白口
四周雙邊

640000－1201－0001679　子十一/23

北堂書鈔一百六十卷首一卷　（唐）虞世南撰
　（清）孔廣陶校註　清光緒十四年（1888）南
海孔氏三十有三萬卷堂刻本　二十冊　十二
行二十二字小字雙行同上下黑口四周單邊

640000－1201－0001680　子十一/29

應試唐詩類釋十九卷　（清）臧岳編　清乾隆
三十九年（1774）衣德堂刻本　八冊　八行二
十字小字雙行同白口左右雙邊

640000－1201－0001681　子十二/15

搜神記十卷　（晉）干寶撰　清光緒元年
（1875）湖北崇文書局刻本　一冊　十二行二
十四字小字雙行同上下黑口左右雙邊

640000－1201－0001682　子十一/29－2

應試唐詩類釋十九卷　（清）臧岳編　清刻本
　　八冊　八行二十字小字雙行同白口左右
雙邊

640000－1201－0001683　子十二/13

繡像京本雲合奇踪全傳十卷八十回　（明）徐
渭編　清嘉慶七年（1802）刻本　十冊　十行
二十二字白口四周單邊

640000－1201－0001684　子十二/9－4

山海經十八卷篇目考一卷　（晉）郭璞傳
（清）畢沅校　清光緒二十三年（1897）新化三
味書局刻本　三冊　九行二十一字小字雙行
同白口左右雙邊

640000－1201－0001685　子十二/114

增補一夕話六卷　（清）咄咄夫編　（清）嘻嘻
子增訂　清道光十二年（1832）刻本　四冊
十一行二十二字小字雙行同白口四周單邊

640000－1201－0001686　子二十/17

說鈴前集三十三種後集十九種續集七種
（清）吳震方輯　清刻本　二十八冊　十一行
二十五字上下黑口左右雙邊

640000－1201－0001687　子十二/3

閱微草堂筆記二十四卷　（清）紀昀撰　清嘉
慶五年（1800）北平盛時彥刻本　十二冊　十
行二十一字小字雙行同上下黑口左右雙邊

640000－1201－0001688　子十二/16

輟耕錄三十卷　（明）陶宗儀撰　清光緒十一
年（1885）上海福瀛書局刻本　十冊　十行二
十一字小字雙行同白口左右雙邊

640000－1201－0001689　子十二/34

翼駉稗編八卷　（清）湯用中著　（清）徐廷華
評　清同治八年（1869）刻本　八冊　九行二
十一字小字雙行同上下黑口四周雙邊間四周
單邊

640000－1201－0001690　子十二/9

山海經十八卷　（晉）郭璞傳　（清）吳志伊注
　　清文秀堂刻本　三冊　九行二十字小字雙
行同白口四周單邊

640000－1201－0001691　子十二/9－2

山海經十八卷首一卷篇目考一卷　（晉）郭璞
注　（清）畢沅校正　清光緒三年（1877）浙江
書局刻本　四冊　九行二十一字小字雙行同
白口左右雙邊

640000－1201－0001692　子十二/19

寄園寄所寄十二卷　（清）趙起士輯　清刻本
　　十冊　十一行二十一字小字雙行同白口左
右雙邊

640000－1201－0001693　子十一/40

唐詩金粉十卷　（清）沈炳震纂　清雍正、乾
隆間刻本　四冊　十一行二十五字小字雙行
三十三字白口左右雙邊

640000－1201－0001694　　子十二/26－2

**西遊真詮六卷一百回**　（清）陳士斌評閱　清刻本　六冊　十二行二十八字白口四周單邊

640000－1201－0001695　　子十二/26－2

**西遊真詮六卷一百回**　（清）陳士斌評閱　清光緒十年(1884)刻本　六冊　十四行三十字白口四周單邊

640000－1201－0001696　　子十一/39

**廣博物志五十卷**　（明）董斯張纂　（明）楊鶴訂　清乾隆二十六年(1761)吳興蔣禮高暉堂刻本　三十二冊　九行十八字小字雙行同白口四周單邊

640000－1201－0001697　　子十二/27

**施案奇聞八卷九十七回**　（清）□□撰　清道光十九年(1839)刻本　四冊　十一行二十五字白口左右雙邊

640000－1201－0001698　　子十一/31

**霏屑軒尺牘類選十六卷**　（清）孫焜輯　（清）朱印倌參　（清）陳世熙選　（清）包榮國訂　清嘉慶刻本　十二冊　十行十八字白口四周雙邊

640000－1201－0001699　　子十一/46

**衛濟餘編五卷**　（清）王纕堂編　清咸豐六年(1856)刻本　五冊　十二行二十二字小字雙行同白口四周單邊

640000－1201－0001700　　子十二/21

**新刻鍾伯敬先生批評封神演義二十卷一百回**　（明）許仲琳編輯　（明）鍾伯敬批評　清乾隆四十七年(1782)刻本　二十冊　十行二十四字小字雙行同白口四周單邊

640000－1201－0001701　　子十一/37

**酬世錦囊書啟合編初集八卷二集七卷**　（清）鄒景揚輯　清乾隆三十六年(1771)刻本　六冊　十行十八字小字雙行同白口四周單邊　存十卷(初集一至二、六至八，二集一至四、六)

640000－1201－0001702　　子十一/35

**類書纂要三十三卷**　（清）周魯輯　（清）侯杲

參　（清）黃機鑒定　清康熙三年(1664)刻本　十六冊　九行二十二字小字雙行同白口四周單邊

640000－1201－0001703　　子十一/14－2

**新增說文韻府群玉二十卷**　（元）陰時夫輯　（元）陰中夫注　（元）王元貞校　清乾隆二十四年(1759)刻本　九冊　十一行二十二字小字雙行同白口左右雙邊　存八卷(一至四、六至九)

640000－1201－0001704　　子十二/2

**繡像批點紅樓夢一百二十回**　（清）曹霑撰　清積善堂刻本　二十九冊　十一行二十七字小字雙行同白口四周單邊

640000－1201－0001705　　子十一/44

**藝文類聚一百卷**　（唐）歐陽詢撰　（明）王元貞校　清光緒五年(1879)華陽宏達堂刻本　三十二冊　十行二十字小字雙行同白口左右雙邊

640000－1201－0001706　　子十二/1

**太平廣記五百卷**　（宋）李昉編輯　清刻本　五冊　十二行二十二字小字雙行同白口四周雙邊　存四十卷(一百九十九至二百五、三百六十八至四百)

640000－1201－0001707　　子十二/66

**天花亂墜八卷**　（清）寅半生輯　清光緒二十九年(1903)崇寔齋刻本　四冊　九行二十四字白口四周雙邊

640000－1201－0001708　　子十一/38

**淮南鴻烈解二十一卷**　（漢）劉安著　（漢）高誘注　清刻本　八冊　九行二十字小字雙行同白口左右雙邊

640000－1201－0001709　　子十二/116

**新刻異說南唐演義全傳十卷一百回**　（清）如蓮居士編　清刻本　四冊　十一行二十八字白口四周單邊

640000－1201－0001710　　子十二/44

**唐語林八卷**　（宋）王讜撰　**校勘記一卷**　（清）錢熙祚校　清光緒十九年(1893)湖北官

書處刻本　四冊　十二行二十四字小字雙行
同上下黑口四周雙邊

640000－1201－0001711　子十二/63
果報録十二卷一百回　(清)□□撰　清木活
字印本　十二冊　十二行二十一字白口四周
單邊

640000－1201－0001712　子十一/11
西學啓蒙十六種一百九十六卷　(英國)艾約
瑟譯　清光緒二十四年(1898)上海圖書集成
印書局鉛印本　十六冊　十四行四十字白口
四周單邊

640000－1201－0001713　子十二/126
張氏醫通十六卷目録一卷　(清)張璐纂述
清康熙四十八年(1709)寶翰樓刻本　十八冊
　九行二十字四周雙邊　存十四卷(一至十
三、目録一卷)

640000－1201－0001714　子十二/104
繪圖騙術奇談四卷　(清)雷君曜編　清宣統
元年(1909)掃葉山房石印本　二冊　十四行
三十二字白口四周花邊

640000－1201－0001715　子十一/15
五車韻瑞一百六十卷洪武正韻一卷　(明)凌
稚隆編輯　明萬曆致和堂刻本　三十二冊
十行二十字小字雙行二十七字白口四周單邊

640000－1201－0001716　子十二/121
世說新語佚文一卷考證一卷校勘小識一卷校
勘小識補一卷引用書目一卷　(南朝宋)劉義
慶撰　(清)葉德輝輯　清光緒刻本　一冊
十一行二十四字小字雙行同上下黑口左右
雙邊

640000－1201－0001717　子十二/36
穆天子傳六卷　(晉)郭璞撰　(清)鄭濂校
越絕書十五卷　(漢)袁康撰　(元)任如棠校
　清刻本　二冊　九行二十字小字雙行同白
口左右雙邊

640000－1201－0001718　子十一/9
二如亭群芳譜四部二十八卷首一卷　(明)王
象晉纂輯　(明)毛鳳苞校正　清沙村草堂刻

本　二十冊　八行十八字小字雙行同白口左
右雙邊

640000－1201－0001719　子十一/22
格致鏡原一百卷　(清)陳元龍撰　清雍正十
三年(1735)刻本　二十八冊　十一行二十一
字小字雙行同上下黑口左右雙邊

640000－1201－0001720　子十二/86
飛龍全傳十二卷六十回　(清)吳璿撰　清同
治九年(1870)翠隱山房刻本　十二冊　十二
行二十四字白口四周單邊

640000－1201－0001721　子十一/23
北堂書鈔一百六十卷首一卷　(唐)虞世南撰
　(清)孔廣陶校註　清光緒十四年(1888)南
海孔氏三十三萬卷堂刻本　二十冊　十二行
二十二字小字雙行同上下黑口四周單邊

640000－1201－0001722　子十三/47
大佛頂如來密因修證了義諸菩薩萬行首楞嚴
經纂注十卷首一卷末一卷　(唐)釋般刺密諦
譯　清光緒三十四年(1908)金陵刻經處刻本
　五冊　十行二十字白口左右雙邊

640000－1201－0001723　子十一/10
淵鑑類函四百五十卷目録四卷　(清)張英撰
　(清)王士禎編　清光緒十三年(1887)上海
同文書局鉛印本　四十八冊　二十一行四十
二字小字雙行同白口四周單邊

640000－1201－0001724　子十三/49
禪門鍛煉說一卷　(清)釋戒顯著　清同治十
一年(1872)如皋刻經處刻本　一冊　十行二
十字白口左右雙邊

640000－1201－0001725　子十三/42
戒疏發隱事義五卷菩薩戒問辯一卷　(隋)釋
智者大師說　(明)釋袾宏發隱　清光緒二十
四年(1898)金陵刻經處刻本　一冊　十行二
十字白口左右雙邊

640000－1201－0001726　子十二/54
增補註釋故事白眉十卷　(清)許以忠輯
(清)許國球校　清光緒二年(1876)經濟堂刻
本　六冊　十一行二十字小字雙行同白口四

周單邊

640000－1201－0001727　子十四/15
**文昌帝君陰騭文詩一卷關聖帝君覺世真經詩一卷太上感應篇詩一卷**　（清）□□撰　清嘉慶、道光間刻本　五冊　九行二十二字白口四周雙邊

640000－1201－0001728　子十一/2
**御定駢字類編二百四十卷**　（清）張廷玉等編　清光緒十三年(1887)上海同文書局石印本　四十八冊　二十行四十二字小字雙行同白口四周雙邊

640000－1201－0001729　子十四/6
**信德洽孚一卷**　（清）袁志謙撰　清光緒三十四年(1908)刻本　一冊　九行二十四字白口四周單邊

640000－1201－0001730　子十四/3
**寶訓圖書六卷**　（□）□□撰　清光緒二十五年(1899)漢口陳明德刻本　六冊　九行二十一字白口四周雙邊

640000－1201－0001731　子十一/26
**玉海十四種二百六十五卷**　（宋）王應麟撰　清光緒十年(1884)成都志古堂刻本　一百二十冊　十行二十字小字雙行同白口四周單邊　缺二卷(玉海十五至十六)

640000－1201－0001732　子十二/91
**新刊繡像評講濟公傳四卷繡像評講接續後部濟公傳四卷**　（清）郭小亭撰　清光緒三十二年(1906)簡青齋書局石印本　八冊　二十四行字數不等白口四周單邊

640000－1201－0001733　子十二/36
**野獲編三十卷首一卷補遺四卷**　（明）沈德符著　（清）錢枋輯　清道光七年(1827)錢塘姚氏扶荔山房刻本　二十冊　十行二十一字白口四周雙邊

640000－1201－0001734　子十三/14
**首楞嚴經懸鏡一卷首楞嚴經通義提綱略科一卷大佛頂如來密因修證了義諸菩薩萬行首楞嚴經通義十卷補遺一卷**　（明）釋德清述　清

光緒二十年(1894)刻本　六冊　十行二十字上下黑口左右雙邊

640000－1201－0001735　子十五/5
**正教真詮二卷首一卷**　（明）真回老人(王岱輿)著　清同治十二年(1873)清真堂刻本　五冊　八行十八字白口四周單邊

640000－1201－0001736　子十九/16
**群學肄言十六卷**　（英國）斯賓塞爾撰　（清）嚴復譯　清光緒二十九年(1903)上海文明編譯書局鉛印本　四冊　十一行二十七字白口左右雙邊

640000－1201－0001737　子九/22
**納書楹曲譜續集四卷**　（清）葉堂訂譜　（清）王文治參訂　清乾隆五十七年(1792)刻本　四冊　六行十八字白口四周雙邊

640000－1201－0001738　子十三/53
**成唯識論十卷**　（唐）釋玄奘譯　清光緒二十二年(1896)金陵刻經處刻本　二冊　十行二十字上下黑口左右雙邊

640000－1201－0001739　子十九/19
**遵主聖範四卷**　（法國）田類斯刪訂　清同治十三年(1874)北京救世堂刻本　一冊　八行十八字白口四周雙邊　存二卷(一至二)

640000－1201－0001740　子十三/52
**天律綱紀二卷**　（□）□□撰　清宣統二年(1910)天津廣善堂刻本　二冊　八行二十字白口四周雙邊

640000－1201－0001741　子十四/20
**列子八卷**　（戰國）列禦寇撰　（晉）張湛注　清光緒二年(1876)浙江書局刻本　二冊　九行二十一字小字雙行同白口左右雙邊

640000－1201－0001742　子十二/90
**繡像永慶昇平前傳十二卷後傳十二卷**　（清）郭廣瑞編　清光緒二十九年(1903)上海簡青齋石印本　七冊　二十三行四十八字白口四周雙邊　缺三卷(後傳十至十二)

640000－1201－0001743　子十四/5

**南華真經解內篇七卷外篇十五卷雜篇十一卷**
（戰國）莊周撰　（清）宣穎解　清康熙六十年（1721）啟元堂刻本　六冊　九行二十四字小字雙行同白口四周單邊

640000－1201－0001744　子十四/14
**文子纘義十二卷**　（元）杜道堅撰　清刻本二冊　十行二十字小字雙行同白口左右雙邊

640000－1201－0001745　叢一/50
**湖海樓叢書十二種一百十卷**　（清）陳春輯清嘉慶蕭山陳氏湖海樓刻本　三十二冊　十行二十字小字雙行同上下黑口左右雙邊

640000－1201－0001746　子十三/43
**觀楞伽阿跋多羅寶經記十八卷首一卷**　（南朝宋）釋求那跋陀羅譯　（明）釋德清記　清光緒三十一年（1905）金陵刻經處刻本　六冊八行二十字小字雙行同白口左右雙邊

640000－1201－0001747　子十二/95
**新刻京臺公餘勝覽國色天香十卷**　（明）吳敬所輯　（明）周文煒重梓　清刻本　十冊　白口四周單邊

640000－1201－0001748　子十五/7
**四典要會四卷**　（清）馬復初撰　清光緒二十四年（1898）德厚堂刻本　四冊　九行十八字白口四周雙邊

640000－1201－0001749　子十四/19
**道德經二卷**　（唐）純陽帝君（呂洞賓）釋義（宋）雲門魯史纂述　清同治十三年（1874）刻本　二冊　五行十一字小字雙行二十二字白口四周雙邊

640000－1201－0001750　子十三/65
**顯密圓通準提陀羅尼不分卷**　清光緒二十九年（1903）平羅縣大乘會馮毓秀刻本　一冊七行十二字白口四周雙邊

640000－1201－0001751　TC9－3/15
**[乾隆]寧夏府志二十二卷首一卷**　（清）張金城修　（清）楊浣雨等纂　清乾隆四十五年（1780）刻本(卷七至八、十至十一、十四至十五、十八至十九、二十一至二十二為手抄補

配)　十六冊　九行二十一字小字雙行同白口四周雙邊

640000－1201－0001752　子十二/50＝2
**東周列國全志二十三卷一百八回**　（清）蔡昇評點　清刻本　一冊　十二行二十六字小字雙行同白口左右雙邊　存二卷(十二至十三)

640000－1201－0001753　子十四/24
**莊子十卷**　（戰國）莊周撰　（晉）郭象注（唐）陸德明音義　清光緒二年（1876）浙江書局刻本　四冊　九行二十一字小字雙行同白口左右雙邊

640000－1201－0001754　子十三/67
**大乘起信論義記七卷別記一卷**　（唐）釋法藏撰　清光緒二十四年（1898）金陵刻經處刻本二冊　十行二十字上下黑口左右雙邊

640000－1201－0001755　子十四/12－3
**莊子集解八卷**　王先謙輯　清宣統元年（1909）思賢書局刻本　三冊　十一行二十四字小字雙行同白口左右雙邊

640000－1201－0001756　子十三/67
**大乘起信論疏記會本六卷**　（南朝梁）釋真諦譯　（唐）釋元曉疏　清光緒二十五年（1899）南京金陵刻經處刻本　二冊　十行二十字上下黑口左右雙邊

640000－1201－0001757　子十三/67
**大乘起信論纂注二卷**　（南朝梁）釋真諦譯（明）釋真界纂注　清光緒十一年（1885）金陵刻經處刻本　一冊　十行二十字上下黑口左右雙邊

640000－1201－0001758　子十四/12
**莊子集釋十卷**　（戰國）莊周撰　（清）郭慶藩輯　清光緒思賢講舍書局刻本　八冊　十一行二十四字小字雙行同上下黑口左右雙邊

640000－1201－0001759　TC9－3/35
**大悲心陀羅尼法像寶圖一卷**　清光緒七年（1881）寧夏恆靜家堂刻本　一冊　白口四周雙邊

640000－1201－0001760　子十三/67

大乘起信論直解二卷　（明）釋德清直解　清光緒十六年(1890)金陵刻經處刻本　一冊　十行二十字上下黑口左右雙邊

640000－1201－0001761　子十三/67

大乘起信論裂網疏六卷　（明）釋智旭述　清光緒金陵書局刻本　一冊　十二行二十四字上下黑口左右雙邊

640000－1201－0001762　子十一/26

通鑑地理通釋十四卷　（宋）王應麟撰　清同治刻本　十二冊　十行二十字小字雙行同白口左右雙邊

640000－1201－0001763　子十二/58

說呼全傳十二卷四十回　（清）半閒居士（清）學圃主人閱　清乾隆四十四年(1779)刻本　四冊　九行十八字白口左右雙邊

640000－1201－0001764　子十三/68

最上一乘慧命經不分卷　（清）柳華陽撰（清）一陽參訂　清抄本　一冊　八行二十字小字雙行同白口無板框

640000－1201－0001765　子十二/97

精訂綱鑑廿四史通俗衍義二十六卷四十四回　（清）呂撫輯　清光緒十六年(1890)上海廣百宋齋鉛印本　六冊　十二行三十三字白口四周雙邊

640000－1201－0001766　子十三/29

大方廣圓覺脩多羅了義經直解二卷　（唐）佛陀多羅譯　（明）釋德清解　清光緒二十三年(1897)刻本　二冊　九行十八字白口四周雙邊

640000－1201－0001767　子十三/60

陰符經發隱一卷道德經發隱一卷沖虛經發隱一卷南華經發隱一卷　（清）楊文會注　清光緒二十二年(1896)金陵刻經處刻本　一冊　十行二十字小字雙行同上下黑口左右雙邊

640000－1201－0001768　子十九/11

原富甲乙丙丁戊共五集附中西年表　（英國）斯密亞丹撰　（清）嚴復譯　清光緒二十八年

(1902)南洋公學譯書院鉛印本　八冊　十二行三十二字上黑口四周雙邊

640000－1201－0001769　子十九/11

原富甲乙丙丁戊共五集附中西年表　（英國）斯密亞丹撰　（清）嚴復譯　清鉛印本　八冊　十二行三十二字上下黑口左右雙邊

640000－1201－0001770　子十三/15

宗鏡錄一百卷　（宋）釋延壽集　清光緒二十五年(1899)江北刻經處刻本　二十冊　十行二十字白口左右雙邊

640000－1201－0001771　子十五/6

天方至聖實錄年譜二十卷首一卷　（清）劉介廉（劉智）著述　清同治十一年(1872)錦城寶真堂刻本　十冊　九行十八字小字雙行同上下黑口左右雙邊

640000－1201－0001772　子十四/23

莊子雪三卷　（清）陸樹芝輯注　清嘉慶四年(1799)刻本　六冊　十一行二十二字小字雙行同白口四周雙邊

640000－1201－0001773　子十三/11

秘密真機一卷　（清）□□撰　清刻本　一冊　行數不等字數不等白口四周雙邊

640000－1201－0001774　子十九/1

鍊石編三卷圖一卷　（英國）亨利黎特撰　（清）舒高第　（清）鄭昌棪譯　清鉛印本　二冊　十行二十二字小字雙行同白口四周雙邊

640000－1201－0001775　子十三/31

金剛經傳燈真解一卷　（清）無量度世古佛著　清光緒二十五年(1899)刻本　一冊　八行白口四周雙邊

640000－1201－0001776　子十九/2

考試司機七卷首一卷圖一卷　（英國）拖爾那著　（英國）傅蘭雅口譯　（清）徐華封筆述　清刻本　五冊　十行二十二字上下黑口左右雙邊　存八卷(一至三、五至七,首一卷,圖一卷)

640000－1201－0001777　子

學庸集說啓蒙二卷 （元）景星編 清通志堂刻本 一冊 十三行二十三字小字雙行三十四字白口左右雙邊

640000－1201－0001778 子十三/45

六祖大師法寶壇經一卷 （清）釋法海集 清刻本 一冊 九行十八字白口四周單邊

640000－1201－0001779 子十九/4

各國交涉公法論三集十六卷附校勘記一卷中西紀年一卷 （英國）費利摩羅巴德著 （英國）傅蘭雅口譯 （清）俞世爵筆述 清光緒二十二年（1896）慎記書莊石印本 八冊 二十行四十四字白口四周雙邊

640000－1201－0001780 子十九/4

各國交涉公法論三集十六卷校勘記一卷 （英國）費利摩羅巴德著 （英國）傅蘭雅口譯 （清）俞世爵筆述 清光緒二十年（1894）江南製造局翻譯館鉛印本 十六冊 十行二十二字白口四周雙邊

640000－1201－0001781 子十三/54

嘆世無為經會解二卷摩訶般若波羅蜜多心經一卷苦功悟道經會解一卷 （明）羅清撰 （明）王海潮會解 （明）無垢子注 清光緒木活字印本 四冊 十行二十一字白口四周雙邊

640000－1201－0001782 子十四/40

金仙證論一卷 （清）柳華陽撰 （清）高雙景參定 清乾隆五十八年（1793）抄本 一冊 九行二十三字小字雙行同白口無版框

640000－1201－0001783 子十九/3－2

滿漢字清文啓蒙四卷 （清）舞格著述 （清）程明遠校梓 清王槐堂刻本 四冊 行數不等字數不等白口四周雙邊

640000－1201－0001784 子十九/15

格致彙編二十八卷 （英國）傅蘭雅輯 清光緒上海格致書屋鉛印本 二十八冊 二十一行四十二字白口四周雙邊

640000－1201－0001785 子十九/3

滿漢字清文啓蒙四卷 （清）舞格著述 （清）

程明遠校梓 清中和堂刻本 四冊 行數不等字數不等白口四周雙邊

640000－1201－0001786 子十四/32

繪圖歷代神仙傳二十四卷 （清）□□編 清宣統元年（1909）上海掃葉山房石印本 八冊 十八行三十八字白口四周雙邊

640000－1201－0001787 子十九/9

格致啟蒙四卷 （英國）羅斯古等纂 （美國）林樂知 （清）鄭昌棪譯 清光緒二十二年（1896）上海著易堂書局刻本 四冊 十三行二十八字小字雙行同白口四周雙邊

640000－1201－0001788 子十九/8

西學探源四卷 （日本）岡本監輔編次 清光緒二十七年（1901）上海商務印書館鉛印本 二冊 十二行二十七字白口四周雙邊

640000－1201－0001789 子十四/39

太上至寶萬廬真訣圖式一卷 （□）□□纂 清影印本 一冊 八行十九字白口四周單邊

640000－1201－0001790 子十四/34

太上感應篇增訂圖說一卷 （清）朱日豐輯 （清）鐵珊增訂重刊 清同治十三年（1874）刻本 五冊 十行二十字上下黑口四周單邊

640000－1201－0001791 子十四/30

重刊道藏輯要二十一種四十卷 （清）彭定求輯 （清）閻永和增 清光緒三十二年（1906）成都二仙庵刻本 二十七冊 十行二十四字白口左右雙邊

640000－1201－0001792 子十九/12

蒙文晰義二卷蒙文法程一卷便覽正訛一卷 （清）賽尚阿纂輯 （清）音德布等校閱 （清）崇泰等繕字 清道光二十八年（1848）刻本 四冊 行數不等字數不等白口四周雙邊

640000－1201－0001793 集二/(544)1

元遺山詩集箋注十四卷附錄一卷補載一卷 （金）元好問撰 （元）張德輝類次 （清）施國祁箋 清宣統三年（1911）掃葉山房石印本 四冊 十二行二十六字小字雙行三十八字白口四周雙邊

640000 – 1201 – 0001794　子十二/30

**新刻劍嘯閣批評西漢演義傳八卷附圖一卷**
(明)甄偉撰　清刻本　二冊　十行二十二字
白口四周單邊　存二卷(一、圖一卷)

640000 – 1201 – 0001795　子五/20

**周氏醫學叢書**　(清)周學海輯　清光緒十
七年(1891)池陽周氏刻本　二冊　十一行
二十一字小字雙行同白口四周雙邊　存三
種六卷

640000 – 1201 – 0001796　子四/15

**農候雜占四卷**　(清)梁章鉅撰　清同治十二
年(1873)浙江書局刻本　四冊　九行二十二
字小字雙行同白口左右雙邊

640000 – 1201 – 0001797　子十/52

**白虎通四卷**　(漢)班固撰　**校勘補遺一卷**
(清)盧文弨撰　**闕文一卷**　(清)莊述祖輯
清乾隆四十九年(1784)抱經堂刻本　四冊
十行二十字小字雙行同白口左右雙邊

640000 – 1201 – 0001798　子十九/5

**清文補彙八卷**　(清)宜興撰　清刻本　八冊
八行二十字小字雙行二十六字白口四周
雙邊

640000 – 1201 – 0001799　叢十三/21

**白芙堂算學叢書五十一種九十卷**　(清)丁取
忠輯　清同治、光緒間長沙古荷花池精舍刻
本　三十六冊　十行二十二字小字雙行同白
口左右雙邊

640000 – 1201 – 0001800　子五/45

**太乙神鍼方一卷**　(清)范培蘭撰　(清)劉希
清重刊　(清)馮卓懷訂正　清同治三年
(1864)江陽試院刻本　一冊　九行二十二字
小字雙行同白口四周單邊

640000 – 1201 – 0001801　子五/53

**產後編二卷**　(清)傅山著　清刻本　一冊
十二行二十一字小字雙行同白口四周雙邊

640000 – 1201 – 0001802　子五/48

**生理衛生學一卷**　(日本)齋田功太郎著
(清)田吳炤譯　清光緒三十年(1904)刻本

一冊　十行二十二字小字雙行同下黑口左右
雙邊

640000 – 1201 – 0001803　子四/19

**篤素堂集鈔三卷**　(清)張英撰　清光緒十四
年(1888)湘鄉蔣氏求實齋刻本　一冊　十行
二十四字上下黑口左右雙邊

640000 – 1201 – 0001804　集二/(54)17

**游定夫先生集六卷首一卷末一卷**　(宋)游酢
撰　(清)方宗誠訂　清同治六年(1867)和州
官舍刻本　二冊　十行二十字上下黑口四周
雙邊

640000 – 1201 – 0001805　子十/29

**管城碩記三十卷**　(清)徐文靖著　清後期刻
本　十冊　九行二十字白口左右雙邊

640000 – 1201 – 0001806　子八/885

**歷下燕貽堂印存不分卷**　(清)佚名著　清鈐
印本　一冊　白口四周雙邊

640000 – 1201 – 0001807　集二/(47)1

**陶淵明文集十卷**　(晉)陶潛撰　清宣統元年
(1909)著易堂石印本　四冊　九行十五字小
字雙行同白口左右雙邊

640000 – 1201 – 0001808　集二/(52)19

**唐陸宣公集二十二卷**　(唐)陸贄撰　清咸豐
元年(1851)刻本　六冊　十行二十字小字雙
行同白口四周雙邊

640000 – 1201 – 0001809　集二/(36)2

**蔡中郎集十卷外紀一卷外集四卷列傳一卷年
表一卷**　(漢)蔡邕撰　清光緒十六年(1890)
番禺陶氏愛盧刻本　四冊　九行十八字小字
雙行同白口左右雙邊

640000 – 1201 – 0001810　集二/(52)32

**韓子粹言一卷**　(唐)韓愈撰　(清)李光地輯
清康熙五十二年(1713)教忠堂刻本　一冊
八行二十二字白口四周單邊

640000 – 1201 – 0001811　子十四/41

**南華真經解六卷**　(清)宣穎著　清石印本
一冊　十七行三十八字小字雙行同白口四周

雙邊　存二卷(五至六)

640000－1201－0001812　子一/99

**二程粹言二卷**　(宋)楊時編輯　(清)張伯行
重訂　清同治五年(1866)福州正誼書院刻本
二冊　十行二十二字小字雙行同白口左右
雙邊

640000－1201－0001813　集二/(47)1

**陶淵明文集十卷**　(晉)陶潛撰　清光緒三十
一年(1905)上海會文堂書局石印本　四冊
十二行二十字小字雙行同白口四周雙邊

640000－1201－0001814　集二/(55)2

**揭文安公詩集六卷補遺一卷文粹二卷文安公
集一卷**　(清)孫鋐編次　(清)袁叔論鑒定
清乾隆三十四年(1769)刻本　八冊　九行二
十二字白口四周單邊

640000－1201－0001815　子十二/41

**民呼日報圖畫不分卷**　(清)民呼日報館編
清宣統元年(1909)石印本　一冊　十一行二
十七字小字雙行同白口四周單邊

640000－1201－0001816　集二/(57)16

**東塾集六卷申範一卷**　(清)陳澧撰　清光緒
十八年(1892)菊坡精舍刻本　三冊　十二行
二十四字小字雙行同白口四周單邊

640000－1201－0001817　集二/(54)19

**宛陵先生文集六十卷**　(宋)梅堯臣撰　清宣
統二年(1910)石印本　十冊　十一行二十一
字白口左右雙邊

640000－1201－0001818　集二/(57)16

**東塾集六卷申範一卷**　(清)陳澧撰　清光緒
十八年(1892)菊坡精舍刻本　三冊　十二行
二十四字小字雙行同白口四周單邊

640000－1201－0001819　子十九/11

**原富八卷**　(英國)斯密亞丹著　(清)嚴復譯
清陝西味經官書局鉛印本　五冊　十一行
二十五字上下黑口四周雙邊　存五卷(甲部
上下、丁部下、戊部上下)

640000－1201－0001820　子十二/40

**民呼日報圖畫不分卷**　(清)民呼日報館編
清宣統元年(1909)石印本　一冊　十二行三
十三字小字雙行同白口四周單邊

640000－1201－0001821　集二/(47)1

**陶靖節集八卷附錄一卷**　(晉)陶潛撰　(明)
潘璁閱　明崇德堂刻本　四冊　九行十八字
小字雙行同白口左右雙邊

640000－1201－0001822　集二/(544)1－2

**元遺山詩集箋注十四卷附錄一卷補載一卷**
(金)元好問撰　(元)張德輝類次　(清)施
國祁箋注　清道光二年(1822)南潯瑞松堂蔣
氏刻本　六冊　十二行二十三字小字雙行三
十五字上下黑口左右雙邊

640000－1201－0001823　集二/(47)1

**陶淵明集八卷首一卷末一卷**　(晉)陶潛撰
清光緒五年(1879)廣州翰墨園朱墨套印本
二冊　九行二十一字小字雙行同白口四周
雙邊

640000－1201－0001824　集二/(54)33

**王臨川全集一百卷目錄二卷**　(宋)王安石撰
清光緒九年(1883)刻本　十六冊　十一行
二十二字上下黑口左右雙邊

640000－1201－0001825　集二/(47)3

**陶靖節集八卷附錄一卷**　(晉)陶潛撰　清光
緒五年(1879)傅中書舍刻本　三冊　十行二
十字小字雙行同白口左右雙邊

640000－1201－0001826　集二/(52)3

**昌黎先生集四十卷外集十卷遺文一卷集傳一
卷點勘四卷**　(唐)韓愈撰　(唐)李漢編　清
同治九年(1870)江蘇書局刻本　十冊　九行
十七字小字雙行同上下黑口四周雙邊　存五
十二卷(一至十二、十七至四十,外集十卷,遺
文一卷,集傳一卷,點勘四卷)

640000－1201－0001827　子五/36

**時方妙用四卷**　(清)陳念祖著　清汲古山房
刻本　二冊　十行二十五字小字雙行同白口
四周雙邊

640000－1201－0001828　集二/(52)3

韓集點勘四卷　（清）陳景雲撰　清同治九年(1870)江蘇書局刻本　一冊　十行二十字下黑口左右雙邊

640000－1201－0001829　集二/(56)19

白沙子全集十卷首一卷末一卷古詩教解二卷　（明）陳獻章撰　清乾隆三十六年(1771)碧玉樓刻本　十冊　十行二十一字白口四周雙邊

640000－1201－0001830　子五/18

醫學三字經四卷　（清）陳念祖著　清嘉慶九年(1804)刻本　二冊　十行二十五字小字雙行同白口四周雙邊

640000－1201－0001831　子十九/6

御製增訂清文鑑三十二卷總綱八卷　（清）高宗弘曆撰　清刻本　六冊　十二至十六行字數不等白口四周雙邊　存六卷(御製增訂清文鑑二十八至三十一、總綱三至四)

640000－1201－0001832　集二/(52)5

河東先生文集六卷　（唐）柳宗元撰　清宣統二年(1910)上海會文堂書局石印本　六冊　十五行三十二字白口四周雙邊

640000－1201－0001833　集二/(52)22

溫飛卿詩集九卷　（唐）溫庭筠撰　（清）曾益原注　（清）顧予咸補注　清光緒八年(1882)萬軸山房刻本　二冊　十一行二十字小字雙行不等白口左右雙邊

640000－1201－0001834　集二/(492)2

徐孝穆全集六卷　（南朝陳）徐陵撰　（清）吳兆宜注　清善化經濟書堂刻本　六冊　十行二十字小字雙行同上下黑口左右雙邊

640000－1201－0001835　集二/(52)12

重刊五百家註音辯昌黎先生文集四十卷　（唐）韓愈撰　清乾隆四十九年(1784)刻本　十六冊　十行十八字小字雙行二十三字白口左右雙邊

640000－1201－0001836　集一/4

楚辭燈四卷　（戰國）屈原撰　（清）林雲銘論述　清康熙三十六年(1697)刻本　二冊　八行二十字白口左右雙邊

640000－1201－0001837　集二/(52)19－2

唐陸宣公集二十二卷　（唐）陸摯撰　（清）王汝驤　（清）張泰基校　清乾隆五年(1740)雲林懷德堂刻本　八冊　十行二十字小字雙行同白口四周單邊

640000－1201－0001838　集二/(52)27

玉溪生詩詳注三卷年譜一卷詩話一卷首一卷　（唐）李商隱撰　（清）馮浩編訂　清乾隆四十五年(1780)德聚堂刻本　四冊　十一行二十五字小字雙行三十三字白口左右雙邊

640000－1201－0001839　集二/(52)17

柳文四十三卷別集二卷外集二卷附錄一卷　（唐）柳宗元撰　（唐）劉禹錫編　（宋）穆脩訂　（清）楊季鸞重校　清同治七年(1868)刻本　十冊　十一行二十二字小字雙行同白口左右雙邊

640000－1201－0001840　集二/(56)34

楊大洪先生文集二卷　（明）楊漣撰　（清）張伯行訂　清宣統二年(1910)鄂城第二中學堂鉛印本　二冊　十行二十四字白口四周雙邊

640000－1201－0001841　集二/(56)36

念菴羅先生文集二十四卷　（明）羅洪先撰　清雍正刻本　十二冊　九行二十字小字雙行同白口四周雙邊

640000－1201－0001842　集二/(57)1

曾文正公集四卷　（清）曾國藩撰　（清）李瀚章編次　（清）黎庶昌等參校　（清）王定安等校字　清光緒二十四年(1898)新化三味書室刻本　一冊　十行二十四字上下黑口左右雙邊　存一卷(一)

640000－1201－0001843　集二/(52)10

王右丞集二十八卷首一卷末一卷附年譜　（唐）王維撰　（清）趙殿成箋注　清乾隆刻本　十冊　十行二十字小字雙行同白口左右雙邊

640000－1201－0001844　集二/(54)7－2

劍南詩鈔六卷　（宋）陸游撰　（清）楊大鶴選

清光緒五年(1879)刻本　八冊　十行十八字小字雙行同白口左右雙邊

640000－1201－0001845　集二/(57)1

**忠雅堂文集三十卷**　(清)蔣士銓撰　清嘉慶二十二年(1817)刻本　六冊　十二行二十四字小字雙行不等上下黑口四周單邊

640000－1201－0001846　集二/(54)1

**象山先生文集三十六卷**　(宋)陸九淵撰　(清)李紱編　**少湖學則辯一卷**　(明)徐階撰　清宣統二年(1910)江左書林鉛印本　八冊　十四行四十二字白口四周雙邊

640000－1201－0001847　集二/(52)19

**唐陸宣公集二十四卷**　(唐)陸贄撰　(清)耆英重訂　(清)文晟　(清)華廷傑校　清道光二十七年(1847)刻本　八冊　十行二十字白口四周單邊

640000－1201－0001848　集二/(52)19

**唐陸宣公集二十二卷**　(唐)陸贄撰　(清)楊岳斌重刊　(清)湯亦中校字　清同治五年(1866)楊氏問竹軒刻本　六冊　九行二十字小字雙行同白口四周雙邊

640000－1201－0001849　集二/(52)5

**河東先生文集六卷**　(唐)柳宗元撰　清宣統二年(1910)上海會文堂書局石印本　六冊　十五行三十二字小字雙行同白口四周雙邊

640000－1201－0001850　集三/88

**皋蘭課業詩賦約編七卷**　(清)盛元珍輯　清刻本　五冊　十行二十五字小字雙行同白口四周雙邊

640000－1201－0001851　集二/(52)19

**唐陸宣公集二十二卷**　(唐)陸贄撰　清道光四年(1824)刻本　六冊　九行二十字小字雙行同下黑口四周雙邊

640000－1201－0001852　集二/(56)10

**曾文定公全集二十卷首一卷末一卷**　(宋)曾鞏撰　(清)彭期編　清康熙三十一年(1692)七業堂刻本　十二冊　九行二十字白口左右雙邊

640000－1201－0001853　集二/(52)18

**樊川文集二十卷外集一卷別集一卷**　(唐)杜牧撰　清光緒二十二年(1896)景蘇園影宋刻本　六冊　十行十八字白口左右雙邊

640000－1201－0001854　集二/(41)1

**諸葛丞相集四卷**　(三國蜀)諸葛亮著　(清)朱璘纂輯　(清)朱瑞圖　(清)朱鵬圖校梓　清康熙三十七年(1698)萬卷堂刻本　七冊　九行十九字小字雙行同白口四周雙邊

640000－1201－0001855　子十二/90

**繪圖永慶昇平後傳十二卷一百回**　(清)貪夢道人著　清石印本　一冊　二十三行四十八字白口四周雙邊　存三卷(十至十二)

640000－1201－0001856　集二/(54)6

**山谷詩內集注二十卷**　(宋)黃庭堅撰　(宋)任淵注　**外集注十七卷**　(宋)史容注　**別集注二卷**　(宋)史季溫注　**外集補四卷別集補一卷**　(清)謝啟昆輯　**重刻山谷先生年譜十四卷附錄一卷**　(宋)黃子耕編　清光緒二年(1876)刻本　二十四冊　十二行二十三字小字雙行同白口左右雙邊

640000－1201－0001857　集二/(52)41

**韓集點勘四卷**　(清)陳景雲撰　清同治九年(1870)江蘇書局刻本　一冊　十行二十字小字雙行同白口左右雙邊

640000－1201－0001858　集二/(52)15

**李太白文集三十六卷**　(唐)李白撰　(清)王琦輯注　清乾隆聚錦堂刻本　十冊　十行二十字小字雙行同白口左右雙邊

640000－1201－0001859　子十二/69

**繪圖施公案三集四卷四集四卷五集四卷六集四卷**　(清)□□撰　清石印本　四冊　三十一行七十字白口四周單邊

640000－1201－0001860　集二/(57)24

**鶴聲詩存四卷首一卷**　(清)劉長謙著　(清)王柏心評閱　清光緒二年(1876)澡新書室刻本　四冊　九行二十一字小字雙行同白口四周雙邊

640000－1201－0001861　子十九/18

**精譯六才子詞四卷**　（元）王實甫撰　清刻本
四冊　七行八字上黑口四周雙邊

640000－1201－0001862　集二/(52)24

**杜工部集二十卷**　（唐）杜甫撰　（清）錢謙益
箋注　清宣統三年(1911)時中書局石印本
七冊　十四行三十字小字雙行同白口四周
雙邊

640000－1201－0001863　集二/(57)18

**有正味齋駢文十六卷**　（清）吳錫麟著　（清）
葉聯芬箋注　清同治七年(1868)慈北葉氏刻
本　八冊　九行二十字小字雙行同上下黑口
左右雙邊

640000－1201－0001864　集二/(52)13

**昌黎先生集四十卷外集十卷遺文一卷**　（唐）
韓愈撰　（宋）廖瑩中輯注　**點勘四卷**　（清）
陳景雲點勘　清宣統二年(1910)上海掃葉山
房石印本　十二冊　十四行三十四字小字雙
行同白口四周雙邊

640000－1201－0001865　集二/(54)22

**岳忠武王文集八卷首一卷末一卷**　（宋）岳飛
撰　（清）黃邦寧纂　清道光二十七年(1847)
揚州重刻本　二冊　十行二十一字白口左右
雙邊

640000－1201－0001866　集二/(52)1－2

**白香山詩長慶集二十卷後集十七卷別集一卷
補遺二卷**　（唐）白居易撰　（清）汪立名編訂
　**年譜舊本一卷**　（宋）陳振孫撰　**年譜一卷**
(清)汪立名撰　清康熙四十二年(1703)汪立
名一隅草堂刻本　十冊　十二行二十一字小
字雙行三十一字白口左右雙邊

640000－1201－0001867　集二/(56)46

**蔡忠烈公遺集四卷**　（明）蔡道憲撰　（清）鄧
顯鶴原編　（清）夏獻雲重輯　清光緒六年
(1880)閩館蓬萊山房刻本　四冊　十行二十
二字小字雙行同白口左右雙邊

640000－1201－0001868　集二/(56)27

**懷麓堂全集一百卷首一卷**　（明）李東陽撰

清嘉慶八年(1803)隴下學易堂刻本　二十冊
十行二十字小字雙行同白口左右雙邊　缺
二卷(文後稿十二、十九)

640000－1201－0001869　集二/(54)30

**老學庵筆記十卷**　（宋）陸游撰　清刻本　二
冊　十二行二十四字上下黑口四周雙邊

640000－1201－0001870　集二/(54)15

**徐騎省集三十卷附札記一卷補遺一卷**　（宋）
徐鉉撰　清光緒十七年(1891)黔南李宗煝刻
本　六冊　十行二十一字白口四周雙邊

640000－1201－0001871　集二/(57)3

**全謝山文鈔十六卷**　（清）全祖望撰　清宣統
二年(1910)國學扶輪社鉛印本　八冊　十三
行三十字上下黑口四周雙邊

640000－1201－0001872　集二/(57)7

**四焉齋文集八卷詩集六卷**　（清）曹一世撰
（清）曹錫黼編訂　**梯仙閣餘課一卷**　（清）陸
鳳池撰　清乾隆十五年(1750)海上曹氏刻本
六冊　十行二十一字白口左右雙邊

640000－1201－0001873　集二/(41)1

**諸葛忠武侯文集四卷附錄二卷故事五卷首一
卷**　（三國蜀）諸葛亮撰　（清）張澍編輯　清
刻本　四冊　九行二十四字小字雙行同白口
左右雙邊

640000－1201－0001874　集二/(54)31

**盧陵宋丞相信國公文忠烈先生全集十六卷**
(宋)文天祥撰　（清）文有煥編輯　清雍正三
年(1725)五桂堂刻本　八冊　十行二十字白
口四周雙邊

640000－1201－0001875　集二/(57)18－2

**有正味齋駢體文二十四卷首一卷**　（清）吳錫
麒撰　（清）王廣業箋　（清）葉聊芬注　清光
緒十五年(1889)上海蜚英館石印本　四冊
十五行三十六字小字雙行同白口四周雙邊

640000－1201－0001876　集二/(54)/34

**歐陽文忠公全集一百五十三卷首一卷**　（宋）
歐陽修撰　清光緒二十八年(1902)周氏慕濂
山房刻本　三十二冊　十行二十四字小字雙

行同白口左右雙邊

640000－1201－0001877　集二/(492)1
**庾子山全集十卷**　(北周)庾信撰　(清)吳兆宜箋注　清貴文堂刻本　八冊　十行二十字小字雙行同白口左右雙邊

640000－1201－0001878　集二/(52)42
**樊南文集詳注八卷**　(唐)李商隱撰　(清)馮浩編訂　清同治七年(1868)德聚堂刻本　四冊　十一行二十五字小字雙行三十三字白口左右雙邊

640000－1201－0001879　集二/(492)1
**庾子山集十六卷總釋一卷**　(北周)庾信撰　(清)倪璠註釋　清光緒二十年(1894)儒雅堂刻本　十二冊　十行二十字小字雙行同下黑口左右雙邊　存十六卷(一至十一、十三至十六,總釋一卷)

640000－1201－0001880　集二/(52)14
**溫飛卿詩集七卷別集一卷集外詩一卷**　(唐)溫庭筠撰　(明)曾益注　(清)顧予咸補注　清長沙楊氏嵩雲山館刻本　二冊　十一行二十字小字雙行三十字白口四周雙邊

640000－1201－0001881　集二/(57)19
**亭林詩集五卷**　(清)顧炎武撰　清光緒二年(1876)湖南書局刻本　二冊　十行二十一字小字雙行同白口四周雙邊

640000－1201－0001882　集二/(57)20
**研六室文鈔十卷**　(清)胡培翬撰　清道光十七年(1837)涇川書院刻本　二冊　白口左右雙邊

640000－1201－0001883　集二/(492)4
**梁昭明太子文集五卷補遺一卷**　(南朝梁)蕭統撰　**李善與五臣同異附見于後一卷**　(宋)尤袤撰　**蕭茂挺集一卷**　(唐)蕭穎士撰　清光緒二十三年(1897)武進盛氏刻本　一冊　十四行二十五字小字雙行同上下黑口左右雙邊

640000－1201－0001884　集二/(56)8
**震川先生集三十卷別集十卷附錄一卷**　(明)

歸有光撰　清光緒六年(1880)常熟歸氏刻本　十二冊　十行二十字白口左右雙邊

640000－1201－0001885　集二/(52)31
**唐丞相曲江張文獻公集十二卷附錄一卷千秋金鑑錄五卷**　(唐)張九齡撰　清雍正十三年(1735)刻本　六冊　九行十八字白口四周單邊

640000－1201－0001886　集二/(56)7
**李文莊公全集十卷**　(明)李騰芳著　清光緒二年(1876)湘潭李氏刻本　十冊　十行二十二字小字雙行同白口左右雙邊

640000－1201－0001887　集二/(54)26
**龍川文集三十卷**　(宋)陳亮撰　**辨偽考異二卷附錄二卷**　(清)胡鳳丹輯　清光緒元年(1875)湖北崇文書局刻本　十冊　白口四周雙邊

640000－1201－0001888　集二/(56)10
**熊襄潜公尺牘四卷**　(明)熊廷弼撰　清光緒三十四年(1908)刻本　四冊　九行二十五字白口四周雙邊

640000－1201－0001889　集二/(56)59
**小辨齋偶存八卷附涇皋家塾三書**　(明)顧允成撰　清光緒十二年(1886)涇里宗祠刻本　二冊　十行二十字下黑口左右雙邊

640000－1201－0001890　集二/(56)17
**熊襄愍公集十卷首一卷末一卷**　(明)熊廷弼撰　清同治三年(1864)刻本　十冊　九行二十四字白口四周單邊

640000－1201－0001891　集二/(57)271
**湘綺樓箋啟八卷**　王闓運撰　清光緒三十三年(1907)墨莊劉氏刻本　四冊　十行二十一字上下黑口左右雙邊　存六卷(一至六)

640000－1201－0001892　集二/(41)2
**忠武侯諸葛孔明先生全集五種二十卷**　(三國蜀)諸葛亮撰　(清)張澍輯　清同治元年(1862)聚珍齋木活字印本　八冊　九行二十四字白口左右雙邊

640000－1201－0001893　集二/(56)20

**讀書後八卷** （明）王世貞撰 （清）顧思義
（清）唐文治校 清味菜廬木活字印本 四冊
九行十七字上下黑口四周雙邊

640000－1201－0001894　集二/(57)134

**何義門先生家書四卷** （清）何焯撰 （清）吳
蔭培編 清宣統元年(1909)廣州平江吳氏刻
本 二冊 十行二十三字小字雙行同白口左
右雙邊

640000－1201－0001895　集二/(54)27

**元豐類稿五十卷** （宋）曾鞏撰 （宋）陳師道
編輯 清乾隆二十八年(1763)刻本 十二冊
十行二十字白口左右雙邊

640000－1201－0001896　集二/(57)63

**變雅堂遺集八卷** （清）杜濬撰 清光緒二十
年(1894)黃岡沈氏刻本 三冊 十行二十一
字上下黑口左右雙邊

640000－1201－0001897　集一/8

**離騷草木疏四卷** （宋）吳仁傑撰 清光緒三
年(1877)湖北崇文書局刻本 一冊 十二行
二十四字小字雙行同上下黑口四周雙邊

640000－1201－0001898　集二/(56)55

**劉忠宣公遺集五種九卷** （明）劉大夏撰
（清）劉乙燃輯 清光緒元年(1875)刻本 五
冊 九行二十字白口左右雙邊

640000－1201－0001899　集一/9

**離騷九歌釋不分卷** （清）畢大琛集注 清光
緒十八年(1892)補學齋刻本 一冊 六行十
九字小字雙行不等白口四周雙邊

640000－1201－0001900　集三/87

**蘭山課業風騷補編三卷** （清）周樽輯論
（清）丁珠校閱 （清）吳鎮參訂 清刻本 二
冊 九行二十二字小字雙行同白口四周雙邊

640000－1201－0001901　集二/(57)12

**胡文忠公遺集十卷首一卷** （清）胡林翼撰
（清）嚴樹森鑒定 清刻本 八冊 九行二十
字下黑口四周雙邊

640000－1201－0001902　集二/(57)14

**曾文正公家書十卷** （清）曾國藩撰 清光緒
五年(1879)傳忠書局刻本 十冊 十行二十
四字小字雙行同白口左右雙邊

640000－1201－0001903　集一/1

**楚辭八卷辯證二卷首一卷** （戰國）屈原撰
（宋）朱熹集注 清光緒二十二年(1896)新化
三味堂刻本 二冊 十一行二十四字小字雙
行同白口左右雙邊

640000－1201－0001904　集二/(57)13

**帶經堂詩話三十卷首一卷** （清）王士禎撰
（清）張宗柟編 清同治十二年(1873)廣州藏
脩堂刻本 十冊 十二行二十三字小字雙行
同上下黑口左右雙邊

640000－1201－0001905　集一/5

**楚辭十七卷** （戰國）屈原撰 （漢）劉向輯
（漢）王逸注 （宋）洪興祖補注 清光緒九年
(1883)長沙書堂山館刻本 四冊 九行十六
字小字雙行二十字白口左右雙邊

640000－1201－0001906　集二/(57)11

**錢牧齋文鈔不分卷** （清）錢謙益撰 清宣統
元年(1909)上海國學扶輪社鉛印本 四冊
十三行三十字上下黑口四周雙邊

640000－1201－0001907　集二/(54)12

**淮海集四十卷後集六卷長短句三卷詩餘一卷
年譜一卷附錄一卷** （宋）秦觀著 清同治十
二年(1873)秦氏家塾刻本 八冊 十行二十
四字小字雙行同白口四周雙邊

640000－1201－0001908　集二/(541)5

**東坡集四十卷後集二十卷內制集十卷附樂語
一卷外制集三卷應詔集十卷奏議十五卷續集
十二卷校勘記二卷卷首本傳年譜墓志銘一卷**
（宋）蘇軾撰 清光緒三十四年至宣統元年
(1908－1909)寶華盦刻本 四十六冊 十行
二十字小字雙行同上下黑口四周雙邊 缺九
卷(東坡集二十至二十二、應詔集五至十)

640000－1201－0001909　集二/(52)/25

**笠澤叢書九卷附考一卷** （唐）陸龜蒙撰 清

嘉慶二十五年(1820)刻本 二冊 十一行二十一字小字雙行同上下黑口左右雙邊

640000－1201－0001910 集二/(56)12
**太史升菴全集八十一卷** (明)楊慎撰 (明)楊有仁輯 (清)周參元重刊 清乾隆六十年(1795)周氏刻本 十冊 九行十九字白口四周雙邊 存五十卷(一至五十)

640000－1201－0001911 集二/(54)31
**文信國公集二十卷首一卷** (宋)文天祥撰 清同治七年(1868)刻本 十六冊 九行二十四字白口四周雙邊

640000－1201－0001912 集二/(56)30
**邱文莊公集十卷** (明)邱濬撰 **海忠介公集六卷** (明)海瑞撰 (清)賈棠等編 清刻本 九冊 十行二十二字白口四周雙邊

640000－1201－0001913 集二/(54)42
**二李唱和集一卷** (宋)李昉 (宋)李至撰 清宣統三年(1911)上虞羅氏據光緒十五年(1889)貴陽陳田刊版補刊影印本 一冊 十二行二十字小字雙行同白口左右雙邊

640000－1201－0001914 集二/(52)36
**李義山詩集三卷諸家詩評一卷李義山詩譜一卷** (唐)李商隱撰 (清)朱鶴齡箋注 (清)沈厚塽輯評 清同治九年(1870)廣州倅署刻三色套印本 四冊 十行二十一字小字雙行同白口左右雙邊

640000－1201－0001915 集二/(52)33
**杜詩詳注二十五卷首一卷附編二卷** (唐)杜甫撰 (清)仇兆鰲輯 清康熙刻本 十四冊 十行二十二字小字雙行同下黑口左右雙邊 缺一卷(附編下)

640000－1201－0001916 集二/(57)203
**敬孚類稿十六卷** (清)蕭穆撰 清光緒三十二年(1906)刻本 四冊 十二行二十四字上下黑口左右雙邊

640000－1201－0001917 集二/(57)201
**經笥堂文鈔二卷** (清)雷鋐撰 (清)伊秉綬編 清嘉慶十六年(1811)寧化伊氏秋水園刻

本 二冊 十行二十二字白口左右雙邊

640000－1201－0001918 集二/(57)8
**牧齋全集初學集一百十卷有學集五十卷補遺二卷** (清)錢謙益撰 (清)錢曾箋注 清宣統二年(1910)吳江薛氏遂漢齋鉛印本 四十冊 十二行三十字小字雙行同白口四周單邊

640000－1201－0001919 集二/(56)11
**明張文忠公文集十一卷詩集六卷** (明)張居正撰 清宣統三年(1911)醉古堂石印本 四冊 十四行三十字白口四周雙邊

640000－1201－0001920 集二/(57)202
**湘綺樓詩集十四卷文集八卷** 王闓運撰 清光緒三十三年(1907)東州講舍刻本 四冊 十行二十一字上下黑口左右雙邊 存九卷(詩集一至三、文集三至八)

640000－1201－0001921 集二/(52)21
**白香山詩長慶集二十卷後集十七卷別集一卷補遺二卷年譜一卷年譜舊本一卷** (唐)白居易撰 (清)汪立名編訂 清康熙汪氏一隅草堂刻本 十冊 十二行二十一字小字雙行不等白口左右雙邊

640000－1201－0001922 集二/(56)/60
**涇皋藏稿二十二卷** (明)顧憲成著 清刻本 四冊 十行二十字小字雙行同下黑口左右雙邊 存十三卷(一至十三)

640000－1201－0001923 集二/(56)25
**金忠節公文集八卷** (明)金聲撰 清道光七年(1827)刻本 四冊 九行二十二字白口左右雙邊

640000－1201－0001924 集二/(541)6
**施注蘇詩四十二卷目錄二卷年譜一卷** (宋)蘇軾撰 (清)宋犖閱定 (宋)施元之注 (清)邵長蘅等刪補 清康熙刻本 十四冊 十行二十一字小字雙行三十一字上下黑口四周單邊

640000－1201－0001925 集二/(56)24
**楊忠愍公全集四卷附錄一卷** (明)楊繼盛撰 (清)毛大可鑒定 (清)章鈺重訂 清刻本

四冊　九行二十字小字雙行同白口四周雙邊

640000－1201－0001926　集二/(57)12－2
**胡文忠公遺集八十六卷**　(清)胡林翼撰
(清)曾國荃　(清)鄭敦謹纂輯　(清)胡鳳
丹編刊　清光緒元年(1875)湖北崇文書局刻
本　三十二冊　十行二十一字小字雙行同上
下黑口四周雙邊

640000－1201－0001927　集二/(56)/62
**湘綺宦遺稿二卷**　(清)高銘彤撰　清光緒十
一年(1885)資中刻本　一冊　九行二十二字
小字雙行同下黑口左右雙邊

640000－1201－0001928　集二/(56)64
**無欲齋詩鈔一卷**　(明)鹿善繼著　清刻本
一冊　八行二十一字小字雙行同白口四周
雙邊

640000－1201－0001929　史五/10
**雅雨堂藏書十一種一百三十七卷**　(清)盧見
曾輯　清乾隆二十一年(1756)德州盧氏刊本
二十冊　十行二十一字小字雙行同白口四
周單邊

640000－1201－0001930　集二/(54)39
**朱子集一百四卷目錄二卷**　(宋)朱熹撰　清
咸豐十年(1860)刻本　四十冊　十二行二十
四字小字雙行同下黑口四周雙邊

640000－1201－0001931　集二/(57)209
**戴東原集十二卷首一卷**　(清)戴震撰　清光
緒十年(1884)刻本　四冊　十行二十一字小
字雙行同白口左右雙邊

640000－1201－0001932　集二/(56)23
**王文成公全書三十八卷**　(明)王守仁撰　清
刻本　二十四冊　九行二十一字白口左右
雙邊

640000－1201－0001933　集二/(54)12
**淮海集十七卷後集二卷詞一卷補遺一卷續補
遺一卷附淮海文集考證**　(宋)秦觀撰　清道
光二十一年(1841)補刻本　八冊　十行二十
一字白口左右雙邊

640000－1201－0001934　集二/(56)24
**楊忠愍公集四卷**　(明)楊繼盛撰　清光緒九
年(1883)甘肅藩署刻本　四冊　十行二十字
下黑口左右雙邊

640000－1201－0001935　集二/(52)8
**王子安集註二十卷首一卷末一卷**　(唐)王勃
撰　(清)蔣清翊註　清光緒九年(1883)刻本
六冊　十一行二十五字小字雙行不等白口
左右雙邊

640000－1201－0001936　集二/(56)28
**唐荊川先生文集十二卷**　(明)唐順之撰　清
刻本　九冊　十行二十字白口四周單邊　存
十卷(三至十二)

640000－1201－0001937　集二/(56)26
**黃漳浦集五十卷首一卷目錄二卷**　(明)黃道
周撰　(清)陳壽祺編　**年譜二卷**　(清)莊起
儔編　(清)陳壽祺補　清道光刻本　十二冊
十二行二十四字上下黑口左右雙邊

640000－1201－0001938　集二/(541)11
**蘇文忠詩合註五十卷首一卷**　(宋)蘇軾撰
(清)馮應榴輯訂　清同治九年(1870)刻本
二十冊　十一行二十六字小字雙行三十三字
白口左右雙邊

640000－1201－0001939　集二/(57)1
**曾文正公全集十四種一百七十卷**　(清)曾國
藩撰　清同治、光緒間傳忠書局刻本　一百
二十冊　十行二十四字小字雙行同上下黑口
左右雙邊

640000－1201－0001940　集二/(57)131
**南村草堂文鈔二十卷**　(清)鄧顯鶴撰　清咸
豐元年(1851)刻本　六冊　十一行二十二字
白口左右雙邊

640000－1201－0001941　集二/(56)42
**華泉先生集選四卷附錄一卷附睡足軒詩選一
卷**　(明)邊貢著　(清)王士禛選輯　清刻本
一冊　十行十九字小字雙行二十八字上下
黑口左右雙邊

640000－1201－0001942　集二/(541)6

施注蘇詩四十二卷總目二卷　（宋）蘇軾撰
（宋）施元之　（宋）顧禧注　（清）邵長蘅補
　清康熙三十八年(1699)宋犖刻本　十冊
十行二十一字小字雙行三十一字上下黑口四
周單邊

640000－1201－0001943　集二/(541)4－2

蘇文忠公詩集五十卷目錄二卷　（宋）蘇軾撰
　（清）紀昀評點　清同治八年(1869)韞玉山
房朱墨套印本　二十冊　十行二十一字小字
雙行同白口左右雙邊

640000－1201－0001944　集二/(57)135

謫麐堂遺集詩二卷　（清）戴望撰　清刻本
一冊　十一行二十一字小字雙行同上下黑口
左右雙邊

640000－1201－0001945　集二/(57)33

雲臥山莊家訓二卷末一卷詩集八卷首一卷末
一卷　（清）郭崑燾撰　清光緒十一年(1885)
湘陰郭氏山岵瞻堂刻本　四冊　九行二十一
字小字雙行同下黑口左右雙邊

640000－1201－0001946　集二/(52)6

韓昌黎詩集編年箋注十二卷　（唐）韓愈撰
（清）方世舉考訂　清宣統二年(1910)海寧陳
氏石印本　十二冊　十行二十三字小字雙行
同白口四周單邊

640000－1201－0001947　集二/(57)134

一山文存十二卷　章梫撰　清宣統元年
(1909)刻本　四冊　十一行二十一字上下黑
口左右雙邊

640000－1201－0001948　集二/(56)43

隴首集一卷　（明）王與胤著　（清）王士禎校
清刻本　一冊　十行十九字上下黑口左右
雙邊

640000－1201－0001949　集二/(57)99

平平錄十卷　（清）楊芳撰　清道光十三年
(1833)華陽王文運刻本　四冊　十行二十一
字白口左右雙邊

640000－1201－0001950　集二/(52)11

玉谿生詩箋注三卷首一卷樊南文集箋注八卷

首一卷　（唐）李商隱撰　（清）馮浩編訂　清
乾隆四十五年(1780)刻清後期重修本　八冊
十一行二十五字小字雙行三十三字白口左
右雙邊

640000－1201－0001951　集二/(57)2

左文襄公全集　（清）左宗棠撰　清光緒刻本
　一百二十八冊　十行二十五字小字雙行同
上下黑口左右雙邊

640000－1201－0001952　集二/(57)94

庚辰集五卷附唐人試律說一卷　（清）紀昀編
　清乾隆、嘉慶間太和堂刻本　六冊　十行
二十四字小字雙行同白口左右雙邊

640000－1201－0001953　集二/(52)32－2

義門先生集十二卷附錄一卷義門弟子姓氏錄
一卷　（清）何焯撰　（清）吳雲等輯　（清）
吳蔭培編　清宣統元年(1909)廣州吳蔭培刻
本　四冊　十行二十三字白口四周雙邊

640000－1201－0001954　集二/(57)32

義門先生集十二卷附錄一卷義門弟子姓氏錄
一卷　（清）何焯撰　（清）吳雲等輯　清道光
三十年(1850)刻本　四冊　十行二十一字上
下黑口左右雙邊

640000－1201－0001955　集二/(54)36

渭南文集五十卷　（宋）陸游撰　清刻本　八
冊　八行十八字小字雙行同白口左右雙邊

640000－1201－0001956　集二/(57)91

館課我法詩箋四卷　（清）紀昀著　（清）郭斌
注　清嘉慶九年(1804)滙源堂刻本　四冊
十行二十五字小字雙行二十四字白口左右
雙邊

640000－1201－0001957　集二/(57)22

左海全集十種三十六卷　（清）陳壽祺撰　清
嘉慶、道光間三山陳氏刻本　二十八冊　十
行二十字上黑口左右雙邊

640000－1201－0001958　集二/(57)65

庸庵全集六種　（清）薛福成撰　清光緒二十
三年(1897)上海醉六堂石印本　十一冊　十
四行三十字上下黑口四周單邊

640000－1201－0001959　集二/(57)93

**插花窗詩草六卷賦草二卷**　(清)楊昌光撰
清嘉慶二十三年(1818)萬有堂刻本　四冊
八行二十字上下黑口四周單邊

640000－1201－0001960　集二/(57)38

**漁洋山人精華錄箋注十二卷補注一卷年譜一卷**　(清)王士禎撰　(清)金榮箋注　(清)徐淮輯　清乾隆鳳翽堂刻本　六冊　十一行二十字小字雙行三十字白口左右雙邊

640000－1201－0001961　集二/(57)65

**庸盦海外文編四卷**　(清)薛福成撰　清光緒二十八年(1902)秦中官書局石印本　一冊
十四行三十字上下黑口四周單邊

640000－1201－0001962　集二/(57)337

**桐埜詩集四卷**　(清)周起渭撰　清咸豐二年(1852)陳氏世恩堂刻本　二冊　十行二十一字小字雙行同白口左右雙邊

640000－1201－0001963　集二/(57)69

**二曲集二十八卷首一卷**　(清)李顒撰　清光緒九年(1883)刻本　十二冊　九行二十二字上下黑口四周雙邊

640000－1201－0001964　集二/(57)336

**莘齋文鈔四卷詩鈔七卷詩餘一卷**　(清)宦懋庸撰　清光緒二十年(1894)川東道署刻本
三冊　十行二十一字白口四周雙邊

640000－1201－0001965　集二/(57)35

**道古堂文集四十八卷詩集二十六卷集外文一卷集外詩一卷軼事一卷**　(清)杭世駿撰　清光緒十四年(1888)錢塘汪氏振綺堂刻本　十六冊　十行二十一字小字雙行同白口左右雙邊

640000－1201－0001966　集二/(57)199

**陳檢討集二十卷**　(清)陳維崧撰　(清)程師恭注　清素位堂刻本　八冊　十行二十二字小字雙行同上下黑口左右雙邊

640000－1201－0001967　集二/(57)195

**儀顧堂集二十卷**　(清)陸心源撰　清光緒二十四年(1898)刻本　六冊　十行十八字小字雙行同上下黑口四周雙邊

640000－1201－0001968　子一/61

**顏氏家訓二卷**　(北齊)顏之推撰　清光緒元年(1875)湖北崇文書局刻本　一冊　十二行二十四字上下黑口四周雙邊

640000－1201－0001969　集二/(57)69

**四書反身錄十四卷**　(清)李顒口授　(清)王心敬錄　(清)李因篤等校　清光緒八年(1882)刻本　四冊　九行二十二字白口四周雙邊

640000－1201－0001970　集二/(57)106

**友竹山房詩草七卷首一卷補遺一卷**　(清)蘇履吉撰　清道光十年(1830)刻本　四冊　十行二十一字小字雙行同白口四周雙邊

640000－1201－0001971　集二/(57)46

**吳詩集覽二十卷目錄一卷談藪一卷**　(清)吳偉業撰　(清)靳榮藩注　清乾隆四十年(1775)凌雲亭刻本　十六冊　九行二十一字小字雙行同下黑口四周雙邊

640000－1201－0001972　集二/(57)352

**詩文集略不分卷**　(清)陳增撰　(清)秦維嶽評選　清光緒十一年(1885)刻本　一冊　九行二十五字小字雙行同白口四周雙邊

640000－1201－0001973　集二/(57)196

**霜紅龕集四十卷**　(明)傅山撰　(清)張耀先原刻　(清)張廷鑑　(清)張廷銓拾遺　(清)劉霶補輯　清咸豐四年(1854)壽陽王行恕仁庵刻本　八冊　十行二十一字小字雙行同白口四周雙邊

640000－1201－0001974　集二/(57)104

**采真彙稿四卷**　(清)檀萃著　(清)曾力行箋注　(清)周芬佩評　(清)溫汝適參訂　清乾隆四十二年(1777)致和堂刻本　六冊　十行二十字小字雙行同白口四周單邊

640000－1201－0001975　集二/(57)95

**適軒尺牘八卷**　(清)徐菊生著　清光緒元年(1875)刻本　四冊　十行二十一字小字雙行同白口左右雙邊

雙行同上下黑口四周雙邊

640000 – 1201 – 0001976　集二/(57)64 – 2

**吳詩集覽二十卷目録一卷補注二十卷** （清）
吳偉業撰　（清）靳榮藩注　清乾隆四十年
(1775)刻本　八冊　九行二十一字小字雙行
同下黑口四周雙邊　缺十九卷（集覽十至十
五上、補注八至二十）

640000 – 1201 – 0001977　集二/(57)62

**二知軒詩鈔十四卷續鈔十八卷** （清）方濬頤
撰　清同治五年(1866)刻本　十三冊　十行
二十一字小字雙行同下黑口四周雙邊

640000 – 1201 – 0001978　集二/(57)95

**適軒尺牘八卷** （清）徐菊生著　清光緒三年
(1877)文生堂刻本　四冊　十行二十三字白
口左右雙邊

640000 – 1201 – 0001979　集二/(57)39

**月齋文集八卷詩集四卷** （清）張穆撰　清咸
豐八年(1858)刻本　六冊　十行二十二字小
字雙行同白口左右雙邊

640000 – 1201 – 0001980　集二/(57)186

**缾水齋詩集十七卷附別集二卷詩話一卷**
(清)舒位撰　清光緒十二年(1886)刻本　八
冊　十二行二十三字小字雙行同白口四周
單邊

640000 – 1201 – 0001981　集二/(57)246

**敦夙好齋詩初編十二卷首一卷續編十一卷首
一卷** （清）葉名澧著　清光緒十六年(1890)
刻本　八冊　九行二十一字小字雙行同白口
四周雙邊

640000 – 1201 – 0001982　集二/(57)60

**拙吾詩稿四卷附録一卷** （清）高鼎撰　清光
緒八年(1882)刻本　四冊　九行二十一字小
字雙行同下黑口四周雙邊

640000 – 1201 – 0001983　集二/(57)145

**扁善齋詩存一卷文存二卷** （清）鄧嘉緝撰
清光緒二十七年(1901)刻本　三冊　十三行
二十二字小字雙行同白口左右雙邊

640000 – 1201 – 0001984　集二/(57)245

**空山堂文集十二卷** （清）牛運震撰　清嘉慶

六年(1801)刻本　三冊　九行二十二字白口
四周雙邊　存十卷(一至十)

640000 – 1201 – 0001985　集二/(57)96

**漁洋山人精華録訓纂十卷** （清）王士禎撰
(清)惠棟訓纂　清乾隆紅豆齋刻本　十冊
十行二十一字小字雙行同白口四周雙邊

640000 – 1201 – 0001986　集二/(57)40

**白香亭詩存一卷** （清）鄧輔綸著　清咸豐七
年(1857)滿州東湖行館刻本　一冊　十行二
十一字上下黑口左右雙邊

640000 – 1201 – 0001987　集二/(57)141

**東洲草堂詩鈔二卷** （清）何紹基撰　清同治
六年(1867)長沙無園刻本　一冊　十行二十
一字小字雙行同下黑口左右雙邊

640000 – 1201 – 0001988　集二/(57)61

**高陶堂遺集** （清）高心夔撰　清光緒八年
(1882)平湖朱氏經注經齋刻本　四冊　十行
二十五字小字雙行同上下黑口左右雙邊

640000 – 1201 – 0001989　集二/(57)110

**壯悔堂文集十卷四憶堂詩集六卷** （清）侯方
域撰　（清）賈開宗　（清）徐作肅評點
(清)侯必昌等較訂　清光緒四年(1878)刻本
八冊　九行二十字白口左右雙邊

640000 – 1201 – 0001990　集二/(57)207

**甌香館集十二卷補遺詩一卷補遺書跋一卷附
録一卷** （清）惲格著　（清）蔣光煦輯　清光
緒元年(1875)湖北崇文書局刻本　四冊　十
一行二十一字小字雙行同上下黑口左右雙邊

640000 – 1201 – 0001991　集二/(57)185

**甘泉鄉人稿二十四卷附餘稿二卷** （清）錢泰
吉撰　**年譜一卷** （清）錢應溥撰　**四水子遺
著一卷** （清）錢友泗撰　**邠農偶吟稿一卷**
(清)錢炳森撰　清光緒刻本　七冊　十行二
十一字小字雙行同上下黑口左右雙邊

640000 – 1201 – 0001992　集二/(57)142

**心遠小榭詩集二卷** （清）梁松年撰　清光緒
十一年(1885)刻本　一冊　九行二十字白口
四周雙邊

640000－1201－0001993　集二/(57)303

**雙白燕堂文集二卷外集八卷**　（清）陸耀遹撰
清光緒四年(1878)興國州署刻本　四冊
十一行二十一字小字雙行同上下黑口四周
雙邊

640000－1201－0001994　集二/(57)111

**善卷堂四六十卷**　（清）陸繁弨撰　（清）吳自
高注　清同治十二年(1873)濟經堂刻本　六
冊　十行二十字小字雙行同上下黑口四周
雙邊

640000－1201－0001995　集二/(57)150

**隴上鴻泥不分卷**　（清）程履豐撰　清光緒五
年(1879)刻本　一冊　九行二十二字上下黑
口四周雙邊

640000－1201－0001996　集二/(57)147

**居易軒詩遺鈔一卷文遺鈔一卷**　（清）趙炳龍
撰　清光緒十四年(1888)長沙刻本　一冊
九行二十一字上下黑口四周雙邊

640000－1201－0001997　集二/(57)305

**培遠堂手札節存三卷**　（清）陳宏謀著　清同
治三年(1864)應寶時射雕山館刻本　三冊
八行二十字白口四周雙邊

640000－1201－0001998　集二/(57)153

**孫可之文集二卷**　（唐）孫樵撰　清遂園重刻
本　一冊　八行十八字小字雙行同白口左右
雙邊

640000－1201－0001999　集二/(57)306

**雪門詩草十四卷**　（清）許瑤光著　清同治十
三年(1874)刻本　六冊　九行二十一字小字
雙行同白口四周雙邊

640000－1201－0002000　集二/(6)1

**林嚴文鈔四卷**　（清）林紓　（清）嚴復撰　清
宣統元年(1909)國學扶輪社鉛印本　四冊
十三行三十字上下黑口四周雙邊

640000－1201－0002001　集二/(57)146

**湘麋閣遺詩四卷附蘭當詞二卷**　（清）陶方琦
撰　清光緒十六年(1890)鄂局刻本　二冊
十一行二十一字小字雙行同下黑口左右雙邊

640000－1201－0002002　集二/(57)212

**述學內篇三卷外篇一卷補遺一卷別錄一卷附
錄一卷校勘記一卷**　（清）汪中撰　清同治八
年(1869)揚州書局刻本　二冊　十三行三十
字白口左右雙邊

640000－1201－0002003　集二/(57)388

**插花窗詩草六卷賦草二卷**　（清）楊昌光撰
清嘉慶刻本　三冊　八行二十字上下黑口左
右雙邊　缺一卷(插花窗賦草一)

640000－1201－0002004　集二/(57)187

**鴻桷堂詩集五卷附梅花四體詩一卷**　（清）胡
方著　清同治三年(1864)劬學齋刻本　三冊
九行十九字小字雙行同白口左右雙邊

640000－1201－0002005　集二/(57)28

**隨園三十八種二百七十三卷**　（清）袁枚撰
清光緒十八年(1892)勤裕堂鉛印本　四十冊
十九行四十字白口四周雙邊

640000－1201－0002006　集二/(57)206

**桂馨堂集六種十三卷**　（清）張廷濟撰　清道
光、咸豐間刻本　三冊　十行十九字小字雙
行同白口左右雙邊

640000－1201－0002007　集二/(6)15

**天嶽山館文鈔四十卷**　（清）李元度撰　清光
緒六年(1880)爽谿精舍刻本　十六冊　十行
二十五字下黑口左右雙邊

640000－1201－0002008　集二/(57)181

**鴻雪堂詩稿二集**　（清）羅星點著　清光緒八
年(1882)刻本　一冊　七行二十字小字雙行
同白口左右雙邊

640000－1201－0002009　集二/(6)2

**湘綺樓文集八卷詩集十四卷箋啟八卷**　王闓
運撰　清宣統二年(1910)上海國學扶輪社石
印本　十二冊　十四行三十一字上下黑口四
周雙邊

640000－1201－0002010　集二/(57)50

**曾惠敏公遺集奏疏六卷文集五卷詩集四卷日
記二卷**　（清）曾紀澤撰　清光緒十九年
(1893)江南製造總局鉛印本　八冊　十行二

十四字小字雙行同上下黑口四周雙邊

640000－1201－0002011　集二/(57)129

**蜀抱軒文雜鈔三卷** (清)吳蔭培撰　清宣統
三年(1911)鉛印本　一冊　九行二十三字小
字雙行同白口四周雙邊

640000－1201－0002012　集二/(57)180

**傅巖學吟詩草二卷** (清)吳士俊著　清道光
二十二年(1842)刻本　一冊　九行二十五字
小字雙行同白口左右雙邊

640000－1201－0002013　集二/(57)143

**恒齋日記二卷** (清)于弼清撰　(清)劉莊輯
清光緒九年(1883)津河廣仁堂刻本　一冊
十行二十三字白口四周雙邊

640000－1201－0002014　集二/(57)47

**安吳四種三十六卷首一卷** (清)包世臣撰
清光緒十四年(1888)刻本　十六冊　十行二
十二字小字雙行同白口左右雙邊

640000－1201－0002015　集二/(57)213

**滄溟先生集十四卷附錄一卷** (明)李攀龍撰
清光緒二十一年(1895)長沙張氏湘雨樓刻
本　四冊　十一行二十一字上下黑口左右
雙邊

640000－1201－0002016　集二/(57)216

**遂懷堂駢文箋注十六卷補箋一卷** (清)袁翼
著　(清)朱鈐箋注　清光緒十四年(1888)刻
本　八冊　十行二十一字小字雙行同白口左
右雙邊

640000－1201－0002017　集二/(57)183

**計樹園詩存三卷** (清)萬廷蘭撰　清刻本
一冊　十行二十二字小字雙行同上下黑口四
周雙邊

640000－1201－0002018　集二/(57)25

**讀杜心解六卷首二卷** (唐)杜甫撰　(清)浦
起龍解　(清)浦起麟讀　清雍正二年(1724)
浦起龍寧我齋刻本　八冊　十行二十二字小
字雙行不等白口左右雙邊

640000－1201－0002019　集二/(57)77

**管注秋水軒尺牘四卷悼紅吟一卷** (清)許思
湄著　(清)婁世瑞注釋　(清)管斯駿補注
清光緒十年(1884)蘇城平江路管家園管氏刻
本　五冊　十一行二十字上下黑口左右雙邊

640000－1201－0002020　集二/(57)184

**倭文端公遺書十一卷首二卷** (清)倭仁輯
清同治元年(1862)刻本　八冊　十行二十一
字小字雙行同白口四周雙邊

640000－1201－0002021　集二/(57)139

**吳摯甫文集四卷深州風土記四篇** (清)吳汝
綸撰　清宣統元年(1909)上海國學扶輪社石
印本　四冊　十二行二十五字白口四周雙邊

640000－1201－0002022　集二/(57)114

**訪粵集一卷附白雲倡和詩一卷** (清)戴熙撰
清道光二十年(1840)刻本　二冊　八行二
十一字小字雙行同白口左右雙邊

640000－1201－0002023　集二/(57)79

**竹葉亭雜記四卷** (清)姚元之著　清宣統二
年(1910)上海掃葉山房石印本　二冊　十四
行三十一字小字雙行同白口四周雙邊

640000－1201－0002024　集二/(57)64

**吳詩集覽二十卷目錄一卷詩藪一卷** (清)吳
偉業撰　(清)靳榮藩輯　清乾隆四十年
(1775)凌雲亭刻本　十六冊　九行二十一字
小字雙行同下黑口左右雙邊

640000－1201－0002025　集二/(57)53

**知足齋詩集二十卷續集四卷文集六卷進呈文
稿二卷** (清)朱珪撰　清嘉慶十年(1805)刻
本　十二冊　十行二十一字小字雙行同白口
左右雙邊

640000－1201－0002026　集二/(57)75

**唱觚齋文錄二卷** (清)王兆涵著　清光緒二
十八年(1902)刻本　二冊　十行二十字小字
雙行同上下黑口左右雙邊

640000－1201－0002027　集二/(57)313

**崇百藥齋三集十二卷** (清)陸繼輅撰　**五真
閣吟稿一卷** (清)錢惠尊撰　清光緒四年
(1878)興國州署刻本　四冊　十一行二十一

字小字雙行同上下黑口四周單邊

640000－1201－0002028　集二/(57)49

蘭山課業松厓詩錄二卷蘭山課業風騷補編二卷　（清）周樽輯　（清）吳鎮撰　（清）楊芳燦選　（清）王祖武校　清乾隆五十七年(1792)刻本　四冊　九行二十二字白口四周雙邊

640000－1201－0002029　集二/(57)188

雲臥山莊詩集八卷首一卷末一卷附家訓二卷末一卷　（清）郭崑燾撰　清光緒十一年(1885)湘陰郭氏岵瞻堂刻本　五冊　九行二十一字小字雙行同下黑口左右雙邊

640000－1201－0002030　集二/(57)384

荔村草堂詩續鈔一卷　（清）潭宗浚撰　清宣統二年(1910)刻本　一冊　十行二十一字小字雙行同上下黑口左右雙邊

640000－1201－0002031　集二/(57)390

景山遺集一卷黔筱文存一卷黔筱詩存一卷洋橋詩存一卷　（清）鄒文蘇等撰　清光緒刻本　一冊　九行二十一字上下黑口四周雙邊

640000－1201－0002032　集二/(57)26－2

梅村詩集箋注十八卷　（清）吳偉業撰　（清）吳翌鳳箋注　清光緒九年(1883)四川舊成堂刻本　十二冊　十行二十一字小字雙行同白口左右雙邊

640000－1201－0002033　集二/(57)355

曾文正公家書十卷　（清）曾國藩撰　清光緒十六年(1890)鴻寶南局鉛印本　五冊　十六行三十五字小字雙行同白口四周雙邊

640000－1201－0002034　集二/(57)194

耐安類稿五種十卷　（清）陳偉撰　清光緒二十二年(1896)諸父瀚等刻本　六冊　十一行二十二字小字雙行同白口左右雙邊

640000－1201－0002035　集二/(57)392

頤巢類稿三卷　（清）陶邵學撰　清宣統三年(1911)刻本　一冊　十行二十一字小字雙行同上下黑口左右雙邊

640000－1201－0002036　集二/(57)387

青門旅稿六卷青門賸稿八卷附邵氏家錄二卷　（清）邵長蘅撰　清康熙刻本　二冊　十四行二十五字上下黑口左右雙邊

640000－1201－0002037　集二/(57)379

古微堂內集三卷外集七卷　（清）魏源著　清光緒四年(1878)淮南書局刻本　四冊　十行二十一字小字雙行同白口左右雙邊

640000－1201－0002038　集二/(57)188

藝風堂文集八卷　繆荃孫撰　清光緒二十七年(1901)刻本　四冊　十一行二十三字小字雙行同上下黑口左右雙邊

640000－1201－0002039　集二/(57)237

濂亭文集八卷　（清）張裕釗撰　清光緒二十四年(1898)大冶黃氏刻本　二冊　十行二十一字白口左右雙邊

640000－1201－0002040　集二/(57)286

蘿谷詩六卷附南癸詞一卷　（清）鄒漢潢撰　清光緒八年(1882)刻本　二冊　九行二十一字上下黑口四周雙邊

640000－1201－0002041　集二/(57)189

寶綸堂集十卷拾遺一卷　（清）陳洪綬著　清光緒十四年(1888)會稽董氏取斯堂刻本　八冊　十行二十字小字雙行同白口四周單邊

640000－1201－0002042　集二/(57)297

邵亭詩鈔六卷　（清）莫友芝撰　清咸豐二年(1852)遵義湘川講舍刻本　一冊　十行二十一字小字雙行同上下黑口左右雙邊

640000－1201－0002043　集二/(57)46

紀文達公遺集文十六卷詩十六卷　（清）紀昀撰　（清）紀樹馨編校　清刻本　十八冊　十行二十一字小字雙行同白口四周雙邊

640000－1201－0002044　集二/(57)259

叢桂山莊詩存四卷　（清）何彤文撰　清道光刻本　一冊　九行二十一字白口左右雙邊

640000－1201－0002045　集二/(57)304

棠谿文鈔八卷　（清）沈用增著　（清）賀綸夔

校字　清光緒四年(1878)鄂城刻本　四冊
九行二十五字上下黑口左右雙邊

640000－1201－0002046　集二(57)282

通甫類稿四卷續編二卷通父詩存四卷詩存之
餘二卷　(清)魯一同撰　清咸豐九年(1859)
刻本　六冊　十一行二十三字白口四周雙邊

640000－1201－0002047　集二/(57)229

賴古堂集二十四卷附藏書一卷　(清)周亮工
撰　清康熙刻本　九冊　十一行十九字上下
黑口

640000－1201－0002048　集二/(57)287

楊園先生全集五十四卷年譜一卷　(清)張履
祥撰　(清)姚璉原輯　(清)萬斛泉編次　清
同治十年(1871)江蘇書局刻本　十六冊　十
行二十二字小字雙行同白口四周雙邊

640000－1201－0002049　集二/(57)325

鮚埼亭集外編五十卷　(清)全祖望撰　清後
期刻本　十二冊　十行二十一字小字雙行同
白口左右雙邊

640000－1201－0002050　集二/(57)236

浮邱子十二卷　(清)湯鵬撰　清同治四年
(1865)湘陰李黼堂刻本　四冊　十二行二十
七字白口四周雙邊

640000－1201－0002051　集二/(57)328

揅經室集六十二卷　(清)阮元撰　清道光三
年(1823)文選樓刻本　二十四冊　十行二十
字小字雙行同白口四周雙邊

640000－1201－0002052　集二/(541)5

東坡集一百十卷年譜一卷　(宋)蘇軾撰　清
光緒三十四年至宣統元年(1908－1909)刻本
四十八冊　十行二十字小字雙行不等上下
黑口四周雙邊

640000－1201－0002053　集二/(57)370

通義堂文集十六卷　(清)劉毓崧撰　清光緒
刻本　五冊　十行二十三字小字雙行同白口
左右雙邊　存七卷(一至七)

640000－1201－0002054　集二/(57)88

定盦文集三卷補編四卷續集四卷文集補六卷
續錄一卷　(清)龔自珍撰　清光緒二十三年
(1897)萬本書室刻本　六冊　十二行二十四
字白口左右雙邊

640000－1201－0002055　集二/(57)277

梅莊雜著七種四卷　(清)謝濟世撰　清同治
十一年(1872)刻本　四冊　十行二十五字小
字雙行同白口左右雙邊

640000－1201－0002056　集二/(57)364

紀文達公遺集十六卷首一卷　(清)紀昀撰
(清)紀樹馨編校　清宣統二年(1910)上海保
粹樓石印本　六冊　十五行三十二字小字雙
行同上下黑口四周雙邊　缺三卷(六至七、十
六)

640000－1201－0002057　集二/(57)208

羅忠節公遺集七種十七卷　(清)羅澤南撰
清咸豐、同治間刻本　八冊　八行二十四字
小字雙行同白口左右雙邊

640000－1201－0002058　集二(57)/327

朱九江先生集十卷首四卷　(清)朱次琦撰
清光緒二十三年(1897)讀書草堂刻本　四冊
十一行二十四字小字雙行同白口左右雙邊

640000－1201－0002059　集二/(57)273

六是堂詩選一卷文稿略編一卷附錄一卷
(清)顧如華撰　清光緒十八年(1892)漢川甑
山書院刻本　一冊　十一行二十字小字雙行
同上下黑口四周單邊

640000－1201－0002060　集二/(57)275

龍岡山人詩鈔十四卷文鈔四卷　(清)洪良品
撰　清刻本　六冊　十行二十五字白口四周
雙邊

640000－1201－0002061　集二/(57)120

汪梅村先生集十二卷文外集一卷　(清)汪士
鐸撰　清光緒七年(1881)刻本　四冊　十二
行二十四字小字雙行同上下黑口左右雙邊

640000－1201－0002062　集二/(57)356

西堂全集十五種五十四卷　(清)尤侗撰　清
康熙中刊本　二十一冊　十行二十一字小字

雙行同白口四周單邊　缺四卷(看雲草堂集
一至四)

640000－1201－0002063　集二/(57)123
三魚堂文集十二卷外集六卷附錄一卷　(清)
陸隴其撰　清光緒十五年(1889)涇陽柏經正
堂刻本　九冊　九行二十字下黑口四周單邊

640000－1201－0002064　集二/(57)309
西堂全集十五種五十四卷　(清)尤侗撰　清
康熙中刻本　十八冊　十行二十一字下黑口
四周單邊

640000－1201－0002065　集二/(57)210
更生齋詩續集十卷　(清)洪亮吉著　清光緒
四年(1878)授經堂刻本　五冊　十一行二十
一字白口左右雙邊

640000－1201－0002066　集二/(57)178
袁忠節公遺詩三卷　(清)袁昶撰　清宣統元
年(1909)上海時中書局鉛印本　一冊　十四
行三十五字小字雙行同白口四周雙邊

640000－1201－0002067　集二/(57)307
唐確慎公集十卷首一卷末一卷　(清)唐鑑撰
　清光緒元年(1875)刻本　六冊　十行二十
一字白口左右雙邊

640000－1201－0002068　集二/(57)168
清籟閣詩草二卷　(清)德敏著　清刻本　一
冊　九行十九字小字雙行同白口四周雙邊

640000－1201－0002069　集二/(57)214
寒松堂全集十二卷年譜一卷　(清)魏象樞著
　清嘉慶十六年(1811)刻本　十三冊　十行
二十字小字雙行同下黑口左右雙邊

640000－1201－0002070　集二/(57)166
蓮舫詩鈔十卷　(明)王偁著　清道光十年
(1830)刻本　四冊　八行二十一字白口四周
雙邊

640000－1201－0002071　集二/(57)85
石笥山房文集六卷補遺一卷詩集十一卷詩餘
一卷詩集補遺二卷續補遺二卷　(清)胡天游
撰　清咸豐二年(1852)刻本　十冊　十行二

十字白口四周雙邊

640000－1201－0002072　集二/(57)173
蛾術山房詩鈔四卷淞逸詩存一卷　(清)袁文
炤　(清)袁翼撰　清光緒十四年(1888)刻本
　一冊　九行二十字白口左右雙邊

640000－1201－0002073　集二/(57)283
思貽堂詩集十二卷續存八卷　(清)黃文琛撰
　清咸豐、同治間刻本　五冊　十行十九字
白口四周雙邊

640000－1201－0002074　集二/(57)83
實其文齋文鈔八卷兵部公牘二卷實其文齋制
藝一卷完貞伏虎圖集一卷實其文齋詩鈔六卷
　(清)黃雲鵠著　清同治十一年(1872)刻本
　十一冊　十行二十一字下黑口左右雙邊

640000－1201－0002075　集二/(57)217
曝書亭集八十卷目錄一卷　(清)朱彝尊撰
笛漁小稿十卷　(清)朱昆田撰　清刻本　十
五冊　十二行二十三字小字雙行不等白口左
右雙邊　缺六卷(六十八至七十三)

640000－1201－0002076　集二/(57)329
忠雅堂文集十二卷　(清)蔣士銓撰　清嘉慶
二十一年(1816)刻本　六冊　十一行二十一
字白口左右雙邊

640000－1201－0002077　集二/(57)301
遜學齋詩鈔十卷　(清)孫衣言撰　清同治三
年(1864)刻本　二冊　十一行二十三字小字
雙行同上下黑口左右雙邊

640000－1201－0002078　集二/(57)238
鮚埼亭集三十八卷首一卷　(清)全祖望撰
清同治十一年(1872)姚江借樹山房刻本　十
冊　十行二十一字白口左右雙邊

640000－1201－0002079　集二/(57)176
補學軒文集續刻散體四卷駢體二卷　(清)鄭
獻甫撰　清同治十一年(1872)桂林省楊鴻文
堂刻本　六冊　十一行二十三字白口四周
雙邊

640000－1201－0002080　集二/(57)232

繹志十九卷　（清）胡承諾撰　清同治十一年(1872)浙江書局刻本　八冊　十行二十一字白口左右雙邊

640000－1201－0002081　集二/(54)21

朱子古文六卷　（宋）朱熹撰　（清）周大璋輯　清道光二十八年(1848)長沙小瑯環山館刻本　六冊　十行二十一字小字雙行二十字白口四周雙邊

640000－1201－0002082　集二/(57)86

松花菴全集十一種十二卷　（清）吳鎮撰　清嘉慶刻本　十一冊　八行十七字白口四周雙邊

640000－1201－0002083　集二/(57)17

切問齋文鈔三十卷　（清）陸耀輯　清道光二年(1822)刻本　十冊　十二行二十五字小字雙行同白口左右雙邊

640000－1201－0002084　集二/(57)87

壯悔堂文集十卷遺稿一卷四憶堂詩集六卷　（清）侯方域撰　（清）賈開宗等評點　清光緒四年(1878)紅杏山房刻本　六冊　九行二十字小字雙行不等白口左右雙邊

640000－1201－0002085　集二/(57)163

儀顧堂集十六卷　（清）陸心源撰　清同治十三年(1874)福州刻本　四冊　十行二十字白口四周雙邊

640000－1201－0002086　集二/(57)266

兩當軒集二十二卷附錄四卷考異二卷　（清）黃景仁著　清光緒二年(1876)武進黃氏家塾刻本　六冊　十一行二十二字小字雙行同上下黑口四周單邊

640000－1201－0002087　集二/(57)217

曝書亭集八十卷目錄一卷　（清）朱彝尊撰笛漁小稿十卷　（清）朱昆田撰　清刻本　二十冊　十二行二十三字小字雙行同白口左右雙邊

640000－1201－0002088　集二/(57)165

漁洋山人詩集十六卷　（清）王士禎撰　清康熙二十三年(1684)刻本　四冊　十行十八字

小字雙行不等上下黑口左右雙邊

640000－1201－0002089　集二/(57)234

枰湖文集十二卷首一卷　（清）吳敏樹撰　清光緒十九年(1893)思賢講舍刻本　四冊　十三行二十二字白口左右雙邊

640000－1201－0002090　集

曝書亭集詞注七卷　（清）李富孫纂　（清）嚴榮參　清嘉慶十九年(1814)校經廎刻本　四冊　十一行二十三字小字雙行三十一字白口左右雙邊

640000－1201－0002091　集二/(57)119

兩當軒集二十二卷附錄四卷考異二卷　（清）黃景仁著　清光緒二年(1876)家塾刻本　六冊　十一行二十二字小字雙行同上下黑口四周單邊

640000－1201－0002092　集二/(57)235

古微堂內集二卷外集八卷　（清）魏源撰　清宣統元年(1909)上海國學扶輪社鉛印本　六冊　十三行三十字小字雙行同上下黑口四周雙邊

640000－1201－0002093　集二/(57)160

鐵橋漫稿八卷　（清）嚴可均撰　清光緒十一年(1885)長洲蔣氏刻本　四冊　十一行二十一字上下黑口左右雙邊

640000－1201－0002094　集二/(57)122

蘭雪堂詩草七種蘭雪堂文集二種　（清）岳禮著　清刻本　四冊　九行十九字小字雙行同白口四周雙邊

640000－1201－0002095　集二/(57)90

松花菴律古一卷續稿一卷附沅州雜詠集古絕句集唐一卷附沅州雜集唐絕句　（清）吳鎮撰　清刻本　二冊　九行十七字白口四周雙邊

640000－1201－0002096　集二/(57)344

陶文毅公全集六十四卷首一卷末一卷　（清）陶澍撰　清道光二十年(1840)淮北士民公刻本　二十四冊　十行二十一字小字雙行同白口四周雙邊

640000－1201－0002097　集二/(57)87－2

**壯悔堂文集十卷壯悔堂遺稿一卷** （清）侯方域撰 （清）賈開宗等評點 清刻本 六冊 九行二十字白口左右雙邊

640000－1201－0002098　TC7－1/36

**繡像綠野仙蹤八卷八十回** （清）李百川編 清光緒二十一年(1895)刻本 八冊 十九行三十八字上黑口四周單邊

640000－1201－0002099　集二/(57)164

**頻羅庵遺集十六卷** （清）梁同書撰 清嘉慶二十二年(1817)仁和陸貞一刻本 六冊 十行二十一字小字雙行同白口左右雙邊

640000－1201－0002100　集二/(57)224

**小謨觴館詩集注八卷詩續集注二卷詩餘附錄一卷文集注四卷文續集注二卷** （清）彭兆蓀撰 （清）孫元培 （明）孫長熙纂輯 清光緒二十年(1894)泉唐汪氏刻本 八冊 十行二十一字小字雙行同上下黑口左右雙邊

640000－1201－0002101　集二(57)/233

**四憶堂詩集六卷附遺稿** （清）侯方域撰 (清)賈開宗等選注 清光緒刻本 二冊 九行十八字小字雙行同白口左右雙邊

640000－1201－0002102　集二/(57)261

**恪靖侯盾鼻餘瀋不分卷** （清）左宗棠撰 (清)石本清覆校 清光緒七年(1881)刻本 一冊 十行二十字白口四周雙邊

640000－1201－0002103　集二/(57)244

**五百四峰堂詩鈔二十五卷** （清）黎簡撰 清嘉慶元年(1796)刻本 七冊 九行十九字小字雙行同上下黑口四周雙邊

640000－1201－0002104　集二/(57)159

**海秋詩集二十六卷評跋附錄一卷後集一卷** (清)湯鵬撰 清同治十二年(1873)刻本 十三冊 九行二十一字小字雙行同白口四周雙邊

640000－1201－0002105　集二/(57)269

**大雲山房文稿初集四卷** （清）惲敬著 清光緒十四年(1888)官書處刻本 四冊 十行二

十二字上下黑口四周雙邊

640000－1201－0002106　集二/(57)295

**拙修集十卷** （清）吳廷棟撰 清同治十年(1871)六安塗氏求我齋刻本 四冊 十一行二十一字小字雙行同上下黑口左右雙邊

640000－1201－0002107　集二/(57)269

**大雲山房文稿初集四卷二集四卷** （清）惲敬著 清光緒十四年(1888)刻本 八冊 十行二十二字上下黑口四周雙邊

640000－1201－0002108　集二/(57)280

**容齋詩錄三卷** （清）廖可受撰 清光緒十八年(1892)慈利學舍刻本 一冊 十行二十二字上下黑口四周雙邊

640000－1201－0002109　集二/(57)320

**示樸齋駢體文六卷** （清）錢振倫撰 清同治七年(1868)袁浦崇實書院刻本 一冊 十行二十二字小字雙行同上下黑口左右雙邊

640000－1201－0002110　集二(57)/238

**全謝山先生經史問答十卷** （清）全祖望撰 (清)史夢蛟重校 清刻本 二冊 十一行二十一字白口左右雙邊

640000－1201－0002111　集二/(57)84

**古微堂詩集十卷** （清）魏源撰 清同治九年(1870)刻本 四冊 九行二十一字小字雙行同上下黑口左右雙邊

640000－1201－0002112　集二/(57)322

**考功集選四卷** （清）王士錄撰 （清）王士禛批點 清刻本 二冊 十行二十字小字雙行同上下黑口左右雙邊

640000－1201－0002113　集二/(57)102

**湯文正公遺書六種十卷** （清）湯斌撰 清道光七年(1827)刻本 十二冊 九行二十字小字雙行同白口左右雙邊

640000－1201－0002114　集二/(57)321

**思過齋雜體詩存十二卷** （清）蕭培元著 清同治刻本 二冊 九行二十一字小字雙行同白口四周雙邊

640000－1201－0002115　集二/(57)408

**臥樟書屋集十卷** （清）周發藻著　清刻本
二冊　十行二十五字白口四周雙邊

640000－1201－0002116　集二/(57)406

**心安隱室詩集九卷** （清）詹肇堂撰　清光緒
十年(1884)成德堂刻本　二冊　十一行二十
四字小字雙行同上下黑口左右雙邊　存六卷
（一至六）

640000－1201－0002117　集二/(57)116

**三松堂集二十卷續集六卷** （清）潘奕雋撰
清刻本　四冊　十行二十一字白口四周雙邊

640000－1201－0002118　集二/(57)405

**鑄鐵齋詩遺稿八卷** （清）廖可受撰　清光緒
五年(1879)刻本　二冊　九行二十二字白口
四周雙邊

640000－1201－0002119　集二/(57)263

**求真是齋詩草二卷** （清）恩華撰　清咸豐十
一年(1861)刻本　二冊　十行二十字小字雙
行同上黑口左右雙邊

640000－1201－0002120　集二/(57)335

**批點詳註管稿時文三集** （清）管世銘著
（清）汪鳴鑾批註　清光緒二十年(1894)刻本
八冊　十一行二十五字小字雙行不等白口
四周雙邊

640000－1201－0002121　集二

**嘯古堂詩集八卷** （清）蔣敦復撰　清宣統三
年(1911)上海廣益書局石印本　二冊　十二
行二十八字白口四周雙邊

640000－1201－0002122　集二/(57)23

**養知書屋文集二十八卷詩集十五卷** （清）郭
嵩燾撰　清光緒十八年(1892)刻本　十六冊
十行二十一字白口左右雙邊

640000－1201－0002123　集二/(57)38

**漁洋山人精華錄箋注十二卷補注一卷附錄一
卷年譜一卷** （清）王士禎撰　（清）金榮箋注
（清）徐準纂輯　清刻本　八冊　十一行二
十字小字雙行三十一字白口左右雙邊

640000－1201－0002124　集二/(57)281

**綠漪草堂文集三十卷首一卷別集二卷外集二
卷詩集二十卷首一卷研花館詞三卷首一卷**
（清）羅汝懷撰　清光緒九年(1883)湘潭羅氏
刻本　十六冊　十行二十四字白口四周雙邊

640000－1201－0002125　集二/(57)288

**惜抱軒全集十四種** （清）姚鼐撰　清同治五
年(1866)省心閣刻本　十六冊　十行二十一
字白口左右雙邊

640000－1201－0002126　集二/(57)265

**菜根堂文集十卷菜根精舍詩草十二卷續草四
卷** （清）夏力恕撰　清孝感夏氏刻本　八冊
十行二十三字上下黑口左右雙邊

640000－1201－0002127　集二/(57)108

**凝香室鴻雪因緣圖記三集** （清）麟慶撰　清
道光二十七年(1847)揚州刻本　六冊　十行
二十一字小字雙行同白口四周雙邊

640000－1201－0002128　集二/(57)414

**椿蔭堂詩存稿一卷附錄一卷** （清）虔禮寶著
清光緒二十二年(1896)刻本　一冊　六行
二十字下黑口四周單邊

640000－1201－0002129　集二/(57)415

**藏園詩鈔一卷** （清）游智開撰　清光緒刻本
一冊　九行二十一字小字雙行同下黑口四
周雙邊

640000－1201－0002130　集二/(57)792

**河間註釋試律矩四卷** （清）紀昀著　（清）林
昌評注　清嘉慶七年(1802)四和堂刻本　四
冊　十二行二十五字小字雙行同白口四周
單邊

640000－1201－0002131　集二/(57)276

**希古堂文甲集二卷乙集六卷** （清）譚宗浚撰
清光緒十六年(1890)刻本　四冊　十行二
十一字上下黑口左右雙邊

640000－1201－0002132　集二/(57)130

**養素堂文集三十五卷首一卷** （清）張澍撰
清刻本　十六冊　十行二十二字白口四周
雙邊

640000－1201－0002133　集二/(57)247

**抱潤軒文集十卷**　馬其昶撰　清宣統元年(1909)安徽官紙印刷局石印本　一冊　十三行三十字小字雙行同白口四周雙邊

640000－1201－0002134　集二/(57)353

**漪香山館文集不分卷**　(清)吳曾祺著　清宣統二年(1910)商務印書館鉛印本　一冊　十二行三十二字上下黑口四周雙邊

640000－1201－0002135　集二/(57)103

**次園三集六卷**　(清)劉騰蛟撰　清道光刻本　二冊　八行二十二字小字雙行同白口左右雙邊

640000－1201－0002136　集二/(57)254

**養晦堂詩集二卷文集十卷**　(清)劉榕撰　清光緒三年(1877)思賢講舍刻本　六冊　十行二十四字小字雙行同上下黑口左右雙邊

640000－1201－0002137　集二/(57)28

**隨園十三種二百四十七卷**　(清)袁枚撰　清光緒十八年(1892)上海圖書集成印書局鉛印本　四十九冊　十三行三十九字白口四周單邊

640000－1201－0002138　集二/(57)315

**改亭詩存二卷**　(清)蘭改亭撰　清光緒三十三年(1907)刻本　二冊　八行二十一字小字雙行同白口四周雙邊

640000－1201－0002139　集二/(57)411

**御製詩二集九十卷目錄十卷**　(清)高宗弘曆撰　(清)蔣溥等編　清乾隆二十四年(1759)武英殿刻本　六冊　九行十七字小字雙行同白口四周雙邊　存十三卷(一至十三)

640000－1201－0002140　集二/(57)72

**板橋詩鈔二卷**　(清)鄭燮撰　清影印本　一冊　八行字數不等白口四周單邊

640000－1201－0002141　集二/(57)100

**御製文二集十四卷首一卷**　(清)仁宗顒琰撰　(清)董誥等編　清嘉慶二十年(1815)刻本　四冊　八行十五字小字雙行同白口四周雙邊

640000－1201－0002142　集二/(57)293/294

**御製詩集十卷第二集十卷**　(清)聖祖玄燁撰　(清)高士奇編　清康熙四十二年(1703)商丘宋犖刻本　四冊　六行十六字白口四周雙邊

640000－1201－0002143　集三/72

**六朝四家全集二十二卷**　(清)胡鳳丹輯　清同治九年(1870)永康胡氏退補齋刻本　六冊　十一行二十一字小字雙行同白口四周雙邊

640000－1201－0002144　集二/(57)41

**東溟文集六卷外集四卷後湘詩集九卷二集五卷東槎紀略五卷**　(清)姚瑩撰　清道光十三年(1833)刻本　六冊　十二行二十二字下黑口左右雙邊

640000－1201－0002145　集三/49

**玉堂才調集不分卷**　(清)于鵬翬輯　清光緒二年(1876)紅杏山房刻本　六冊　十行二十一字白口左右雙邊

640000－1201－0002146　集二/(57)290

**忠雅堂詩集二十七卷補遺二卷附銅絃詞二卷**　(清)蔣士銓撰　清藏園刻本　六冊　十二行二十四字上下黑口左右雙邊

640000－1201－0002147　集二/(57)98

**攜雪堂全集七卷**　(清)吳可讀著　(清)郭嵐(清)李崇洸編輯　清光緒十九年(1893)刻本　五冊　十行二十三字小字雙行同白口四周雙邊

640000－1201－0002148　集三/48

**經心書院集四卷**　(清)左紹佐輯　清光緒十四年(1888)湖北官書處刻本　四冊　十一行二十四字小字雙行同白口左右雙邊

640000－1201－0002149　集二/(57)45

**江田梁氏詩存九卷**　(清)梁章鉅輯　清道光十四年(1834)刻本　六冊　九行二十二字小字雙行同下黑口左右雙邊

640000－1201－0002150　集二/(57)401

**微波榭叢書六種三十二卷**　(清)孔繼涵輯　清乾隆中曲阜孔氏刻本　七冊　十行二十一

字小字雙行同白口四周雙邊

640000－1201－0002151　集二/(57)125

**小倉山房詩集三十七卷補遺二卷**　(清)袁枚撰　清刻本　十三冊　十一行二十一字白口左右雙邊

640000－1201－0002152　集二/(57)357

**陳檢討集二十卷**　(清)陳維崧撰　(清)程師恭注　清刻本　三冊　上下黑口左右雙邊　存十五卷(一至十五)

640000－1201－0002153　集二/(57)167

**大山詩集七卷**　(清)劉巖撰　(清)吳楣輯(清)陳瀏編刊　清鉛印本　一冊　十一行三十三字小字雙行同白口四周雙邊　存二卷(一至二)

640000－1201－0002154　集二/(57)71

**煙霞萬古樓文集六卷**　(清)王曇撰　清道光二十年(1840)刻本　二冊　九行十九字白口四周雙邊

640000－1201－0002155　集二/(57)70

**耐冷譚十六卷**　(清)宋咸熙撰　清道光九年(1829)武林亦西齋刻本　四冊　九行十九字小字雙行同上下黑口左右雙邊

640000－1201－0002156　集二/(57)333

**適齋居士集四卷**　(清)覺羅舒敏撰　清道光二十二年(1842)吳門臬署刻本　二冊　九行十八字小字雙行同白口左右雙邊

640000－1201－0002157　集三/77

**漁洋山人古詩選三十二卷**　(清)王士禛選　清同治七年(1868)湘鄉曾氏刻本　四冊　十行二十二字小字雙行同上下黑口左右雙邊　存十七卷(五言詩一至十七)

640000－1201－0002158　集二/(57)353

**養一齋文集二十卷補遺一卷續文集六卷**　(清)李兆洛撰　清道光二十三年(1843)維風堂木活字印本　十冊　九行二十一字下黑口四周單邊

640000－1201－0002159　集二/(57)44

**續香齋進呈詩冊一卷古今體詩二卷附讀史存質集一卷**　(清)喬遠炳著　清道光九年(1829)刻本　四冊　八行二十一字小字雙行同白口四周雙邊

640000－1201－0002160　集二/(57)82

**頤巢類稿不分卷**　(清)陶邵學撰　清刻本　一冊　十行二十一字小字雙行同上下黑口左右雙邊

640000－1201－0002161　集二/(57)43

**百柱堂全集內集三十四卷外集十九卷附信甫詩一卷文一卷**　(清)王柏心撰　清光緒二十四年(1898)貴陽成山唐氏刻本　二十冊　十二行二十一字小字雙行同白口四周單邊

640000－1201－0002162　集二/(57)417

**印心石屋詩鈔二集三卷**　(清)陶澍撰　清嘉慶刻本　一冊　十行十九字小字雙行同白口左右雙邊

640000－1201－0002163　集二/(57)1

**曾文正公全集十二種一百四卷**　(清)曾國藩撰　清光緒二十八年(1902)耕餘書屋石印本　十九冊　二十二行四十八字小字雙行同白口四周單邊　缺八卷(書札六至十、批牘一至三)

640000－1201－0002164　集二/(57)117

**三魚堂文集十二卷外集六卷附錄二卷**　(清)陸隴其撰　(清)席永恂　(清)席前席校刊　清掃葉山房刻本　六冊　九行二十字白口左右雙邊

640000－1201－0002165　集二/(16)22

**十五弗齋詩存一卷文存一卷**　(清)丁寶楨撰　清光緒二十年(1894)京師刻本　一冊　十一行二十二字上下黑口四周單邊

640000－1201－0002166　集二/(57)29

**板橋集**　(清)鄭燮著　清刻本　二冊　十行十九字小字雙行同白口左右雙邊

640000－1201－0002167　集二/(57)1

**曾文正公全集五種**　(清)曾國藩撰　清光緒十四年(1888)鴻文書局鉛印本　八冊　十七

行四十一字小字雙行不等白口四周雙邊　　存
二十七卷(奏稿二十四至三十、書札二十三至
三十三、批牘一至六、家書四至五,首一卷)

640000 – 1201 – 0002168　　集二/(57)42
顧亭林先生遺書　(清)顧炎武撰　清光緒十
一年(1885)吳縣孫鏘朱氏槐廬家塾刻本　十
二冊　十一行二十字白口四周雙邊

640000 – 1201 – 0002169　　集二/(57)410
四益友樓文鈔五卷附易氏前譜考證　(清)易
其需撰　清光緒十六年(1890)刻本　一冊
十行二十二字小字雙行同白口四周雙邊　　存
一卷(五)

640000 – 1201 – 0002170　　集二/(57)413
兩思軒試帖三卷　(清)葉大遒撰　清光緒二
十四年(1898)刻本　三冊　九行二十二字小
字雙行同白口四周雙邊

640000 – 1201 – 0002171　　集二/(57)411
御製詩二集九十卷　(清)高宗弘曆撰　(清)
蔣溥等編　清刻本　一冊　九行十七字小字
雙行同白口四周雙邊　　存五卷(八十六至九
十)

640000 – 1201 – 0002172　　集三/2 – 3
全上古三代秦漢三國六朝文七百四十六卷
(清)嚴可均校輯　清光緒十九年(1893)廣州
廣雅書局刻本　八十冊　十三行二十五字小
字雙行同上下黑口四周單邊

640000 – 1201 – 0002173　　史七/56
念昔齋寱言圖纂不分卷　(清)黃雲鵠撰　清
光緒元年(1875)建南官廨刻本　一冊　十行
二十一字白口左右雙邊

640000 – 1201 – 0002174　　TC9 – 3/17
[宣統]新修固原州志十二卷　(清)王學伊修
　(清)錫麒纂　清宣統元年(1909)官報書局
鉛印本　十二冊　十行二十四字白口四周
雙邊

640000 – 1201 – 0002175　　集二/(57)200
復堂文續五卷　(清)譚獻撰　清光緒二十七
年(1901)刻本　四冊　九行二十字小字雙行

同白口四周雙邊

640000 – 1201 – 0002176　　集三/15
六朝文絜四卷　(清)許槤評選　清光緒二十
二年(1896)刻本　一冊　九行十八字上黑口
左右雙邊

640000 – 1201 – 0002177　　集二/(52)4
唐女郎魚玄機詩一卷附錄一卷　(唐)魚玄機
撰　清光緒二十五年(1899)長沙葉氏影刻本
　一冊　十行十八字白口左右雙邊

640000 – 1201 – 0002178　　集二/(57)31
小倉山房詩集三十一卷文集四卷尺牘六卷外
集一卷　(清)袁枚撰　清隨園刻本　十六冊
　九行二十一字白口四周單邊

640000 – 1201 – 0002179　　集三/28
古詩源十四卷　(清)沈德潛撰　清康熙五十
八年(1719)刻本　六冊　十行十九字小字雙
行不等上下黑口左右雙邊

640000 – 1201 – 0002180　　集三/28
古詩源十四卷　(清)沈德潛撰　清光緒十七
年(1891)湖南思賢書局刻本　四冊　九行二
十一字小字雙行同上下黑口左右雙邊

640000 – 1201 – 0002181　　集二/(36)1
二酉堂叢書三種三卷　(清)張澍輯　清道光
元年(1821)武威張氏二酉堂刻本　一冊　十
行二十四字小字雙行同白口左右雙邊

640000 – 1201 – 0002182　　集三/4
黔詩紀略三十三卷　(清)黎兆勳採詩　(清)
莫友芝傳證　(清)唐樹義審例　清同治十二
年(1873)遵義唐氏夢研齋刻本　八冊　十一
行二十三字小字雙行同上下黑口左右雙邊

640000 – 1201 – 0002183　　集二/(57)31
小倉山房文集三十五卷　(清)袁枚撰　清刻
本　九冊　十行二十一字上下黑口左右雙邊
　　存二十一卷(五至二十五)

640000 – 1201 – 0002184　　集二/(57)267
畏廬文集一卷　林紓著　清宣統二年(1910)
鉛印本　一冊　十二行三十二字上下黑口四

周雙邊

640000－1201－0002185　集二/(57)281
綠猗草堂文集三十卷首一卷別集二卷外集二卷詩集二十卷首一卷　（清）羅汝懷撰　清光緒九年(1883)湘潭羅氏刻本　十五冊　十行二十四字白口四周雙邊

640000－1201－0002186　叢一/24
鐵華館叢書六種四十五卷　（清）蔣鳳藻輯　清光緒中長洲蔣氏景刻本　六冊　十二行二十二字小字雙行二十五字白口左右雙邊

640000－1201－0002187　集三/51
十家詩詳注七卷　（清）吳錫麒等撰　（清）毛履謙　（清）吳純夫詳注　清尚友堂刻本　六冊　九行二十字小字雙行同上黑口四周單邊

640000－1201－0002188　集三/73
御選唐宋詩醇四十七卷目録二卷　（清）高宗弘曆選　清乾隆二十五年(1760)紫陽書院刻本　二十冊　九行十八字白口四周單邊

640000－1201－0002189　集三/55
盧陽三賢集三種十九卷　（清）張祥雲輯　清光緒元年(1875)合肥張氏毓秀堂刻本　四冊　十行二十一字上下黑口四周雙邊

640000－1201－0002190　集三/7
古文辭類纂七十四卷　（清）姚鼐編　清同治八年(1869)江蘇書局刻本　十二冊　十三行二十二字上下黑口左右雙邊

640000－1201－0002191　集三/7
古文辭類纂七十四卷　（清）姚鼐編　清同治八年(1869)江蘇書局刻本　十二冊　十三行二十二字上下黑口左右雙邊

640000－1201－0002192　集三/74
唐宋八家文讀本三十卷　（清）沈德潛評點　清刻本　五冊　十行二十字小字雙行同白口左右雙邊　存十二卷(四至十五)

640000－1201－0002193　集三/56
詩林韶濩選二十卷　（清）顧嗣立選　（清）周煌重選　清乾隆二十九年(1764)漱潤堂刻本

四冊　十行二十四字小字雙行同白口左右雙邊

640000－1201－0002194　集三/7－2
古文辭類纂七十四卷　（清）姚鼐編　清光緒二十六年(1900)新化三味書室刻本　十二冊　十三行二十二字白口左右雙邊

640000－1201－0002195　集三/46
八家四六文注八卷首一卷　（清）孫星衍著　（清）許貞幹注　清光緒十七年(1891)味青齋刻本　十六冊　十一行二十三字小字雙行同上下黑口四周雙邊

640000－1201－0002196　集三/70
御選唐宋文醇五十八卷　（清）高宗弘曆選輯　（清）允禄校對　清光緒三年(1877)浙江書局刻本　二十冊　九行二十二字白口左右雙邊

640000－1201－0002197　集三/50
古文喈鳳新編八卷　（清）汪基輯　清雍正刻本　八冊　十行二十二字小字雙行同白口四周單邊

640000－1201－0002198　集三/7
古文辭類纂七十四卷　（清）姚鼐編　清合河蕭氏家塾刻本　十二冊　十三行二十二字上下黑口左右雙邊

640000－1201－0002199　集三/42
古文觀止十二卷　（清）吳乘權　（清）吳大職評選　清南京李光明莊刻本　六冊　十一行二十二字小字雙行同白口左右雙邊

640000－1201－0002200　集三/73
御選唐宋詩醇四十七卷目録二卷　（清）高宗弘曆選　（清）梁詩正等校刊　清光緒十八年(1892)湖南書局重刻本　二十四冊　九行十九字白口左右雙邊

640000－1201－0002201　集三/5
重訂文選集評十五卷首一卷末一卷　（南朝梁）蕭統選　（清）于光華編次　清刻本　八冊　十行二十四字小字雙行不等白口左右雙邊　存九卷(八至十五、末一卷)

640000－1201－0002202　集三/42

古文雅正十四卷　（清）蔡世遠評選　清刻本
　　五冊　十行二十五字白口左右雙邊

640000－1201－0002203　集三/5

文選六十卷　（南朝梁）蕭統選　（唐）李善注
　　（清）何義門點評　（清）葉涵峰參訂　清乾
　　隆三十七年(1772)長洲葉氏海録軒朱墨套印
　　本　十六冊　十二行二十五字小字雙行三十
　　七字白口左右雙邊

640000－1201－0002204　集三/57

古文翼八卷　（清）唐德宜編　清光緒十二年
　　(1886)漢口李氏森寶齋刻本　八冊　九行二
　　十三字小字雙行同白口左右雙邊

640000－1201－0002205　集三/23

經史百家雜鈔二十六卷　（清）曾國藩纂
　　(清)李鴻章校刊　清光緒三十二年(1906)上
　　海商務印書館鉛印本　十二冊　十四行三十
　　三字小字雙行同白口四周雙邊

640000－1201－0002206　集三/39

七家試帖輯注彙鈔不分卷　（清）王植桂輯注
　　（清）張熙宇輯評　清同治九年(1870)刻本
　　八冊　九行二十二字小字雙行同上下黑口
　　四周雙邊

640000－1201－0002207　集三/41

御定歷代題畫詩類一百二十卷　（清）陳邦彦
　　編　清嘉慶二十二年(1817)刻本　三十二冊
　　十一行二十三字小字雙行不等上下黑口左
　　右雙邊

640000－1201－0002208　集三/17

續古文辭類纂三十四卷　王先謙輯　清光緒
　　八年(1882)王氏刻本　八冊　十三行二十二
　　字白口左右雙邊

640000－1201－0002209　集三/76

歷代賦鈔三十二卷　（清）趙維烈編　清刻本
　　八冊　九行二十二字小字雙行不等白口左
　　右雙邊

640000－1201－0002210　集三/34

國朝律賦新機三集　（清)孫理評輯　（清）胡

金栻　（清）胡玉樹箋注　清嘉慶十八年
(1813)成錦堂刻本　六冊　九行二十五字小
字雙行不等白口左右雙邊

640000－1201－0002211　集三/17

續古文辭類纂二十八卷　（清）黎庶昌編　清
光緒二十一年(1895)金陵狀元閣刻本　十二
冊　十二行二十五字小字雙行五十字白口左
右雙邊

640000－1201－0002212　集三/63

璧合珠聯集十卷　（清）翰緣齋主人輯　清光
緒二十三年(1897)長沙刻本　六冊　十行二
十一字小字雙行同下黑口四周雙邊

640000－1201－0002213　集三/80

御選唐宋文醇五十八卷　（清）高宗弘曆選
（清）允禄校　清光緒十八年(1892)湖南書局
重刻本　二十四冊　九行二十二字白口左右
雙邊

640000－1201－0002214　集三/58

賦學正鵠十一卷　（清）李元度編　清光緒十
八年(1892)茹古山房刻本　六冊　九行二十
一字小字雙行同白口左右雙邊

640000－1201－0002215　集三/3

漢魏六朝百三名家集一百十八卷　（明）張溥
輯　清光緒十八年(1892)長沙謝氏翰墨山房
刻本　八十冊　九行十八字小字雙行同白口
左右雙邊

640000－1201－0002216　集三/61

東萊先生古文關鍵二卷　（宋）呂祖謙輯　清
同治九年(1870)古閩晏湖張氏勵志書屋刻本
　　二冊　九行二十一字小字雙行三十一字白
口左右雙邊

640000－1201－0002217　集三/36

古文雅正十四卷　（清）蔡世遠選評　清光緒
三十一年(1905)宏道堂刻本(四至七為補配)
　　四冊　十行二十二字白口左右雙邊

640000－1201－0002218　集三/17

續古文辭類纂三十四卷　王先謙輯　清光緒
十年(1884)吳縣朱氏行素草堂刻本　六冊

十二行二十二字上下黑口左右雙邊

640000－1201－0002219　集三/24

**駢體文鈔三十一卷**　(清)李兆洛編　清光緒
八年(1882)滬上合河康氏刻本　八冊　十三
行二十二字小字雙行同上下黑口左右雙邊

640000－1201－0002220　集三/24

**駢體文鈔三十一卷**　(清)李兆洛編　清光緒
三十四年(1908)蘇州振新書社刻本　八冊
十三行二十二字小字雙行同上下黑口左右
雙邊

640000－1201－0002221　集三/30

**批點七家詩選箋注七卷**　(清)張熙宇輯評
清道光十二年(1832)刻本　二冊　九行二十
二字小字雙行同白口四周單邊

640000－1201－0002222　集三/11

**增廣文選六種**　(清)上海鴻寶齋書局輯　清
光緒二十一年(1895)上海鴻寶齋石印本　十
二冊　十四行四十八字小字雙行同白口左右
雙邊

640000－1201－0002223　集三/69

**八旗文經五十六卷作者考三卷敘錄一卷**
(清)盛昱輯　清光緒二十七年(1901)武昌刻
本　十二冊　十二行二十三字上下黑口左右
雙邊

640000－1201－0002224　集三/14

**文選六十卷**　(南朝梁)蕭統撰　(唐)李善注
　清同治八年(1869)金陵書局刻本　十冊
十二行二十五字小字雙行三十八字白口左右
雙邊

640000－1201－0002225　集三/14

**文選六十卷考異十卷**　(南朝梁)蕭統撰
(唐)李善注　清同治八年(1869)尋陽萬氏刻
本　十六冊　十行二十一字小字雙行同白口
左右雙邊　存四十七卷(一至十七、二十四至
二十九、三十六至五十一、五十五至六十,考
異一至二)

640000－1201－0002226　集三/2－4

**全上古三代秦漢三國六朝文七百四十六卷**

(清)嚴可均校輯　清光緒二十年(1894)黃岡
王氏刻本　八十冊　十三行二十五字小字雙
行同上下黑口四周單邊

640000－1201－0002227　集三/32

**味蘭軒百篇賦鈔四卷**　(清)張世燾　(清)彭
克惠編輯　清乾隆三十八年(1773)刻本　四
冊　十行二十五字小字雙行同白口四周單邊

640000－1201－0002228　集三/29

**古文淵鑒六十四卷**　(清)徐乾學等編注　清
宣統二年(1910)學部圖書局石印本　二十四
冊　九行二十字小字雙行同上下黑口四周
單邊

640000－1201－0002229　集三/(52)4

**唐詩三百首注釋六卷續選二卷**　(清)蘅塘退
士編　(清)章燮注　(清)于慶元輯　清光緒
十六年(1890)寶慶益元書局刻本　八冊　九
行二十字小字雙行同白口左右雙邊

640000－1201－0002230　集三/42

**古文雅正十四卷**　(清)蔡世遠選評　清刻本
　八冊　八行二十四字小字雙行同白口左右
雙邊

640000－1201－0002231　集三/29

**古文淵鑒六十四卷**　(清)徐乾學等編注　清
內府刻五色套印本　三十七冊　九行二十字
小字雙行同上下黑口四周單邊　存四十九卷
(一至四十九)

640000－1201－0002232　集三/62

**播雅二十四卷**　(清)鄭珍編輯　清宣統三年
(1911)貴陽文通書局鉛印本　八冊　十行二
十一字小字雙行同白口四周雙邊

640000－1201－0002233　集三/36

**古文雅正十四卷**　(清)蔡世遠選評　清刻本
　四冊　十行二十五字白口左右雙邊

640000－1201－0002234　集三/43

**榕村詩選八卷首一卷**　(清)李光地輯　清雍
正八年(1730)杭州方觀刻本　三冊　九行十
九字小字雙行二十九字白口左右雙邊

640000－1201－0002235　集三/1－2

**涵芬樓古今文鈔一百卷**　（清）吳增祺纂　清宣統二年(1910)上海商務印書館鉛印本　一百冊　十二行三十一字小字雙行同下黑口四周雙邊

640000－1201－0002236　集三/14

**重訂文選集評十五卷首一卷末一卷**　（清）于光華編　清咸豐九年(1859)刻本　二十冊　小字雙行不等白口四周單邊

640000－1201－0002237　集三/15

**六朝文絜四卷**　（清）許槤評選　（清）朱鈞參校　清光緒三年(1877)南海馮焌光朱墨套印本　四冊　九行十八字上下黑口左右雙邊

640000－1201－0002238　集三/14

**文選六十卷**　（南朝梁）蕭統輯　（唐）李善注　清康熙二十五年(1686)錢士謐刻本　十冊　十二行二十五字小字雙行三十七字白口左右雙邊

640000－1201－0002239　集三/06

**闕里孔氏詩鈔十四卷**　（清）盛大士選訂（清）孔憲彝纂輯　清道光刻本　二冊　十行二十一字小字雙行同上下黑口左右雙邊

640000－1201－0002240　集三/14－2

**文選六十卷**　（南朝梁）蕭統選　（唐）李善注（清）何義門評點　（清）葉樹藩訂　清乾隆三十七年(1772)海録軒刻本　十六冊　十二行二十五字小字雙行三十七字白口左右雙邊

640000－1201－0002241　集三/2－2

**全上古三代秦漢三國六朝文七百四十六卷**　(清)嚴可均校輯　清光緒二十年(1894)黃岡王氏刻本　一百冊　十三行二十五字小字雙行同上下黑口四周單邊

640000－1201－0002242　集三/(37)1

**西漢文選四卷**　（清）儲欣評選　清乾隆三十八年(1773)同文堂刻本　二冊　九行二十五字白口四周雙邊

640000－1201－0002243　集三/60

**古詩箋五言詩十七卷七言詩十五卷**　（清）王士禛選本　（清）聞人倓箋　清乾隆三十一年(1766)芷蘭堂刻本　十七冊　十行二十一字小字雙行同白口左右雙邊

640000－1201－0002244　集三/7

**古文辭類纂七十四卷續古文辭類纂三十四卷**　（清）姚鼐　王先謙纂集　清光緒刻本　二十四冊　十三行二十二字白口左右雙邊

640000－1201－0002245　集三/38－2

**樂府詩集一百卷目録二卷**　（宋）郭茂倩編　清光緒元年(1875)湖北崇文書局刻本　十六冊　十一行二十一字上下黑口四周雙邊

640000－1201－0002246　叢一/2

**樂府詩集一百卷目録二卷**　（宋）郭茂倩編　清同治十三年(1874)湖北崇文書局刻本　十六冊　十一行二十一字小字雙行同上下黑口四周雙邊

640000－1201－0002247　集三/(52)5－2

**古唐詩合解十二卷附古詩四卷**　（清）王堯衢注　清西安義興堂刻本　四冊　十行二十一字小字雙行同白口四周單邊

640000－1201－0002248　集三/35

**唐宋八大家文鈔一百四十四卷**　（明）茅坤評　清雲林大盛堂刻本　四十冊　十行二十四字白口四周單邊

640000－1201－0002249　集三/(52)5

**古唐詩合解十二卷附古詩四卷**　（清）王堯衢注　清刻本　二冊　九行二十四字小字雙行同白口四周單邊

640000－1201－0002250　集三/(52)5

**古唐詩合解十二卷**　（清）王堯衢注　清友于堂刻本　五冊　九行二十四字小字雙行同白口四周單邊

640000－1201－0002251　集四/35

**曹集詮評十卷逸文一卷年譜一卷附録一卷**　(清)丁晏纂　清同治十一年(1872)金陵書局刻本　二冊　九行二十二字小字雙行同白口左右雙邊

640000－1201－0002252　集三/1

**涵芬樓古今文鈔一百卷附文體芻言一卷**
（清）吳曾祺纂　清宣統三年（1911）上海商務印書館鉛印本　一百一冊　十二行三十一字小字雙行不等下黑口四周雙邊

640000－1201－0002253　集三/(57)17

**學海堂集十六卷**　（清）啟秀山房訂　（清）吳蘭修編校監刻　清道光五年（1825）廣州啟秀山房刻本　八冊　十行二十字小字雙行同白口左右雙邊

640000－1201－0002254　集三/(57)26

**癸酉消夏詩一卷南苑唱和詩一卷**　（清）潘祖蔭輯　清同治、光緒間刻本　一冊　六行十六字小字雙行同白口左右雙邊

640000－1201－0002255　集三/(57)10

**狀元策不分卷**　（清）□□輯　清道光十三年（1833）刻本　十冊　十行二十四字小字雙行同白口四周雙邊

640000－1201－0002256　集五/17

**詞綜三十八卷**　（清）朱彝尊抄撮　（清）汪森增定　（清）柯崇樸編次　（清）周簣辨譌　清光緒二十八年（1902）金匱浦氏刻本　十冊　十行二十一字小字雙行同上下黑口左右雙邊

640000－1201－0002257　集四/16

**彙纂詩法度鍼十卷首一卷**　（清）徐文弼輯　清乾隆六十年（1795）五美堂刻本　六冊　十一行二十四字小字雙行同白口左右雙邊

640000－1201－0002258　集三/3－2

**漢魏六朝百三名家集九十三種一百九卷**
（明）張溥輯　清光緒五年（1879）彭懋謙信述堂刻本　九十二冊　九行十八字白口左右雙邊　缺一卷（晉王右軍集二）

640000－1201－0002259　集五/17

**詞綜三十八卷**　（清）朱彝尊抄撮　（清）汪森增定　（清）柯崇樸編次　（清）周簣辨譌　清同治四年（1865）亦西齋刻本　七冊　十行二十一字小字雙行同上下黑口左右雙邊　缺九卷（三十至三十八）

640000－1201－0002260　集四/16

**彙纂詩法度鍼三十三卷首一卷**　（清）徐文弼輯　清乾隆刻本　四冊　十行二十二字小字雙行四十七字白口左右雙邊

640000－1201－0002261　集四/29

**藝槩六卷**　（清）劉熙載撰　清同治十二年（1873）刻本　二冊　十一行二十一字白口左右雙邊

640000－1201－0002262　集三/(52)5

**古唐詩合解唐詩十二卷古詩四卷**　（清）王堯衢注　清同治八年（1869）世順堂刻本　三冊　十行二十四字小字雙行同白口四周單邊

640000－1201－0002263　集五/55

**繡墨軒詩稿不分卷**　（清）俞慶曾撰　清光緒二十三年（1897）刻本　一冊　十行二十一字白口四周單邊

640000－1201－0002264　集三/(57)16

**湖海文傳七十五卷**　（清）王昶輯　清同治五年（1866）刻本　二十冊　十二行二十三字小字雙行同上下黑口左右雙邊

640000－1201－0002265　集五/60

**三家宮詞三卷二家宮詞二卷**　（明）毛晉輯　清同治十二年（1873）淮南書局刻本　一冊　十一行二十一字小字雙行同上下黑口左右雙邊

640000－1201－0002266　集三/(52)7

**唐文粹一百卷**　（宋）姚鉉纂　**唐文粹補遺二十六卷**　（清）郭麐輯　清光緒十六年（1890）杭州許氏榆園刻本　二十冊　十四行二十五字小字雙行同上下黑口左右雙邊

640000－1201－0002267　集三/(56)1

**明詩綜一百卷家數一卷**　（清）朱彝尊錄　（清）汪森緝評　清康熙四十四年（1705）刻本　三十四冊　十一行二十一字小字雙行三十一字白口左右雙邊

640000－1201－0002268　集三/(52)3

**唐駢體文鈔十七卷**　（清）陳均輯　（清）譚宗浚校　清同治十二年（1873）刻本　四冊　十

一行二十四字白口左右雙邊

640000－1201－0002269　集三/(56)3

**明文才調集不分卷**　（清）許振禕編集　（清）鄧輔綸參訂　（清）劉可毅校字　清光緒十七年(1891)刻本　六冊　九行二十五字白口四周雙邊

640000－1201－0002270　集三/(52)9－3

**初唐四傑文集二十一卷**　（清）項家達輯　清光緒五年(1879)淮南書局刻本　四冊　十二行二十二字白口左右雙邊

640000－1201－0002271　集三/91

**選注六朝唐賦一卷**　（清）馬傳庚撰　清同治十三年(1874)刻本　一冊　八行二十字小字雙行同白口左右雙邊

640000－1201－0002272　集三/(52)9－2

**初唐四傑集三十七卷**　（清）項家達輯　清同治十二年(1873)叢雅居刻本　八冊　九行二十一字白口左右雙邊

640000－1201－0002273　集三/(54)3

**蘇學士文集十六卷**　（宋）蘇舜欽撰　（清）宋犖鑒定　清宣統三年(1911)北京龍文閣書局石印本　六冊　十一行二十二字小字雙行同白口四周雙邊

640000－1201－0002274　集三/(56)4

**陽明先生集要三編十六卷**　（明）王守仁撰　（明）施邦曜輯　清光緒五年(1879)黔南刻本　十四冊　十行二十字白口左右雙邊

640000－1201－0002275　集三/(56)－2

**明詩綜一百卷家數一卷**　（清）朱彝尊錄　（清）汪森緝評　清康熙四十四年(1705)西冷吳氏清來堂刻本　三十二冊　十一行二十一字小字雙行三十一字白口左右雙邊

640000－1201－0002276　集五/70

**全史宮詞二十卷**　（清）史夢蘭撰　清咸豐六年(1856)刻本　四冊　九行二十三字小字雙行同白口四周雙邊

640000－1201－0002277　集三/(52)4

**唐詩三百首註釋六卷**　（清）蘅塘退士(孫洙)編　（清）子墨校正　（清）章燮註　（清）孫孝根校　**唐詩三百首續選二卷**　（清）于慶元編　清光緒十四年(1888)北京龍文閣書室刻本　四冊　九行二十字小字雙行同白口左右雙邊

640000－1201－0002278　集三/91

**國朝三家文鈔三十二卷**　（清）宋犖　（清）許汝霖選　清康熙三十三年(1694)刻本　十冊　十二行二十三字上下黑口左右雙邊

640000－1201－0002279　集三/87

**蘭山課業風騷補編三卷**　（清）周樟輯論　（清）丁珠校閱　（清）吳鎮參訂　清乾隆五十七年(1792)刻本　二冊　九行二十二字小字雙行同白口四周雙邊

640000－1201－0002280　集三/(57)1－2

**皇朝經世文編一百二十卷姓名總目二卷**　（清）賀長齡輯　清光緒二十二年(1896)埽葉山房鉛印本　二十四冊　十七行四十四字白口四周單邊

640000－1201－0002281　集三/(52)4

**唐詩三百首註釋六卷**　（清）蘅塘退士(孫洙)編　（清）子墨校正　（清）章燮註　（清）孫孝根校　**唐詩三百首續選二卷**　（清）于慶元撰　清光緒十六年(1890)石渠山房刻本　四冊　九行二十字小字雙行同白口四周單邊

640000－1201－0002282　集三/(57)1

**皇朝經世文編一百二十卷姓名總目二卷**　（清）賀長齡輯　清道光七年(1827)刻本　八十冊　十一行二十四字小字雙行同白口左右雙邊

640000－1201－0002283　集三/(56)7

**明人尺牘選四卷**　（清）王元勳　（清）程化騄輯　清康熙四十四年(1705)碧雲樓刻本　二冊　十行二十一字白口左右雙邊

640000－1201－0002284　集三/(57)1－3

**皇朝經世文編一百二十卷姓名總目二卷**　（清）賀長齡輯　清光緒十三年(1887)上海點

石齋石印本　十二冊　二十三行四十八字白口四周雙邊

640000－1201－0002285　集三/(52)6
**唐詩英華二十二卷目錄一卷**　(清)顧有孝編　清初刻本　二十二冊　十一行二十一字小字雙行同白口左右雙邊

640000－1201－0002286　集三/(57)1－2
**皇朝經世文編一百二十卷**　(清)賀長齡輯　清光緒二十八年(1902)上海煥文書局鉛印本　二十四冊　十六行四十二字白口四周雙邊

640000－1201－0002287　集三/(57)7
**皇朝經世文續編一百二十卷**　(清)葛士濬輯　清光緒二十四年(1898)上海文盛書局石印本　二十冊　二十一行五十字白口四周雙邊

640000－1201－0002288　集三/(52)2
**全唐詩三十二卷**　(清)曹寅等輯　清光緒十三年(1887)上海同文書局石印本　三十二冊　二十二行四十二字白口左右雙邊

640000－1201－0002289　集三/(57)7
**皇朝經世文續編一百二十卷**　(清)葛士濬輯　清光緒十四年(1888)上海圖書集成局鉛印本　二十二冊　十三行四十字小字雙行同白口四周單邊　缺二十六卷(七十九至一百四)

640000－1201－0002290　集四/4
**文藝金針一卷試帖準繩一卷試賦準繩一卷蒲編堂訓蒙草一卷**　(清)路德纂　清同治刻本　六冊　九行十八字小字雙行同白口左右雙邊

640000－1201－0002291　TC3－3/3
**分類補注李太白詩二十五卷年譜一卷**　(唐)李白撰　(宋)楊齊賢集注　(元)蕭士贇補注　(明)許自昌校　**集千家注杜工部詩集二十卷**　(唐)杜甫撰　(明)許自昌校　明萬曆許自昌刻本　十六冊　九行二十字小字雙行同白口左右雙邊

640000－1201－0002292　集三/(57)2
**國朝詞綜四十八卷二集八卷**　(清)王昶纂　清光緒二十八年(1902)金匱浦氏刻本　十二

冊　十行二十一字小字雙行同上下黑口左右雙邊

640000－1201－0002293　TC5－3/3
**三藩紀事本末四卷**　(清)楊陸榮撰　清康熙五十六年(1717)刻本　三冊　九行二十字白口左右雙邊

640000－1201－0002294　集三/20
**粵十三家集十三種一百九十一卷**　(清)伍元薇輯　清道光二十年(1840)南海伍氏詩雪軒刻本　四十冊　九行二十一字上下黑口左右雙邊

640000－1201－0002295　集三/(51)2－2
**國朝詞綜四十八卷二集八卷**　(清)王昶纂　清同治四年(1865)刻本　十二冊　十行二十一字小字雙行同上下黑口左右雙邊

640000－1201－0002296　集三/(57)3
**湖海文傳七十五卷**　(清)王昶輯　清同治五年(1866)刻本　二十冊　十二行二十三字小字雙行同上下黑口左右雙邊

640000－1201－0002297　集三/(52)2
**全唐詩九百卷總目十二卷**　(清)曹寅等輯　清光緒元年(1875)豫章撫州饒玉成雙峰書屋刻本　一百二十冊　十一行二十一字小字雙行不等白口左右雙邊

640000－1201－0002298　TC3－3/3－2
**集千家詩杜工部詩集二十卷**　(唐)杜甫撰　(宋)黃鶴補注　(明)許自昌校　明萬曆刻本　八冊　九行二十字小字雙行同白口左右雙邊

640000－1201－0002299　集三/(52)2
**全唐詩九百卷總目十二卷**　(清)曹寅等輯　清康熙四十四年至四十六年(1705－1707)揚州詩局刻本　一百二十冊　十一行二十一字小字雙行三十二字上下黑口左右雙邊

640000－1201－0002300　集三/(57)4
**國朝駢體正宗十二卷**　(清)曾燠輯　清嘉慶十一年(1806)賞雨茆屋刻本　六冊　十一行二十二字小字雙行同白口左右雙邊

640000－1201－0002301　TC5－3/6

芝龕記六卷　（清）董榕撰　清乾隆十六年(1751)刻本　四冊　十行十九字小字雙行同上下黑口四周單邊

640000－1201－0002302　集三/(57)5

皇朝經世文三編八十卷　（清）陳忠倚輯　清光緒二十七年(1901)上海書局石印本　十六冊　二十行四十八字小字雙行同白口四周雙邊

640000－1201－0002303　集三/(57)8

皇朝經世文編補一百二十卷姓名總目二卷（清）賀長齡輯　（清）張鵬飛補　（清）魏源編　清咸豐元年(1851)來鹿堂刻本　九十五冊　十一行二十四字小字雙行同白口左右雙邊　缺三卷(一、五十六、七十八)

640000－1201－0002304　集三/(57)5

皇朝經世文三編八十卷　（清）陳忠倚輯　清光緒二十九年(1903)同文社鉛印本　十八冊　二十二行四十四字下黑口四周雙邊

640000－1201－0002305　TC5－3/1

鍼灸大成十卷　（清）楊繼洲撰　清順治十四年(1657)關東李月桂刻本　十冊　十行二十二字白口左右雙邊

640000－1201－0002306　集三/(57)6

皇朝經世文新編三十二卷　麥仲華輯　清光緒二十八年(1902)上海書局石印本　十六冊　二十行不等白口四周雙邊

640000－1201－0002307　TC5－3/10

凝香室鴻雪因緣圖記三集　（清）麟慶撰　清道光二十七年至二十九年(1847－1849)揚州刻本　六冊　十行二十一字白口四周雙邊

640000－1201－0002308　集三/(57)6

皇朝經世文新編三十二卷　麥仲華輯　清光緒二十七年(1901)上海書局石印本　十冊　二十行四十五字白口四周雙邊

640000－1201－0002309　集三/(48)2

經心書院續集十二卷　（清）譚獻輯　清光緒二十一年(1895)湖北官書處刻本　六冊　十

一行二十四字白口左右雙邊

640000－1201－0002310　集三/(57)15

湖海詩傳四十六卷　（清）王昶輯　清嘉慶八年(1803)刻本　八冊　十二行二十三字小字雙行三十四字上下黑口左右雙邊

640000－1201－0002311　集三/(57)6

皇朝經世文新編二十一卷　麥仲華輯　清光緒二十八年(1902)瑤林書館石印本　十一冊　二十行四十字上下黑口四周單邊　存十七卷(一至十三、十六下至十八上、二十上)

640000－1201－0002312　TC5－1/1

嚴永思先生通鑑補正略三卷　（明）嚴衍撰（清）張敦仁輯　清道光八年(1828)陳宗彝獨抱廬刻本　三冊　十一行字數不等白口左右雙邊

640000－1201－0002313　集三/(57)25

三場一貫大成六種六卷　（清）王子芹輯　清光緒十四年(1888)上海積山局石印本　十六冊　三十六行字數不等白口四周單邊

640000－1201－0002314　TC4－5/4

孫月峰先生批評史記一百三十七卷褚先生附餘一卷　（明）孫鑛評　（明）馮元仲參訂　明崇禎九年(1636)刻本　二十冊　九行二十字白口四周單邊

640000－1201－0002315　TC5－1/2

寄傲山房塾課纂輯御案易經備旨七卷　（清）鄒聖脈撰　清刻本　四冊　十一行二十字小字雙行同白口四周單邊

640000－1201－0002316　集五/17

歷代詞綜四種一百六卷　（清）朱彝尊　（清）王昶輯　清嘉慶刻本　二十四冊　上下黑口左右雙邊

640000－1201－0002317　集三/(56)2

明三十家詩選初集八卷二集八卷　（清）汪端輯　清同治十二年(1873)蘊蘭吟館刻本　八冊　十一行二十二字小字雙行同上下黑口左右雙邊

640000－1201－0002318　集三/(52)14

**應試唐詩類釋十九卷**　（清）臧岳編　清乾隆
二十八年(1763)刻本　六冊　八行二十字小
字雙行同白口左右雙邊

640000－1201－0002319　集五/4

**鶴歸來傳奇二卷**　（清）瞿頡填詞　（清）周昂
評點　清湖北官書處刻本　二冊　九行二十
四字下黑口左右雙邊

640000－1201－0002320　集五/23

**第六才子書西廂記八卷附醉心篇一卷**　（元）
王實甫撰　（清）金聖歎評點　清同治八年
(1869)刻本　七冊　九行二十五字白口四周
雙邊

640000－1201－0002321　子一/115

**新序十卷**　（漢）劉向撰　清光緒元年(1875)
湖北崇文書局刻本　二冊　十二行二十四字
小字雙行同上下黑口四周雙邊

640000－1201－0002322　集四/6－2

**漁隱叢話前集六十卷後集四十卷**　（宋）胡仔
纂集　清刻本　十二冊　十三行二十一字上
下黑口左右雙邊

640000－1201－0002323　集三/(52)15

**唐賢三昧集三卷**　（清）王士禎編　清刻本
三冊　十行十九字小字雙行同上下黑口左右
雙邊

640000－1201－0002324　集二/(57)132

**述古堂文集十二卷**　（清）錢兆鵬著　清光緒
元年(1875)湖北崇文書局刻本　四冊　十三
行二十二字上下黑口左右雙邊

640000－1201－0002325　集五/25

**繪風亭評第七才子書琵琶記六卷釋義一卷寫
情篇一卷**　（元）高明撰　（清）毛聲山評　清
雍正元年(1723)三多齋刻本　七冊　八行十
九字白口左右雙邊

640000－1201－0002326　集四/6

**漁隱叢話前集六十卷後集四十卷**　（宋）胡仔
纂集　清乾隆六年(1741)刻本　八冊　十三
行二十一字上下黑口左右雙邊

640000－1201－0002327　集三/(57)22

**文章遊戲初編八卷二編八卷三編八卷四編八
卷**　（清）繆艮輯　清嘉慶、道光間刻本　二
十四冊　八行十八字小字雙行同上下黑口四
周單邊

640000－1201－0002328　集五/92

**繪圖綴白裘十二集四十八卷**　（清）玩花主人
集　（清）錢德蒼增輯　清光緒三十四年
(1908)上海廣雅書局石印本　十二冊　十八
行四十六字小字雙行同白口四周雙邊

640000－1201－0002329　集三/(52)8

**唐人五十家小集**　（清）江標輯　清光緒二十
一年(1895)元和江氏靈鶼閣刻本　十六冊
十行十八字白口左右雙邊

640000－1201－0002330　集五/24

**綴白裘新集合編九集三十六卷**　（清）玩花主
人編　（清）錢德蒼增輯　清乾隆四十六年
(1781)四教堂刻本　十八冊　九行二十字白
口四周單邊

640000－1201－0002331　集三/(52)16

**唐人萬首絕句選七卷**　（清）王士禎選　清刻
本　二冊　十行十九字小字雙行同上下黑口
左右雙邊

640000－1201－0002332　集四/17

**隨園詩話十六卷補遺十卷**　（清）袁枚撰　清
石印本　二冊　十一行二十三字上下黑口四
周單邊　存五卷(十二至十六)

640000－1201－0002333　子一/115

**新序十卷**　（漢）劉向撰　清光緒元年(1875)
湖北崇文書局刻本　一冊　十二行二十四字
上下黑口四周雙邊　存五卷(六至十)

640000－1201－0002334　TC5－1/4

**納書楹曲譜正集四卷續集四卷外集二卷補遺
四卷四夢全譜八卷**　（清）葉堂撰　清乾隆五
十七年(1792)長洲葉氏納書楹刻本　二十
冊　六行十八字白口四周雙邊

640000－1201－0002335　集三/93

**文選考異十卷**　（清）胡克家撰　（清）顧廣圻

（清）彭兆蓀訂　清嘉慶十四年(1809)瀋陽胡氏刻本　三冊　十行二十二字小字雙行同白口左右雙邊　存七卷(一至七)

640000－1201－0002336　集五/24
綴白裘新集合編八集　（清）玩花主人編（清）錢德蒼增輯　清乾隆金閶寶仁堂刻本　八冊　九行二十字小字雙行同白口左右雙邊

640000－1201－0002337　集五/37
詞律二十卷首一卷拾遺八卷補遺一卷　（清）萬樹撰　（清）徐本立纂　（清）杜文瀾編　清光緒二年(1876)吳下刻本　十六冊　七行二十一字小字雙行同白口左右雙邊

640000－1201－0002338　集五/56
草窗詞二卷補二卷　（宋）周密撰　（清）朱祖謀輯　清光緒二十六年(1900)影印本　一冊　十行二十一字小字雙行同上下黑口左右雙邊

640000－1201－0002339　TC5－1/6－2
元史類編四十二卷　（清）邵遠平撰　清乾隆六十年(1795)席氏掃葉山房刻本　六冊　十二行二十五字小字雙行三十八字白口左右雙邊　缺二十一卷(二十二至四十二)

640000－1201－0002340　集三/(57)24
憑山閣增輯留青新集三十卷　（清）陳枚選（清）張國泰訂　（清）陳德裕增輯　清紫文閣刻本　二十四冊　十行二十四字小字雙行同白口四周單邊

640000－1201－0002341　集三/(52)4
唐詩三百首註釋六卷　（清）蘅塘退士輯（清）章燮注　續選一卷　（清）于慶元編　清光緒十年(1884)刻本　六冊　九行二十字小字雙行同白口左右雙邊

640000－1201－0002342　集三/(57)23
文苑菁華六卷二集續編六卷　（清）蔣其章（清）孟廣居編　清光緒二年(1876)刻本　十二冊　十五行二十八字白口四周雙邊

640000－1201－0002343　TC3－2/2
元文類七十卷目錄三卷　（元）蘇天爵輯　明嘉靖十六年(1537)晉藩刻本　二十冊　十行十九字白口四周單邊

640000－1201－0002344　集三/92
列朝詩集乾集二卷甲集前編十一卷甲集二十二卷乙集八卷丙集十六卷丁集十六卷閏集六卷　（清）錢謙益輯　清刻本　二十五冊　十五行二十八字白口四周雙邊

640000－1201－0002345　集三/(52)1
欽定全唐文一千卷目錄三卷　（清）董誥等編校　清光緒二十七年(1901)廣雅書局刻本　二百冊　十三行二十五字小字雙行同下黑口四周單邊

640000－1201－0002346　集四/3
文心雕龍十卷　（南朝梁）劉勰撰　（清）黃叔琳注　（清）紀昀評　清道光十三年(1833)兩廣節署朱墨套印本　四冊　十行二十一字小字雙行同白口左右雙邊

640000－1201－0002347　子八/14
芥子園畫傳初集六卷　（清）王概摹　清康熙十八年(1679)刻彩色套印本　五冊　白口左右雙邊

640000－1201－0002348　集三/88
皋蘭課業詩賦約編七卷　（清）盛元珍撰　清刻本　五冊　十行二十五字小字雙行同白口四周雙邊

640000－1201－0002349　集三/(54)2
宋詩鈔初集八十二種九十二卷　（清）呂留良等輯　清康熙十年(1671)吳氏鑑古堂刻本　三十二冊　十二行二十二字小字雙行同上下黑口左右雙邊

640000－1201－0002350　集四/3－2
文心雕龍十卷　（南朝梁）劉勰撰　（清）黃叔琳注　（清）紀昀評　清道光十三年(1833)兩廣節署朱墨套印本　四冊　十行二十一字小字雙行同白口左右雙邊

640000－1201－0002351　集三/94
古文析義初編六卷二編八卷　（清）林雲銘評註　（清）葉世宸校　清宏道堂刻本　四冊

十行二十四字小字雙行同白口四周單邊　缺二卷(初編五至六)

640000－1201－0002352　集三/(57)19
**秦淮八艷圖咏不分卷**　(清)葉衍蘭編繪　清光緒十八年(1892)刻本　一冊　八行二十七字白口四周花邊

640000－1201－0002353　集二/(6)21
**覆瓿文存七卷附資江書院學規**　(清)謝玉芝撰　清光緒刻本　一冊　九行二十四字上下黑口左右雙邊　存二卷(三至四)

640000－1201－0002354　集五/8
**詞律二十卷首一卷拾遺八卷補遺一卷**　(清)萬樹撰　(清)徐本立纂　(清)杜文瀾編　清光緒二年(1876)吳下刻本　十六冊　七行二十一字小字雙行同白口左右雙邊

640000－1201－0002355　集五/83
**心安隱室詞集四卷詩集九卷**　(清)詹肇堂撰　清光緒十年(1884)刻本　一冊　十一行二十四字上下黑口左右雙邊　缺六卷(詩集一至六)

640000－1201－0002356　集四/44
**藝苑巵言八卷附錄一卷**　(明)王世貞著　清刻本　一冊　八行二十一字白口四周雙邊　存三卷(七至八、附錄一卷)

640000－1201－0002357　叢一/3
**佩文詩韻釋要五卷**　(清)周兆基撰　(清)朱蘭輯　清光緒元年(1875)湖北崇文書局刻本　一冊　九行字數不等小字雙行不等白口左右雙邊

640000－1201－0002358　集二/(57)249
**太素齋詞鈔二卷**　(清)勒方錡撰　清光緒十年(1884)刻本　一冊　九行二十一字小字雙行同白口左右雙邊

640000－1201－0002359　集二/(57)29
**鄭板橋全集六卷**　(清)鄭燮撰　清同治三年(1864)刻本　四冊　十行十九字小字雙行同白口左右雙邊

640000－1201－0002360　集五/80
**明詞綜十二卷詞綜三十八卷**　(清)王昶纂　(清)朱彝尊等編　清同治四年(1865)刻本　五冊　十行二十一字小字雙行同上下黑口左右雙邊　存二十一卷(明詞綜十二卷、詞綜三十至三十八)

640000－1201－0002361　叢一/17－2
**士禮居黃氏叢書十八種附二種一百九十四卷**　(清)黃丕烈輯　清光緒十三年(1887)上海蜚英館石印本　三十冊　八行十七字小字雙行同白口左右雙邊

640000－1201－0002362　叢一/6
**粵雅堂叢書九十九種六百二十七卷**　(清)伍崇曜輯　清道光至光緒南海伍氏刻本　一百八十一冊　九行二十一字上下黑口左右雙邊　缺二十二卷(燕樂考原三至六、宋板書目一、後漢書補注十八至二十四、十三經音略一至五、爾雅新義一至五)

640000－1201－0002363　叢一/20 集三/84
**平津館叢書三十七種一百八十四卷**　(清)孫星衍輯　清嘉慶中蘭陵孫氏刻本　五十二冊　十一行二十字小字雙行同上下黑口左右雙邊

640000－1201－0002364　叢一/25
**惜陰軒叢書四十四種三百六十六卷**　(清)李錫齡輯　清光緒二十二年(1896)長沙刻本　九十八冊　十行二十二字上下黑口四周單邊

640000－1201－0002365　叢一/59
**翰苑分書臨文正宗**　(清)張端卿等撰　(清)戴彬元等書　清光緒刻本　七冊　七行二十字白口左右雙邊

640000－1201－0002366　叢一/36
**經訓堂叢書**　(清)畢沅輯　清光緒十三年(1887)大同書局石印本　二十冊　十四行三十三字小字雙行同白口四周雙邊

640000－1201－0002367　叢一/5
**昭代叢書四百九十九種五百二卷**　(清)張潮　(清)張漸輯　(清)楊復吉　(清)沈楙悳

續輯　清道光中吳江沈氏世楷堂刻本　一百六十冊　九行二十字小字雙行同白口左右雙邊

640000－1201－0002368　叢一/24－2

**鐵華館叢書六種四十五卷**　（清）蔣鳳藻輯　清光緒九年至十年(1883－1884)長洲蔣氏影刻本　十六冊　十二行二十二字小字雙行二十五字白口左右雙邊

640000－1201－0002369　叢一/41

**古逸叢書**　（清）黎庶昌輯　清光緒中遵義黎氏日本東京使署影刻本　五十冊　白口左右雙邊

640000－1201－0002370　叢一/52

**晨風閣叢書**　（清）沈宗畸輯　清宣統元年(1909)番禺沈氏刻本　十六冊　十一行二十一字上下黑口四周單邊

640000－1201－0002371　志八一

**廣東輿地全圖**　（清）張人駿繪　清光緒二十三年(1897)石印本　二冊　白口四周單邊

640000－1201－0002372　叢一/46

**咫進齋叢書**　（清）姚覲元輯　清光緒九年(1883)歸安姚氏刻本　二十四冊　十三行二十二字上下黑口左右雙邊

640000－1201－0002373　叢一/40

**榆園叢刻十六種**　（清）許增輯　清同治、光緒間刻本　二十冊　十二行二十三字小字雙行同白口左右雙邊

640000－1201－0002374　叢一/26

**式訓堂叢書二集二十八種一百八卷**　（清）章壽康輯　清光緒中會稽章氏刻本　三十二冊　十一行二十一字小字雙行同上下黑口四周單邊

640000－1201－0002375　叢一/45

**萬國政治藝學全書一百六十卷**　（清）朱大文（清）凌賡颺輯　清光緒二十八年(1902)上海鴻文書局石印本　二十六冊　二十行四十二字小字雙行同上下黑口四周雙邊

640000－1201－0002376　TC4－1/54

**皇朝一統輿地全圖不分卷**　（清）李兆洛編　清光緒二十四年(1898)上海順成書局石印本　二冊　行數不等字數不等白口四周單邊

640000－1201－0002377　史

**歷代輿地沿革險要圖說不分卷**　（清）楊守敬（清）饒敦秩撰　王尚德重繪　清光緒二十四年(1898)石印本　一冊　四周單邊

640000－1201－0002378　TC10－1/3

**淵鑑類函四百五十卷目錄四卷**　（清）張英等纂　清康熙四十九年(1710)內府刻本　一百四十冊　十行二十一字小字雙行同上下黑口四周雙邊

640000－1201－0002379　叢一/63

**吉林探源書舫叢書六種十九卷**　（清）盛福輯　清光緒中刻本　十冊　十行十九字下黑口左右雙邊

640000－1201－0002380　叢一/15

**昭代叢書甲集五十卷**　（清）張潮輯　清康熙三十六年(1697)刻本　八冊　九行二十字白口四周單邊

640000－1201－0002381　叢一/10

**知不足齋叢書二百十三種七百八十九卷**　(清)鮑廷博輯　（清)鮑志祖續輯　清乾隆至道光長塘鮑氏刻本　二百三十二冊　九行二十一字白口左右雙邊

640000－1201－0002382　叢一/12

**守山閣叢書七種四十卷**　（清）錢熙祚輯　清光緒十五年(1889)鴻文書局石印本　九十冊　十一行二十三字小字雙行同上下黑口左右雙邊

640000－1201－0002383　TC4－1/55

**五大洲圖說簡明萬國公法三卷**　（清）□□撰　清石印本　一冊　二十八行三十六字白口四周單邊

640000－1201－0002384　TC5－2/4

**元詩選三百二十卷**　（清）顧嗣立輯　清康熙長洲顧氏秀野草堂刻本　三十五冊　十三行

二十三字小字雙行不等白口左右雙邊

640000－1201－0002385　集四/36

**石林詩話三卷拾遺一卷拾遺補一卷附錄一卷
附錄補遺一卷**　（宋）葉夢得撰　葉德輝校刊
　清光緒三十四年（1908）長沙葉氏觀古堂刻
本　一冊　十一行二十二字小字雙行同上下
黑口左右雙邊

640000－1201－0002386　集五/40

**日湖漁唱一卷補遺一卷續補遺一卷**　（宋）陳
允平撰　清道光九年（1829）江都秦氏享帚精
舍刻本　一冊　十一行二十字小字雙行同白
口左右雙邊

640000－1201－0002387　集三/(57)29

**諸葛武侯集四卷**　（三國蜀）諸葛亮撰　清光
緒二十三年（1897）湘南書局刻本　一冊　九
行二十四字小字雙行同白口四周雙邊　存一
卷（一）

640000－1201－0002388　集五/34

**奈何天傳奇（奇福記）二卷**　（清）李漁編次
清刻本　二冊　十行二十四字小字雙行同白
口左右雙邊

640000－1201－0002389　集二/(57)395

**傅徵君霜紅龕詩鈔不分卷附錄一卷**　（清）傅
山著　（清）蘇爾詒　（清）劉贄參定　清宣統
三年（1911）上海國學扶輪社鉛印本　一冊
上下黑口四周雙邊

640000－1201－0002390　集二/(52)26

**李長吉歌詩四卷外集一卷首一卷**　（唐）李賀
撰　（清）王琦編　清光緒四年（1878）宏達堂
刻本　三冊　十行二十字小字雙行同下黑口
左右雙邊

640000－1201－0002391　TC5－1/6

**元史類編四十二卷**　（清）邵遠平撰　清乾隆
六十年（1795）南沙席氏掃葉山房刻本　十二
冊　十二行二十五字小字雙行三十七字白口
左右雙邊

640000－1201－0002392　集二/(54)11

**欒城集初集四十八卷**　（宋）蘇轍撰　清道光

十二年（1832）眉州三蘇祠刻本　十四冊　九
行二十五字小字雙行同上下黑口左右雙邊

640000－1201－0002393　TC4－3/3

**欽定詩經傳說彙纂二十一卷首二卷詩序二卷**
　（清）王鴻緒等纂　清雍正五年（1727）內府
刻本　十六冊　八行二十二字小字雙行同白
口四周雙邊

640000－1201－0002394　集二/(55)10

**淵穎集十二卷**　（元）吳萊撰　（清）胡鳳丹校
　清光緒元年（1875）永康胡氏退補齋刻本
四冊　九行二十字小字雙行同白口四周雙邊

640000－1201－0002395　集二/(57)117－2

**三魚堂文集十二卷外集六卷附錄一卷賸言十
二卷**　（清）陸隴其著　（清）席永恂校　清同
治七年（1868）武林薇署刻本　六冊　十行二
十二字白口四周雙邊

640000－1201－0002396　集二/(57)136

**觀劇絕句三卷**　（清）金德英等撰　清光緒三
十四年（1908）長沙觀古堂刻本　一冊　十一
行二十二字小字雙行同上下黑口左右雙邊

640000－1201－0002397　集二/(55)2

**玉山草堂集二卷**　（元）顧阿瑛撰　明毛晉汲
古閣刻本　二冊　九行十九字白口左右雙邊

640000－1201－0002398　子八/85

**宣和書譜二十卷**　（宋）□□撰　（明）毛晉訂
　明崇禎虞山毛氏汲古閣刻本　二冊　八行
十九字白口左右雙邊

640000－1201－0002399　子十二/52

**津逮祕書三種四卷**　（明）毛晉輯　明崇禎虞
山毛氏汲古閣刻本　三冊　八行十九字白口
左右雙邊

640000－1201－0002400　子十二/52

**刀劍錄一卷**　（南朝梁）陶弘景著　（明）毛晉
校　清刻本　一冊　八行十八字小字雙行同
白口左右雙邊

640000－1201－0002401　TC5－2/3

**第一才子書六十卷首一卷一百二十回**　（明）

羅貫中撰　（清）金聖嘆　（清）毛宗崗評　清善成堂朱墨套印本　二十冊　十二行二十六字白口四周雙邊

640000－1201－0002402　TC9－3/16

**西夏紀事本末三十六卷年表一卷**　（清）張鑑撰　清光緒十年(1884)江蘇書局刻本　四冊　十二行二十五字白口左右雙邊

640000－1201－0002403　TC3－4/1

**夢溪筆談二十六卷補筆談三卷續筆談一卷**　(宋)沈括撰　明崇禎四年(1631)馬元調刻本　八冊　九行十八字小字雙行同白口左右雙邊

640000－1201－0002404　叢一/30

**述古叢鈔二十一種一百四十三卷**　（清）劉晚榮輯　清同治、光緒間古岡劉氏藏修書屋刻本　三十九冊　九行二十字上下黑口左右雙邊

640000－1201－0002405　籔一/29

**說鈴二集五十三種**　（清）吳震方輯　清同治七年(1868)刻本　二十四冊　九行二十一字上下黑口左右雙邊

640000－1201－0002406　TC5－1/7

**大成通志十八卷首二卷**　（清）楊慶撰　清康熙八年(1669)刻本　二十冊　九行二十四字白口四周雙邊

640000－1201－0002407　TC3－3/5

**東漢文統五卷西漢文統四卷**　(明)王思任重訂　(明)商念祖參　(明)童養正選　明刻本　六冊　九行二十字小字雙行同白口四周單邊

640000－1201－0002408　TC10－3/8

**詩所五十六卷歷代名氏爵里一卷**　(明)臧懋循編　明萬曆三十一年(1603)雕蟲館刻本　十二冊　十行二十一字小字雙行同白口四周單邊

640000－1201－0002409　TC5－1/3

**虞初新志二十卷**　（清）張潮撰　清康熙三十九年(1700)刻本　八冊　九行二十字白口四周單邊

640000－1201－0002410　叢一/35

**富強齋叢書**　（清）袁俊德輯　清光緒二十五年(1899)小倉山房石印本　六十四冊　二十行四十四字下黑口四周雙邊

640000－1201－0002411　TC5－1/8

**印文考略一卷**　（清）鞠履厚輯　清乾隆二十一年(1756)留耕堂刻本　一冊　九行二十四字小字雙行同白口四周雙邊

640000－1201－0002412　TC10－2/3－2

**周禮註疏刪翼三十卷**　(明)王志長輯　(明)葉培恕定　明崇禎十二年(1639)天德堂刻本　十六冊　八行十九字小字雙行同白口左右雙邊

640000－1201－0002413　TC10－1/2

**佩文齋書畫譜一百卷**　（清）孫岳頒等纂　清康熙四十七年(1708)內府刻本　四十冊　十一行二十一字小字雙行不等白口左右雙邊

640000－1201－0002414　叢一/3

**春秋公羊註疏二十八卷**　(漢)何休註　明崇禎七年(1634)毛氏汲古閣刻本　十冊　九行二十一字小字雙行同白口左右雙邊

640000－1201－0002415　TC3－2/3

**元人十種詩**　(明)毛晉輯　明崇禎十一年(1638)海虞毛氏汲古閣刻本　三十六冊　九行十九字白口左右雙邊

640000－1201－0002416　叢一/3/集309

**望溪先生文集十八卷集外文十卷集外文補遺二卷年譜一卷年譜附錄一卷**　（清）方苞撰　（清）戴鈞衡編　清咸豐元年(1851)桐城戴鈞衡刻本　十二冊　十一行二十一字白口左右雙邊

640000－1201－0002417　史五/91－2

**國語校注本三種二十九卷**　（清）汪遠孫撰　清道光二十六年(1846)錢唐汪氏振綺堂刻本　六冊　十行二十一字小字雙行不等白口左右雙邊

640000－1201－0002418　TC5－3/8

**西湖志纂十五卷首一卷**　（清）沈德潛　（清）傅王露輯　（清）梁詩正纂　清乾隆刻本　五冊　九行二十一字小字雙行同白口四周雙邊

640000－1201－0002419　叢一/61

**秘書廿一種九十四卷**　（清）汪士漢輯　清康熙七年(1668)新安汪氏刻本　十四冊　十行二十字小字雙行同白口左右雙邊

640000－1201－0002420　叢一/37

**龍威秘書二集十三種二十四卷**　（清）馬俊良輯　清嘉慶元年(1796)世德堂刻本　八冊　九行二十一字上下黑口左右雙邊

640000－1201－0002421　TC5－3/9

**資治通鑑刊本識誤三卷**　（清）張敦仁撰　清道光七年(1827)三山陳氏刻本　三冊　十一行字數不等白口左右雙邊

640000－1201－0002422　TC5－3/5

**揚子太玄經十卷揚子太玄圖一卷**　（漢）揚雄撰　（明）王道焜校　明刻本　二冊　九行十八字小字雙行同白口四周單邊

640000－1201－0002423　叢一/3/集231

**初唐四傑集**　（清）項家達輯　清同治十二年(1873)鄒氏叢雅居刻本　八冊　九行二十一字白口四周雙邊

640000－1201－0002424　TC5－1/5

**寰區指掌三卷**　（清）□□撰　清抄本　一冊　九行二十六字小字雙行不等白口

640000－1201－0002425　TC10－2/4

**初學記三十卷**　（唐）徐堅等撰　明萬曆二十五年至二十六年(1597－1598)維揚陳大科刻本　十二冊　九行二十字小字雙行同白口右雙邊

640000－1201－0002426　TC3－4/3

**性理大全書七十卷**　（明）胡廣等撰　明萬曆二十五年(1597)吳勉學師古齋刻本　二十四冊　十行二十字白口左右雙邊

640000－1201－0002427　叢一/2

640000－1201－0002428　史四/24

**集古錄目十卷原目一卷**　（宋）歐陽棐撰　繆荃孫校輯　清光緒十年(1884)江陰繆氏刻本　二冊　十一行二十三字小字雙行同上下黑口左右雙邊

640000－1201－0002429　叢一/66

**大戴禮記十三卷**　（漢）戴德撰　（北周）盧辯注　清乾隆二十三年(1758)盧見曾雅雨堂刻本　二冊　十行二十一字小字雙行同白口四周單邊

640000－1201－0002430　集二/(57)42

**顧亭林先生遺書十二種二十八卷**　（清）顧炎武撰　清光緒三十二年(1906)上海掃葉山房刻本　十二冊　十一行二十字白口左右雙邊

640000－1201－0002431　TC3－1/4－2

**宋朱晦菴先生名臣言行錄前集十卷續集八卷後集十四卷別集十三卷外集十七卷**　（宋）朱熹撰　（明）張采評閱　（明）馬嘉直參正　明崇禎十一年(1638)聚錦堂刻本　二十四冊　十行二十字白口左右雙邊

640000－1201－0002432　TC4－5/1

**救偏瑣言十卷備用良方一卷**　（清）費啟泰撰　清惠迪堂刻本　四冊　九行二十字白口四周單邊

640000－1201－0002433　TC5－4/3

**凝緒堂詩稿八卷**　（清）孔憲培撰　清嘉慶二年(1797)刻本　四冊　八行十九字白口左右雙邊

640000－1201－0002434　TC4－2/3

**精選黃眉故事十卷**　（明）鄧志謨彙編　明萬曆四十四年(1616)刻本　八冊　十行二十字小字雙行同白口四周單邊

640000－1201－0002435　集二/(54)7

**陸放翁全集二種八十七卷**　（宋）陸游撰　明

海虞毛氏汲古閣刻本　十五冊　八行十八字白口左右雙邊　缺三十八卷(劍南詩稿一至三十八)

640000－1201－0002436　志二三/16

[道光]長清縣志十六卷首一卷末一卷　（清）舒化民等修　（清）徐德城等纂　清道光十五年(1835)刻本　八冊　十行二十四字小字雙行同白口左右雙邊

640000－1201－0002437　志二三/24

[光緒]益都縣圖志五十四卷首一卷　（清）張承燮　（清）李祖年修　（清）法偉堂纂　清光緒三十三年(1907)益都官舍刻本　十四冊　十一行二十三字小字雙行同下黑口左右雙邊

640000－1201－0002438　志二三/22

[同治]黃縣志十四卷首一卷末一卷　（清）尹繼美等纂修　清同治十年(1871)刻本　四冊　十行二十四字小字雙行同白口四周雙邊

640000－1201－0002439　志二三/17

[同治]即墨縣志十二卷首一卷　（清）林溥修　（清）周翕鑣纂　清同治十二年(1873)刻本　八冊　十行二十五字小字雙行同白口左右雙邊

640000－1201－0002440　志二七/15

鼎湖山志八卷首一卷　（清）丁易纂修　（清）釋成鷟刪補　清康熙五十六年(1717)刻本　四冊　九行十九字小字雙行同白口左右雙邊

640000－1201－0002441　史二五/2

[嘉慶]介休縣志十四卷　（清）徐品山（清）陸元鏸纂　清嘉慶二十四年(1819)刻本　八冊　十行二十一字白口四周雙邊

640000－1201－0002442　志二一/11

[光緒]蔚州志二十卷首一卷　（清）慶之金（清）楊篤纂修　清光緒三年(1877)蔚州公廨刻本　八冊　十行二十三字小字雙行同白口四周雙邊

640000－1201－0002443　志二一/13

[光緒]深州風土記二十二卷附表五卷　（清）吳汝綸纂　清光緒二十六年(1900)文瑞書院刻本　八冊　十行二十二字白口四周雙邊

640000－1201－0002444　志二五/5

[乾隆]汾陽縣志十四卷首一卷　（清）李文起纂　清乾隆三十七年(1772)刻本　八冊　十行二十一字小字雙行同白口左右雙邊

640000－1201－0002445　志二五/4

[光緒]代州志十二卷首一卷　（清）俞廉三纂　（清）楊篤修　清光緒八年(1882)代山書院刻本　六冊　十行二十三字小字雙行同白口四周雙邊

640000－1201－0002446　志二五/6

[乾隆]廣靈縣志十卷首一卷末一卷　（清）郭磊纂修　清刻本　四冊　十行二十二字小字雙行同白口四周雙邊

640000－1201－0002447　志二一/6

[光緒]畿輔通志三百卷首一卷　（清）李鴻章等修　（清）黃彭年等纂　清光緒十年(1884)刻本　二百四十冊　十二行二十五字白口四周雙邊

640000－1201－0002448　志四九/24

西夏紀事本末三十六卷首二卷　（清）張鑑撰　清光緒十一年(1885)金陵書局刻本　四冊　十二行二十五字小字雙行同上下黑口左右雙邊

640000－1201－0002449　志四三/5

[光緒]甘肅全省新通志一百卷首五卷　（清）昇允修　（清）長庚　（清）安維峻纂　清宣統元年(1909)刻本　七十冊　十二行二十六字白口四周雙邊　缺十一卷(三、五、八、十、十三、四十二至四十四,首三至五)

640000－1201－0002450　志四一/3

[咸豐]同州府志三十四卷首二卷文徵録三卷　（清）李恩繼修　（清）文廉修　（清）蔣湘南纂　清咸豐二年(1852)刻本　二十四冊　九行二十二字小字雙行同上下黑口四周單邊

640000－1201－0002451　志四一/9

[正德]武功縣志三卷首一卷　（明）康海纂（清）孫景烈評注　清同治十二年(1873)湖北

崇文書局刻本　一冊　九行二十一字小字雙行同白口四周雙邊

640000 – 1201 – 0002452　志四一/5

[道光]陝西志輯要六卷首一卷　(清)王志沂輯　清道光七年(1827)朝坂謝蘭佩賜書堂刻本　九冊　十行二十字小字雙行同白口左右雙邊

640000 – 1201 – 0002453　志四一/6

華嶽志八卷首一卷　(清)李榕輯　(清)楊翼武評閱　清道光十一年(1831)華麓楊翼武清白別墅刻本　四冊　十行二十四字小字雙行同白口左右雙邊

640000 – 1201 – 0002454　志五三/28

[光緒]常昭合志稿四十八卷首一卷末一卷　(清)鄭鍾祥　(清)張瀛修　(清)龐鴻文纂　清光緒三十年(1904)木活字印本　二十冊　十行二十四字小字雙行同白口四周單邊

640000 – 1201 – 0002455　志五七/9

[光緒]嘉興府志八十八卷首二卷　(清)許瑤光修　(清)吳仰賢纂　清光緒四年(1878)鴛湖書院刻本　四十八冊　十行二十三字小字雙行同白口左右雙邊

640000 – 1201 – 0002456　志五五/12

[宣統]建德縣志二十卷首一卷　(清)張贊巽等修　(清)周學銘纂　清宣統二年(1910)湖北官刷印局鉛印本　十冊　九行二十五字小字雙行三十三字白口四周雙邊

640000 – 1201 – 0002457　志五五/27

[光緒]重修安徽通志三百五十卷補遺十卷　(清)吳坤修等修　(清)何紹基等纂　清光緒四年(1878)刻本　一百二十冊　十二行二十六字小字雙行同白口左右雙邊

640000 – 1201 – 0002458　志五五/11

[光緒]續修廬州府志一百卷首一卷末一卷　(清)黃雲修　(清)林之望　(清)汪宗沂等纂　清光緒十一年(1885)刻本　四十七冊　十一行二十五字小字雙行同白口左右雙邊　缺二卷(三十四至三十五)

640000 – 1201 – 0002459　志五七/24

[同治]鄞縣志七十五卷　(清)戴枚修　(清)張恕等纂　清光緒三年(1877)刻本　三十四冊　十二行二十五字小字雙行同白口左右雙邊

640000 – 1201 – 0002460　志五七/28

[乾道]臨安志十五卷　(宋)周淙撰　清光緒元年(1875)竹書堂刻本　一冊　十一行二十字小字雙行同白口四周雙邊　存三卷(一至三)

640000 – 1201 – 0002461　志五七/14

[光緒]上虞縣志四十八卷首一卷末一卷　(清)唐煦春修　(清)朱士黻纂　清光緒十六年至十七年(1890 – 1891)刻本　二十冊　白口左右雙邊

640000 – 1201 – 0002462　志五七/25

[同治]江山縣志十二卷首一卷末一卷　(清)王彬修　(清)朱寶慈等纂　清同治十二年(1873)文溪書院刻本　八冊　十行二十二字小字雙行同白口左右雙邊

640000 – 1201 – 0002463　志五七/23

[同治]南潯鎮志四十卷首一卷蓮漪文鈔八卷　(清)汪曰楨纂　清同治二年(1863)刻本　十二冊　十行二十二字小字雙行同上下黑口左右雙邊

640000 – 1201 – 0002464　志五三/1

[同治]蘇州府志一百五十卷首三卷　(清)李銘皖　(清)譚鈞培修　(清)馮桂芬纂　清光緒九年(1883)江蘇書局刻本　八十冊　十行二十四字小字雙行同白口左右雙邊

640000 – 1201 – 0002465　志五七/29

[光緒]餘姚縣志二十七卷首一卷末一卷　(清)周炳麟修　(清)邵友濂等纂　清光緒二十五年(1899)刻本　十六冊　十一行二十二字小字雙行同白口四周雙邊

640000 – 1201 – 0002466　志五七/1

[光緒]太平縣志十四卷首一卷　(清)勞文慶　(清)朱光綬修　(清)婁道南纂　清光緒八

年(1882)刻本　十冊　九行二十五字小字雙行同白口四周雙邊

640000－1201－0002467　志五七/2

[同治]湖州府志九十六卷首一卷　（清）宗源瀚等修　（清）周學濬等纂　清光緒九年(1883)重刻本　四十冊　十一行二十六字小字雙行同白口左右雙邊

640000－1201－0002468　志五七/31

[光緒]西湖志四十八卷　（清）李衛修（清）傅王露等纂　清光緒四年(1878)浙江書局刻本　二十冊　九行二十一字小字雙行同白口左右雙邊

640000－1201－0002469　TC10－1/4

增訂二三場群書備考四卷　（明）袁黃撰（明）袁儼注　（明）沈昌世增　明崇禎五年(1632)刻本　四冊　九行二十一字小字雙行同白口四周單邊

640000－1201－0002470　TC10－2/5

字彙十二卷首一卷　（明）梅膺祚撰　明萬曆刻本　十二冊　八行十二字小字雙行二十四字白口左右雙邊

640000－1201－0002471　集二(57)/416

邃懷堂文集四卷詩集前編六卷後編六卷小清容山館詞鈔二卷哀忠集初編一卷二編一卷三編一卷　（清）袁翼撰　清光緒十三年(1887)刻本　十一冊　九行二十字白口左右雙邊

640000－1201－0002472　集二(57)/162

復堂類集文四卷詩九卷詞二卷待堂文一卷　（清）譚獻撰（清）吳懷珍撰　清光緒十一年(1885)刻本　四冊　十一行二十二字小字雙行同上下黑口左右雙邊

640000－1201－0002473　志五三/31

[道光]泰州志三十六卷首一卷　（清）王有慶等修　（清）陳世鎔等纂　清道光七年(1827)刻本　十冊　十行二十一字小字雙行同白口左右雙邊

640000－1201－0002474　志六三/2

臺灣雜記一卷　（清）黃逢昶輯　清光緒十年

(1884)抄本　一冊　十行二十字小字雙行同下黑口左右雙邊

640000－1201－0002475　志四三/8

[道光]敦煌縣志七卷首一卷　（清）蘇履吉等修　清道光十一年(1831)刻本　四冊　九行二十字白口四周雙邊

640000－1201－0002476　志四三/8

[道光]敦煌縣志七卷首一卷　（清）蘇履吉等修　清道光十一年(1831)刻本　四冊　九行二十字小字雙行同白口四周雙邊

640000－1201－0002477　志五三/25

[光緒]泰興縣志二十六卷首一卷末一卷（清）楊激雲修　（清）顧曾烜纂　清光緒十二年(1886)刻本　十冊　十行二十二字上下黑口左右雙邊

640000－1201－0002478　志四三/7

[宣統]狄道州續志十二卷首一卷　（清）聯瑛輯　（清）李鏡清　（清）陳希世纂　清宣統元年(1909)刻本　八冊　十行二十四字小字雙行同白口四周雙邊

640000－1201－0002479　志五三/22

[光緒]京口八旗志二卷　（清）鍾瑞等修（清）春元撰　清光緒五年(1879)刻本　二冊　十一行二十一字小字雙行同白口左右雙邊

640000－1201－0002480　志七五/1

[光緒]江西通志一百八十卷首五卷　（清）劉坤一等修　（清）趙之謙纂　清光緒七年(1881)刻本　一百二十冊　十二行二十三字上下黑口四周雙邊

640000－1201－0002481　志五三/24

[光緒]無錫金匱縣志四十卷首一卷附編六卷（清）裴大中等修　（清）秦緗業纂　清光緒七年(1881)刻本　二十冊　十行二十二字小字雙行同白口左右雙邊

640000－1201－0002482　志五三/19

[咸豐]甘棠小志四卷首一卷末一卷　（清）董醇著　清咸豐五年(1855)刻本　四冊　九行二十五字小字雙行同白口四周雙邊

640000－1201－0002483　志五三/23

[光緒]丹徒縣志六十卷首四卷　（清）何紹章　（清）馮壽鏡修　（清）呂耀鬥纂　清光緒五年(1879)刻本　三十二冊　十一行二十一字小字雙行同白口四周雙邊

640000－1201－0002484　志四三/3

[乾隆]西和縣志四卷　（清）邱大英等纂修　清乾隆三十九年(1774)刻本　四冊　九行二十二字白口四周雙邊

640000－1201－0002485　志四五/1

[乾隆]西寧府新志四十卷　（清）楊應琚纂修　清乾隆二十七年(1762)刻本　十二冊　九行二十一字小字雙行同白口四周雙邊

640000－1201－0002486　志五三/20

[咸豐]邠州志二十卷首一卷　（清）董用威　（清）馬軼群修　（清）魯一同纂　清光緒二十一年(1895)刻本　四冊　十行二十一字小字雙行同白口四周雙邊

640000－1201－0002487　志七一/6

[光緒]鄂省營制驛傳彙編四卷　（清）陳仲衡編　清光緒十五年(1889)刻本　四冊　九行二十字小字雙行同白口四周雙邊

640000－1201－0002488　志五一/1

[同治]上海縣志三十二卷首一卷補遺一卷敘錄一卷　（清）應寶時等修　（清）俞樾（清）方宗誠纂　清同治十一年(1872)上海南園志局刻本　十六冊　十二行二十三字小字雙行同白口四周雙邊

640000－1201－0002489　志九一/8

[光緒]重修彭縣志十三卷首一卷末一卷（清）張龍甲修　（清）呂調陽等纂　清光緒四年(1878)刻本　十冊　九行二十四字小字雙行同白口四周雙邊

640000－1201－0002490　志四三/7

[乾隆]狄道州志十六卷　（清）呼延華國纂修　清光緒官報書局鉛印本　八冊　十行二十四字小字雙行同白口四周雙邊

640000－1201－0002491　志九一/6

[同治]鄩縣志四十四卷　（清）陳慶熙修（清）高升之纂　清同治九年(1870)墨韻堂刻本　八冊　九行二十一字小字雙行同白口四周雙邊

640000－1201－0002492　志四三/14

[乾隆]直隸秦州新志十二卷首一卷末一卷（清）費廷珍修　（清）胡釴纂　清乾隆二十九年(1764)刻本　十六冊　九行二十字小字雙行同白口四周雙邊

640000－1201－0002493　志八一/15

廣東輿地圖說十四卷首一卷　（清）李翰章修（清）廖廷相等纂　清宣統元年(1909)廣東參謀處鉛印本　一冊　十二行三十二字小字雙行不等白口四周雙邊　存十二卷(一、五至十四,首一卷)

640000－1201－0002494　志一00/2－3

日本國志四十卷首一卷　（清）黃遵憲撰　清光緒二十七年(1901)上海書局石印本　八冊　十八行四十字小字雙行同上下黑口四周雙邊

640000－1201－0002495　志一00/2－3

日本國志四十卷首一卷　（清）黃遵憲纂　清光緒二十四年(1898)上海圖書集成印書局鉛印本　八冊　十四行四十字小字雙行同白口四周單邊

640000－1201－0002496　叢三/3

武林掌故叢編一百五十四種五百二十九卷（清）丁丙輯　清光緒錢塘丁氏嘉惠堂刻本一百六十冊　十一行二十字小字雙行同白口四周雙邊

640000－1201－0002497　集二/(57)268

思補齋筆記八卷　（清）潘世恩撰　清刻本一冊　八行二十一字白口四周雙邊

640000－1201－0002498　叢二/3

玉函山房輯佚書七百三十八卷　（清）馬國翰輯　清光緒九年(1883)長沙娜嬛館刻本　九十六冊　九行二十字小字雙行同白口四周雙邊

640000－1201－0002499　叢十四/18

**寧都三魏全集六種八十三卷首一卷**　（清）林時益輯　清道光二十五年(1845)寧都謝庭綏綏園書塾刻本　五十冊　九行二十字白口左右雙邊

640000－1201－0002500　叢六/3

**嘉定錢氏潛研堂全書二十一種二百六十六卷**　（清）錢大昕撰　清光緒十年(1884)長沙龍氏家塾刻本　六十冊　十行二十二字小字雙行同上下黑口左右雙邊

640000－1201－0002501　叢六/22

**觀古堂所著書十六種三十七卷**　葉德輝撰　清光緒二十八年(1902)長沙葉氏刻本　十五冊　十一行二十二字小字雙行同上下黑口左右雙邊

640000－1201－0002502　叢六/27

**鹿洲全集八種四十三卷**　（清）藍鼎元撰（清）曠敏本評　清光緒五年(1879)藍謙修補刻本　二十冊　九行二十字白口左右雙邊

640000－1201－0002503　叢六/24

**竹柏山房十五種八十四卷**　（清）林春溥撰　清嘉慶至咸豐間刻本　四十冊　十二行二十二字小字雙行同上黑口四周單邊

640000－1201－0002504　叢六/23

**觀象廬叢書八種五十八卷**　（清）呂調陽撰　清光緒十四年(1888)葉長高刻本　三十二冊　九行二十二字上下黑口四周雙邊

640000－1201－0002505　叢六/13

**呂子遺書三種二十五卷**　（清）呂坤撰　清道光七年(1827)河南開封府署刻本　二十四冊　九行二十二字小字雙行同下黑口四周雙邊

640000－1201－0002506　叢六/21

**香禪精舍集十種三十四卷**　（清）潘鍾瑞撰　清光緒長洲潘氏香禪精舍刻本　十六冊　十行二十二字小字雙行同白口左右雙邊

640000－1201－0002507　叢六/17

**西堂全集三種五十六卷**　（清）尤侗撰　**湘中草六卷**　（清）湯傳楹撰　清康熙刻本　十六冊　十行二十一字小字雙行同白口四周單邊

640000－1201－0002508　叢二/3

**玉函山房輯佚書春秋類三十三種三十六卷補遺國語類六種七卷**　（清）馬國翰輯　清光緒十年(1884)楚南書局刻本　五冊　九行二十字小字雙行同白口四周雙邊　缺二卷(春秋左氏傳解誼三至四)

640000－1201－0002509　叢六/25

**番禺陳氏東塾叢書三十四卷**　（清）陳澧撰　清咸豐至光緒間刻本　九冊　十行二十字小字雙行同白口左右雙邊

640000－1201－0002510　叢六/11

**授堂遺書七種七十七卷首二卷**　（清）武億撰　清道光二十三年(1843)偃師武氏刻本　十六冊　十一行二十三字小字雙行同白口左右雙邊

640000－1201－0002511　叢六/1

**船山遺書**　（清）王夫之撰　清同治四年(1865)湘鄉曾國荃金陵刻本　一百冊　十行二十二字小字雙行同上下黑口左右雙邊

640000－1201－0002512　叢六/5

**二思堂叢書六種五十一卷**　（清）梁章鉅撰　清光緒元年(1875)福州梁氏刻本　十五冊　九行二十二字小字雙行同白口左右雙邊

640000－1201－0002513　叢二/2

**二酉堂叢書十一種十七卷**　（清）張澍撰　清道光元年(1821)武威張氏二酉堂刻本　六冊　十行二十四字小字雙行同白口左右雙邊

640000－1201－0002514　叢十一/1

**皇清經解一千四百八卷**　（清）阮元輯　清道光九年（1829）廣東學海堂刊咸豐十一年(1861)補刻本　三百六十冊　十一行二十四字小字雙行同白口左右雙邊

640000－1201－0002515　叢十/4

**康濟譜二十五卷**　（明）潘游龍輯　（明）金俊明參評　清同治十二年(1873)刻本　十六冊　九行二十字白口左右雙邊

640000－1201－0002516　叢十三/22

**當歸草堂醫學叢書初編十種四十一卷**　（清）丁丙輯　清光緒四年(1878)錢唐丁氏當歸草堂刻本　十二冊　十行二十字小字雙行同上黑口四周雙邊

640000－1201－0002517　叢十三/1

**琅環獺祭十二種**　（清）□□輯　清光緒二十年(1894)文選廔石印本　六冊　十四行三十四字小字雙行同白口四周雙邊

640000－1201－0002518　叢十二/13

**金石三例十五卷**　（清）盧見曾輯　（清）王芑孫評　清光緒四年(1878)南海馮氏讀有用書齋朱墨套印本　四冊　十行二十二字小字雙行三十二字白口左右雙邊

640000－1201－0002519　叢十二/11

**行素草堂金石叢書十二種一百二十卷**　（清）朱記榮輯　清光緒十四年(1888)朱氏槐廬刻本　二十六冊　十一行二十一字小字雙行同上下黑口左右雙邊

640000－1201－0002520　叢十四/9

**重刻賴古堂尺牘新鈔三選結隣集十五卷**　（清）周在浚等輯　清光緒十二年(1886)刻本　八冊　九行二十字小字雙行同白口四周雙邊

640000－1201－0002521　叢十四/13

**詞學全書四種十七卷**　（清）查培繼輯　清乾隆十一年(1746)世德堂刻本　六冊　十行二十一字小字雙行同白口四周單邊

640000－1201－0002522　叢十四/14

**紅雪樓九種曲八種十一卷**　（清）蔣士銓撰　清乾隆紅雪樓刻本　七冊　九行二十二字小字雙行同白口四周雙邊

640000－1201－0002523　叢十二/8

**十七史詳節十種一百七十五卷**　（宋）呂祖謙輯　清光緒二十八年(1902)崇新書局石印本　三十二冊　十八行四十字小字雙行同白口四周雙邊

640000－1201－0002524　叢十三/23

**士材三書六卷**　（明）李中梓撰　（清）尤乘增訂　清康熙六年(1667)刻本　六冊　十二行二十四字小字雙行同白口四周雙邊

640000－1201－0002525　叢十三/25

**四註悟真篇七種十一卷**　（宋）張伯瑞撰　（清）傅金銓輯　清光緒善成堂刻本　六冊　七行二十一字小字雙行同白口四周雙邊

640000－1201－0002526　叢十二/16

**史學叢書**　（清）□□輯　清光緒二十五年(1899)上海文瀾書局石印本　三十二冊　二十二行二十四字小字雙行同下黑口四周單邊

640000－1201－0002527　叢十三/13

**唐代叢書一百六十三種一百六十九卷**　（清）王文誥輯　清嘉慶十一年(1806)刻本　二十四冊　九行二十一字白口左右雙邊

640000－1201－0002528　叢十三/9

**十子全書十種一百二十九卷**　（清）王子興輯　清嘉慶九年(1804)姑蘇王氏聚文堂刻本　三十二冊　十一行二十一字上下黑口四周單邊

640000－1201－0002529　子八/14

**青在堂梅譜二卷菊譜二卷蘭譜二卷竹譜二卷**　（清）王槩等輯　清康熙四十年(1701)刻彩色套印本　四冊　白口四周單邊

640000－1201－0002530　叢十三/14

**二十二子合刻**　（清）浙江書局輯　清光緒二十二年(1896)上海積山書局石印本　十六冊　二十七行二十一字小字雙行四十二字白口四周雙邊

640000－1201－0002531　叢十一/3

**古經解彙函三十九種二百八十三卷**　（清）鍾謙鈞等輯　清同治十二年(1873)粵東書局刻本　六十五冊　十行二十一字小字雙行同白口左右雙邊

640000－1201－0002532　叢十三/26

**算經十書十種附刻一種三十七卷**　（清）孔繼涵輯　清同治五年(1866)刻本　八冊　九行十八字小字雙行同白口四周雙邊

640000－1201－0002533　　叢十三/8

**子書百家五百十一卷**　　(清)崇文書局輯　清
光緒元年(1875)湖北崇文書局刻本　一百十
冊　十二行二十四字小字雙行同上下黑口四
周雙邊

640000－1201－0002534　　叢十三/2

**梅氏叢書輯要二十三種六十卷首一卷附録二
種二卷**　　(清)梅文鼎撰　(清)梅瑴成輯　清
同治十三年(1874)梅纘高頤園刻本　二十
冊　十一行二十四字小字雙行同白口四周雙邊

640000－1201－0002535　　叢十三/20

**五種遺規摘鈔**　　(清)陳宏謀輯并撰　(清)劉
肇紳摘鈔　清同治七年(1868)刻本　八冊
十行二十二字小字雙行同白口四周雙邊

640000－1201－0002536　　叢十一/2

**許學叢書三集十四種六十三卷**　　張炳翔輯
清光緒長洲張氏儀鄰廬刻本　二十四冊　九
行二十字小字雙行同上下黑口四周雙邊

640000－1201－0002537　　叢十三/27

**行素軒算稿五種十九卷**　　(清)華蘅芳撰　清
光緒八年(1882)梁谿華氏刻本　六冊　行數
不等字數不等上下黑口左右雙邊　缺六卷
(學算筆談七至十二)

640000－1201－0002538　　叢十一/12

**十一經音訓**　　(清)楊國楨撰　清光緒三年
(1877)湖北崇文書局刻本　二十五冊　行數
不等字數不等小字雙行不等白口四周單邊

640000－1201－0002539　　叢十三/12

**中西算學叢書初編**　　(清)四明求敏齋主人輯
清光緒二十二年(1896)上海鴻寶齋石印本
四十冊　十一行二十三字小字雙行同上下
黑口左右雙邊

640000－1201－0002540　　叢十二/6

**明季稗史彙編十六種二十七卷**　　(清)留雲居
士輯　清都城琉璃廠留雲居士木活字印本
八冊　九行十九字白口左右雙邊

640000－1201－0002541　　叢十二/7

**李氏五種**　　(清)李兆洛編　清光緒二十四年

(1898)上海掃葉山房石印本　八冊　十四行
三十七字小字雙行同白口四周雙邊

640000－1201－0002542　　叢十一/5

**呂氏家塾讀詩記三十二卷**　　(宋)呂祖謙撰
明刻本　十冊　十行二十字小字雙行同白口
四周雙邊

640000－1201－0002543　　叢十三/2

**梅氏叢書輯要六十二卷首一卷**　　(清)梅文鼎
撰　(清)梅瑴成輯　清同治十三年(1874)梅
瓚高頤園刻本　二十冊　十一行二十四字小
字雙行同白口四周雙邊

640000－1201－0002544　　叢十三/16

**農學叢書一百二十六種一百六十卷**　　羅振玉
輯　清光緒石印本　六十冊　十五行三十二
字小字雙行同上下黑口四周雙邊

640000－1201－0002545　　叢十四/20

**四忠遺集四種三十九卷**　　(清)□□輯　清光
緒二十三年(1897)湘南書局刻本　十九冊
九行二十四字小字雙行同白口四周雙邊

640000－1201－0002546　　叢十一/9

**澤存堂五種五十卷**　　(清)張士俊編　清光緒
十四年(1888)上海蜚英館石印本　八冊　行
數不等字數不等白口左右雙邊

640000－1201－0002547　　叢十三/1

**香豔叢書二十集八十卷**　　(清)蟲天子輯　清
宣統中國學扶輪社鉛印本　七十三冊　十三
行三十字小字雙行同上下黑口四周雙邊　缺
七卷(第三集二,第四集一,第六集一,第七集
一、四,第八集三,第十集三)

640000－1201－0002548　　叢十一/8

**皮氏經學叢書九種二十四卷**　　(清)皮錫瑞撰
清光緒思賢書局刻本　十四冊　十二行二
十五字小字雙行同白口左右雙邊

640000－1201－0002549　　叢一/15－2

**昭代叢書甲集五十卷乙集五十卷**　　(清)張潮
輯　清詒清堂刻本　三十二冊　九行二十字
白口四周單邊

640000 – 1201 – 0002550　叢一/37

龍威秘書　（清）馬俊良輯　清世德堂刻本
八十冊　九行二十字小字雙行同上下黑口左
右雙邊

640000 – 1201 – 0002551　集二/(6)21

覆瓿文存初集七卷附資江書院學規一卷
（清）謝玉芝著　清光緒二十七年(1901)資江
書院刻本　三冊　九行二十四字小字雙行同
上下黑口左右雙邊　存六卷(一、三至六,學
規一卷)

640000 – 1201 – 0002552　叢一/12

守山閣叢書七種四十卷　（清）錢熙祚輯　清
光緒十五年(1889)上海鴻文書局石印本　九
十冊　十一行二十三字小字雙行同上下黑口
左右雙邊

640000 – 1201 – 0002553　經四/6

禮記集說一百六十卷　（宋）衞湜撰　清刻本
四十冊　十三行二十三字小字雙行同白口
左右雙邊

640000 – 1201 – 0002554　新學

重學二十卷圓錐曲線説三卷　（英國）艾約瑟
譯　（清）李善蘭述　清光緒二十二年(1896)
上海積山書局石印本　二冊　十八行三十七
字小字雙行同白口四周雙邊

640000 – 1201 – 0002555　集二/(52)8

王子安集註二十卷首一卷　（唐）王勃撰
（清）蔣清翊注　清刻本　六冊　十一行二十
五字小字雙行三十三字白口左右雙邊　存十
一卷(十至二十)

640000 – 1201 – 0002556　子

朱子啟蒙五贊附錄纂注一卷　（元）董真卿撰
易圖通變五卷　（宋）雷思齊撰　清刻本
一冊　十一行二十字小字雙行三十字白口左
右雙邊

640000 – 1201 – 0002557　經五/35

春秋左傳詁二十卷　（清）洪亮吉撰　清光緒
四年(1878)授經堂刻本　六冊　十一行二十
二字小字雙行同上下黑口左右雙邊

640000 – 1201 – 0002558　史

重訂王鳳洲先生綱鑑會纂四十六卷　（明）王
世貞纂　清刻本　三十六冊　十行二十字小
字雙行同白口四周單邊　缺一卷(一)

640000 – 1201 – 0002559　新學

初學宜讀諸書要略一卷初學稍進讀書要略一
卷讀譯書須知一卷論格致理法綱要一卷
（清）葉瀚著　清光緒二十三年(1897)仁和葉
瀚刻本　一冊　九行二十字上下黑口左右雙
邊

640000 – 1201 – 0002560　新學

初學宜讀諸書要略一卷初學稍進讀書要略一
卷讀譯書須知一卷論格致理法綱要一卷
（清）葉瀚著　清光緒二十三年(1897)仁和葉
瀚刻本　一冊　九行二十字上下黑口左右雙
邊

640000 – 1201 – 0002561　史

增補綱鑑輯要四十卷首一卷末一卷御批資治
通鑑綱目三編二十卷　（明）袁黃纂　清光緒
二十八年(1902)刻本　三十六冊　十四行二
十七字小字雙行同白口四周雙邊間四周單邊

640000 – 1201 – 0002562　子十/41

東塾讀書記二十五卷　（清）陳澧撰　清光緒
八年(1882)刻本　五冊　十二行二十四字小
字雙行同上下黑口四周單邊　存十六卷(一
至十三、十五至十六、二十一)

640000 – 1201 – 0002563　叢六/1

船山遺書六十一種二百九十八卷　（清）王夫
之撰　清同治四年(1865)湘鄉曾國荃金陵刻
本　九十五冊　十行二十二字小字雙行同上
下黑口左右雙邊　缺一卷(永曆實録十六)

640000 – 1201 – 0002564　經

天崇合鈔不分卷　（清）祝松雲識　清光緒十
七年(1891)湖南崇德書局刻本　五冊　九行
二十五字小字雙行不等白口左右雙邊

640000 – 1201 – 0002565　史

蜀碧四卷附記一卷　（清）彭遵泗編述　清刻
本　二冊　九行二十三字白口左右雙邊

640000 – 1201 – 0002566　集三/39

**七家試帖輯注彙鈔七集**　（清）王植桂輯注
（清）張熙宇輯評　清同治九年(1870)京師琉
璃廠刻本　二冊　九行二十二字小字雙行同
上下黑口四周雙邊　存四集(澹香齋試帖、修
竹齋試帖、西漚試帖、簡學齋試帖)

640000 – 1201 – 0002567　叢

**關中道脈四種書二種十卷**　（清）李元春輯
清道光十年(1830)刻本　三冊　九行二十字
白口左右雙邊

640000 – 1201 – 0002568　史二/7 – 3

**御批歷代通鑑輯覽一百二十卷**　（清）傅恒等
撰　清光緒二十五年(1899)新化三昧堂刻本
五十九冊　十一行二十二字小字雙行同白
口四周雙邊

640000 – 1201 – 0002569　集

**安陸集一卷**　（宋）張先撰　清刻本　一冊
九行十六字小字雙行同上下黑口四周單邊

640000 – 1201 – 0002570　史

**廿一史彈詞註十一卷**　（明）楊慎撰　（清）張
三異增定　清乾隆五十一年(1786)張仁佐視
履堂刻本　八冊　十一行二十一字小字雙行
同白口四周單邊

640000 – 1201 – 0002571　經

**周易函書約註依講合鈔四十六卷**　（清）杜鶴
田鑒定　（清）張拱北輯　清刻本　五冊　十
行二十四字小字雙行同白口四周雙邊　存十
二卷(一至十二)

640000 – 1201 – 0002572　子八/37

**歷代畫史彙傳七十二卷首一卷附錄二卷目錄
三卷引證書目一卷**　（清）彭蘊璨編　（清）邱
步洲重輯　清同治十三年(1874)三楚邱氏眠
余堂刻本　二十冊　八行二十字小字雙行同
白口四周雙邊　缺三十一卷(二十七至二十
八、三十六至三十九、四十三至六十七)

640000 – 1201 – 0002573　TC5 – 1/5

**納書楹牡丹亭全譜二卷**　（清）葉堂訂譜
（清）王文治參訂　清乾隆五十七年(1792)長

洲葉氏納書楹刻本　二冊　六行十八字小字
雙行不等白口四周雙邊

640000 – 1201 – 0002574　經三/9 – 2

**詩經八卷**　（宋）朱熹集傳　清光緒三十四年
(1908)學部圖書局石印本　四冊　九行十七
字小字雙行同白口四周雙邊

640000 – 1201 – 0002575　史二/15 – 1

**御批資治通鑑綱目全書一百九卷**　（清）聖祖
玄燁批輯　清刻本　七十八冊　十一行二十
二字下黑口四周雙邊　缺三卷(續綱目三、六
至七)

640000 – 1201 – 0002576　史二/15

**資治通鑑綱目五十九卷末一卷**　（宋）朱熹撰
（明）陳仁錫評　清刻本　四十八冊　七行
十八字小字雙行同白口四周單邊　存三十七
卷(九至三十三、四十九至五十九,末一卷)

640000 – 1201 – 0002577　集

**印心石屋詩鈔初集四卷**　（清）陶澍撰　清嘉
慶二十三年(1818)刻本　一冊　十行十九字
白口左右雙邊

640000 – 1201 – 0002578　集

**御選歷代詩餘一百二十卷**　（清）王奕清等校
刊　清康熙四十六年(1707)刻本　四十九冊
十一行二十一字小字雙行不等白口左右雙
邊　存一百十六卷(一至二十五、二十九至一
百十九)

640000 – 1201 – 0002579　子一/124 – 2

**小學集解六卷輯說一卷**　（清）張伯行輯注
（清）李蘭校訂　清同治六年(1867)湖北崇文
書局刻本　二冊　九行十七字小字雙行同白
口四周雙邊　缺一卷(小學集解六)

640000 – 1201 – 0002580　史二/5

**資治通鑑二百九十四卷目錄三十卷**　（宋）司
馬光撰　（元）胡三省音注　清刻本　八十六
冊　十行二十字小字雙行同白口四周雙邊
存三百二十卷(一至四、九至二百九十四,目
錄三十卷)

640000 – 1201 – 0002581　TC4 – 3/1

陸放翁全集一百五十七卷 （宋）陸游撰 明海虞毛氏汲古閣刻本 七十二冊 八行十八字白口左右雙邊

640000－1201－0002582 子

代數術二十五卷首一卷 （英國）華里司輯 （英國）傅蘭雅譯 （清）華蘅芳述 清刻本 六冊 十行二十二字小字雙行不等上下黑口左右雙邊

640000－1201－0002583 叢一/集252

樊南文集詳注八卷 （唐）李商隱撰 （清）馮浩編 （清）朱天鎬參校 清乾隆四十五年（1780）刻同治七年（1868）桐鄉馮寶圻補刻本 四冊 十一行二十五字小字雙行三十三字白口左右雙邊

640000－1201－0002584 史二/40－2

資治通鑑綱目五十九卷 （宋）朱熹撰 （明）陳仁錫評 續二十七卷 （明）商輅撰 清刻本 七十二冊 七行十八字小字雙行同白口四周單邊 存五十六卷（七至十九、二十七至四十八,續七至二十七）

640000－1201－0002585 史

章氏遺書二種十一卷 （清）章學誠撰 清光緒四年（1878）貴陽刻本 四冊 十二行二十五字小字雙行同白口四周單邊 存十卷（校讎通義一至三、文史通義一至七）

640000－1201－0002586 經三/7

欽定詩經傳說彙纂二十一卷詩序二卷 （清）王鴻緒等撰 清刻本 二十一冊 八行二十二字小字雙行同白口四周雙邊 缺一卷（欽定詩經傳說彙纂二十一）

640000－1201－0002587 史一/44

隋書八十五卷 （唐）魏徵等撰 清刻本 十五冊 十二行二十五字白口左右雙邊 缺五卷（一至五）

640000－1201－0002588 史一/4－3

前漢書一百卷 （漢）班固撰 （唐）顏師古注 清光緒十三年（1887）金陵書局仿汲古閣刻本 二十八冊 十二行二十五字小字雙行不

等白口左右雙邊 存九十八卷（三至一百）

640000－1201－0002589 經

說文解字義證五十卷 （清）桂馥撰 清同治九年（1870）湖北崇文書局刻本 二十冊 十行二十三字小字雙行同白口四周雙邊

640000－1201－0002590 子六/41

御製數理精蘊上編五卷下編四十五卷表八卷 （清）何國宗撰 （清）梅毀成彙編 清光緒八年（1882）江寧藩署刻本 四十冊 九行二十字小字雙行同白口四周雙邊 缺四卷（下編四十一至四十四）

640000－1201－0002591 集

晦庵先生朱文公文集一百卷別集七卷續集五卷 （宋）朱熹撰 （清）蔡方炳 （清）臧眉錫訂定 清刻本 二十四冊 十二行二十四字小字雙行同下黑口四周單邊

640000－1201－0002592 史二/7－4

御批歷代通鑑輯覽一百二十卷 （清）傅恆等撰 清刻本 八冊 十一行二十二字小字雙行同白口四周雙邊 存十六卷（六十六至六十八、一百十六、一百九至一百二十）

640000－1201－0002593 史

三通考輯要七十六卷 （清）湯壽潛輯要 清光緒二十八年（1902）新化三味書局鉛印本 十三冊 十四行四十二字小字雙行同白口左右雙邊 存三十二卷（文獻通考輯要一至三、十三至十四、十九至二十二,欽定續文獻通考輯要一至十二、二十五至二十六,皇朝文獻通考輯要十八至二十六）

640000－1201－0002594 史二/2－2

通鑑紀事本末二百三十九卷 （宋）袁樞編輯 （明）張溥論正 清光緒廣雅書局刻本 四十七冊 十行二十字小字雙行同下黑口四周單邊 存二百三十六卷（一至一百八十八、一百九十二至二百三十九）

640000－1201－0002595 史一/5－6

後漢書一百二十卷 （南朝宋）范曄撰 （南朝梁）劉昭補 （唐）李賢注 清同治十二年

（1873）嶺東使署仿汲古閣刻本 十四冊 十二行二十五字小字雙行三十七字白口左右雙邊 缺三十卷（九十一至一百二十）

640000－1201－0002596 史

姓氏譜纂七卷 （明）李日華著 （明）魯重民補訂 （明）錢蔚起校 明刻本 一冊 九行二十字小字雙行同白口四周單邊 存三卷（一至三）

640000－1201－0002597 史二/7

御批歷代通鑑輯覽一百二十卷 （清）傅恒等撰 清同治十一年（1872）湖北崇文書局刻本 五十二冊 十一行二十二字小字雙行同白口四周雙邊 缺十七卷（十六至十七、四十四至四十七、一百二至一百三、一百十二至一百二十）

640000－1201－0002598 子六/47－2

原本直指算法統宗十二卷 （明）程大位編 清刻本 四冊 十一行二十四字小字雙行同白口四周單邊 存八卷（三至十）

640000－1201－0002599 集

梨雲館類定袁中郎先生全集二十四卷附袁中郎先生傳一卷 （清）袁宏道撰 （清）袁憲健鐫 清道光九年（1829）培原書屋刻本 十五冊 八行十八字白口四周單邊

640000－1201－0002600 史

繹史一百六十卷世系圖一卷年表一卷 （清）馬驌撰 清光緒二十三年（1897）武林尚友齋石印本 二十四冊 十六行三十六字小字雙行五十四字白口左右雙邊

640000－1201－0002601 集三/23

經史百家雜鈔二十六卷 （清）曾國藩纂 （清）李鴻章校刊 清光緒二年（1876）傳忠書局刻本 二十冊 十行二十四字小字雙行同下黑口左右雙邊

640000－1201－0002602 史五/11

明季南略十八卷 （清）計六奇編 清都城琉璃廠半松居士木活字印本 八冊 九行二十字白口四周單邊

640000－1201－0002603 集

江忠烈公遺集二卷附錄一卷 （清）江源源撰 清同治三年（1864）四川藩署刻本 一冊 十行二十二字白口四周雙邊

640000－1201－0002604 經

新增詩經補注附考備旨八卷 （清）鄒梧崗纂輯 （清）鄒廷猷編次 （清）鄒景揚訂 清文誠堂刻本 四冊 十一行二十字小字雙行同白口四周單邊 存七卷（一至五、七至八）

640000－1201－0002605 集

劉武慎公遺書二十五卷 （清）劉長佑撰 清光緒二十六年（1900）鉛印本 二十五冊 十行二十四字白口四周雙邊

640000－1201－0002606 子

鶡冠子三卷 （宋）陸佃注 （明）王宇（明）朱養純參評 清刻本 一冊 九行二十字小字雙行同白口左右雙邊

640000－1201－0002607 經三/4－2

詩經八卷 （宋）朱熹集傳 清同治十年（1871）刻本 四冊 九行十七字小字雙行同白口四周雙邊

640000－1201－0002608 史

二十四史三種二百八十卷 清同治、光緒間五省官書局刻本 十二冊 十二行二十五字白口左右雙邊 存四十七卷（宋書五至十、九十六至一百，南史一至三,北史一至十九、二十四至三十、四十二至四十八）

640000－1201－0002609 集

庸庵文編四卷 （清）薛福成撰 清光緒二十八年（1902）秦中官書局石印本 一冊 十四行二十五字上下黑口四周雙邊 存二卷（一至二）

640000－1201－0002610 史一/18－3

明史三百三十二卷 （清）張廷玉等纂 清刻本 二十九冊 十行二十一字白口左右雙邊 存八十四卷（一百六十三至一百六十六、一百八十一至二百六十）

640000－1201－0002611 史二/15－1

御撰資治通鑑綱目三編二十卷　（清）張廷玉
等撰　清刻本　六冊　十一行二十二字小字
雙行同白口四周單邊

640000－1201－0002612　史十三/132

約章分類輯要三十八卷　（清）蔡乃煌等輯
清光緒、宣統間刻本　三十一冊　十一行二
十三字小字雙行同下黑口左右雙邊

640000－1201－0002613　子九/20

納書楹邯鄲記全譜二卷　（清）葉堂訂譜
（清）王文治參訂　清乾隆五十七年(1792)長
洲葉氏納書楹刻本　二冊　六行十八字小字
雙行不等白口四周雙邊

640000－1201－0002614　史

曾文正公書札三十三卷　（清）曾國藩撰　清
光緒二年(1876)傳忠書局刻本　八冊　十行
二十四字上下黑口左右雙邊　存十六卷(一
至十六)

640000－1201－0002615　集二(56)/8

震川先生集三十卷別集十卷附錄一卷　（明）
歸有光撰　清光緒六年(1880)常熟歸氏刻本
十六冊　十行二十字白口左右雙邊

640000－1201－0002616　經

春秋類對賦一卷　（宋）徐晉卿撰　春秋諸國
統紀六卷　（元）齊履謙撰　清通志堂刻本
一冊　十一行二十字小字雙行同白口左右
雙邊

640000－1201－0002617　集三/(52)4－4

唐詩三百首六卷　（清）蘅塘退士編　清嘉慶
二十二年(1817)刻本　一冊　十行二十一字
小字雙行不等白口四周單邊　存二卷(一至
二)

640000－1201－0002618　史一/25

三國志六十五卷　（晉）陳壽撰　（明）敖文禎
（明）蕭云舉校刊　明刻本　十六冊　十行
二十一字小字雙行同白口左右雙邊

640000－1201－0002619　集二(56)/78

震川先生集三十卷別集十卷附錄一卷　（明）
歸有光撰　清光緒六年(1880)常熟歸氏刻本

十六冊　十行二十字白口左右雙邊

640000－1201－0002620　集

藏園詩鈔一卷　（清）游智開撰　清光緒二十
五年(1899)刻本　一冊　九行二十一字小字
雙行同下黑口左右雙邊

640000－1201－0002621　史

從公錄一卷　（清）戴肇辰撰　清同治二年
(1863)刻本　一冊　八行二十字白口四周
雙邊

640000－1201－0002622　史一/7－1

史記一百三十卷　（漢）司馬遷撰　（南朝宋）
裴駰集解　（唐）司馬貞索隱　（唐）張守節正
義　清刻本　二十二冊　十二行二十一字小
字雙行同白口四周雙邊　缺二十二卷(一至
十三、十五至十八、四十六至五十)

640000－1201－0002623　叢

藕香零拾十種十九卷　繆荃孫輯　清光緒、
宣統間刻本　五冊　十四行二十一字小字雙
行同上下黑口左右雙邊

640000－1201－0002624　叢

賴古堂藏書三種五卷　（清）周亮工訂　清刻
本　一冊　九行二十字白口四周單邊

640000－1201－0002625　叢

聚學軒叢書三十四種一百七十四卷　劉世珩
輯　清光緒貴池劉氏刻本　四十二冊　十一
行二十一字小字雙行同白口左右雙邊　缺六
卷(尚書義考二、小爾雅義證一至五)

640000－1201－0002626　經三/4－1

詩經八卷　（宋）朱熹集注　清同治十年
(1871)刻本　二冊　九行十七字小字雙行同
白口四周雙邊　存三卷(一至三)

640000－1201－0002627　經

新增詩經補注附考備旨八卷　（清）鄒梧岡纂
輯　（清）鄒廷猷編次　（清）鄒景揚訂　清崇
順堂刻本　一冊　十一行二十字小字雙行同
白口左右雙邊　存二卷(一至二)

640000－1201－0002628　經一/15

尚書大傳四卷附補遺一卷續補遺一卷考異一卷 （漢）鄭玄注 清乾隆二十一年(1756)德州盧氏雅雨堂刻本 一冊 十行二十一字小字雙行同白口四周單邊

640000－1201－0002629 TC4－5/2

說文解字十五卷 （漢）許慎撰 （五代）徐鉉校定 明末清初毛氏汲古閣刻本 八冊 七行字數不等小字雙行不等白口左右雙邊

640000－1201－0002630 TC4－5/3

說文解字十二卷 （漢）許慎撰 （宋）李燾編 明萬曆二十六年(1598)陳大科刻本 六冊 七行十四字小字雙行二十字上下黑口四周雙邊

640000－1201－0002631 TC10－3/2

朱子年譜四卷考異四卷附錄論學切要語二卷 （清）王懋竑纂訂 清乾隆寶應王氏白田草堂刻本 四冊 八行二十字小字雙行同白口左右雙邊

640000－1201－0002632 TC4－4/1

蘇文忠公全集一百十卷年譜一卷 （宋）蘇軾撰 明嘉靖十三年(1534)江西布政司刻本 一百冊 十行二十字小字雙行同白口四周雙邊

640000－1201－0002633 TC5－4/4

古今逸史十一種五十三卷 （明）吳琯輯 明刻本 四冊 十行二十字小字雙行同白口左右雙邊

640000－1201－0002634 TC5－4/2

御選唐宋文醇五十八卷 （清）高宗弘曆選 清乾隆三年(1738)武英殿刻四色套印本 二十冊 九行二十二字白口四周單邊

640000－1201－0002635 TC3－3/1

宋文鑑一百五十卷目錄三卷 （宋）呂祖謙輯 明嘉靖七年(1528)晉藩養德書院刻本 二十冊 十三行二十一字小字雙行同上下黑口左右雙邊

640000－1201－0002636 TC10－2/1

新編古今事文類聚前集六十卷後集五十卷續

集二十八卷別集三十二卷外集十五卷 （宋）祝穆 （元）富大用編 明初內府刻本 九十二冊 十行十八字小字雙行同上下黑口四周雙邊 缺二十五卷(後集三十六至五十、續集一至十)

640000－1201－0002637 史七/2－2

歷代名臣言行錄二十四卷 （清）朱恒編 清光緒二十八年(1902)上海文運書莊石印本 八冊 二十七行五十六字白口四周單邊

640000－1201－0002638 TC5－1/1

唐陸宣公集二十二卷 （唐）陸贄撰 （明）吳繼武校刊 明萬曆三十四年(1606)吳繼武光裕堂刻本 八冊 十行二十字小字雙行同白口四周單邊

640000－1201－0002639 TC3－4/4

樂府詩集一百卷目錄二卷 （宋）郭茂倩編次 明末毛氏汲古閣刻本 十二冊 十一行二十一字小字雙行同白口左右雙邊

640000－1201－0002640 TC10－3/9

南華經十六卷 （戰國）莊周撰 （晉）郭象註 （宋）林希遺口義 （宋）劉辰翁點校 （明）王世貞評點 （明）陳仁錫批註 明刻四色套印本 四冊 八行十八字小字雙行同白口四周單邊

640000－1201－0002641 TC3－1/2

莊子翼八卷莊子闕誤一卷 （明）焦竑編 （明）王元貞校閱 明刻本 八冊 十一行二十字小字雙行同白口四周單邊

640000－1201－0002642 TC3－1/1

明刊八代史纂二十四卷 （明）錢岱纂 （明）姚宗儀校 明刻本 二十四冊 十行二十字白口四周單邊

640000－1201－0002643 子八/14

芥子園畫傳二集八卷 （清）王概摹 清金陵文光堂刻彩色套印本 四冊 白口四周單邊

640000－1201－0002644 子三/7

弟子職箋釋一卷附史目表 （清）洪亮吉撰 清光緒三年(1877)授經堂家藏本 一冊 十

一行二十字白口左右雙邊

640000－1201－0002645　子八/14

**芥子園畫傳三集四卷**　（清）王概摹　清金陵文光堂刻彩色套印本　四冊　白口四周單邊

640000－1201－0002646　子六/49

**開方說三卷**　（清）李銳撰　（清）黎應南補
**少廣縋鑿一卷**　（清）夏鸞翔撰　清同治、光緒間長沙荷花池精舍刻本　二冊　十行二十二字小字雙行同白口左右雙邊

640000－1201－0002647　子八/14

**芥子園畫傳四集四卷**　（清）丁皋撰并繪　**圖章會纂**　（清）李漁篡　清嘉慶二十三年(1818)小酉山房刻彩色套印本　四冊　九行二十字白口四周單邊

640000－1201－0002648　子二/39

**風后握奇經一卷**　（漢）公孫宏解　**六韜三卷**　（周）呂望撰　清光緒元年(1875)湖北崇文書局刻本　一冊　十二行二十四字小字雙行同上下黑口四周雙邊

640000－1201－0002649　子二/22

**尉繚子二卷**　（周）尉繚撰　**素書一卷**　（漢）黃石公撰　（宋）張商英注　**心書一卷**　（三國蜀）諸葛亮撰　清光緒元年(1875)湖北崇文書局刻本　一冊　十二行二十四字上下黑口四周雙邊

640000－1201－0002650　子七/4

**集注太玄經十卷**　（宋）司馬光撰　清光緒元年(1875)湖北崇文書局刻本　二冊　十二行二十四字小字雙行同上下黑口四周雙邊

640000－1201－0002651　子五/80

**補註黃帝内經素問二十四卷素問遺篇一卷黃帝内經靈樞十二卷**　（唐）王冰注　清光緒三年(1877)浙江書局刻本　八冊　九行二十三字小字雙行同白口左右雙邊

640000－1201－0002652　子一/128

**新書十卷**　（漢）賈誼撰　清光緒元年(1875)浙江書局刻本　二冊　九行二十一字小字雙行同白口左右雙邊

640000－1201－0002653　子五/23

**景岳全書六十四卷**　（明）張介賓撰　清康熙四十九年(1710)光德堂刻本　一冊　九行二十四字白口左右雙邊　存二卷(一至二)

640000－1201－0002654　子四/3

**齊民要術十卷**　（北魏）賈思勰撰　清光緒元年(1875)湖北崇文書局刻本　四冊　十二行二十四字小字雙行同上下黑口四周雙邊

640000－1201－0002655　子六/28

**代數難題解法十六卷**　（英國）倫德輯　（英國）傅蘭雅譯　（清）華蘅芳筆述　清刻本　六冊　十行二十二字上下黑口左右雙邊

640000－1201－0002656　子四/3

**齊民要術十卷**　（北魏）賈思勰撰　清光緒元年(1875)湖北崇文書局刻本　四冊　十二行二十四字小字雙行同上下黑口四周雙邊

640000－1201－0002657　子八/41

**語石十卷**　葉昌熾撰　清宣統元年(1909)長洲葉昌熾刻本　四冊　十一行二十三字小字雙行同上下黑口左右雙邊

640000－1201－0002658　子十一/16－2

**淵鑑類函四百五十卷目録四卷**　（清）張英撰　（清）王士禎編　清光緒十三年(1887)上海同文書局石印本　四十八冊　二十一行四十二字小字雙行同白口四周單邊

640000－1201－0002659　子十/38

**聲隅子歔欷瑣微論二卷**　（宋）黃晞撰　**嬾真子五卷**　（宋）馬永卿撰　清光緒元年(1875)湖北崇文書局刻本　一冊　十二行二十四字小字雙行同上下黑口四周雙邊

640000－1201－0002660　子十/60

**群書答問二卷補遺一卷**　（清）凌曙撰　清光緒十四年(1888)德化李氏木犀軒刻本　一冊　十一行二十一字上下黑口左右雙邊

640000－1201－0002661　子十/63

**舊學蓄疑一卷**　（清）汪中述　**荀勗笛律圖注一卷**　（清）徐養原撰　**管色考一卷**　（清）徐養原撰　**律呂臆說一卷**　（清）徐養原撰　清

光緒德化李氏木犀軒刻本　一冊　十一行二十一字小字雙行同上下黑口左右雙邊

640000－1201－0002662　子十/56

**易餘籥録二十卷**　（清）焦循撰　清光緒十二年(1886)德化李氏木犀軒刻本　四冊　十一行二十一字小字雙行同上下黑口左右雙邊

640000－1201－0002663　子十一/3

**子史精華一百六十卷**　（清）允祿等編　清光緒十二年(1886)上海同文書局石印本　八冊　二十行五十八字小字雙行同白口四周雙邊

640000－1201－0002664　子一/44

**人譜三篇一卷人譜類記六卷**　（明）劉宗周著　清光緒元年(1875)湖北崇文書局刻本　三冊　十二行二十四字小字雙行同上下黑口四周雙邊

640000－1201－0002665　子七/13

**葬經內篇一卷**　（晉）郭璞撰　**黃帝宅經二卷**　（□）□□著　清光緒元年(1875)湖北崇文書局刻本　一冊　十二行二十四字小字雙行同上下黑口四周雙邊

640000－1201－0002666　叢十三/21

**白芙堂算學叢書二十種七十二卷**　（清）丁取忠輯　清同治、光緒間長沙古荷花池精舍刻本　三十冊　十行二十二字小字雙行同白口四周雙邊

640000－1201－0002667　子八/72

**印典八卷**　（清）朱象賢編　清刻本　二冊　十一行二十一字小字雙行不等白口左右雙邊

640000－1201－0002668　子十/62

**商子五卷**　（戰國）商鞅撰　清光緒元年(1875)湖北崇文書局刻本　一冊　十二行二十四字小字雙行同上下黑口四周雙邊

640000－1201－0002669　子十/62

**商子五卷**　（戰國）商鞅撰　清光緒元年(1875)湖北崇文書局刻本　一冊　十二行二十四字小字雙行同上下黑口四周雙邊

640000－1201－0002670　子十/50

**風俗通義十卷**　（漢）應劭撰　清光緒元年(1875)湖北崇文書局刻本　二冊　十二行二十四字小字雙行同上下黑口四周雙邊

640000－1201－0002671　集三/84

**續古文苑二十卷**　（清）孫星衍輯　清嘉慶十七年(1812)蘭陵孫氏刻本　六冊　十一行二十字小字雙行同上下黑口左右雙邊

640000－1201－0002672　子八/21

**蘇米齋蘭亭考八卷**　（清）翁方綱撰　清嘉慶八年(1803)刻本　二冊　十行二十四字小字雙行同白口四周雙邊

640000－1201－0002673　集一/1

**楚辭八卷辯證二卷首一卷**　（戰國）屈原撰　（宋）朱熹集注　清光緒二十二年(1896)新化三味堂刻本　二冊　十一行二十四字小字雙行同白口左右雙邊

640000－1201－0002674　集四/39

**石洲詩話八卷**　（清）翁方綱撰　清嘉慶二十年(1815)刻本　二冊　十行二十一字白口左右雙邊

640000－1201－0002675　集二/(57)1360

**蘇詩補注八卷**　（宋）蘇軾　（清）翁方綱撰　**志道集一卷**　（宋）顧禧撰　清乾隆四十七年(1782)蘇齋刻本　二冊　十二行二十三字小字雙行同上下黑口左右雙邊

640000－1201－0002676　集二/(57)362

**小豆棚十六卷**　（清）曾衍東撰　清光緒六年(1880)上海申報館鉛印本　六冊　十二行二十四字白口四周雙邊

640000－1201－0002677　集四/9

**小石帆亭著録六卷**　（清）翁方綱撰　清乾隆五十七年(1792)刻本　二冊　十行十九字小字雙行同白口左右雙邊

640000－1201－0002678　子一/73

**藥言一卷藥言賸稿一卷**　（清）拙修老人纂　清光緒三十四年(1908)長沙刻本　二冊　九行二十四字白口四周雙邊

640000－1201－0002679　集二/(57)37

**求闕齋日記類鈔二卷** (清)曾國藩記 (清)王啟原校編　清光緒十三年(1887)上海申報館鉛印本　二冊　十一行二十七字白口四周雙邊

640000－1201－0002680　子十/6

**墨子閒詁十五卷目録一卷附録一卷後語二卷** (清)孫詒讓輯　清光緒掃葉山房石印本八冊　十四行三十四字小字雙行同白口四周雙邊

640000－1201－0002681　史七/126－1

**元遺山先生年譜一卷瘞鶴銘辨證一卷通志堂經解目録一卷** (清)翁方綱撰　清刻本　一冊　十二行二十四字小字雙行同白口左右雙邊

640000－1201－0002682　子十/6

**墨子閒詁十五卷目録一卷附録一卷後語二卷** (清)孫詒讓輯　清光緒掃葉山房石印本七冊　十四行三十四字小字雙行同白口四周雙邊　缺一卷(十)

640000－1201－0002683　子六/61

**數書九章十八卷** (宋)秦九韶撰　**札記四卷** (宋)宋景昌撰　清道光二十二年(1842)刻本　七冊　十一行二十二字小字雙行同白口左右雙邊

640000－1201－0002684　子六/65

**楊輝算法六卷** (宋)楊輝撰　**札記一卷** (清)宋景昌撰　清道光二十二年(1842)刻本　二冊　十一行二十二字小字雙行同白口左右雙邊

640000－1201－0002685　子十/96

**菉友肊說一卷附録一卷** (清)王筠撰　**教童子法一卷** (清)王筠撰　清光緒二十一年(1895)刻本　一冊　十一行二十三字上下黑口左右雙邊

640000－1201－0002686　子十/64

**橋西雜記一卷** (清)葉名灃撰　**位西先生遺稿一卷** (清)邵懿辰撰　**張文節公遺集二卷**

(清)張洵撰　清同治十年(1871)滂喜齋刻本　一冊　十行二十一字小字雙行同上下黑口四周單邊

640000－1201－0002687　子十四/1

**抱樸子內篇二十卷外篇五十卷** (晉)葛洪撰　清嘉慶十八年(1813)刻本　六冊　十一行二十字小字雙行同白口左右雙邊

640000－1201－0002688　集二/(57)38

**漁洋山人精華録箋注十二卷補注一卷年譜一卷** (清)王士禎撰 (清)金榮箋注 (清)徐準輯　清乾隆鳳翻堂刻本　八冊　十一行二十字小字雙行三十字白口左右雙邊

640000－1201－0002689　集二/(57)38

**漁洋山人精華録箋注十二卷補注一卷年譜一卷** (清)王士禎撰 (清)金榮箋注 (清)徐準輯　清乾隆鳳翻堂刻本　八冊　十一行二十字小字雙行三十字白口左右雙邊

640000－1201－0002690　子十二/52

**刀劍録一卷** (南朝梁)陶弘景著 (明)毛晉校　明刻本　一冊　八行十八字小字雙行同白口左右雙邊

640000－1201－0002691　集三/(31)2

**史記選六卷** (清)儲欣評述　清乾隆三十八年(1773)同文堂刻本　四冊　九行二十五字白口四周單邊

640000－1201－0002692　子六/12

**代微積拾級十八卷** (美國)羅密士撰 (英國)偉烈亞力口譯 (清)李善蘭筆述　清咸豐九年(1859)墨海書館刻本　三冊　九行二十字小字雙行同白口四周雙邊

640000－1201－0002693　史五/10

**雅雨堂藏書九種九十五卷** (清)盧見曾輯　清乾隆二十一年(1756)德州盧氏雅雨堂刻本　十六冊　十行二十一字小字雙行同白口四周單邊

640000－1201－0002694　叢一/62

**子餘二十二種一百六十九卷** (清)王謨輯　清光緒二年(1876)紅杏山房刻本　四十一冊

九行二十字白口左右雙邊

640000－1201－0002695　子六/56

**學計一得二卷**　（清）鄒伯奇撰　清同治十二年(1873)拾芥園刻本　一冊　十二行二十四字小字雙行同白口四周單邊

640000－1201－0002696　子十二/53

**摭言十五卷**　（五代）王定保撰　清乾隆二十一年(1756)德州盧氏雅雨堂刻本　三冊　十行二十一字小字雙行同白口四周單邊

640000－1201－0002697　集二(52)/7

**劉賓客文集三十卷外集十卷**　（唐）劉禹錫撰　清光緒三十一年(1905)仁和朱氏刻本　六冊　十一行二十一字上下黑口左右雙邊

640000－1201－0002698　叢一/47

**載籍二十八種九十一卷**　（清）盧秉鈞輯　清光緒二年(1876)紅杏山房刻本　十六冊　九行二十字小字雙行同白口左右雙邊

640000－1201－0002699　集二(52)/44

**司空表聖文集十卷**　（唐）司空圖撰　清光緒三十一年(1905)仁和朱氏刻本　一冊　十一行二十一字上下黑口左右雙邊　存五卷(一至五)

640000－1201－0002700　子十/34

**論衡三十卷**　（漢）王充撰　清光緒元年(1875)湖北崇文書局刻本　六冊　十二行二十四字小字雙行同上下黑口四周雙邊

640000－1201－0002701　子九/9

**佩文齋廣群芳譜一百卷目錄二卷**　（明）王象晉撰　（清）汪灝等重編　清同治七年(1868)刻本　三十一冊　十一行二十一字白口左右雙邊　存一百卷(一至九十八、目錄二卷)

640000－1201－0002702　集三/5721

**亢藝堂集三卷**　（清）孫廷璋著　清同治十一年(1872)滂喜齋刻本　一冊　十行二十一字小字雙行同上下黑口左右雙邊

640000－1201－0002703　史十四/114

**藝芸書舍宋元本書目二卷**　（清）汪士鍾藏並編　清同治十二年(1873)吳縣潘氏滂喜齋刻本　一冊　十四行二十八字白口左右雙邊

640000－1201－0002704　子七/26

**心得要旨一卷**　（明）金星橋撰　清光緒德化李氏木犀軒刻本　一冊　十一行二十一字上下黑口左右雙邊

640000－1201－0002705　子六/54

**曉菴遺書十五卷**　（清）王錫闡撰　清光緒德化李氏木犀軒刻本　一冊　十一行二十一字小字雙行同上下黑口左右雙邊　存六卷(一至六)

640000－1201－0002706　子六/58

**開方通釋一卷**　（清）焦循學　清光緒德化李氏木犀軒刊本　一冊　十一行二十一字小字雙行同上下黑口左右雙邊

640000－1201－0002707　子七/27

**五行大義五卷**　（隋）蕭吉撰　清光緒二十三年(1897)武進盛氏思惠齋刻本　一冊　十四行二十五字上下黑口左右雙邊

640000－1201－0002708　子四/3

**齊民要術十卷**　（北魏）賈思勰撰　清光緒二十二年(1896)刻本　四冊　九行二十一字小字雙行同白口四周雙邊

640000－1201－0002709　子十/68

**戒菴老人漫筆八卷**　（明）李詡撰　清光緒二十二年(1896)武進盛氏刻本　二冊　十四行二十五字小字雙行同上下黑口左右雙邊

640000－1201－0002710　子十四/31

**莊子南華真經三卷**　（戰國）莊周撰　**莊子闕誤一卷**　（明）楊慎撰　清光緒元年(1875)湖北崇文書局刻本　一冊　十二行二十四字上下黑口四周雙邊

640000－1201－0002711　子十四/11

**老子道德經二卷**　（晉）王弼注　清光緒元年(1875)湖北崇文書局刻本　一冊　十二行二十四字小字雙行同上下黑口四周雙邊

640000－1201－0002712　子十四/22

至游子二卷　（明）□□撰　清光緒元年(1875)湖北崇文書局刻本　一冊　十二行二十四字上下黑口四周雙邊

640000－1201－0002713　子十四/27

亢倉子一卷　（周）庚桑楚撰　玄真子一卷（唐）張志和撰　天隱子一卷　（唐）司馬承禎撰　無能子三卷　（唐）無名氏撰　胎息經一卷　（□）幻真先生注　胎息經疏一卷　（明）王文祿撰　清光緒元年(1875)湖北崇文書局刻本　一冊　十二行二十四字上下黑口四周雙邊

640000－1201－0002714　子十二/47

鑑誡錄十卷　（五代）何光遠撰　清光緒三年(1877)湖北崇文書局刻本　二冊　十二行二十四字上下黑口四周雙邊

640000－1201－0002715　集二(57)/25

讀杜心解六卷首二卷　（唐）杜甫撰　（清）浦起龍解　（清）浦起麟讀　清雍正二年(1724)浦起龍寧我齋刻本　十冊　十行二十二字小字雙行不等白口左右雙邊

640000－1201－0002716　子一/107

虞山商語三卷仁文商語一卷南岳商語一卷（明）顧憲成撰　（明）史孟麟錄　（清）張純修重訂　清光緒三年(1877)涇里宗祠刊本一冊　十行二十字小字雙行同下黑口左右雙邊

640000－1201－0002717　史五/47－2

涑水紀聞十六卷補遺一卷　（宋）司馬光撰清光緒三年(1877)湖北崇文書局刻本　四冊十二行二十四字上下黑口四周雙邊

640000－1201－0002718　子九/23

納書楹曲譜外集二卷　（清）葉堂訂譜　（清）王文治參訂　清乾隆五十七年(1792)刻本二冊　六行十八字白口四周雙邊

640000－1201－0002719　子九/24

納書楹曲譜補遺四卷　（清）葉堂訂譜　（清）王文治參訂　清乾隆五十九年(1794)刻本四冊　六行十八字白口四周雙邊

640000－1201－0002720　子十二/43

搜神後記十卷　（晉）陶潛撰　清光緒元年(1875)湖北崇文書局刻本　一冊　十二行二十四字上下黑口四周雙邊

640000－1201－0002721　子一/108

東林會約一卷東林商語二卷　（明）顧憲成撰清光緒三年(1877)涇里宗祠刻本　一冊十行二十字小字雙行同下黑口左右雙邊

640000－1201－0002722　子一/120

證性編八卷　（明）顧憲成撰　清光緒三年(1877)涇里宗祠刻本　一冊　十行二十字下黑口左右雙邊　缺二卷(徵信或問二卷)

640000－1201－0002723　集二(57)/96

漁洋山人精華錄箋注十二卷補注一卷年譜一卷　（清）王士禎撰　（清）金榮注　（清）徐準輯　清乾隆鳳翽堂刻本　十冊　十一行二十字小字雙行不等白口左右雙邊

640000－1201－0002724　子十九/11

原富八卷　（英國）斯密亞丹著　（清）嚴復譯清陝西味經官書局鉛印本　二冊　十一行二十五字上黑口四周雙邊　存二卷(戊上下)

640000－1201－0002725　集二(57)/96

漁洋山人精華錄箋注十二卷補注一卷年譜一卷　（清）王士禎撰　（清）金榮注　（清）徐準輯　清乾隆鳳翽堂刻本　十二冊　十一行二十字小字雙行不等白口左右雙邊

640000－1201－0002726　子十二/22

夜雨秋燈錄八卷　（清）宣鼎著　清光緒三年(1877)上海申報館鉛印本　八冊　十二行二十四字白口四周雙邊

640000－1201－0002727　子一/130

還經錄一卷自反錄一卷　（明）顧憲成撰　清光緒三年(1877)涇里宗祠刻本　一冊　十行二十字下黑口左右雙邊

640000－1201－0002728　集二(57)46

紀文達公遺集文十六卷　（清）紀昀撰　（清）紀樹馨編校　清刻本　八冊　十行二十一字小字雙行同白口左右雙邊

640000－1201－0002729　集二/(57)327
**朱九江先生集十卷首四卷**　(清)朱次琦撰　清光緒二十三年(1897)讀書草堂刻本　四冊　十一行二十四字白口左右雙邊

640000－1201－0002730　子十二/80
**繪芳録八十回**　(清)西泠野樵撰　清光緒四年(1878)上海申報館鉛印本　十六冊　十五行二十七字白口四周雙邊

640000－1201－0002731　子六/59
**補小爾雅釋度量衡一卷格術補一卷對數尺記一卷乘方捷術三卷**　(清)鄒伯奇撰　清同治十二年(1873)鄒達泉拾芥園刻本　一冊　十二行二十四字小字雙行同白口四周單邊

640000－1201－0002732　子六/55
**鄒徵君存稿一卷**　(清)鄒伯奇撰　清同治十二年(1873)鄒達泉拾芥園刻本　一冊　十二行二十四字小字雙行同白口四周單邊

640000－1201－0002733　集二/(57)314
**養一齋詩集八卷**　(清)李兆洛撰　清道光二十三年(1843)維風堂木活字印本　二冊　九行二十一字小字雙行同下黑口四周單邊

640000－1201－0002734　子十四/1
**抱樸子内篇二十卷外篇五十卷附篇十卷**　(晉)葛洪撰　清光緒十一年(1885)朱氏槐廬家塾刻本　五冊　十一行二十字小字雙行同白口左右雙邊

640000－1201－0002735　子十二/118
**鸝砭軒質言四卷**　(清)戴蓮芬撰　清光緒五年(1879)上海申報館鉛印本　二冊　十二行二十四字白口四周雙邊

640000－1201－0002736　子十二/120
**四夢彙譚四卷**　(清)吳紹箕撰　清光緒五年(1879)上海申報館鉛印本　四冊　十二行二十四字白口四周雙邊

640000－1201－0002737　子十二/27
**小豆棚十六卷**　(清)曾衍東撰　清光緒六年(1880)上海申報館鉛印本　六冊　十二行二十四字白口四周雙邊

640000－1201－0002738　子十二/23
**語新二卷**　(清)錢學綸撰　清光緒二年(1876)上海申報館鉛印本　一冊　十二行二十四字白口四周雙邊

640000－1201－0002739　子十二/111
**昔柳摭談八卷**　(清)馮梓華編　(清)汪人驥輯　清光緒四年(1878)鉛印本　二冊　十二行二十四字白口四周雙邊

640000－1201－0002740　子二/15
**草廬經略十二卷**　(明)□□撰　清光緒上海申報館鉛印本　六冊　十二行二十四字白口四周雙邊

640000－1201－0002741　子十二/117
**影談四卷**　(清)管世灝撰　清光緒二年(1876)上海申報館鉛印本　二冊　十二行二十四字白口四周雙邊

640000－1201－0002742　子十二/112
**癡説四種**　(清)尊聞閣主輯　清光緒上海申報館鉛印本　一冊　十二行二十四字白口四周雙邊

640000－1201－0002743　史一/3
**明史稿三百十卷目録三卷**　(清)王鴻緒撰　清雍正元年(1723)敬慎堂刻本　八十冊　十一行二十三字小字雙行同白口左右雙邊

640000－1201－0002744　史二/6
**順治朝東華録三十六卷**　王先謙編　(清)陶濬宣校　清光緒十四年(1888)刻本　九冊　十二行二十五字小字雙行同白口左右雙邊

640000－1201－0002745　史二/6
**康熙朝東華録一百十卷**　王先謙編　(清)陶濬宣校　清光緒十四年(1888)刻本　十三冊　十二行二十五字小字雙行同白口左右雙邊　存四十五卷(一至四十五)

640000－1201－0002746　史三/9:1
**三藩紀事本末二十二卷**　(清)楊陸榮編　(清)朱記榮校勘　清光緒十四年(1888)鉛印本　一冊　十五行四十字白口四周雙邊

640000－1201－0002747　集二/(56)58
**落落齋遺集十卷附錄一卷**　(明)李應昇撰
清光緒二十二年(1896)刻本　三冊　十四行
二十五字小字雙行同上下黑口四周單邊

640000－1201－0002748　集二/(56)59
**小辨齋偶存八卷附錄一卷**　(明)顧允成撰
清光緒二十二年(1896)刻本　一冊　上下黑
口四周單邊

640000－1201－0002749　集二/(56)57
**從野堂存稿八卷補遺一卷文貞公年譜一卷附
錄一卷**　(明)繆昌期撰　清光緒二十一年
(1895)刻本　三冊　十四行二十五字上下黑
口四周單邊

640000－1201－0002750　集二/(54)24
**摛文堂集十五卷附錄一卷**　(宋)慕容彥逢撰
　清光緒二十三年(1897)刻本　二冊　十四
行二十五字上下黑口四周單邊

640000－1201－0002751　集二/(54)23
**定齋集二十卷**　(宋)蔡戡撰　清光緒二十二
年(1896)刻本　二冊　十四行二十五字上下
黑口四周單邊

640000－1201－0002752　集
**唐荊川先生文集十八卷補遺一卷附錄一卷**
(明)唐順之撰　清光緒二十一年(1895)刻本
　四冊　十四行二十五字上下黑口四周單邊

640000－1201－0002753　集二/(55)20
**牆東類稿二十卷補遺一卷**　(元)陸文圭撰
**校勘記一卷**　金武祥撰　清光緒二十二年
(1896)刻本　三冊　十四行二十五字上下黑
口四周單邊

640000－1201－0002754　集二/(55)19
**清閟閣全集十二卷**　(元)倪瓚撰　清光緒二
十一年(1895)刻本　三冊　十四行二十五字
上下黑口四周單邊

640000－1201－0002755　集二/(56)53
**金忠潔公文集二卷**　(明)金鉉撰　**堆山先生
前集鈔一卷**　(明)薛寀撰　清光緒二十二年
(1896)刻本　一冊　十四行二十五字上下黑
口四周單邊

640000－1201－0002756　子十四/14
**文子續義十二卷**　(宋)杜道堅撰　清光緒三
年(1877)浙江書局刻本　二冊　九行二十一
字小字雙行同白口左右雙邊

640000－1201－0002757　子五/36
**積古齋藏器目一卷**　(清)阮元撰　**平安館藏
器目一卷**　(清)葉志詵撰　**清儀閣藏器目一
卷**　(清)張廷濟撰　**懷米山房藏器目一卷**
(清)曹載奎撰　**兩罍軒藏器目一卷**　(清)吳
雲撰　**木庵藏器目一卷**　(清)程振甲撰　**梅
花草盦藏器目一卷**　(清)丁彥臣撰　**簠齋藏
器目一卷**　(清)陳介祺撰　**憲齋藏器目一卷**
　(清)吳大澂撰　清光緒元和江氏湖南使院
刻本　一冊　十一行字數不等上下黑口左右
雙邊

640000－1201－0002758　史一/6
**前漢書一百二十卷**　(漢)班固撰　(唐)顏師
古注　清光緒十年(1884)上海同文書局石印
本　三十六冊　十行二十一字小字雙行同白
口左右雙邊

640000－1201－0002759　集二/(57)285
**愈愚錄六卷**　(清)劉寶楠撰　清光緒十五年
(1889)刻本　二冊　十一行二十四字小字雙
行同上下黑口四周單邊

640000－1201－0002760　集二/(57)354
**擬兩晉南北史樂府二卷**　(清)洪亮吉撰　清
光緒三年(1877)刻本　一冊　十一行二十二
字小字雙行同上下黑口左右雙邊

640000－1201－0002761　集二/(57)398
**更生齋文甲集四卷乙集四卷續集二卷詩八卷
續集十卷**　(清)洪亮吉撰　清光緒三年
(1877)鄂垣刻本　十二冊　十一行二十二字
小字雙行同上下黑口左右雙邊

640000－1201－0002762　子十/88
**曉讀書齋初錄二卷二錄二卷三錄二卷四錄二
卷**　(清)洪亮吉著　清光緒三年(1877)刻本
　二冊　十一行二十二字小字雙行同上下黑

口左右雙邊

640000－1201－0002763　集二/(57)365

卷施閣文甲集十卷續一卷補遺一卷乙集八卷
續編一卷詩二十卷　(清)洪亮吉著　清光緒
三年(1877)刻本　十冊　十一行二十二字小
字雙行同上下黑口左右雙邊

640000－1201－0002764　集二/(57)368

更生齋詩餘二卷　(清)洪亮吉撰　清光緒三
年(1877)刻本　一冊　十一行二十二字小字
雙行同上下黑口左右雙邊

640000－1201－0002765　子五/124

靈素提要淺註十二卷醫學三字經四卷　(清)
陳念祖集註　清同治九年(1870)刻本　七冊
八行十八字小字雙行同白口四周雙邊

640000－1201－0002766　子五/120

金匱要略淺註十卷　(清)陳念祖集註　清同
治四年(1865)文奎堂刻本　六冊　八行十八
字小字雙行同白口左右雙邊

640000－1201－0002767　子五/125

張仲景傷寒論原文淺註六卷長沙方歌括六卷
十藥神書註解一卷　(清)陳念祖集註　清同
治四年(1865)文奎堂刻本　九冊　八行十八
字小字雙行同白口四周雙邊

640000－1201－0002768　子五/113

醫學實在易八卷醫學從衆錄八卷神農本草經
讀四卷　(清)陳念祖著　清同治四年(1865)
刻本　九冊　八行十八字小字雙行同白口左
右雙邊

640000－1201－0002769　子五/122

金匱方歌括六卷　(清)陳念祖定　清刻本
三冊　八行十八字小字雙行同白口左右雙邊

640000－1201－0002770　子五/123

傷寒真方歌括六卷傷寒醫訣串解六卷時方妙
用三卷時方歌括一卷女科要旨四卷　(清)陳
念祖著　清同治刻本　八冊　九行二十一字
小字雙行同白口左右雙邊

640000－1201－0002771　集二/(54)/45

毗陵集十六卷補遺一卷附錄一卷　(宋)張守
撰　清光緒二十一年(1895)武進盛氏思惠齋
刻本　二冊　十四行二十五字上下黑口四周
單邊

640000－1201－0002772　集二/(54)40

鴻慶居士集四十二卷　(宋)孫覿撰　清光緒
二十一年(1895)刻本　四冊　十四行二十五
字上下黑口四周單邊

640000－1201－0002773　集二/(54)46

宋孫仲益內簡尺牘十卷　(宋)孫覿撰　(宋)
李祖堯編注　(清)蔡焯　(清)蔡龍孫增訂
清光緒二十二年(1896)武進盛氏思惠齋刻本
二冊　十四行二十五字上下黑口四周單邊

640000－1201－0002774　集二/(54)48

丹陽集二十四卷　(宋)葛勝仲撰　清光緒二
十二年(1896)武進盛氏思惠齋刻本　三冊
十四行二十五字上下黑口四周單邊

640000－1201－0002775　集二/(54)43

梁谿遺稿二卷補遺一卷附錄一卷　(宋)尤袤
撰　侍郎葛公歸愚集十卷補遺一卷　(宋)葛
立方撰　清光緒二十二年(1896)刻本　一冊
十四行二十五字上下黑口四周單邊

640000－1201－0002776　集二/(54)44

韻語陽秋二十卷　(宋)葛立方撰　存餘堂詩
話一卷附錄一卷　(明)朱承爵撰　清光緒二
十二年(1896)武進盛氏思惠齋刻本　一冊
十四行二十五字上下黑口四周單邊

640000－1201－0002777　集二/(57)230

學文堂文集十六卷詩集五卷詩餘三卷　(清)
陳玉璂撰　清光緒二十三年(1897)武進盛氏
思惠齋刻本　六冊　十四行二十五字上下黑
口左右雙邊

640000－1201－0002778　集二/(54)41

文恭集四十卷　(宋)胡宿撰　春卿遺稿一卷
(宋)蔣堂撰　清光緒二十一年(1895)刻本
四冊　十四行二十五字上下黑口左右雙邊

640000－1201－0002779　集二/(57)380

邵青門全集三十卷附邵氏家錄二卷　(清)邵

長衡撰　清光緒二十三年(1897)武進盛氏思惠齋刻本　二冊　十四行二十五字小字雙行同上下黑口左右雙邊　存十六卷(一至十六)

640000－1201－0002780　子一/9

**先正讀書訣一卷**　(清)周永年輯　清光緒元和江氏湖南使院刻本　一冊　十一行二十三字上下黑口左右雙邊

640000－1201－0002781　集二/(57)397

**聽園西疆雜述詩四卷**　(清)蕭雄撰　清光緒二十一年(1895)刻本　四冊　十一行二十三字上下黑口左右雙邊

640000－1201－0002782　集三/59

**續古文苑二十卷**　(清)孫星衍輯　清光緒十一年(1885)吳縣朱氏槐廬家塾刻本　八冊　十一行二十字小字雙行同上下黑口左右雙邊

640000－1201－0002783　集三/(52)8

**唐人五十家小集**　(清)江標輯　清光緒二十一年(1895)元和江氏靈鶼閣刻本　十六冊　十行十八字白口左右雙邊

640000－1201－0002784　集二/(57)23

**養知書屋文集二十八卷**　(清)郭嵩燾撰　清光緒十八年(1892)刻本　十二冊　十行二十一字白口左右雙邊

640000－1201－0002785　子一/42

**篤素堂文集四卷**　(清)張英著　清湖南學庫谷氏刻本　一冊　十行二十字白口左右雙邊

640000－1201－0002786　史十二/2

**大清搢紳全書不分卷**　(清)□□編　清光緒三十三年(1907)榮錄堂刻本　四冊　十四行三十二字小字雙行同白口四周雙邊

640000－1201－0002787　集二/(56)23

**王文成公全書三十八卷**　(明)王守仁撰　清刻本　二十四冊　九行二十一字白口左右雙邊

640000－1201－0002788　集二/(57)28

**小倉山房文集三十五卷隨園瑣記二卷**　(清)袁枚撰　清光緒十八年(1892)勤裕堂鉛印本

四冊　十九行四十字白口四周雙邊　存二十八卷(文集一至二十六、瑣記二卷)

640000－1201－0002789　集二/(36)2

**蔡中郎集二卷附錄一卷**　(漢)蔡邕撰　(明)張溥評　清刻本　四冊　九行十八字小字雙行同白口左右雙邊

640000－1201－0002790　籹一/72

**志異續編八卷**　(清)青城子(宋永岳)撰　清光緒三年(1877)上海申報館鉛印本　八冊　十二行二十四字白口四周雙邊

640000－1201－0002791　子六/63

**詳解九章算法一卷纂類一卷附札記一卷**　(宋)楊輝　(清)宋景昌撰　清道光二十二年(1842)刻本　二冊　十一行二十二字小字雙行同白口左右雙邊

640000－1201－0002792　集三/58

**賦學正鵠十一卷**　(清)李元度編　清光緒十八年(1892)茹古山房刻本　五冊　九行二十一字小字雙行同白口左右雙邊

640000－1201－0002793　籹十三/19

**柳南隨筆六卷續編四卷**　(清)王應奎撰　清光緒上海申報館鉛印本　二冊　十二行二十四字白口四周雙邊

640000－1201－0002794　籹十四/8

**翰海十二卷**　(明)沈佳允輯　清光緒二年(1876)上海申報館鉛印本　八冊　十一行二十四字白口四周雙邊

640000－1201－0002795　籹十三/19

**柳南隨筆六卷**　(清)王應奎撰　清光緒上海申報館鉛印本　三冊　十二行二十四字白口四周雙邊

640000－1201－0002796　集二/(492)5

**王司空集一卷**　(北周)王褒著　清光緒五年(1879)彭懋謙信述堂刻本　一冊　九行十八字白口左右雙邊

640000－1201－0002797　籹一/20

**平津館叢書十一種九十八卷**　(清)孫星衍輯

清嘉慶蘭陵孫氏刻本　二十冊　十一行二十字小字雙行同白口左右雙邊　缺二卷(尚書今古文注疏一至二)

640000－1201－0002798　集二/(492)6

**宋袁陽源集一卷**　(南朝宋)袁淑著　**謝法曹集一卷**　(南朝宋)謝惠連著　清光緒五年(1879)彭懋謙信述堂刻本　一冊　九行十八字白口左右雙邊

640000－1201－0002799　子十/14

**古書疑義舉例七卷**　(清)俞樾撰　清同治十年(1871)刻本　二冊　十行二十一字白口左右雙邊

640000－1201－0002800　集二/(57)301

**春在堂詩編二十三卷**　(清)俞樾撰　清同治十年(1871)刻本　三冊　十行二十一字左右雙邊　存七卷(一至七)

640000－1201－0002801　籔六/29

**玩易篇一卷**　(清)俞樾撰　清同治十年(1871)刻本　一冊　十行二十一字白口左右雙邊

640000－1201－0002802　籔六/29

**兒笘錄四卷**　(清)俞樾撰　清同治十年(1871)刻本　一冊　十行二十一字白口左右雙邊

640000－1201－0002803　集三/(57)28

**袖中書二卷**　(清)俞樾撰　清同治十年(1871)刻本　一冊　十行二十一字白口左右雙邊

640000－1201－0002804　集二/(57)154

**春在堂雜文二卷**　(清)俞樾撰　清同治十年(1871)刻本　一冊　十行二十一字白口左右雙邊

640000－1201－0002805　集二/(57)284

**春在堂隨筆十卷**　(清)俞樾撰　清同治十年(1871)刻本　二冊　十行二十一字白口左右雙邊　存五卷(一至五)

640000－1201－0002806　子十/28

**讀書餘錄二卷**　(清)俞樾撰　清同治十年(1871)刻本　一冊　十行二十一字白口左右雙邊

640000－1201－0002807　集二/(57)302

**賓萌集六卷外集四卷**　(清)俞樾撰　清同治十年(1871)刻本　四冊　十行二十一字白口左右雙邊　缺一卷(賓萌集六)

640000－1201－0002808　集二/(57)300

**湖樓筆談七卷**　(清)俞樾撰　清同治十年(1871)刻本　二冊　十行二十一字白口左右雙邊

640000－1201－0002809　集二/(57)238

**鮚埼亭集三十八卷首一卷**　(清)全祖望撰　清刻本　九冊　十行二十一字白口左右雙邊　存三十七卷(二至三十八)

640000－1201－0002810　集三/57

**古文翼八卷**　(清)唐德宜編　清乾隆景山書屋刻本　七冊　九行二十三字小字雙行同白口四周雙邊　存七卷(二至八)

640000－1201－0002811　集三/57

**古文翼八卷**　(清)唐德宜編　清光緒十二年(1886)漢口李氏森寶齋刻本　十一冊　九行二十三字小字雙行同白口四周雙邊

640000－1201－0002812　籔十三/8

**子書百家**　(清)崇文書局輯　清光緒元年(1875)湖北崇文書局刻本　一百九冊　十二行二十四字小字雙行同上下黑口四周雙邊

640000－1201－0002813　叢六/5

**巧對錄八卷**　(清)梁章鉅輯　清道光二十二年(1842)刻本　一冊　九行二十二字下黑口左右雙邊

640000－1201－0002814　籔六/4

**春在堂全書二十六種三百五十五卷**　(清)俞樾撰　清光緒二十五年(1899)刻本　九十六冊　十行二十一字白口左右雙邊　缺十一卷(俞樓雜纂四十至五十)

640000－1201－0002815　叢六/12

呂書四種合刻九卷 （明）呂坤撰 清道光七年(1827)河南開封府署刻本 一冊 九行二十二字小字雙行同下黑口四周雙邊

640000－1201－0002816 史十三/41

九通提要十二卷 （清）柴紹炳纂 清光緒二十八年(1902)鉛印本 六冊 十三行三十三字小字雙行四十二字白口四周雙邊

640000－1201－0002817 史二/41

鑑史輯要六卷 諸葛汝輯 清宣統三年(1911)鉛印本 一冊 十四行三十七字白口四周雙邊

640000－1201－0002818 史五/101

曾公遺録三卷 （宋）曾布撰 清宣統二年(1910)江陰繆氏刻本 三冊 十四行二十一字上下黑口四周單邊

640000－1201－0002819 史十二/10

皇朝通志一百二十六卷 （清）稽璜等纂 清光緒二十七年(1901)上海圖書集成局鉛印本 十二冊 十六行四十三字小字雙行同白口四周單邊

640000－1201－0002820 史七/130

漢事會最人物志三卷 （清）惠棟輯 清光緒二十一年(1895)元和江氏湖南使院刻本 二冊 十一行二十三字小字雙行同白口左右雙邊

640000－1201－0002821 史十一/119

春融堂雜記八種 （清）王昶撰 清光緒申報館鉛印本 四冊 十一行二十四字白口四周雙邊

640000－1201－0002822 史十三/79

學治一得編一卷 （清）何耿繩輯 清同治十三年(1874)湖北崇文書局刻本 一冊 十行二十一字白口四周雙邊

640000－1201－0002823 史十三/78

三通序一卷 （清）蔣德鈞輯 清光緒十四年(1888)湘鄉蔣氏求實齋刻本 一冊 十行二十四字上下黑口左右雙邊

640000－1201－0002824 史十三/74

同治大婚禮節不分卷 （清）□□輯 清刻本 一冊 十一行二十四字白口四周雙邊

640000－1201－0002825 史十四/15

欽定四庫全書簡明目録二十卷首一卷 （清）紀昀等編 清同治七年(1868)廣東書局刻本 十二冊 九行二十一字小字雙行同白口左右雙邊

640000－1201－0002826 史十三/74

同治大婚禮節不分卷 （清）□□輯 清刻本 一冊 十一行二十四字白口四周雙邊

640000－1201－0002827 史十三/74

同治大婚禮節不分卷 （清）□□輯 清刻本 一冊 十一行二十四字白口四周雙邊

640000－1201－0002828 史十四/101

平津館鑒藏書籍記三卷補遺一卷續編一卷 （清）孫星衍撰 清光緒十一年(1885)德化李氏木犀軒刻本 二冊 十一行二十一字小字雙行同上下黑口左右雙邊

640000－1201－0002829 叢十一/12

十一經音訓三種 （清）楊國楨撰 清光緒三年(1877)湖北崇文書局刻本 二冊 行數不等字數不等小字雙行不等白口四周單邊

640000－1201－0002830 叢十一/1

皇清經解一千四百八卷 （清）阮元輯 清道光九年(1829)廣東學海堂刻本 三百六十冊 十一行二十四字小字雙行同白口左右雙邊

640000－1201－0002831 史十三/186

上諭八旗不分卷 （清）允禄等編 清内府刻本 一冊 十一行二十一字白口四周雙邊

640000－1201－0002832 史十五/16

諸史考異十八卷 （清）洪頤煊撰 清光緒十五年(1889)廣雅書局刻本 三冊 十一行二十四字上下黑口四周單邊

640000－1201－0002833 史十五/16

諸史考異十八卷 （清）洪頤煊撰 清光緒十五年(1889)廣雅書局刻本 三冊 十一行二

十四字上下黑口四周單邊

640000－1201－0002834　史十五/16
**諸史考異十八卷**　（清）洪頤煊撰　清光緒十
五年(1889)廣雅書局刻本　二冊　十一行二
十四字上下黑口四周單邊

640000－1201－0002835　史十一/126
**新嘉坡風土記一卷**　（清）李鍾珏撰　**中西度
量權衡表一卷**　（清）□□撰　**光論一卷**
（清）張福僖譯　**人參考一卷**　（清）唐秉鈞撰
清光緒二十一年(1895)元和江氏長沙使院
刻本　一冊　十一行二十三字小字雙行同上
下黑口左右雙邊

640000－1201－0002836　史十四/115
**士禮居藏書題跋記續二卷**　（清）黃丕烈撰
清光緒二十二年(1896)元和江氏湖南使院刻
本　二冊　十一行二十三字小字雙行同上下
黑口左右雙邊

640000－1201－0002837　叢十一/3
**古經解彙函三十九鍾二百八十三卷**　（清）鍾
謙鈞等輯　清同治十二年(1873)粵東書局刻
本　六十六冊　十行二十一字小字雙行同白
口左右雙邊

640000－1201－0002838　史十五/6－3
**史通削繁四卷**　（唐）劉知幾撰　（清）紀昀削
繁　清光緒元年(1875)湖北崇文書局刻本
四冊　十行二十一字小字雙行同白口左右
雙邊

640000－1201－0002839　史十五
**二十四史分類輯要十二卷**　（清）沈桐生輯
清光緒二十八年(1902)會文學社石印本　十
冊　十行二十四字小字雙行同白口左右雙邊
　存十卷(一至十)

640000－1201－0002840　史十五
**二十四史分類輯要十二卷**　（清）沈桐生輯
清光緒二十八年(1902)會文學社石印本　七
冊　十行二十四字小字雙行同白口左右雙邊
　缺五卷(三、五、十至十二)

640000－1201－0002841　史十五

**二十四史分類輯要十二卷**　（清）沈桐生輯
清光緒二十八年(1902)會文學社石印本　二
冊　十行二十四字小字雙行同白口左右雙邊
　存二卷(二、八)

640000－1201－0002842　史十五
**二十四史分類輯要十二卷**　（清）沈桐生輯
清光緒二十八年(1902)會文學社石印本　二
冊　十行二十四字小字雙行同白口左右雙邊
　存二卷(二、八)

640000－1201－0002843　史十五/26
**鑑誡録十卷**　（五代）何光遠編　清光緒三年
(1877)湖北崇文書局刻本　二冊　十二行二
十四字上下黑口四周雙邊

640000－1201－0002844　史十五/四
**廿二史劄記三十六卷首一卷補遺一卷**　（清）
趙翼撰　清光緒二十年(1894)廣雅書局刻本
　十二冊　十一行二十四字小字雙行同上下
黑口四周單邊

640000－1201－0002845　史十一/46
**元和郡縣圖志四十卷闕卷逸文一卷補志九卷**
　（唐）李吉甫撰　（清）孫星衍輯　（清）嚴
觀補　清光緒八年(1882)金陵書局刻本　十
冊　十二行二十四字小字雙行同上下黑口左
右雙邊　缺六卷(元和郡縣圖志十九至二十、
二十三至二十四、三十五至三十六)

640000－1201－0002846　史十六/33
**紀元編三卷末一卷**　（清）六承如撰　清光緒
十八年(1892)長沙草素書局刻本　二冊　十
行二十四字小字雙行同白口左右雙邊

640000－1201－0002847　史十四/107
**平津讀碑記八卷續記一卷**　（清）洪頤煊撰
清光緒十二年(1886)吳縣朱氏槐廬家塾刻本
　三冊　十一行二十一字小字雙行同上下黑
口左右雙邊

640000－1201－0002848　史十一/61
**皇朝輿地韻編二卷**　（清）李兆洛撰　清光緒
十八年(1892)長沙草素書局刻本　一冊　八
行二十二字小字雙行同白口四周雙邊

640000－1201－0002849　史十四/107

平津讀碑記八卷續記一卷　（清）洪頤煊撰
清光緒十二年(1886)吳縣朱氏槐廬家塾刻本
二冊　十一行二十一字小字雙行同上下黑
口左右雙邊　存三卷(一至三)

640000－1201－0002850　史十三/29

吾學錄初編二十四卷　（清）吳榮光述　（清）
李彭校刊　清光緒七年(1881)三原李氏桐蔭
軒刻本　八冊　九行二十一字白口左右雙邊

640000－1201－0002851　史十四/106

寰宇訪碑錄十二卷　（清）孫星衍　（清）邢澍
撰　清光緒十一年(1885)吳縣朱氏槐廬家塾
刻本　六冊　十一行二十字小字雙行同白口
左右雙邊

640000－1201－0002852　史十四/108

金石三例續編十卷　（清）朱記榮輯　清光緒
十一年(1885)吳縣朱氏槐廬家塾刻本　二冊
十一行二十一字小字雙行同上下黑口左右
雙邊　存三卷(漢石例一至三)

640000－1201－0002853　史十一/129

東晉疆域志四卷　（清）洪亮吉撰　清光緒四
年(1878)授經堂刻本　二冊　十一行二十一
字小字雙行同上下黑口左右雙邊

640000－1201－0002854　史十一/122

十六國疆域志十六卷　（清）洪亮吉撰　清光
緒四年(1878)授經堂刻本　五冊　十一行二
十一字小字雙行同上下黑口左右雙邊　缺五
卷(八至十二)

640000－1201－0002855　史十三/100

學治臆說二卷續說一卷說贅一卷佐治藥言一
卷續一卷　（清）汪輝祖撰　清同治七年
(1868)湖北崇文書局刻本　二冊　十行二十
一字小字雙行同白口四周雙邊

640000－1201－0002856　史九/1

中西紀事二十四卷首一卷　（清）夏燮撰　清
同治七年(1868)刻本　六冊　十行二十二字
小字雙行同白口四周雙邊

640000－1201－0002857　史十六/51

歷代史表五十九卷首一卷　（清）萬斯同撰
清光緒十五年(1889)廣雅書局刻本　八冊
行數不等字數不等小字雙行不等上下黑口四
周單邊

640000－1201－0002858　史十一/114

遣戍伊犁日記一卷天山客話一卷外事紀聞一
卷　（清）洪亮吉撰　清光緒三年(1877)授經
堂刻本　一冊　十一行二十一字小字雙行同
上下黑口四周單邊

640000－1201－0002859　史十一/121

補三國疆域志二卷　（清）洪亮吉撰　清光緒
四年(1878)授經堂刻本　二冊　十二行二十
四字小字雙行同上下黑口左右雙邊

640000－1201－0002860　史十一/121

補三國疆域志二卷　（清）洪亮吉撰　清光緒
四年(1878)授經堂刻本　一冊　十二行二十
四字小字雙行同上下黑口左右雙邊

640000－1201－0002861　史十一/121

補三國疆域志二卷　（清）洪亮吉撰　清光緒
四年(1878)授經堂刻本　一冊　十二行二十
四字小字雙行同上下黑口左右雙邊

640000－1201－0002862　史十一/123

乾隆府廳州縣圖志五十卷　（清）洪亮吉撰
清刻本　六冊　十二行二十四字小字雙行同
上下黑口四周雙邊　存十五卷(十至十八、二
十九至三十四)

640000－1201－0002863　史十四/50

甌缽羅室書畫過目考四卷首一卷附錄一卷
(清)李玉棻編輯　清光緒二十三年(1897)京
都琉璃廠興盛齋刻本　四冊　十一行二十五
字白口四周雙邊

640000－1201－0002864　史十四/73

隋經籍志考證十三卷　（清）章宗源撰　清光
緒三年(1877)湖北崇文書局刻本　四冊　十
二行二十四字小字雙行同上下黑口四周雙邊

640000－1201－0002865　史十四/113

天壤閣雜記一卷　（清）王懿榮撰　董華亭書
畫錄一卷　（清）董其昌撰　（清）青浮山人輯

畫友詩一卷 （清）趙彥修撰 清光緒二十一年至二十二年(1895－1896)刻本 一冊 十一行二十三字小字雙行同上下黑口左右雙邊

640000－1201－0002866 史十三/26
駁案新編三十二卷續編七卷秋審比較彙案二卷 （清）全士朝等纂 清光緒上海圖書集成局鉛印本 十二冊 十三行四十字白口四周單邊

640000－1201－0002867 史七/120
景仰撮書一卷 （明）王達撰 宜齋野乘一卷 （宋）吳枋撰 梁谿漫志十卷 （宋）費袞撰 萬柳溪邊舊話一卷 （元）尤玘撰 陽羨茗壺系一卷 （明）周高起撰 洞山芥茶系一卷 （明）周高起撰 清光緒武進盛氏思惠齋刻本 一冊 十四行二十五字上下黑口左右雙邊

640000－1201－0002868 史十四/102
陳定生先生遺書三種三卷 （清）陳貞慧撰 吳中水利書一卷 （宋）單鍔撰 遂初堂書目一卷 （宋）尤袤撰 江陰李氏得月樓書目摘錄一卷 （明）李鶚翀撰 清光緒武進盛氏思惠齋刻本 一冊 十四行二十五字上下黑口左右雙邊

640000－1201－0002869 史十四/72
洪氏晦木齋叢書 （清）洪汝奎輯 清同治十一年(1872)皖南洪氏晦木齋刻本 八冊 九行二十字小字雙行同白口四周雙邊

640000－1201－0002870 史二/7－4
御批歷代通鑑輯覽一百二十卷 （清）傅恆等撰 清同治十三年(1874)湖南書局刻本 五十二冊 十一行二十二字小字雙行同白口四周雙邊 缺十四卷(七十六、九十八至一百、一百三至一百四、一百七至一百十、一百十七至一百二十)

640000－1201－0002871 史十三/139－2
居官要訣一卷 （清）陳慶滋撰 清光緒刻本 一冊 八行二十四字小字雙行同白口四周雙邊

640000－1201－0002872 史十三/139－3
居官要訣一卷 （清）陳慶滋撰 清光緒刻本 一冊 八行二十四字小字雙行同白口四周雙邊

640000－1201－0002873 史十三/139－4
居官要訣一卷 （清）陳慶滋撰 清光緒刻本 一冊 八行二十四字小字雙行同白口四周雙邊

640000－1201－0002874 史十三/139－5
居官要訣一卷 （清）陳慶滋撰 清光緒刻本 一冊 八行二十四字小字雙行同白口四周雙邊

640000－1201－0002875 史十三/139－6
居官要訣一卷 （清）陳慶滋撰 清光緒刻本 一冊 八行二十四字小字雙行同白口四周雙邊

640000－1201－0002876 史十三/139－7
居官要訣一卷 （清）陳慶滋撰 清光緒刻本 一冊 八行二十四字小字雙行同白口四周雙邊

640000－1201－0002877 史十三/10－2
皇朝通志一百二十六卷 （清）嵇璜撰 清光緒八年(1882)浙江書局刻本 四十冊 九行二十一字小字雙行同白口左右雙邊

640000－1201－0002878 TC3－1/5
六家文選六十卷 （南朝梁）蕭統撰 （唐）李善等注 明嘉靖十三年至二十八年(1534－1549)吳郡袁氏嘉趣堂刻本 三十二冊 十一行十八字小字雙行二十六字白口左右雙邊

640000－1201－0002879 史十一/5－2
皇朝中外一統輿圖中一卷南十卷北二十卷首一卷 （清）胡林翼 （清）嚴樹森主持 （清）鄒世詒 （清）晏啟鎮編繪 （清）李廷簫 （清）汪士鐸核校 清同治二年(1863)湖北撫署景桓樓刻本 十一冊 白口四周雙邊 缺三卷(南八至十)

640000－1201－0002880 史十一/5－3
皇朝中外一統輿圖中一卷南十卷北二十卷首

一卷 （清）胡林翼 （清）嚴樹森主持 （清）鄒世詒 （清）晏啟鎮編繪 （清）李廷簫 （清）汪士鐸核校 清同治二年(1863)湖北撫署景桓樓刻本 十五冊 白口四周雙邊 存二十九卷(中一卷、南一至七、北二十卷，首一卷)

640000－1201－0002881 史十一/3－3

**海國圖志一百卷** （清）魏源撰 清石印本 一冊 二十三行四十二字白口四周雙邊 存六卷(二十四至二十九)

640000－1201－0002882 史十三/55

**駁案新編三十二卷續編七卷秋審比較彙案二卷** （清）全士朝等撰 清光緒上海圖書集成局鉛印本 十二冊 十三行四十字白口四周單邊

640000－1201－0002883 史十五/19－2

**高太史論鈔三卷** （清）高熙喆撰 清宣統元年(1909)刻本 一冊 十行二十五字下黑口四周雙邊 存一卷(三)

640000－1201－0002884 史十四/46－2

**金石錄三十卷** （宋）趙明誠撰 清乾隆二十七年(1762)雅雨堂刻本 六冊 十行二十一字小字雙行同白口四周單邊

640000－1201－0002885 史十五/7－2

**史記論文一百三十卷** （漢）司馬遷撰 （清）吳見思評點 （清）吳興祚參訂 清康熙二十六年(1687)尺木堂刻本 十二冊 九行二十一字小字雙行同白口左右雙邊 存五十九卷(一至五十九)

640000－1201－0002886 史一/7

**史記一百三十卷** （漢）司馬遷撰 （南朝宋）裴駰集解 （唐）司馬貞索隱 清光緒四年(1878)金陵書局仿汲古閣刻本 十冊 十二行二十五字小字雙行不等白口左右雙邊

640000－1201－0002887 史一/6

**漢書一百二十卷** （漢）班固撰 （唐）顏師古注 清同治八年(1869)金陵書局仿汲古閣刻本 二冊 十二行二十五字小字雙行不等白

口左右雙邊 存十五卷(一至十五)

640000－1201－0002888 史一/49

**晉書一百三十卷音義三卷** （唐）房玄齡等撰 （唐）何超音義 清同治十年(1871)金陵書局仿汲古閣刻本 十六冊 十二行二十五字小字雙行不等白口左右雙邊

640000－1201－0002889 史一/54

**宋書一百卷** （南朝梁）沈約撰 清同治十一年(1872)金陵書局仿汲古閣刻本 十二冊 十二行二十五字小字雙行不等白口左右雙邊

640000－1201－0002890 史一/13

**魏書一百十四卷** （北齊）魏收撰 清同治十一年(1872)金陵書局仿汲古閣刻本 十六冊 十二行二十五字小字雙行不等白口左右雙邊

640000－1201－0002891 史一/42

**舊唐書二百卷** （五代）劉昫等撰 清同治十一年(1872)浙江書局刻本 二十六冊 十二行二十五字小字雙行不等白口左右雙邊

640000－1201－0002892 史一/21

**北齊書五十卷** （唐）李百藥撰 清同治十三年(1874)江蘇書局仿汲古閣刻本 四冊 十二行二十五字白口左右雙邊

640000－1201－0002893 史一/22－2

**周書五十卷** （唐）令狐德棻等撰 清同治十三年(1874)金陵書局仿汲古閣刻本 四冊 十二行二十五字白口左右雙邊

640000－1201－0002894 史一/44

**隋書八十五卷** （唐）魏徵等撰 清同治十年(1871)淮南書局仿汲古閣刻本 十冊 十二行二十五字小字雙行不等白口左右雙邊

640000－1201－0002895 史一/47

**南史八十卷** （唐）李延壽撰 清同治十一年(1872)金陵書局仿汲古閣刻本 十冊 十二行二十五字白口左右雙邊

640000－1201－0002896 史一/50

**北史一百卷** （唐）李延壽撰 清同治十一年

(1872)金陵書局仿汲古閣刻本　十六冊　十二行二十五字白口左右雙邊

640000－1201－0002897　史一/51

**唐書二百二十五卷**　(宋)歐陽修　(宋)宋祁撰　清同治十二年(1873)浙江書局刻本　三十冊　十二行二十五字白口左右雙邊

640000－1201－0002898　史一/23

**舊五代史一百五十卷目録二卷附考證**　(宋)薛居正等撰　清同治十一年(1872)湖北崇文書局刻本　十冊　十二行二十五字小字雙行不等白口四周雙邊

640000－1201－0002899　史一/20

**五代史七十四卷**　(宋)歐陽修撰　(宋)徐無黨注　清同治十一年(1872)湖北崇文書局刻本　四冊　十二行二十五字小字雙行不等白口四周雙邊

640000－1201－0002900　史一/17

**宋史四百九十六卷目録三卷**　(元)脱脱等撰　清光緒元年(1875)浙江書局刻本　六十八冊　十二行二十五字白口左右雙邊

640000－1201－0002901　史一/14

**遼史一百十五卷附考證**　(元)脱脱等修　**拾遺二十四卷**　(清)萬鶚撰　**拾遺補五卷**　(清)楊復吉撰　清同治十二年(1873)江蘇書局刻本　十六冊　十二行二十五字小字雙行同白口左右雙邊

640000－1201－0002902　史一/40

**金史一百三十五卷附考證欽定金國語解一卷**　(元)脱脱等撰　清同治十三年(1874)江蘇書局刻本　十六冊　十二行二十五字小字雙行同白口左右雙邊

640000－1201－0002903　子

**學古堂日記九種九卷**　(清)雷浚　(清)汪之昌輯　清光緒十六年(1890)刻本　一冊　十一行二十一字小字雙行同下黑口左右雙邊

640000－1201－0002904　叢

**國朝十家四六文鈔三種三卷**　王學謙輯　清光緒十五年(1889)長沙王氏刻本　一冊　十三行二十二字白口左右雙邊

640000－1201－0002905　經一/4

**周易通論四卷**　(清)李光地撰　清刻本　二冊　九行十九字白口四周雙邊

640000－1201－0002906　經四/36

**傳家寶訓不分卷**　(清)石璿撰　清同治三年(1864)刻本　一冊　十行二十二字上下黑口左右雙邊

640000－1201－0002907　子五/36

**時方妙用四卷**　(清)陳念祖撰　清光緒二十九年(1903)湖南益元書局刻本　一冊　十行二十六字小字雙行同白口四周單邊

640000－1201－0002908　子一/83

**正譌八卷**　(清)劉沅著　清咸豐四年(1854)豫誠堂刻本　四冊　十行二十二字白口左右雙邊

640000－1201－0002909　集二/(57)40

**戴氏遺書六種二十二卷**　(清)戴震撰　清乾隆曲阜孔氏刻本　六冊　十行二十一字小字雙行同白口四周雙邊

640000－1201－0002910　集二/(59)9

**清容居士集五十卷**　(元)袁桷撰　**札記一卷**　(清)郁松年撰　清道光二十年(1840)刻本　十二冊　十一行二十二字上下黑口左右雙邊

640000－1201－0002911　集五/61

**百末詞五卷詞餘一卷**　(清)尤侗撰　**性理吟一卷後性理吟一卷**　(宋)朱熹撰　清刻本　二冊　十行二十一字白口四周單邊

640000－1201－0002912　集三/23

**經史百家雜鈔二十六卷**　(清)曾國藩纂　(清)李鴻章校刊　清光緒三十二年(1906)上海商務印書館鉛印本　十二冊　十四行三十三字小字雙行同白口四周雙邊

640000－1201－0002913　TC3－1/3

**二如亭群芳譜四部二十八卷首一卷**　(明)王象晉纂輯　(明)毛鳳苞校　明汲古閣刻本

二十八冊 八行十八字白口左右雙邊

640000－1201－0002914 子十/18

**時務通考續編三十一卷** （清）點石齋主人輯
清光緒二十七年(1901)上海點石齋石印本
十六冊 二十一行四十五字下黑口四周
雙邊

640000－1201－0002915 集三/(57)1＝2

**皇朝經世文編一百二十卷** （清）賀長齡輯
清光緒二十二年(1896)掃葉山房鉛印本 二
十四冊 十七行四十四字白口四周單邊

640000－1201－0002916 集二/(55)14

**剡源集三十卷附札記一卷** （元）戴表元
（清）郁松年撰 清道光二十年(1840)刻本
八冊 十一行二十二字上下黑口左右雙邊

640000－1201－0002917 集二/(57)130

**養素堂文集三十五卷首一卷** （清）張澍撰
清刻本 十六冊 十行二十二字小字雙行同
白口四周雙邊

640000－1201－0002918 經四/45

**禮書通故五十卷** （清）黃以周撰 清光緒十
九年(1893)黃氏試館刻本 四冊 十行二十
一字上黑口四周雙邊 存六卷(一至二、四十
四至四十七)

640000－1201－0002919 史

**明季實錄一卷** （清）顧炎武 （清）朱記榮輯
清光緒十四年(1888)上海掃葉山房刻本
一冊 十一行二十一字上下黑口左右雙邊

640000－1201－0002920 經四/15

**禮經會元四卷** （宋）葉時撰 清通志堂刻本
四冊 十一行二十字白口左右雙邊

640000－1201－0002921 經六/7

**孝經一卷** （唐）玄宗李隆基注 （宋）司馬光
指解 清通志堂刻本 一冊 十行十六字白
口左右雙邊

640000－1201－0002922 經

**孟子七卷** （戰國）孟子著 清光緒三十四年
(1908)學部圖書局石印本 二冊 八行十七

字白口四周雙邊 存二卷(離婁、萬章)

640000－1201－0002923 經三/28

**詩集傳名物鈔八卷** （元）許謙撰 清通志堂
刻本 四冊 十一行二十字白口左右雙邊

640000－1201－0002924 經五/21

**則堂先生春秋集傳詳說三十卷** （宋）家鉉翁
撰 清通志堂刻本 八冊 十一行二十字白
口左右雙邊

640000－1201－0002925 史一/16

**元史九十五卷** （清）魏源撰 清光緒三十一
年(1905)邵陽魏慎微堂刻本 二十五冊 十
二行二十五字白口左右雙邊 缺十卷(二十
三至三十二)

640000－1201－0002926 經四/4

**儀禮逸經傳一卷** （元）吳澄撰 **經禮補逸九
卷附錄一卷** （元）汪克寬撰 清通志堂刻本
二冊 十一行二十字白口左右雙邊

640000－1201－0002927 集二/(57)310

**湘綺樓文集八卷** 王闓運撰 清光緒二十六
年(1900)崇陽刻本 六冊 十行二十一字小
字雙行同上下黑口左右雙邊

640000－1201－0002928 經五/27

**春秋諸傳會通二十四卷** （元）李廉撰 清通
志堂刻本 五冊 十一行二十字小字雙行二
十八字白口左右雙邊

640000－1201－0002929 經一/29

**水村易鏡一卷** （宋）林光世撰 清通志堂刻
本 一冊 十一行二十字白口左右雙邊

640000－1201－0002930 經五/17

**止齋先生春秋後傳十二卷** （宋）陳傅良撰
清通志堂刻本 二冊 十一行二十字白口左
右雙邊

640000－1201－0002931 經一/30

**大易象數鈎深圖三卷** （元）張理撰 清通志
堂刻本 一冊 十一行二十字白口左右雙邊

640000－1201－0002932 集二/(57)291

**思貽堂詩集十二卷** （清）黃文琛撰 清咸

豐、同治間刻本　三冊　十行十九字白口四
周雙邊

640000－1201－0002933　經一/31
三易備遺十卷　（宋）宋元昇撰　清通志堂刻
本　三冊　十一行二十字白口左右雙邊

640000－1201－0002934　經五/25
春秋臣傳三十卷　（宋）王當撰　清通志堂刻
本　三冊　十一行二十字白口左右雙邊

640000－1201－0002935　經一/40
周易發明啟蒙翼傳三卷外編一卷　（元）胡一
桂撰　清通志堂刻本　四冊　十一行二十字
白口左右雙邊

640000－1201－0002936　集二/(57)235
古微堂內集三卷外集七卷　（清）魏源著　清
光緒四年(1878)淮南書局刻本　四冊　十行
二十一字小字雙行同白口左右雙邊

640000－1201－0002937　經三/18
李迂仲黃實夫毛詩集解四十二卷首一卷
(宋)李樗　（宋）黃櫄講義　（宋）呂祖謙釋
音　清通志堂刻本　十四冊　十一行二十字
白口左右雙邊

640000－1201－0002938　集二/(57)12－2
胡文忠公遺集十卷首一卷　（清）胡林翼撰
(清)鄭敦謹　（清）曾國荃輯　清刻本　八冊
九行二十字下黑口四周雙邊

640000－1201－0002939　集
悔存詞鈔二卷兩當軒詩鈔十四卷　（清）黃景
仁著　（清）趙希璜校　清刻本　四冊　十一
行二十三字白口左右雙邊

640000－1201－0002940　經四/13
春秋經傳集解三十卷首一卷　（晉）杜預撰
(宋)林堯叟附注　（唐）陸德明音義　（清）
馮李驊增訂　清刻本　八冊　八行二十字小
字雙行同白口左右雙邊　存十六卷(十四至
二十九)

640000－1201－0002941　子十三/13
大悲心陀羅尼法像寶圖一卷　清光緒九年

(1883)寧夏恒靜家堂刻本　一冊　白口四周
雙邊

640000－1201－0002942　子一/91
揚子法言一卷方言十三卷　（漢）楊雄撰　清
光緒元年(1875)湖北崇文書局刻本　一冊
十二行二十四字小字雙行同上下黑口四周
雙邊

640000－1201－0002943　子五/71
本草述鉤元三十二卷　（清）楊時泰輯　清刻
本　一冊　九行二十二字小字雙行同白口左
右雙邊　存二卷(七下、八)

640000－1201－0002944　史
從公錄一卷　（清）戴肇辰撰　清同治二年
(1863)刻本　一冊　八行二十字白口四周
雙邊

640000－1201－0002945　集五/96
夢窗甲稿一卷乙稿一卷　（宋）吳文英撰　清
咸豐十一年(1861)刻本　一冊　九行二十一
字小字雙行同白口左右雙邊

640000－1201－0002946　集二/(54)17
游定夫先生集六卷首一卷末一卷　（宋）游酢
撰　（清）方宗誠訂　清同治六年(1867)和州
官舍刻本　二冊　十行二十字上下黑口四周
雙邊

640000－1201－0002947　史十一/41
朔方備乘六十八卷首十二卷　（清）何秋濤纂
　清刻本　三冊　九行二十一字白口四周雙
邊　存十卷(一至三、二十至二十三、三十至
三十二)

640000－1201－0002948　史八/15
隋書文鈔十二卷　（唐）魏徵撰　（明）戴義摘
抄　清刻本　二冊　九行十九字小字雙行同
白口四周單邊

640000－1201－0002949　史八/17
周書文鈔六卷　（唐）令狐德棻撰　（明）戴義
摘抄　清刻本　一冊　九行十九字小字雙行
同白口四周單邊

640000－1201－0002950　史八/16

**遼史文鈔二卷**　（元）阿魯圖撰　（明）戴義摘抄　**金史文鈔二卷**　（元）別兒怯不花撰（明）戴義摘抄　清刻本　一冊　九行十九字小字雙行同白口四周單邊

640000－1201－0002951　經七/29

**皇清經解續編二百九卷**　王先謙編　清光緒十五年（1889）上海蜚英館石印本　二十五冊三十三行七十二字小字雙行同白口四周雙邊　缺四十三卷（一百五十八至一百八十三、一百九十三至二百九）

640000－1201－0002952　經十/2

**增批東萊博議四卷**　（宋）呂祖謙撰　清刻本　四冊　九行二十一字小字雙行同下黑口四周雙邊　缺一卷（一）

640000－1201－0002953　子二/19

**司馬法一卷逸文一卷**　（春秋）司馬穰苴撰（清）張澍輯　**子夏易傳一卷**　（春秋）卜商撰（清）張澍輯　清道光元年（1821）武威張氏二酉堂刻本　一冊　十行二十四字小字雙行同白口左右雙邊

640000－1201－0002954　集二/(57)71

**煙霞萬古樓文集六卷**　（清）王曇撰　清道光二十年（1840）刻本　二冊　九行十九字白口四周雙邊

640000－1201－0002955　子五/89

**產科一卷**　（英國）密爾纂　（清）舒高第口譯（清）鄭昌棪筆述　清光緒江南機器製造總局鉛印本　四冊　十行二十四字小字雙行同上黑口四周雙邊

640000－1201－0002956　子八/118

**蒙泉外史印譜**　（清）奚岡篆　清鈐印本二冊

640000－1201－0002957　子

**八線對數類編一卷**　（清）張作楠輯　（清）丁取忠校刊　清同治十三年（1874）長沙荷花池精舍刻本　一冊　十行二十二字小字雙行同白口左右雙邊

640000－1201－0002958　史

**二申野錄八卷**　（清）孫之騄撰　清光緒二十七年（1901）吟香館刻本　四冊　八行二十字上下黑口四周單邊

640000－1201－0002959　子六/27

**則古昔齋算學十一種十九卷**　（清）李善蘭撰　清同治六年（1867）金陵刻本　五冊　十行二十二字小字雙行同上下黑口左右雙邊

640000－1201－0002960　新學

**重學二十卷附圓錐曲線說三卷**　（英國）艾約瑟口譯　（清）李善蘭筆述　清同治五年（1866）刻本　六冊　十行二十二字小字雙行同上下黑口左右雙邊

640000－1201－0002961　史一/25

**三國志六十五卷**　（晉）陳壽撰　（南朝宋）裴松之注　清同治九年（1870）金陵書局仿汲古閣刻本　八冊　十二行二十五字小字雙行三十七字白口左右雙邊

640000－1201－0002962　集二/(56)10

**曾文定公全集二十卷首一卷末一卷**　（宋）曾鞏撰　（清）彭期編　清刻本　十二冊　九行二十字白口左右雙邊

640000－1201－0002963　史

**晦明軒稿一卷壬癸金石跋一卷**　楊守敬撰清光緒二十七年至三十三年（1901－1907）宜都楊氏鄰蘇園刻本　二冊　九行二十字小字雙行同上下黑口左右雙邊

640000－1201－0002964　史

**朝邑縣志十一卷續縣志八卷後志八卷**　（清）金嘉琰修　（清）王學謨撰　清刻本　六冊九行二十二字白口左右雙邊　缺八卷（續縣志六至八、後志四至八）

640000－1201－0002965　經七/14

**十三經注疏十三種四百三十六卷附考證**（清）阮元輯　清同治十年（1871）廣東書局刻本　一百二十冊　十行二十一字小字雙行同白口左右雙邊

640000－1201－0002966　經

大戴禮記解詁十三卷　（清）王聘珍撰　清光
緒十九年(1893)刻本　二冊　十行二十字小
字雙行同白口四周單邊　存七卷(一至七)

640000－1201－0002967　子十一/3

子史精華一百六十卷　（清）張廷玉等編　清
刻本　三十一冊　白口四周單邊

640000－1201－0002968　經

四書或問三十九卷　（宋）朱熹撰　清刻本
四冊　十二行二十二字小字雙行同白口左右
雙邊　缺十卷(孟子或問五至十四)

640000－1201－0002969　史一/16

元史二百十卷目錄二卷　（明）宋濂等修　清
同治十三年(1874)江蘇書局刻本　四十冊
十二行二十五字小字雙行同白口左右雙邊

640000－1201－0002970　集三/36

三通序一卷　（唐）杜佑等纂　（清）蔣德鈞輯
清刻本　二冊　十行二十五字白口左右
雙邊

640000－1201－0002971　史二/7－4

御批歷代通鑑輯覽一百二十卷　（清）傅恆等
撰　清刻本　十冊　十一行二十二字小字雙
行同白口四周雙邊　存二十卷(五十至五十
七、六十至六十三、六十六至七十三)

640000－1201－0002972　經

雪樵經解三十卷附錄三卷　（清）馮世瀛撰
清刻本　三十冊　十二行二十五字下黑口四
周雙邊　缺一卷(雪樵經解一)

640000－1201－0002973　經

絕妙好詞箋七卷續鈔一卷　（宋）周密編
(清)查為仁　（清）厲鶚箋　清道光九年
(1829)徐楙刻本　二冊　九行二十一字小字
雙行同白口四周單邊

640000－1201－0002974　集三/42

三通序一卷　（唐）杜佑等纂　（清）蔣德鈞輯
清刻本　二冊　十行二十五字白口左右
雙邊

640000－1201－0002975　子十一/19

四書人物類典串珠四十卷　（清）臧志仁輯
清嘉慶四年(1799)周錫堂刻本　五冊　十行
二十一字小字雙行同白口四周單邊　缺八卷
(五至十二)

640000－1201－0002976　子一/87

文中子中說十卷　（隋）王通撰　（宋）阮逸注
清光緒二年(1876)浙江書局刻本　一冊
九行二十一字小字雙行同白口左右雙邊

640000－1201－0002977　經

爾雅註疏十一卷　（晉）郭璞注　（宋）邢昺疏
清刻本　三冊　白口左右雙邊

640000－1201－0002978　集三/14

文選六十卷　（南朝梁）蕭統選　（唐）李善注
清刻本　六冊　十行二十二字小字雙行同
白口左右雙邊

640000－1201－0002979　集三/29

古文淵鑒六十四卷　（清）徐乾學等編注　清
刻五色套印本　五冊　九行二十字小字雙行
同上下黑口四周單邊　存十卷(十九至二十、
二十五至三十二)

640000－1201－0002980　集

王寧朔集一卷　（南朝齊）王融撰　（明）張溥
閱　清刻本　一冊　九行十八字白口左右
雙邊

640000－1201－0002981　集三/29

古文淵鑒六十四卷　（清）徐乾學等編注　清
刻五色套印本　六冊　九行二十字小字雙行
同上下黑口四周單邊　存十四卷(三十六至
四十九)

640000－1201－0002982　經二/1

書經體註大全合參六卷　（清）范翔鑒定
(清)張聖度訂　（清）錢希祥纂輯　清光緒十
年(1884)善成堂刻本　四冊　九行十七字小
字雙行同白口四周單邊

640000－1201－0002983　史一/7

史記一百三十卷　（漢）司馬遷撰　（明）徐孚
遠　（明）陳子龍測議　清聚錦堂刻本　二冊
九行二十字小字雙行同白口左右雙邊　存

六卷(一至六)

640000－1201－0002984　子十二/86

**飛龍全傳十二卷六十回**　(清)吳璿撰　清嘉
慶二年(1797)刻本　十二冊　十二行二十四
字白口四周單邊

640000－1201－0002985　子十九/11－2

**原富甲乙丙丁戊共五集附中西年表**　(英國)
斯密亞丹撰　嚴復譯　清光緒二十七年
(1901)南洋公學譯書院鉛印本　七冊　十二
行三十二字上黑口四周雙邊

640000－1201－0002986　集二/(57)91

**館課我法詩箋四卷**　(清)紀昀著　(清)郭斌
注　清嘉慶九年(1804)一枝山房刻本　三冊
　十行二十五字小字雙行二十四字白口左右
雙邊

640000－1201－0002987　經

**四書或問三十九卷**　(宋)朱熹撰　清刻本
三冊　十二行二十二字小字雙行同上下黑口
左右雙邊　存二十七卷(中庸或問一至三、論
語或問一至二十、孟子或問一至四)

640000－1201－0002988　叢十一/5－2

**呂氏家塾讀詩記三十二卷**　(宋)呂祖謙撰
清刻本　六冊　十行二十字小字雙行同白口
四周雙邊　存二十一卷(一至二十一)

640000－1201－0002989　叢

**增訂漢魏叢書八十五種四百五十一卷**　(清)
王謨輯　清乾隆五十六年(1791)刻本　七十
三冊　九行二十字小字雙行同白口左右雙邊

640000－1201－0002990　子十四/11－2

**老子道德經二卷**　(晉)王弼注　**音義一卷**
(唐)陸德明撰　清光緒元年(1875)浙江書局
刻本　一冊　九行二十一字小字雙行同白口
左右雙邊

640000－1201－0002991　史

**書目答問四卷別錄一卷**　(清)張之洞撰　清
光緒二十三年(1897)新化三味堂刻本　一冊
　十行二十五字小字雙行同白口左右雙邊
存一卷(一)

640000－1201－0002992　史

**外交報[丙午年]**　張元濟主編　清光緒三十
二年(1906)上海商務印書館鉛印本　十三冊
　十二行三十二字上下黑口四周雙邊

640000－1201－0002993　史一/50

**北史一百卷**　(唐)李延壽撰　清同治十一年
(1872)金陵書局仿汲古閣刻本　十五冊　十
二行二十五字白口左右雙邊　缺三十三卷
(一至十九、二十四至三十、四十二至四十八)

640000－1201－0002994　史一/17

**宋史四百九十六卷**　(元)脫脫等撰　清刻本
九十三冊　十二行二十五字白口左右雙邊
存四百八十三卷(十四至四百九十六)

640000－1201－0002995　經

**李氏易傳十七卷**　(唐)李鼎祚集解　清乾隆
二十一年(1756)德州盧氏雅雨堂刻本　二冊
　十行二十一字白口四周單邊　存六卷(四
至九)

640000－1201－0002996　史一/15

**梁書五十六卷**　(唐)姚思廉修　清同治十三
年(1874)金陵書局仿汲古閣刻本　四冊　十
二行二十五字小字雙行五十字白口左右雙邊

640000－1201－0002997　史一/39

**陳書三十六卷**　(唐)姚思廉撰　清同治十一
年(1872)金陵書局仿汲古閣刻本　二冊　十
二行二十五字小字雙行同白口左右雙邊

640000－1201－0002998　史一/5－6

**後漢書一百二十卷**　(南朝宋)范曄撰　(南
朝梁)劉昭注補　(唐)李賢注　清同治八年
(1869)金陵書局仿汲古閣刻本　十二冊　十
二行二十五字小字雙行三十七字白口左右
雙邊

640000－1201－0002999　經二/1

**書經體註大全合參六卷**　(清)范翔鑒定
(清)張聖度訂　(清)錢希祥纂輯　清光緒十
五年(1889)聚錦堂刻本　四冊　九行十七字
小字雙行同白口四周單邊

640000－1201－0003000　經

伊川易傳四卷　（宋）程頤撰　清刻本　四冊
十二行二十二字上下黑口左右雙邊

640000－1201－0003001　史十四/15－3
欽定四庫全書簡明目録二十卷首一卷　（清）
紀昀等編　清刻本　十二冊　九行二十一字
小字雙行同白口左右雙邊　缺五卷(十六至
二十)

640000－1201－0003002　史一/9
南齊書五十九卷　（南朝梁）蕭子顯撰　清同
治十三年(1874)金陵書局仿汲古閣刻本　四
冊　十二行二十五字白口左右雙邊

640000－1201－0003003　史一/4－3
前漢書一百卷　（漢）班固撰　（唐）顏師古注
清同治十二年(1873)韓江書局仿汲古閣刻
本　十六冊　十二行二十五字小字雙行不等
白口左右雙邊

640000－1201－0003004　叢
三十三種叢書　（清）崇文書局輯　清光緒三
年(1877)湖北崇文書局刻本　七十九冊　十
二行二十四字小字雙行同上下黑口四周雙邊

640000－1201－0003005　子六/41
御製數理精蘊上編五卷下編四十五卷表八卷
（清）何國宗　（清）梅穀成彙編　清刻本
二十五冊　九行二十字白口四周雙邊　缺十
二卷(上編一至二,下編一至四、九至十、三十
四至三十五,表二、七)

640000－1201－0003006　子八/59
百花詩箋譜不分卷　（清）張兆祥繪　清宣統
三年(1911)彩色套印本　二冊

640000－1201－0003007　集
晦庵先生朱文公文集一百卷別集七卷續集五
卷　（宋）朱熹撰　（清）蔡方炳　（清）臧眉
錫訂定　清刻本　六十四冊　十二行二十四
字小字雙行同下黑口四周單邊

640000－1201－0003008　叢
禮記註疏六十三卷附考證　（漢）鄭玄注
（唐）陸德明音義　（唐）孔穎達疏　清同治十
年(1871)廣東書局刻本　二十冊　十行二十

一字小字雙行同白口左右雙邊　缺二十三卷
(四十一至六十三)

640000－1201－0003009　集三/(57)4
國朝駢體正宗十二卷　（清）曾燠輯　清光緒
二十三年(1897)上海文淵山房石印本　六冊
十三行二十六字白口四周單邊

640000－1201－0003010　子十/79
玉曆鈔傳警世一卷　（清）□□撰　清光緒刻
本　一冊　九行二十四字白口四周單邊

640000－1201－0003011　子十/79
玉曆鈔傳警世一卷　（清）□□撰　清光緒刻
本　一冊　九行二十四字白口四周單邊

640000－1201－0003012　史
隨軒金石文字九種不分卷　（清）徐渭仁撰
清道光十七年(1837)刻本　六冊　白口四周
單邊

640000－1201－0003013　經二/3
欽定書經傳說彙纂二十一卷首二卷書序一卷
（清）王頊齡撰　清刻本　十一冊　八行二
十一字小字雙行同白口四周雙邊

640000－1201－0003014　史一/4－3
前漢書一百卷　（漢）班固撰　（唐）顏師古注
清光緒十三年(1887)金陵書局仿汲古閣刻
本　十四冊　十二行二十五字小字雙行三十
七字白口左右雙邊　缺十五卷(一至十五)

640000－1201－0003015　史一/30
史記集解索隱正義一百三十卷　（漢）司馬遷
撰　（南朝宋）裴駰集解　（唐）司馬貞索隱
（唐）張守節正義　清同治九年(1870)湖北崇
文書局刻本　十二冊　十行十八字小字雙行
二十三字白口四周雙邊　存四十二卷(一至
四十二)

640000－1201－0003016　史一/18
明史三百三十二卷目録四卷　（清）張廷玉等
撰　清刻本　七十八冊　十行二十一字白口
左右雙邊　缺一百三卷(十至十五、八十四至
八十五、一百六十三至一百六十六、一百八十
一至二百六十、二百八十一至二百八十二、二

百八十九至二百九十七）

640000－1201－0003017　史一/7

**史記評林一百三十卷**　（漢）司馬遷撰　（明）凌稚隆輯　清刻本　三十九冊　十行二十字小字雙行同白口左右雙邊

640000－1201－0003018　子十一/12

**重訂事類賦三十卷**　（宋）吳淑撰　（明）華麟祥校刊　清道光七年（1827）善成堂刻本　六冊　九行二十一字小字雙行同上下黑口左右雙邊

640000－1201－0003019　子十四

**南華真經註疏十卷**　（晉）郭象注　（唐）成玄英疏　清光緒十年（1884）遵義黎庶昌日本東京使署刻本　六冊　八行十五字小字雙行二十字白口左右雙邊

640000－1201－0003020　史十四/17

**欽定四庫全書總目二百卷首一卷**　（清）紀昀等編　清同治七年（1868）廣東書局刻本　二冊　九行二十一字小字雙行同白口左右雙邊　缺三十五卷（三十八至六十、八十二至八十四、一百三十九至一百四十、一百五十七至一百五十八、一百六十二至一百六十六）

640000－1201－0003021　叢十一/1

**皇清經解一千四百八卷**　（清）阮元輯　清道光九年（1829）廣東學海堂刻本　三百四十冊　十一行二十四字小字雙行同白口左右雙邊　缺五十四卷（一至四十六、七百二十七至七百三十四）

640000－1201－0003022　史

**新斠注地理志十六卷**　（清）錢坫著　（清）徐松集釋　清會稽章氏刻本　六冊　十一行二十二字小字雙行同上下黑口四周單邊

640000－1201－0003023　史

**續後漢書九十卷**　（元）郝經撰　**札記四卷**　(清)郁松年撰　清道光二十一年（1841）郁氏宜稼堂刻本　二十五冊　十一行二十二字小字雙行同上下黑口左右雙邊　缺四卷（續後漢書六十一至六十四）

640000－1201－0003024　集三/73

**御選唐宋詩醇四十七卷目錄二卷**　（清）高宗弘曆選　（清）梁詩正等校刊　清光緒七年（1881）浙江書局刻本　十九冊　九行十九字白口左右雙邊　缺一卷(目錄下)

640000－1201－0003025　經

**詩韻集成十卷**　（清）余照輯　清咸豐九年（1859）致盛堂刻本　一冊　九行字數不等小字雙行二十五字白口四周單邊　存四卷（一至四）

640000－1201－0003026　經

**春秋穀梁傳註疏二十卷附校勘記**　（清）阮元撰　清同治十三年（1874）湖南書局刻本　一冊　九行二十一字小字雙行同白口左右雙邊

640000－1201－0003027　史十一/7-3

**水道提綱二十八卷**　（清）齊召南撰　清光緒二十三年（1897）上海古香閣書局石印本　四冊　十四行三十八字小字雙行同白口四周雙邊

640000－1201－0003028　子十一/19

**四書人物類典串珠四十卷**　（清）臧志仁輯　清刻本　六冊　十行二十一字小字雙行同白口四周單邊　存十八卷（四至五、十二至十九、二十二至二十四、三十六至四十）

640000－1201－0003029　史十三/104

**圖民錄四卷**　（清）袁守定撰　清道光十九年（1839）刻本　一冊　九行二十一字白口四周雙邊　存二卷（三至四）

640000－1201－0003030　集三/80

**御選唐宋文醇五十八卷**　（清）高宗弘曆選　（清）允禄校對　清光緒十年（1884）刻本　十六冊　十行二十二字白口四周雙邊

640000－1201－0003031　經十/27

**說文解字十五卷**　（漢）許慎撰　（五代）徐鉉校定　清嘉慶十二年（1807）長白額勒布藤花榭刻本　四冊　十行字數不等小字雙行不等白口左右雙邊

640000－1201－0003032　經

尚書纂傳四十六卷 （元）王天與纂 清通志堂刻本 四冊 十行二十一字小字雙行三十二字白口左右雙邊

640000－1201－0003033 經

東谷鄭先生易翼傳二卷 （宋）鄭汝諧撰 清通志堂刻本 二冊 十一行二十字白口左右雙邊

640000－1201－0003034 經

復齋易說六卷 （宋）趙彥肅撰 古周易一卷 （宋）呂祖謙撰 清通志堂刻本 一冊 十一行二十字白口左右雙邊

640000－1201－0003035 經

周易函書約註依講合鈔四十六卷 （清）張拱北輯 清刻本 十五冊 十行二十四字小字雙行同白口四周雙邊 存三十四卷（上經一至十七、下經一至十七）

640000－1201－0003036 子一/96

校邠廬抗議二卷 （清）馮桂芬著 清刻本 一冊 十行二十一字小字雙行同白口左右雙邊 存一卷（二）

640000－1201－0003037 史

魏書文鈔十八卷 （明）戴義輯 清刻本 一冊 白口四周單邊

640000－1201－0003038 史一/51

唐書二百二十五卷 （宋）歐陽修等撰 釋音二十五卷 （宋）董沖釋音 清光緒二十九年（1903）五洲同文局石印本 四十五冊 十行二十一字上下黑口左右雙邊 缺二十卷（一百七十八至一百九十七）

640000－1201－0003039 史

蜀景匯覽十五卷 （清）鍾登甲輯 清光緒八年（1882）樂道齋刻本 十冊 十行二十字小字雙行同白口四周雙邊 缺一卷（十五）

640000－1201－0003040 史

晉書一百三十卷 （唐）房玄齡等撰 明嘉靖刻本明清遞修本 六冊 十行二十字白口左右雙邊 存十六卷（一至二、六至十五、十七至二十）

640000－1201－0003041 史十六/16

泰西新史攬要二十三卷附記一卷 （英國）馬懇西撰 （英國）李提摩太譯 （清）蔡爾康述 清光緒二十八年（1902）上海商務印書館鉛印本 六冊 十一行二十七字小字雙行不等白口四周雙邊 缺四卷（二十至二十三）

640000－1201－0003042 史十六/16

泰西新史攬要二十三卷附記一卷 （英國）馬懇西撰 （英國）李提摩太譯 （清）蔡爾康述 清光緒二十八年（1902）上海商務印書館鉛印本 三冊 十一行二十七字小字雙行不等白口四周雙邊 存九卷（七至十五）

640000－1201－0003043 史十六/16

泰西新史攬要二十三卷附記一卷 （英國）馬懇西撰 （英國）李提摩太譯 （清）蔡爾康述 清光緒二十八年（1902）上海商務印書館鉛印本 三冊 十一行二十七字小字雙行不等白口四周雙邊 存九卷（七至十五）

640000－1201－0003044 史十六/16

泰西新史攬要二十三卷附記一卷 （英國）馬懇西撰 （英國）李提摩太譯 （清）蔡爾康述 清光緒二十八年（1902）上海商務印書館鉛印本 三冊 十一行二十七字小字雙行不等白口四周雙邊 存九卷（七至十五）

640000－1201－0003045 史十六/16

泰西新史攬要二十三卷附記一卷 （英國）馬懇西撰 （英國）李提摩太譯 （清）蔡爾康述 清光緒二十八年（1902）上海商務印書館鉛印本 三冊 十一行二十七字小字雙行不等白口四周雙邊 存九卷（七至十五）

640000－1201－0003046 集

西學通考三十六卷 （清）胡兆鸞輯 清光緒二十七年（1901）上海書局石印本 十一冊 十五行三十三字白口四周雙邊 缺三卷（二十六至二十八）

640000－1201－0003047 集

西學通考三十六卷 （清）胡兆鸞輯 清光緒二十七年（1901）上海書局石印本 三冊 十五行三十三字白口四周雙邊 存七卷（一至

三、十六、三十一至三十三）

640000 - 1201 - 0003048　子六/41
御製數理精蘊上編五卷下編四十卷表八卷
(清)何國宗　(清)梅瑴成彙編　清光緒三十二年(1906)上海通時書局石印本　二十冊十八行三十字小字雙行同白口四周雙邊　缺六卷(下編二十五至三十)

640000 - 1201 - 0003049　新學
西學大成十二編五十六種　(清)王西清(清)盧梯青輯　清光緒十四年(1888)上海大同書局石印本　十二冊　二十四行五十五字白口四周雙邊

640000 - 1201 - 0003050　史
宋元通鑑一百五十七卷　(明)薛應旂編集(明)陳仁錫評閱　清刻本　十六冊　十行二十字小字雙行同白口四周單邊　存一百四卷(一至四十四、七十六至八十三、九十七至一百四十八)

640000 - 1201 - 0003051　史十三/139 - 8
居官要訣一卷　(清)陳慶滋撰　清光緒刻本一冊　八行二十四字小字雙行同白口四周雙邊

640000 - 1201 - 0003052　經
尚書後案駁正二卷　(清)王劼撰　清刻本一冊　十行二十一字上下黑口左右雙邊

640000 - 1201 - 0003053　子十/18
時務通考續編三十一卷　(清)點石齋主人輯清光緒二十七年(1901)點石齋石印本　十六冊　二十一行四十五字下黑口四周雙邊

640000 - 1201 - 0003054　史十三/19
時務通考三十一卷首一卷　(清)杞盧主人輯清光緒二十三年(1897)上海點石齋石印本二十四冊　二十行四十五字下黑口四周雙邊

640000 - 1201 - 0003055　新學
德國學校論略不分卷　(德國)花之安撰　清同治十二年(1873)刻本　一冊　九行二十五字白口四周雙邊

640000 - 1201 - 0003056　史十六/97
國聞報彙編二卷　(清)愛穎編輯　清光緒二十九年(1903)西江歐化社鉛印本　二冊　十二行三十二字白口四周雙邊

640000 - 1201 - 0003057　史十六/84
續西國近事彙編二十八卷　(清)鍾天緯編輯清鉛印本　二十七冊　二十行四十字白口四周雙邊　缺一卷(一)

640000 - 1201 - 0003058　經
御案詩經備旨八卷　(清)鄒聖脉纂輯　(清)鄒廷猷編次　清刻本　二冊　十一行二十字小字雙行同白口四周單邊　存四卷(一至二、七至八)

640000 - 1201 - 0003059　史二/15 - 1
御批資治通鑑綱目全書一百九卷　(清)聖祖玄燁批輯　清光緒二年(1876)刻本　六十冊十一行二十二字小字雙行同下黑口四周雙邊

640000 - 1201 - 0003060　史八/4
廿一史約編不分卷　(清)鄭元慶編　清刻本三冊　九行二十一字小字雙行同白口四周單邊

640000 - 1201 - 0003061　史十三/16
中外時務策府統宗四十四卷　(清)文盛書局輯　清光緒二十三年(1897)上海文盛堂石印本　二十冊　十六行三十七字白口四周雙邊

640000 - 1201 - 0003062　叢一/36
經訓堂叢書十三種一百十八卷　(清)畢沅輯清光緒十三年(1887)上海大同書局石印本十冊　十四行三十三字小字雙行同白口四周雙邊　缺十四卷(呂氏春秋一至十四)

640000 - 1201 - 0003063　經
仇滄柱先生增補詩經備旨六卷　(清)仇滄柱增補　(清)祁文友　(清)尹源進增定　清文盛堂刻本　三冊　十行二十一字小字雙行同白口四周單邊

640000 - 1201 - 0003064　經一/17 - 2
周易四卷筮儀一卷圖說一卷卦歌一卷　(宋)

朱熹本義　清刻本　二册　九行十七字小字
雙行同白口四周雙邊

640000－1201－0003065　史五/20
**明季北略二十四卷**　（清）計六奇編　清末琉
璃廠半松居士木活字印本　十册　九行二十
字白口左右雙邊　缺一卷（一）

640000－1201－0003066　史二/5
**資治通鑑二百九十四卷目録三十卷敍録三卷
考異三十卷**　（宋）司馬光編集　（元）胡三省
音註　清光緒十七年（1891）刻本　一百二册

十二行二十五字小字雙行同上下黑口左右
雙邊　缺二十八卷（一百十至一百十六、考異
一至二十一）

640000－1201－0003067　史十一/123
**乾隆府廳州縣圖志五十卷**　（清）洪亮吉撰
清刻本　十册　十二行二十四字小字雙行同
上下黑口四周雙邊　存二十七卷（一至四、七
至八、十四至二十、三十五至三十八、四十一
至五十）

# 書名筆畫字頭索引

## 六畫

## 七畫

## 八畫

## 九畫

# 十二畫

## 十三畫

# 十六畫

# 十七畫

195

# 書名筆畫索引

## 一畫

## 二畫

# 三畫

# 四畫

201

205

# 六畫

# 七畫

209

# 八畫

213

# 九畫

216

# 十一畫

223

# 十二畫

## 十三畫

228

# 十四畫

231

# 十五畫

# 十六畫

## 十九畫

## 二十畫

## 二十一畫

## 二十二畫

240